모든 사람이 나에게 복음

1

모든 사람이 나에게 복음 ❶

발행일	2022년 4월 11일		
지은이	이제민		
펴낸이	손형국		
펴낸곳	(주)북랩		
편집인	선일영	편집	정두철, 배진용, 김현아, 박준, 장하영
디자인	이현수, 김민하, 허지혜, 안유경, 최성경	제작	박기성, 황동현, 구성우, 권태련
마케팅	김회란, 박진관		
출판등록	2004. 12. 1(제2012-000051호)		
주소	서울특별시 금천구 가산디지털 1로 168, 우림라이온스밸리 B동 B113~114호, C동 B101호		
홈페이지	www.book.co.kr		
전화번호	(02)2026-5777	팩스	(02)2026-5747

ISBN   979-11-6836-045-7 04230 (종이책)   979-11-6836-046-4 05230 (전자책)

979-11-6836-047-1 04230 (세트)

(주)북랩 성공출판의 파트너

북랩 홈페이지와 패밀리 사이트에서 다양한 출판 솔루션을 만나 보세요!

홈페이지 book.co.kr   •   **블로그** blog.naver.com/essaybook   •   **출판문의** book@book.co.kr

작가 연락처 문의 ▸ ask.book.co.kr

작가 연락처는 개인정보이므로 북랩에서 알려드릴 수 없습니다.

마르코 복음 묵상

모든 사람이 나에게 복음

①

예수님, 하느님의 복음을 선포하시다

이제민 지음

북랩

인생을 기쁘게 사는 비결

1

인간은 행복을 추구합니다. 누구나 기쁨을 찾고 의미를 물으며 삽니다. 예수님께서 복음을 선포하셨다면 인생을 기쁘게 사는 비결, 의미 있게 사는 비결을 선포하신 것입니다. 웬만한 그리스도인이라면 '복음'이 '기쁜 소식'을 뜻한다는 것을 압니다. 그러나 복음이라는 단어가 기쁜 소식을 뜻한다는 것을 안다 해도 그 앎이 인생을 기쁘게 하지 못한다면, 복음으로 지은 옷을 입고 세상을 누빈다고 해도 내 몸에서 기쁨의 향기가 풍기지 않는다면, 그 앎이 무슨 의미가 있겠습니까. 인류를 이 기쁨의 원천으로 안내하는 것은 종교의 사명입니다. 종교가 이 사명에 충실하지 못할 때 종교는 타락하고 인류는 기쁨을 잃고 혼돈을 헤매게 됩니다.

내가 마르코 복음서에 관심을 두게 된 것은 1998년 광주가톨릭대학교를 떠나 천주교 마산 구암성당에서 예비신자 교리를 하면서입니다. 예수님이시라면 그리스도교에 입문하기 위하여 찾아온 사람들에게 어떤 말씀으로 가르치시기 시작하셨을까, 고민하다가 손에 든 책이 네 복음서 중에 가장 먼저 쓰였고 또 가장 짧은 마르코 복음서였습니다. 복음서를 처음 손에 들 때만 해도 나에게 마르코는 가장 먼저 복음서를 쓴 사가였을 뿐이었지만, 복음서를 거듭 읽을수록 그의 복음서는 단순히 예수님의 인생과 그분의 어록을 편집하여 전해 주는 책을 넘어 우리의 인생을 발견하게 해 주는 책임을 알게 되었습니다.

마르코는 이 책에서 자기 자신에 대해서 한마디도 언급하지 않지만, 복음서에 나오는 여러 인물을 통해 은근히 자기가 어떠한 사람인지 말해 주고 있습니다. 그는 인생을 기쁘게 살고 싶어 하는 사람이었습니다. 그러다가 예수님의 제자를 만나고, 그들을 통하여 예수님의 이름을 듣게 되었고, 그분과 그분의 복음을 통해 하느님과 하느님의 복음을 알게 되었고, 사람들과 세상을 새롭게 보게 되면서, 자기 자신을 더 깊이 만날 수 있었을 것입니다.

그가 예수님을 복음으로 만난 순간은 자기가 하느님께 복음이고, 세상이 그에게 복음으로 다가오는 순간이었을 것입니다. 그는 그분과 그분의 복음을 통해서 하느님과 자기 자신을 그리고 모든 사람을 복음으로 만난 것입니다. 그에게 예수님은 복음을 선포하신 분이기만 한 것이 아니라 복음 자체셨습니다. 그리고 이 복음을 인류에게 전하고자 자기 인생을 걸고 복음서를 썼을 것입니다. "내가 복음을 선포하지 않는다면 나는 참으로 불행할 것입니다."(1코린 9,16)라는 그의 스승 바오로 사도처럼 그 벅찬 감동을 기록하기 시작했을 것입니다.

마르코는 이 기록을 "예수 그리스도의 복음의 시작"(마르 1,1)이라는 말로 시작합니다. 그는 '복음'이라는 단어에 빠진 것입니다.[1] 우리를 복음의 '시작'(기원, 근원, 원천)으로 안내하여 거기서 인생을 살도록 하고자 했습니다. 마르코 복음서를 읽으면서 우리는 '예수님의 복음'이 무엇인지, 예수님을 통하여 '하느님의 복음'이 무엇인지, 하느님의 복음을 통하여 인간이 누구이고 무엇이며, 어떻게 사는 것이 인생을 기쁘게 잘 사는 것인지 알게 될 것입니다. 인생을 기쁘게 살기 위하여 왜 하느님을 이야기하고, 천국을 이야기하고, 예수님을 이야기하고, 그분의 십자가와 부활을 이야기해야 하는지도 알게 될 것입니다.[2]

마르코의 복음은 인생을 잘 살기 위해서는 복음을 알아야 하고, 복음을 알기 위해서는 천국을 알아야 하고, 천국을 알기 위해서는 예수님께서 복음을 선포하시면서 사용하신 술어들을 알아야 한다는 것을 깨우쳐 줍니다. 복음이 그리스도인의 삶의 근본이요 인생의 근본이며 종교의 원리라는 깨우침과 함께 복음 선포에 대해서도 새로운 시각을 열어 줍니다.[3] 그 복음을 깨닫는 날 우리의 인생은 세상에 복음이 되며 완성될 것입니다.

---

1) 마르코 복음에는 "복음(에유앙젤리온εὐαγγέλιον)"이라는 단어가 이미 1장 1절에 나오지만, 마태오와 루카 복음서에서는 4장에 가서야 처음 나옵니다(마태 4,23; 루카 4,18). 뿐만 아니라 복음이라는 단어가 나오는 횟수도 다른 복음서에 비해 마르코 복음이 많습니다. 마르코에는 8회(후대가 첨부한 16장 15절의 복음까지 9회), 마태오에는 4회, 루카에는 1회('복음을 전하다'라는 동사), 요한에는 한 번도 나오지 않습니다. 8회 중 6회는 수식어 없이, 나머지 2회는 "하느님의 아들 예수 그리스도의 복음"(마르 1,1), "하느님의 복음"(1,14)에서처럼 수식어가 붙어 나옵니다. 우리말에는 '선포하다(케륏소 κηρύσσω)'라는 동사를 '복음을 선포하다'로 번역하였기에(1,38.39 등) 복음이라는 단어가 12회 나옵니다. 루카 복음서에도 이런 식으로는 6회가 나옵니다. 참고로 신약성경 전체에 76회 나오는데 바오로 서간에만 60회 나옵니다(친서에는 49회).

2) 복음을 깨닫기 위하여 각자 자기 자신에게 다음의 질문을 던져 봅니다. 이 세상에서 인생을 기쁘게 사는 비결은 무엇인가? 우리 후손에게 유언으로 들려주고 싶은 행복의 비결, 복음은 무엇인가? 시대를 초월하여 모든 인류의 행복을 바라며 내가 그들에게 남기고 싶은 비결은 무엇인가?

3) 이 과정은 신학의 여러 개념을 근본적으로 성찰하는 계기가 되었습니다. 신학의 모든 개념, 신, 천국, 그리스도, 인간, 부활, 믿음 등은 이 복음에 근거하고 있으며 교회의 모든 용어도 복음에 대한 믿음에 근거하고 있습니다. 하느님의 복음은 신학의 기초입니다.

2

예수님께서 선포하신 그 비결은 그분께서 하늘에서 내려오시며 가지고 오신 '어떤' 비책이 아니라 당신께서 이 세상을 사시면서 가난한 사람들, 온갖 질병을 앓는 사람들, 그들의 손이 자기 몸에 닿으면 자기도 불행해질까 한사코 손 밖으로 밀어내는 사람들을 만나면서 몸소 체험하신 것입니다. 그분은 이 비결이 우리 손이 닿는 곳, 손만 내밀면 만질 수 있는 곳에 감추어져 있다고 선포하십니다. 온갖 고통에 시달리는 이 사람들이 바로 인생을 기쁘게 살게 하는 비결이라는 것입니다.

예수님은 인간을 기쁨을 찾는 존재로 보셨을 뿐만 아니라 실제로 복음의 기쁨을 발산하는 존재로 만나셨습니다. 그분은 우리가 서로를 하느님께서 당신 자신을 전달하시는 존재, 하느님께서 자신을 완전히 내어주시는 존재, 하느님께서 차별 없이 사랑하시는 존재로 만나게 해 주셨습니다. 우리가 서로를 위하여 자신을 내어놓으며 서로를 사랑하며 살 수 있는 존재라는 믿음을 심어 주셨습니다. 예수님께서 복음을 믿으라고 하신 것은 우리 인생의 목적지가 손만 내밀면 닿을 수 있는 가까운 곳에 와 있다는 것을 믿으라는 것입니다. 그분처럼 사람을 만나고, 그분처럼 사람들과 하나 될 수 있을 때, 행복의 빛이 내 몸을 통하여 세상을 비추게 될 것입니다.

3

마르코 복음서를 통해 복음이라는 단어를 새롭게 알게 되었다고 하였지만, 그것은 자기의 감추어진 비밀을 서서히 한 꺼풀씩 드러내며 내게 다가온 것이었습니다. 그동안 수없이 반복해서 복음서를 읽었지만 내 인생을 복음에 근거하여 물은 적이 별로 없었습니다. 복음이라는 단어가 '기쁜 소식'을 뜻한다는 것은 알았지만 정작 복음의 핵심은 알지 못했습니다. 복음을 선포하신 그분도 막연하게만 알 뿐 내 인생은 복음적이지 못했습니다.

복음을 안다고 생각한 나에게 그분은 질문하십니다. "너는 어디서 인생의 기쁨을 찾고 있는가? 행복을 추구하는 너의 눈길은 어디를 향하고 있으며 행복을 더듬는 너의 손은 어디로 뻗어 있는가?" 그분은 "네가 나를 믿는다고 고백하면 인생을 기쁘게 해 주겠다." 하시지 않고 "나를 따라라." 하십니다.[4]

마르코의 복음서를 읽는 내내 예수님께서 나의 손을 잡고 관습과 관념의 마을 밖으로 데리고 나가셔서(마르 8,23) 당신 복음의 핵심으로 안내하신다는 느낌을 받았고, 그럴수록 복음은 내게 새롭게 다가오는 듯했습니다. 그리스도인으로 신앙인으로 산다는 것이 어떻게 사는 것인지, 그리스도교가 어떤 종교인지, 하느님이 누구인지, 천국이 어떤 곳인지, 부활의 삶이 어떤 삶인지, 이런 이야기가 인생을 살아가는 데에 왜 필요한 것인지, 이런 물음에 대한 답을 마르코 복음서에서 발견할 수 있을 것입니다. 예수님께서 하신 말씀과 행적, 그분께서 일으키신 수많은 기적과 그분에게 일어난 십자가의 죽음과 부

---

4) 예수님께서 "나를 따라라."(마르 1,17) 하신 것은 '부처나 공자나 마호메트를 따르면 안 된다. 나 예수를 따라야 구원된다.'라는 뜻에서 하신 말씀이 아닙니다. 그분께서 이런 말씀을 하실 수 있었던 것은 그분이 복음이시고 하느님의 아들이시기 때문입니다. 그분은 복음으로서 우리 인간의 자식들 또한 세상의 복음이기를 바라고 당신이 하느님의 아들이심을 믿게 하여 모든 사람이 서로 하느님의 자녀로 대하며 살기를 바라십니다(마르 8,27).

활에 이르기까지 모든 이야기가 복음을 깨닫게 하는 사건입니다.

4

이 책이 인생의 기쁨을 찾는 데 도움이 되었으면 합니다. 예수님에게로, 예수님을 통해 하느님에게로, 하느님을 통해 만물의 심장으로 안내하는 역할을 할 수 있었으면 합니다.

이 책은 명례 복음화학교에서 강의한 내용을 토대로 그동안 틈틈이 강의한 내용과 매일 미사 중에 강론한 내용을 조금씩 보충한 일종의 복음 묵상집입니다. 매해 대하는 같은 복음이지만, 읽을 때마다 새로운 메시지를 던지며 내게 다가왔습니다. 내일 읽으면 또 새롭게 묵상하며 보완하게 될 것입니다. 계속되는 묵상을 이제 독자에게 넘깁니다. 각자 복음을 묵상하며 이 책을 완성해 가셨으면 합니다.

보완하다 보니 부피가 늘어나서 통째로 읽는 데 부담스럽게 되었습니다. 그래서 각 부와 각 장을 시작하면서 내용을 요약하는 글을 실었습니다. '일러두기'와 1장 1절과 15절에서 복음서의 기본 분위기를 감지하고, 이를 바탕으로 나머지 부분은 원하는 대로 임의로 뽑아 묵상해도 좋을 것입니다. 전문적이거나 건너뛰어도 무방하겠다고 생각되는 부분은 각주로 처리하였습니다.

2022년 3월 완월동에서

이제민

목차

제2장 복음의 실천: 모든 이 안에 천국이

14. 두 번째 수난 예고—그분은 당신이 알려지는 것을 원치 않으셨다, 왜?

   가. 그분께 묻는 것도 두려워하였다

   나. 꼴찌를 위한 논쟁

   다. 막지 마라

   라. 스캔들을 일으키다

   마. 소금은 좋은 것이다

   바. 완고한 마음에 대한 경고

   사. 하느님의 나라는 어린이들과 같은 사람들의 것이다

15. 영원한 생명을 받으려면 무엇을 해야 합니까?

   가. 영원한 생명을 받으려면

   나. 가서 가진 것을 팔아 가난한 이들에게 주어라

   다. 울상이 되어 떠나갔다

   라. 가진 것을 팔아 가난한 이들에게 주는 용기

   마. 저희는 모든 것을 버리고

   바. 내가 마시는 잔을 마실 수 있느냐?

16. 다시 볼 수 있게 해 주십시오

   가. 자비를 베풀어 주십시오

   나. 발걸음을 멈추다

   다. 내가 너에게 무엇을 해 주기를 바라느냐?

   라. 가거라

   마. 예수님을 따라 길을 나서다

────── ⸽✢⸼ ──────

입문

침묵의 분위기

1

마르코는 자기 복음서를 "하느님의 아드님 예수 그리스도의 복음의 시작"(마르 1,1)이라는 말로 시작하여 "그들은 두려워서 아무에게도 말을 하지 않았다."(마르 16,8)라는 말로 마무리합니다. 겁에 질려 그분의 무덤에서 달아나 아무에게도 말을 하지 못하는 여자들의 모습에서 인생의 기쁨을 발견한 자의 모습을 보게 합니다. "복음의 시작"이라는 말로 시작한 마르코 복음에는 처음부터 끝까지 침묵이 주는 긴장의 분위기가 흐릅니다. 이는 마르코가 의도한 바입니다. 침묵에 잠기는 자만이 복음의 시작을 알리는 소리를 들을 수 있기 때문입니다.

마르코는 아무에게도 말하지 말라는 예수님의 말씀을 종종 상기시킵니다(마르 8,30; 9,9). 복음, 하느님, 그리스도, 천국, 믿음, 부활, 영생 그리고 기쁨과 사랑은 요란한 말이 아니라 고요히 성찰하는 가운데 체험된다는 것을 깨달았기 때문입니다. 진정 기쁨의 원천에서 살고자 한다면 먼저 자기의 소리를 죽이며 성찰하는 삶을 살아야 합니다.

침묵에 잠기는 자만이 하느님의 나라가 다가오는 소리를 들을 수 있고, 듣는 자만이 예수 그리스도를 믿는다는 고백이 무엇을 의미하는지, 십자가의 죽음이 어째서 영생을 알리는 복음이며 인생을 기쁘게 하는 비결인지 안다고 할 수 있을 것입니다. "믿음은 들음에서 오고 들음은 그리스도의 말씀으로 이루어집니다."(로마 10,17) 하느님의 나라가 우리 손이 닿을 만큼 "가까이 있다."라는 복음을, 그분의 십자가 죽음에서 부활의 빛이 발한다는 신비를 어찌 인간의 언어나 사고에 붙들려 깨달을 수 있겠습니까.

2

마르코는 예수님께서 복음을 선포하실 때까지 그분의 입에서 어떤 말씀도 들려주지 않습니다. 세례를 받으실 때도 유혹을 받으실 때도 우리는 그분의 음성을 들을 수 없습니다. 그분은 침묵 속에서 세례를 받으셨고, 침묵 속에서 "너는 내가 사랑하는 아들, 내 마음에 드는 아들"이라는 하늘에서 들려오는 소리를 들으셨고, 침묵 속에서 유혹 받으셨습니다. 그분께서 선포하신 하느님의 복음은 그분의 침묵에서 흘러나온 것입니다. 마르코는 마치 이렇게 속삭이는 것 같았습니다. "여러분! 제가 체험한 기쁜 소식을 알려 드리겠습니다. 침묵 없이는 들을 수 없는 예수 그리스도의 복음입니다. 자, 조용히 들어 보십시오. 그분께서 말씀하십니다. '하느님의 나라가 가까이 왔다.'"

마르코는 그분을 듣게 하려고 그분께서 빠져드신 침묵의 분위기를 조성합니다. 그분께서 빠져드신 침묵에 빠져들 때, 우리도 "너는 나의 사랑하는 아들"이라는 그분께서 들으신 음성을 듣고, "하느님의 나라가 가까이 와 있다."라고 선포하시는 그분의 음성도 들을 수 있을 것입니다. 자기의 언어를 침묵하는 자만이 그분처럼 자기 자신이 하느님의 아들임을 알게 되며, 하느님의 복음으로 세상을 살아가게 될 것입니다. 마르코는 독자를 침묵으로 안내하여, 거기서 그분의 음성을 듣고, 거기서 각자 자기의 인생을 시작하게 합니다.

3

침묵하는 이에게 그분의 음성이 들려올 것입니다. "하느님의 나라를 체험하기 위해서는 하느님의 나라가 너희 손이 닿지 아니하는 저 멀리 있다는 생각에서 돌아서야 한다. 하느님의 현존을 체험하기 위해서는 너희 손이 닿지 아니한 곳으로 밀쳐 낸 사람들에게 다가가야 한다. 그들 안에 하느님이 가까이 계신다는 것을 믿어야 한다. 하느님의 음성이 들려오고, 하느님께서 귀를 기울이며 들으시는 세상(인간)의 소리를 듣게 될 것이다. 안다고 자랑하지 마라. 안다고 생각한 것을 침묵시킬 수 있을 때 너희는 천국의 경지를 맛보게 될 것이다."

예수님께서 사형선고를 받으시고 십자가에서 돌아가시고 무덤에 묻히셨을 때는 온 세상이 숨을 멈춘 듯 침묵에 잠깁니다. 복음사가는 이 침묵의 분위기 속으로 우리를 안내하며 이렇게 말하는 것 같습니다. "하느님 아들의 십자가 죽음은 인간의 일만 생각하는(마르 8,33) 머리로는 깨달을 수 없습니다. 침묵하는 자만이 그분의 십자가 죽음이 복음임을 깨달을 수 있고, 침묵하는 자만이 그분의 죽음에서 부활을 체험할 수 있습니다. 부활의 삶을 살기 위하여 그분께서 달리신 십자가로, 그분께서 묻히신 무덤으로 향해야 합니다." 침묵하는 마음에 "하느님의 나라가 가까이 왔다."라는 그분의 복음이 생생하게 울려 퍼집니다. 침묵하는 자만이 그분의 복음을 들을 수 있고, 침묵하는 자만이 부활의 기쁨을 살 수 있습니다. 마르코 복음서는 그분의 음성을 듣게 하려고 우리를 침묵으로 안내합니다.

마르코

1

앞에서 마르코는 단순한 복음서의 저자가 아니라 인생의 행복(복음)을 찾아 나선 자라고 했습니다. 그의 이스라엘식 이름은 요한이고 마르코는 로마그리스식 이름입니다.[5] 그가 언제 어디서 태어났는지 정확히 알려진 바는 없지만, 히브리어와 아람어 그리고 유다인들의 풍습을 알고 있는 점으로 미루어 보아 유다계 그리스도인이고 바르나바의 사촌으로도 알려져 있습니다(콜로 4,10). 사도행전에 의하면 그는 어머니 마리아와 함께 예루살렘에 살았고 베드로 사도를 비롯한

---

5) 성경에 "마르코"라는 이름은 열 번 등장합니다(사도 12,12.25; 사도 13,5.13; 사도 15,37.39; 콜로 4,10; 2티모 4,11; 필레 1,24; 1베드 5,13). 그는 "요한"으로 불리기도 합니다(사도 12,12.25; 13,5.13; 15,37).

그리스도인들과 자주 기도 모임을 가졌습니다(사도 12,12). 그의 집안은 부유하였으며 소아시아와 예루살렘을 오가면서 지중해 주변에 흩어져 있던 유대인을 위하여 통역 일도 하였습니다.

그의 이름이 베드로와 바오로 등 사도들의 이름과 함께 등장하는 것으로 보아 이들을 만나면서 또는 이들을 따르는 사람들이나 그들이 속한 공동체를 알게 되면서 예수님과 그분의 복음을 알게 되었을 것입니다. 마르코는 이들의 일을 도우면서(1베드 5,13) 듣게 된 복음, 즉 예수 그리스도의 복음, 하느님의 복음이 그가 여태껏 알고 있던 세상이 주는 복음과는 차원이 다른 복음이라는 것을 알고 감동했을 것입니다. 직접 예수님을 뵌 적은 없지만, 그들을 따라다니면서 그분께서 선포하신 복음을 접하고, 복음을 선포하시는 그분이 복음 자체이심을 체험하면서 그분의 삶 속으로 녹아 들어갔을 것입니다. 그가 복음서에 쓴 이야기는 베드로와 바오로 그리고 다른 사도들한테서 전해 들은 것이고, 예수님께서 만나신 사람들의 이야기도 그들에게서 들은 것일 것입니다. 여러 지역과 여러 민족을 상대로 교역한 것도 민족주의적 사고방식을 벗어나 온 세상 모든 민족에게 복음이 선포되어야 한다는 예수님의 복음(마르 14,9; 13,10; 16,15)을 받아들이는 데에 도움이 되었을 것입니다. 그는 이방인인 시리아 페니키아 부인(7,28)과 로마군 백인대장(15,39)이 유다인보다 복음을 더 잘 받아들이고 있다고 전합니다.

2

마르코는 베드로와 바오로 사도를 따라다니면서 그들의 과거도 알게 되었고, 그것이 그에게 더한 감동을 주었을지 모릅니다. 베드로 사도가 예수님께 고백하면서도 그분을 몰라뵈었고, 그분을 따라다니면서도 그분을 배신하고 도망쳤던 이야기도 수없이 들었을 것입니다. 어쩌면 베드로에게서 직접 듣기도 했을 것입니다. "어느 날 내가 호숫가에서 그물을 고치고 있는데 예수라는 사람이 지나가다가 나를 보시곤 부르시는 거야. '나를 따라오너라.' 하시는 그분의 음성을 듣자 나는 무언가 모를 힘에 끌리어 모든 것을 버리고 그분을 따라나섰어. 그분과 숙식을 함께 하며 따라다니기를 3년, 나는 그분의 제자라는 것이 자랑스러웠지. 나는 그분을 잘 안다고 생각했지만 그게 아니었어. 그분께서 어느 날 당신을 누구라고 하느냐 물으시기에 나는 자신 있게 '스승님은 그리스도십니다.'라고 큰소리로 고백했어. 그런데 돌아온 것은 칭찬이 아니라 사탄이라는 꾸지람이었어. 나중에는 동료들 앞에서 대놓고 내가 당신을 배신할 것이라고 하시는 거야. 얼마나 섭섭하고 당황스러웠던지, 진짜 그분을 떠나고 싶었어. 그런데 그분 말씀이 옳았어. 나는 그분을 몰랐던 거야. 모르면서도 아는 척 고백했던 거야. 사탄이라는 욕을 먹어도 싸지. 그분 말씀대로 나는 그분을 배신하고 도망치고 말았어. 무지 때문이었지."

마르코는 베드로 사도의 솔직한 고백을 들으면서 주님을 더 진하게 느꼈을 것입니다. 어쩌면 베드로 사도는 자기의 부끄러운 과거를 마르코에게 고백하며 충실히 옮겨 달라고 부탁했을지도 모릅니다. 마르코는 바오로 사도한테서도 자기가 예수님을 믿는 자들을 박해하던 자라는 이야기를 숱하게 들었을 것입니다. "교회를 없애 버리려고 집 집마다 들어가 남자든 여자든 끌어다가 감옥에"(사도 8,3) 처넣으려 혈안이던 바오로가 그분께 사로잡힌 이야기를 듣고는 놀라움을 금치 못했을 것입니다. 그랬던 바오로가 목숨을 걸고 주님을 전하고 있으니 말입니다. 주님의 어떤 면이 그를 사로잡았던 것일까요? 무엇이 그를 그토록 달라지게 만들었을까요? 그를 180도 달라지게 만든 그분의 힘의 원천은 무엇일까요? 마르코는 곰곰이 생각했을 것입니다.

마르코는 독자들이 복음을 깨치게 하려고 사도들의 부끄러운 과거까지 숨김없이 과감하게 보도합니다. 그분의 가르침뿐 아니라 그분의 인격과 그분의 삶에 빠져든 사도들의 삶과 그들의 인생을 변화시킨 원천에 대해서 기록합니다. 그리하여 마르코는 복음서를 쓰면서 단순히 예수님의 말씀과 행적을 기록으로 남겨 전하는 것을 넘어 그들의 삶을 완전히 바꾸어 놓은 예수님과 그분의 복음에 대한 자기 자신의 체험을 알리며, 세상 모든 사람이 자기처럼 예수님과 그분의 복음에 감동하여 복음의 삶을 살기를 바랐을 것입니다.

3

마르코는 주님의 일생과 주님께서 아버지 하느님께 이르신 길(주님의 아버지 체험)을 서술하면서 우리에게 주님께서 걸으신 길을 통해 인생의 목적지에 이르게 해 주고자 했습니다. 그 길을 통한다는 것은 그분과 함께 아버지께, 아버지와 함께 인류를 향하여 나아가는 것입니다. 마르코는 그 길이 쉽지 않다는 것을 잘 알고 있었습니다. 그래서 예수님의 부르심을 받고 그분과 함께 생활하면서도 십자가 인생을 깨닫지 못하고 결정적인 순간에 도망치고 말았던 제자들과 그들이 주님을 알지 못하는 사람들이라고 단정하며 배척한 세리와 죄인들이 그들에 앞서 주님을 체험하고 그분께 믿음을 고백한 것을 과감하게 대조시키며 서술하기까지 합니다. 제자들이 주님께서 돌아가신 뒤에야 깨닫고 십자가 아래로 모여들었다면, 그들이 소외시킨 이들을 받아들이지 않고서는 아버지를 사랑한다고 할 수 없고, 이들을 신뢰하지 않고서는 아버지를 믿는다고 할 수 없다는 것을 깨달았음을 말해 줍니다. 마르코는 사명감을 가지고 예수님의 복음을 통하여 인류에 대한 사랑과 믿음을 일깨워 주고자 했습니다.

마르코는 베드로와 바오로 등 사도들을 통해 전해 들은 예수님의 이야기를 통해서 예수님과 함께 등장하는 인물들이 우연히 예수님의 인생 역사에 나타났다 사라져간 존재들이 아니라는 것을, 즉 그들은 예수님이 누구신지 알게 해 주는 필연적인 존재라는 것을 알게 되었을 것입니다. 그들 가운데는 예수님을 통해 자신을 발견한 자도 있고 예수님을 부정하면서 자신을 발견하지 못한 존재도 있습니다.

마르코는 이 다양한 체험을 자기 자신의 이야기로 만들었습니다. 복음서에 나오는 예수님과 그분께서 만나신 사람들의 이야기는 그의 삶을 변화시킨 이야기들입니다. 복음서에 등장하는 사람들은, 예수님께서 만나신 사람들이든 예수님을 만난 사람들이든 그대로 마르코 자신의 모습이며 독자의 모습이기도 합니다. 이들은 예수님을 만난 사람으로 살기 위하여 우리가 일상에서 만나야 할 사람들입니다. 마르코에게 예수님은 "이러저러한 곳에서 이러저러한 복음을 전하셨고, 이러저러한 병자들을 이러저러하게 고쳐 주셨고, 그분을 걸고넘어지려는 이러저러한 사람들과 논쟁하셨고, 결국은 이러저러한 사람들 손에 넘겨져 십자가에서 죽고 사흘 만에 부활하셨다고 하더라."라는 식의 이야기 주인공 정도가 아니었습니다. 그는 예수님을 통하여 복음을, 복음이신 그분을 통하여 자기 자신과 세상을 발견했습니다. 그에게 그분은 행복과 평화와 영생을 주시는 복음이었습니다. 그는 이 예수님을 통해 자기 자신이 누군지 알게 된 것입니다.

4

마르코 복음서는 예수라는 인물에 관한 자료들을 수집하여 한 권의 영웅전을 쓰듯 편찬한 전기傳記가 아닙니다. 마르코가 자기의 복음서를 집필한 것은 자기가 찾던 생의 기쁨을 예수님과 그분께서 선포하신 하느님의 복음에서 찾았기 때문입니다. 그는 복음서를 "예수 그리스도의 복음의 시작"이라는 말로 시작할 만큼 그에게 예수님은 복음 선포자를 넘어 복음 자체였으며, 우리를 삶의 시작(기원, 원천)으로 안내하시는 분, 거기서 기쁨을 찾아 주시는 분이었습니다. 그는 우리 삶의 시작(근원, 원천)인 그분을 믿게 하려고 복음서를 써 내려갔습니다.

마르코 복음에는 마태오나 루카 복음서에서 읽을 수 있는 성탄의 이야기나 예수님의 족보 이야기가 나오지 않습니다. 요한 복음서는 말씀이 사람이 되셨다는 말로써 탄생의 메시지를 강하게 전하지만 마르코 복음에는 그런 암시조차 없습니다. 이런 내용은 하느님의 나라가 가까이 왔다는 복음에 함축되어 있습니다.

예수님이 복음 자체라는 것은 사람의 아들 예수님이 하느님의 아들 그리스도이시고, 그렇기에 사람의 아들이 세상의 복음이라는 말입니다. 이 기쁜 소식이 모든 인생에 감추어 있다는 것은 마르코에게 엄청난 체험이었을 것입니다. 마르코는 자기가 체험한 이 복음을 세상에 알리기 위하여 이 책을 썼을 것입니다. 그는 이 일을 사명감을 가지고 합니다(마르 16,15). 세상 모든 이가 자기 안에 인생을 기쁘게 사는 비결을 지니고 태어났다는 것을 믿고, 이를 세상에 널리 알려 모든 사람이 자기 안에 간직된 기쁨을 드러내며 인생을 살기를 바란 것입니다. 마르코는 나자렛 사람 예수님을 하느님의 아들로, 복음으로 만나면서 자기 인생이 변화하였듯이 독자들도 예수님을 통하여 복음을 발견하고 복음으로 변화되기를 바랐을 것입니다. 우리는 마르코 복음서를 통해 마르코 자신의 변화되는 모습도 함께 느끼게 될 것입니다.

깨달음에 이르는 길은 좁고 사탄이 작용하여 부끄럽고 책망받을 일이 수없이 일어납니다(마르 8,33). 마르코는 예수님의 제자들이 보인 부끄러운 이야기들을 여과 없이 보도하는데 이는 자기 자신의 부끄러운 인생 고백이기도 할 것입니다. 잘못을 저지르고 꾸지람을 듣는 일은 복음으로 변화되어 가는 과정에 일어나는 일들입니다. 마르코는 나약한 인간의 아들들이 나약한 가운데 자기 자신을 하느님의 아들로 인식하게 되는 과정을 그려 보여 주며 독자에게 희망과 용기를 심어 줍니다. 제자들은 왜 예수님께서 사람의 아들이신 당신을 하느님의 아들이라고 고백하게 하셨는지, 차츰 깨닫게 될 것입니다. 인간은 자기 자신이 하느님의 아들이라는 것을 깨닫게 될 때 자기 앞에 펼쳐지는 어떠한 상황에서도, 비참하고 고통스럽고 저주스러운 상황에서도 생의 기쁨을 발견하며 복음으로 살게 될 것입니다.

마르코는 인간 존재 안에 감추어져 있는 이 비밀은 인간의 언어와 관념으로 접근할 수 있는 것이 아님을 깨달았습니다. 그의 복음서에 처음부터 무거운 침묵이 흐를 뿐만 아니라 이 비밀로 독자들을 안내하면서 끊임없이 침묵을 요구하는 이유이기도 합니다. 침묵하는 자만이 비밀의 열쇠를 얻을 수 있을 것입니다. 그 사람만이 기쁨의 원천에 도달할 수 있을 것입니다. 우리는 복음을 전하면서 말을 너무 많이 합니다. 말로써 말을 전하려다 보면 말을 꾸미게 되고, 말을 꾸미다 보면 그 말에 가려 하느님을 보지 못하게 됩니다. 복음의 기쁨은 침묵하는 자만이 누릴 수 있습니다.

5

'복음'이라는 단어에 혼을 쏟아 집필한 마르코의 복음서는 사람의 아들 예수님이 하느님의 아들 그리스도이심을 믿고, 인생의 깊이를 그 원천에서 깨달아 모든 이가 하느님의 아들딸로 살게 하려고 쓴 책입니다. 그런 점에서 역사비평의 잣대로 진실과 진실 아닌 것을 따지고, 예수님이 누구이고 어떤 분이신지 밝히려고만 한다면 예수님의 복음을 지나쳐 버릴 수 있습니다. 복음서는 하느님께서 우리의 마음의 눈을 밝히고자 주신 "지혜와 계시의 영"(에페 1,17-18)으로 묵상하면서 읽어야 하는 책입니다. 묵상하는 가운데 우리는 우리 자신이 누군지 알게 되고 내가 만나는 사람이 누군지도 알게 됩니다. 예수님은 성경을 모르는 사람에게도, 당신이 누군지 모르는 사람에게도, 현대를 살아가는 나와 이방인에게도 당신의 복음을 깨닫게 해 주십니다.

우리 인간들은 그분을 건조한 문자로 정형화하는 경향이 있습니다. 예수님이 하느님의 아들 그리스도라고 고백하면서 이를 추상화하는 경향이 있는 것입니다. 마르코는 이런 인간의 사고의 틀을 깨뜨립니다(마르 8,27-33). 복음에서 만나는 예수님은 정형화된 교의에 갇혀 계시는 분이 아니라 따스한 마음으로 만날 수 있는 분이시고, 그분의 삶과 존재에 대한 깊은 성찰을 통해 만날 수 있는 분이십니다. 예수님 입에서 나온 말씀은 인생을 걸고 묵상해야 깨달을 수 있는 진리이고, 불완전한 인간의 언어를 침묵시킬 때 비로소 깨달을 수 있는 진리입니다. 사실 우리의 인생은 깊은 성찰과 묵상을 통해 성숙하고 완성되어 가는 것이 아닙니까? 마르코는 자신의 실존으로 예수님을 체험하였고, 예수님을 통해 하느님을 체험하였고, 그분을 통해 자기 자신과 이웃을 새롭게 발견하였습니다.

6

학자들은 마르코가 구전되어 온 예수님에 관한 이야기를 그분의 제자들과 초기 그리스도인들을 통해 전해 듣고 복음서를 저술했다고 말합니다. 복음이 입에서 입으로 전해졌다는 것은 한 가지 사건이 다양한 시각으로 전해질 수 있다는 말도 되며, 그렇기에 마르코가 전한 복음과 다른 복음사가가 전한 복음, 나아가 예수님께서 전하신 복음 사이에도 시각의 차이가 있을 수 있다는 말도 됩니다. 같은 사건이라도 복음서마다 다르게 서술되고 어떤 복음서에는 있는 것이 다른 복음서에는 없기도 합니다. 하나의 사건이지만 네 복음서의 보도가 약간씩 다른 것은 복음사가마다 사건을 바라보는 시각과 체험의 강도와 표현하는 능력이 달랐기 때문입니다.

예수님의 탄생과 부활을 알리는 이야기도 복음서마다 달리 보도되고,[6] 예수님께서 행하신 기적도 복음서마다 조금씩 다르게 묘사됩니다.[7] 예수님께서 십자가상에서 하신 마지막 말씀도 복음서마다 다르게 전하고 있습니다. 어떤 말씀이 진짜 예수님의 마지막 말씀인지 따지면서 증명하려 들다가는 복음사가가 전하고자 하는 핵심 메시지를 놓칠 수 있습니다. 같은 예수님의 같은 행적이 복음서마다 차이를 보이는 것은 복음서마다 대상으로 하는 독자층이 달랐기 때문이기도 합니다. 자기 독자층을 설득하기 위하여 그들의 언어와 그들의 삶의

---

6) 우리가 보통 알고 있는 성탄 이야기는 루카 복음에 따른 것입니다. 루카 복음에는 가브리엘 천사가 마리아를 찾아가 "잉태하여 아들을 낳을 터이니 그 이름을 예수라 하여라." 하고 알립니다. 마리아가 "저는 남자를 알지 못하는데, 어떻게 그런 일이 있을 수 있겠습니까?" 하고 말하자 천사가 "성령께서 너에게 내려오시고 지극히 높으신 분의 힘이 너를 덮을 것이다. 그러므로 태어날 아기는 거룩하신 분, 하느님의 아드님이라고 불릴 것이다." 하고 대답합니다(루카 1,26-38). 그런데 마태오 복음에는 천사가 마리아와 약혼한 요셉의 꿈에 나타나 "마리아를 아내로 맞아들여라. 그 몸에 잉태된 아기는 성령으로 말미암은 것이다. 마리아가 아들을 낳으리니 그 이름을 예수라고 하여라. 그분께서 당신 백성을 죄에서 구원하실 것이다." 하고 알립니다(마태 1,18-25). 천사가 동정 잉태를 마리아에게 먼저 알린 것입니까, 요셉에게 먼저 알린 것입니까? 누구의 말이 맞습니까? 아니면 두 분에게 동시에 각각 알린 것입니까?

7) 요한은 카나의 혼인 잔치에서 물을 포도주로 변화시킨 사건을 예수님께서 일으키신 첫 기적이라 전합니다. 요한은 왜 물이 포도주로 변한 그 일을 그분의 첫 기적이라 하였을까요? 이것이 예수님의 첫 기적이라면 다른 복음서들도 비중 있게 다루었어야 할 것입니다. 그러나 다른 복음서에는 카나 혼인 잔치에 대한 언급조차 없습니다. 마르코는 회당에서 더러운 영을 쫓아내신 일을 그분께서 처음으로 행하신 기적으로 소개합니다(마르 1,21-28). 이어 베드로의 장모를 낫게 하신 기적을 전합니다(1,29-31). 루카도 거의 이 순서를 따라 예수님께서 제일 먼저 일으키신 기적으로 회당에서 더러운 영을 쫓아내신 이야기(루카 4,31-37)에 이어 시몬의 장모를 고치고 많은 병자를 고쳐 주신 이야기를 전합니다(4,38-41). 마태오 복음에서는 4장에 가서야 기적 이야기가 나오는데, 그것도 그분께서 "백성 가운데에서 병자와 허약한 이들을 모두 고쳐 주셨다."(마태 4,23)라고 간단하게 서술합니다. 그리고 8장에 가서 나병 환자를 고쳐 주신 이야기를 비롯하여 백인대장의 종과 베드로의 장모 등 많은 병자를 낫게 해 주신 이야기들을 언급합니다. 어느 것이 예수님께서 역사적으로 일으키신 첫 기적인가 하고 따져 묻는 것은 의미가 없습니다.

방식으로 표현해야 했던 것입니다. 그들이 다문화 다종교 사회, 또 첨단과학 시대를 살아가는 현대의 우리에게 복음을 선포한다면 우리의 언어와 사고와 설명 방식, 그리고 다양한 문학 유형에 관심을 두지 않을 수 없을 것입니다(계시헌장 12항). 누구를 대상으로 복음을 선포하는가에 따라 표현 방식은 달라질 수밖에 없는 것입니다. 그리고 또 같은 마르코 복음서를 읽더라도 읽는 사람에 따라 받아들임이 다를 수 있습니다.

7

복음서를 읽을 때는 구전과 서술 언어에 감추어 있는 행간을 읽도록 해야 할 것입니다. 제2차 바티칸 공의회는 예수님과 그분의 복음을 알기 위해서는 복음을 기록한 "성경 저자들이 정말로 뜻하고자 한 것이 무엇이며, 하느님께서 그들의 말을 통하여 나타내고자 하신 것이 무엇인지를 주의 깊게 연구해야 한다."(계시헌장 12항)라고 말합니다.

마태오는 "유다교 분위기에 익숙한 유다계 그리스도인들을 상대로 복음서를 집필"했습니다. 그의 독자는 "그리스어를 사용하는 유다계 그리스도인들"이었습니다. 그러면서도 마태오는 이스라엘 백성에게는 매우 비판적이었습니다. 마태오가 보기에 그들은 "생시의 예수님을 처단하였을 뿐 아니라 부활하신 그리스도 역시 배척한 까닭에 하느님의 백성으로서의 자격을 상실"한 사람들입니다. 마태오의 독자들은 이런 이유로 "유다교의 테두리를 벗어나 독자적인 교단으로 독립하여 유다교와 맞섰고, 이 교단은 이스라엘 민족의 테두리를 벗어나 유다인과 이방인이 공존하는 혼성교회로 성장"했습니다.[8] 마태오는 이런 이유로 이방인들의 편을 많이 들었습니다. 그는 이스라엘보다 이방인이 예수님을 더 잘 맞아들였고, 예수님께서도 그들을 더 잘 거두어 주셨으며 하늘나라도 그들이 먼저 물려받았다고 말합니다. "그러니 교회는 이방인 전도에 주력"해야 합니다(2,2.11; 4,15-16; 5,13.14; 8,513; 12,18-21; 13,36-43; 21,41.43; 22,9; 28,10-20).

마태오에 반해 유다계 그리스도인인 마르코는 "이방계 그리스도인들을 상대로 복음서를 집필했습니다. 그렇기에 히브리어나 아람어를 수록할 경우에는 거의 언제나 그리스어로 번역해 놓았습니다. 또한 이방인들에게는 생소한 유다인들의 관습을 풀이해 주었습니다. 복음사가는 이방인들의 생활상을 참작하기도" 했습니다. 루카도 "이방계 그리스도인들 위해 복음서와 사도행전을" 썼습니다.

마태오는 "그리스어를 사용하는 유다계 그리스도인들"을 염두에 두고 복음서를 쓴 만큼 예수님의 족보로 시작합니다. "다윗의 자손이시며 아브라함의 자손이신 예수 그리스도의 족보."(마태 1,1) 족보의 마지막에 요셉이라는 이름이 등장하지만 "마리아에게서 그리스도라고 불리는 예수님께서 태어나셨다."(1,16)라며 곧바로 마리아에게로 넘어갑니다. 요셉은 마리아의 남편일 뿐 예수님의 아버지는 아닌 것입니다. 그렇다면 지금까지 예수님과 상관없는 족보를 이야기한 셈입니까? 이 족보에 이어 마태오는 예수님의 탄생에 관해서 이야기합니다. "예수 그리스도께서는 이렇게 탄생하셨다. 그분의 어머니 마리아가 요셉과 약혼하였는데, 그

---

8) 정양모, 『마르코 복음서』, 분도출판사, 1981. 이하 '정양모'만 표기된 곳은 위의 책 해당 구절의 각주 참조.

들이 같이 살기 전에 마리아가 성령으로 말미암아 잉태한 사실이 드러났다. 마리아의 남편 요셉은 의로운 사람이었고 또 마리아의 일을 세상에 드러내고 싶지 않았으므로, 남모르게 마리아와 파혼하기로 작정하였다."(1,18-19) 마태오의 의도가 무엇이었을까요?

사도행전의 저자인 루카는 이방인에게 예수님의 복음을 알리는 데 주력합니다. 그는 자기 복음서를 "우리 가운데에서 이루어진 일들에 관한 이야기를 엮는 작업에 많은 이가 손을 대었습니다. 처음부터 목격자로서 말씀의 종이 된 이들이 우리에게 전해 준 것을 그대로 엮은 것입니다. 존귀하신 테오필로스 님, 이 모든 일을 처음부터 자세히 살펴본 저도 귀하께 순서대로 적어 드리는 것이 좋겠다고 생각했습니다. 이는 귀하께서 배우신 것들이 진실임을 알게 해 드리려는 것입니다."(1,1-4)라고 시작합니다. 그리고 세례자 요한의 출생과 예수님의 탄생을 예고하고, 이어서 두 분의 탄생을 각각 보도합니다. 루카는 예수님의 족보를 기록하면서 마태오처럼 요셉을 피해 가지는 않습니다. 그러나 애매한 토를 답니다. "사람들은 그분을 요셉의 아들로 여겼다."(3,21-38) 마태오가 아브라함에서부터 거슬러 내려오며 예수님에 이르는 족보를 나열한 데 반해 루카는 예수님에서 출발하여 아담을 거쳐 하느님까지 거슬러 올라가는 족보를 나열합니다. 이는 예수님께서 세례 때 체험하시는 방식으로 표출됩니다. 세례 때 예수님은 하늘로부터 "너는 내가 사랑하는 아들, 내 마음에 드는 아들이다."(루카 3,22)라는 소리를 들으셨습니다. 이로써 예수님은 하느님의 아들로 천명됩니다. 이후 이야기들은 자연스럽게 하느님 아들에 관한 서술로 이어집니다. 그분은 하느님의 아들로서 광야에서 유혹을 받으셨고

(4,1-13) 갈릴래아를 기점으로 온 세상에 복음을 선포하기 시작하셨습니다.

요한은 "초대 교회의 여러 가지 전승과 당시 교회가 해결해야만 했던 당면 과제들을 반영하며" 복음을 썼는데 예수님을 그리스도, 하느님의 아들로 선포하면서 예수님을 믿게 하고, 믿음을 통해 구원된다는 사실을 독자들에게 알리고자 합니다. 요한은 예수님을 말씀으로 체험하였습니다. "한처음에 말씀이 계셨다. 말씀은 하느님과 함께 계셨는데 말씀은 하느님이셨다. 그분께서는 한처음에 하느님과 함께 계셨다. 모든 것이 그분을 통하여 생겨났고 그분 없이 생겨난 것은 하나도 없다. 그분 안에 생명이 있었으니 그 생명은 사람들의 빛이었다." (요한 1,1-4)

마르코, 예수님의 복음을 전하다

1

바오로 사도는 갈라티아 신자들에게 보낸 편지에서 자기의 복음(자기가 전한 복음)은 그리스도의 복음(그리스도께서 전하신 복음, 그리스도 자신이 복음)이라며, 그 외의 다른 복음은 있을 수 없다고, 다른 복음을 전한다면 저주받아 마땅하다고까지 말합니다(갈라 1,7-9.11-12). 바오로 사도에게 복음은 '하느님의 복음'으로 예수님에 관한 것입니다(로마 1,1-5). 예수님이 하느님에게 복음인 것은 예수님을 통해 하느님의 복음이 계시되고, 예수님 안에서 하느님의 영광이 빛나기 때문입니다. 예수님은 당신 존재로 하느님의 복음을 알게 하시는 분이십니다.

'하느님의 복음'을 선포하신 예수님은 마르코에게 복음이었습니다. 마르코에게 예수님은 기쁜 소식을 선포하신 분이기만 한 것이 아니라 복음 자체셨습니다. 복음을 전하시는 그분의 존재와 인격이 그대로 가르침이었고 복음이었습니다. 예수님의 가르침을 듣는 사람은 그분의 존재와 인격에서 복음을 들었고, 그들 인생이 복음으로 변하는 것을 느꼈습니다. 마르코가 자기 복음서를 "하느님의 아드님 예수 그리스도의 복음의 시작."(1,1)이라는 말로 시작한 것은 하느님의 아들 그리스도이신 예수님이 복음 자체이시기 때문입니다. 그분께서 선포하신 하느님의 나라가 가까이 왔다는 복음에서 예수님을 느꼈기 때문입니다. 마르코는 그분께서 선포하신 복음과 함께 예수님을 복음으로 선포합니다.

2

예수님께서 선포하신 복음은 하늘에서 떨어진 어떤 비책이 아닙니다. 예수님께도 인생이 있습니다. 인생을 사시면서 "나에게 복음은 무엇인가?" 하고 질문을 던지셨을 것입니다. 그리고 그 답을 하느님의 복음에서 찾으신 것입니다(마르 1,14). 예수님께서 선포하신 '하느님의 복음'은 두 가지 의미로, 즉 하느님께서 전하신 복음과 복음 자체이신 하느님(하느님 자신이 복음이다.)으로 알아들을 수 있습니다. 예수님에게 하느님은 기쁜 소식을 전해 주시는 분이기만 한 것이 아니라 복음 자체이십니다. 하느님의 인격과 삶, 그분의 존재 자체가 예수님에게 기쁜 소식(복음)입니다. 그분에게 복음은 하느님께서 선포하신 복음이며 동시에 하느님 자신이었습니다. 예수님은 하느님께서 전해 주시는 복음을 전하며 동시에 하느님 자체를 '복음'으로 선포하십니다. 그리고 복음을 선포하는 당신 자신도 복음이셨습니다.

"나에게 복음은 무엇인가?"라는 질문은 하느님에게도 적용됩니다. 하느님께 복음은 당신의 피조물이었습니다. 당신께서 창조하신 세상이 그리고 당신께서 빚으신 인간이 그분께는 기쁨이었습니다. 마르코는 하느님의 이 기쁨을 예수님의 입을 통해 "때가 찼다. 하느님의 나라가 가까이 왔다."(1,15)라고 선포합니다.

예수님의 입에서 나온 이 말씀을 하느님의 입으로 옮긴다면 이렇습니다. "나는 항상 너희 가까이 있다.", "나는 항상 너희와 함께 있다.", "나는 너희 가운데 있다." 하느님께서 선포하신 하느님의 복음은 우리가 어디에 있든, 우리가 어떤 처지에 놓여 있든 하느님께서 항상 우리와 함께 계신다는 것입니다. 온 세상 모든 피조물이 하느님의 거처이며, 하느님의 현존을 알려 주는 집이며, 사건입니다. 온 세상이 하느님의 현존을 알립니다.

3

마르코에게 복음(마르코가 전한 복음)은 예수님의 복음(예수님께서 전하신 복음이며 동시에 예수님 자신)이고, 예수님에게 복음은 하느님의 복음(하느님께서 전하신 복음이며 동시에 하느님 자신)이며, 하느님에게 복음은 하느님의 현존과 우리(예수님과 이 세상 모든 피조물)입니다. 마르코는 예수님을 통해 하느님을, 하느님을 통해 인간과 세상과 그리고 자기 자신을 복음으로 받아들였습니다. 거꾸로 이야기하면 내(세상)가 예수님을 알게 하고 하느님을 알게 하며 세상을 알게 하는 복음적 존재라는 것을 알 때, 나(세상)는 세상에 복음이 되고 기쁜 존재가 됩니다. 하느님의 현존을 믿고 하느님께서 우리를 다스리시도록 할 때, 우리는 생의 의미를 발견하고 인생을 기쁘게 살 수 있습니다. 인생을 기쁘게 살고자 한다면 복음이신 예수님처럼 세상에 복음으로 살아야겠다는 마음을 발해야 합니다. 복음이 내 삶의 기초(근본)입니다. 복음을 기초로 내 인생이 시작되고 전개되어야 합니다.

이를 표로 그리면 다음과 같습니다.

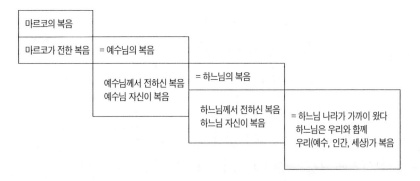

4

마르코가 복음서를 쓴 동기는 예수님께서 선포하신 복음, 이로써 하느님의 복음을 세상에 선포하기 위해서였습니다. 마르코는 예수님의 복음을 자기의 복음으로 받아들이면서(자신의 복음화), 그 복음을 세상이 받아들여야 할 복음으로 선포하는 것(세상의 복음화)을 자기의 사명으로 삼았습니다. 그전에 예수님께서 먼저 하느님의 복음을 당신의 복음으로 받아들이시며(자신의 복음화) 이를 세상이 받아들여야 할 복음으로 선포하셨습니다(세상의 복음화). 예수님께 하느님이 복음이라는 것은 세상과 그 안에 사는 모든 사람이 복음이라는 것을 의미합니다. 그 사람이 어떤 사람이든, 설령 그가 나를 모함하고 죽이려 하는 눈엣가시 같은 존재라 할지라도 변함없이 모두가 복음이라는 것입니다.

하느님과 예수님이 나에게 복음이라는 것은 세상과 그 안에 있는 모든 것이 나에게 복음이라는 것을 의미합니다. 이로써 하느님과 예수님의 복음을 나의 복음으로 만들고(나의 복음화) 이를 세상에 선포하는 것은 우리의 과제이자 사명이 됩니다. 우리는 세상에서 만나는 모든 사람(가난한 사람, 병자, 죄인, 소외된 사람, 외국인, 난민…)이 하느님의 복음이라고 선포할 수 있어야 합니다. 복음 선포는 곧 인간 선포입니다. 하느님은 늘 당신이 우리와 함께 계시다는 것을 전달하시기 위하여 때때로 우리 인간을 극한의 상황으로 초대하십니다. 어떤 상황에서도 기쁨을 발견하는 자가 진짜 기쁨이 무엇인지 압니다. 그 극한 상황이 예수님의 일생에서는 마구간, 광야, 십자가 등으로 나타납니다. 이 모든 곳이 그분에게는 하느님께서 현존하시는 곳이었습니다. 그분은 우리가 어떤 처지에 놓여 있든 우리 모두를 하느님의 복음으로 받아들이셨습니다. 그분에겐 우리가 복음입니다.

교회가 선포해야 할 복음은 예수님께서 선포하신 하느님의 복음입니다. 교회는 세상을 복음으로 받아들이며 세상에 천국의 경지를 열어 줍니다. 우리 시대의 많은 사람이 종교에 실망하고 복음을 고리타분한 것으로 여기는 것은 예수님의 이름으로 예수님의 복음을 전한다지만 실제로는 예수님의 복음과는 거리가 먼 자기 생각을 복음이라는 이름으로 포장하여 전하는 경우가 많기 때문입니다.[9] 바오로 사도는 다른 복음이란 있을 수 없다고 잘라 말합니다. "실제로 다른 복음은 있지도 않습니다. 그런데도 여러분을 교란시켜 그리스도의 복음을 왜곡하려는 자들이 있습니다. 우리는 물론이고 하늘에서 온 천사라도 우리가 여러분에게 전한 것과 다른 복음을 전한다면, 저주를 받아 마땅합니다."(갈라 1,7-8)

내가 복음사가라면 예수님과 그분의 복음을 어떻게 서술하겠습니까? 어떤 말로 그분의 복음서를 시작하겠습니까? 예수님을 직접 뵌 적이 없는 나는 교회를 통해서 다양한 귀와 입을 통해서 내게 전해진 그분의 복음을 알고 있을 뿐입니다. 잊지 말아야 할 것은 예수님에게 복음은 하느님의 복음이었고, 마르코는 예수님의 복음을 기록하였다는 것입니다. 성경은 성령의 감도로 기록된 책으로 오류가 없습니다. 하느님께서 몸소 성경 저자들 안에 또 그들을 통하여 당신께서 원하시는 모든 것을, 또 원하시는 것만 기록하여 전달하게 하셨기

---

9) 복음을 선포하는 교회는 복음이라는 단어를 어떻게 사용하고 있는지 늘 성찰해야 합니다.

때문입니다(계시헌장 11). 내가 복음서를 쓴다면 예수 그리스도의 복음이어야 합니다. 예수님의 복음을, 그분을 통하여 하느님의 복음을 나의 복음으로 만들어야 합니다. 그러지 못할 때 나의 복음은 감상적이고 피상적인 글 모음에 지나지 않을 것입니다. 명심해야 할 것은 예수님께서 우리 시대에 다시 오신다 해도 이천 년 전에 당신께서 선포하신 그 복음을 그대로 선포하시리라는 것입니다. "하느님의 나라가 가까이 왔다." 이 복음은 만고불변의 진리입니다. 그분은 말씀하십니다. "하늘과 땅은 사라질지라도 내 말은 결코 사라지지 않을 것이다."

(마르 13,31)

복음을 선포하시는 예수님은 복음입니다
복음을 선포하시는 그분에게 우리가 복음입니다
세상이 복음입니다
복음이 복음에게 하느님의 복음을 전합니다

제1장

복음의 원리:
천국은 우리 손이 닿는 곳에

때가 찼습니다
손만 내밀면 닿을 만큼 가까이에
하느님의 나라가 와 있습니다
온 세상이 하느님의 복음입니다
세상 모든 사람이 복음입니다
모든 시간이 하느님의 복음을 알립니다
온 세상이 하느님의 복음을 알립니다
세상 모든 사람이 하느님의 복음을 알립니다
천국이 멀리 있다는 생각에서 돌아서십시오
천국이 가까이에 와 있다는 것을 믿으십시오

1.
복음의 시작

"하느님의 아드님 예수 그리스도의 복음의 시작."(마르 1,1)

가. 기쁨의 원천

원천

1

마르코는 예수님의 삶과 복음을 기록하면서[10] 그 첫마디를 어떻게
시작해야 할지 고심했을 것입니다. 예수님 이야기를 아무 말로나 시작

---

10) 성서학자들은 마르코 복음서가 쓰인 연대를 서기 65년에서 67년 사이로 보는데, 64년의 네로가 그
    리스도인을 박해한 이야기(4,17, 10,30, 13,11)는 나오지만 70년의 로마 군대와의 싸움에 이야기는
    나오지 않기 때문입니다. 13장 1-2절, 14-23절을 예루살렘 파괴에 관한 일로 보고 집필 연대를 70년
    후로 보는 학자들도 있지만 "마르코 복음서가 갈릴래아에 유별난 관심을 표하고 있는 점을 감안하여
    (예컨대 16,7) 이 박해는 로마가 아니라 팔레스티나라는 주장도 꽤나 설득력"을 지니고 있다고 봅니
    다. "또한 근래에 이르러 예루살렘 멸망(70년) 전 몇 년 동안 갈릴래아에 있던 그리스도교 공동체들
    이 거의 파괴될 정도의 박해가 있었다는 증거들이 속속 발견"되고 있습니다(두 인용 헨드릭스).

할 수는 없었을 것입니다.[11] 마르코는 자기의 복음서를 "시작"이라는 말로 시작합니다.[12] 여기서 '시작'은 단순히 이제부터 예수 그리스도에 관한 책을 쓰기 시작하겠다는 알림 그 이상입니다. 우리말로 '시작'으로 번역된 그리스어 '아르케ἀρχή'는 '기원, 근원, 원천'이라는 뜻입니다. 아르케는 하느님께서 세상을 창조하신 한처음, 과거일 수 없는 기원을 말합니다. 창조의 시간은 과거 속으로 흘러가 버릴 수 있는 시간이 아니라 지금 진행되고 있는 시간입니다. 하느님의 시간은 언제나 현재이며, 그렇기에 우리가 최종적으로 도달해야 할 종착점이기도 합니다. 그 시작에서 우리는 만물의 근원이신 하느님을 만나게 됩니다.

예수 그리스도의 복음은 기원, 근원, 즉 천지창조의 순간, 그 태초의 순간으로 우리를 안내하여 존재의 기원, 기쁨의 기원을 밝혀 줍니다. "예수 그리스도의 복음의 시작"이라는 말은 예수 그리스도께서 우리를 복음의 원천으로 안내하신다는 말이며, 그 까닭은 예수 그리스도가 복음의 원천이시기 때문입니다. 복음의 원천이신 예수 그리

---

11) 무릇 한 책의 첫마디에는 저자가 독자에게 전하고자 하는 내용과 방향 그리고 저술 동기가 암시되어 있습니다. 교황 문헌을 비롯한 교회 문헌의 이름은 대개 그 책의 첫 단어로 정해집니다. 제2차 바티칸 공의회의 16개 헌장과 교령과 선언의 이름도 그렇게 지어졌습니다. SCSacrosanctum Concilium(거룩한 전례에 관한 헌장), LGLumen Gentium(교회에 관한 교의 헌장), DVDei Verbum(하느님의 계시에 관한 교의 헌장), GSGaudium et Spes(현대 세계의 교회에 관한 사목 헌장) 등.

12) 우리말로는 "하느님의 아드님 예수 그리스도의 복음의 시작"으로 번역되어 "하느님"으로 시작하지만, 원문은 '아르케'로 시작합니다("Ἀρχὴ τοῦ εὐαγγελίου Ἰησοῦ Χριστοῦ Υἱοῦ Θεοῦ").

스도께서 우리를 복음의 원천으로 안내하십니다.[13]

2

마르코는 예수 그리스도를 통하여 복음을 발견하였고, 일상에서 만나는 모든 사람을 복음으로 대하게 되었을 것입니다. 머리말에서 이야기했지만, 마르코가 예수 그리스도를 통하여 복음을 발견하였다는 것은 그분을 통하여 인생을 기쁘게 사는 비결을 알게 되었다는 것을 시사합니다. 자기 자신은 물론이고 모든 사람을 복음, 인생을 기쁘게 하는 비결로 만나게 되었다는 것은 엄청난 변화입니다. 그는 자기 인생에 일어난 놀라운 변화를 세상 사람들에게 전하며 함께 기쁨을 나누고 싶었을 것입니다. 모든 사람이 자기처럼 예수 그리스도를 통해서 변화된 새로운 삶을 살기를, 즉 기쁨을 발견한 존재로 살기를 바랐을 것입니다. 그분의 복음을 통하여 우리가 예수님처럼 복음이 되고, 우리를 복음으로 대하신 그분을 따라 우리도 서로를 복음으로 대하기를 바랐을 것입니다. 복음서를 읽으면서 복음서를 집필

---

13) "시작"이라는 말로 복음서를 시작한 마르코는 "한처음에 말씀이 계셨다."(요한 1,1)라고 복음을 시작한 요한과 신학적으로 비슷한 점을 보입니다. 두 저자는 서로 다른 언어로 하느님의 복음을 전하면서 하느님이 누구신지, 인간이 누군지 그 원천에서 알게 해 줍니다. 하느님은 당신의 생명을 인간의 살에 전달하시고, 손으로 만질 수 있는 사람의 살이 하느님의 생명을 전달합니다. 마르코는 사람이 되신 하느님의 신비, 하느님의 생명을 느끼게 하는 인간 살의 신비에서 시작하여 신비로 끝이 납니다. 요한은 "한처음에 말씀이 계셨다."라고 하며 우리를 생명의 원천으로 안내합니다. "말씀이 사람이 되시어 우리 가운데 사셨다."(요한 1,14)라는 요한의 신학은 "하느님의 나라가 우리 손이 닿는 곳에 와 있다는 복음을 '시작'으로 안내하는 이 두 복음서는 결정적인 순간에 예수님께서 "나는 …이다."라고 말씀하시게 합니다. "나다."(마르 6,50)라는 예수님의 말씀이 요한에서처럼 자연스럽습니다. 그 시작의 점, 영원한 현재에서 우리는 당신의 전부를 내놓으신 하느님, 자기 자신을 십자가에 내놓으신 그리스도를 만납니다. 바오로 사도는 말합니다. "하늘에 있는 것이든 땅에 있는 것이든 보이는 것이든 보이지 않는 것이든 왕권이든 주권이든 권세든 권력이든 만물이 그분을 통하여 또 그분을 향하여 창조되었습니다. 그분께서는 만물에 앞서 계시고 만물은 그분 안에서 존속합니다. 그분 십자가의 피를 통하여 평화를 이룩하시어 땅에 있는 것이든 하늘에 있는 것이든 그분을 통하여 그분을 향하여 만물을 기꺼이 화해시키셨습니다."(콜로 1,16-17.20)

한 복음사가의 이런 마음을 놓친다면 그가 전하고자 하는 예수님의 마음도 놓치게 됩니다.[14]

오리게네스는 마르코가 "시작"이라는 단어로 자기의 복음서를 연 것을 구약이 끝나고 예수 그리스도와 함께 신약이 '시작'되었음을 알리는 것이라고 했는데, 그리스도를 복음의 원천으로 이해했기 때문입니다. "마르코가 '예수 그리스도의 복음의 시작'이라고 말하는 것처럼, 복음은 구원된 모든 지체의 머리이신 예수 그리스도의 것이다. 복음에는 시작과 연속성과 끝이 있다. 세례자 요한이 구약의 예형 typus이라는 점에서는 구약성경 전체가 복음의 시작이기도 하지만, 세례자 요한이 신약과 구약을 연결한다는 점에서 복음의 시작은 구약성경의 마지막 부분이기도 하다."[15]

3

마르코 복음서에는 예수님의 출생 이야기가 나오지 않습니다. 마태오나 루카 복음서가 보도하는 예수님의 족보 이야기도 유소년 시절 이야기기도 없습니다. 요한 복음서에서처럼 그분의 삶을 천지창조 태초

---

14) "예수 그리스도의 복음의 시작"이라는 말로 복음서를 시작하면서 마르코는 우리에게 묻습니다. "여러분은 인생의 기쁨을 어디서 찾습니까? 여러분에게 기쁨의 원천, 행복의 원천은 무엇입니까?" 그리고 대답합니다. "나는 그 기쁨을 예수 그리스도에게서 찾았습니다. 그분은 내게 복음이었습니다. 복음이신 그분이 내게 인생을 기쁘게 사는 비결을 가르쳐 주셨습니다. 이제 내가 여러분을 기쁨의 원천으로 안내해 드리겠습니다." 마르코는 자기가 걸은 행복의 원천을 향한 여행으로 우리를 초대합니다. 이 여행은 사람의 아들이신 예수님이 하느님의 아들 그리스도시라는 것을 깨닫게 해 줄 것입니다.

15) 오리게네스, 오든 58; "세례로 구약이 끝나고 신약이 시작된다. 이는 신약의 선구자가 요한이었다는 사실에서 드러난다. (…) 그는 복음 시대의 첫 열매였기에 '예수 그리스도의 복음의 시작'이라는 말씀에 이어 '요한이 광야에 나타나 세례를 베풀었다'라는 말씀을 우리는 읽게 된다."(에루살렘의 키릴루스, 오든 58) "마르코는 분명히 거룩한 예언자들의 말씀으로 자신의 복음을 시작하고 있으며, 예언자들이 처음부터 주님이요 하느님으로 알아 모신 그분이 바로 우리 주 예수 그리스도의 아버지라는 사실을 증언한다."(리옹의 이레네우스, 오든 58)

의 순간으로까지 거슬러 올라가서 그분의 신원을 밝히려는 신학도 내놓지 않습니다. 마르코는 서론도 도입문도 없이 곧바로 장성한 예수님을 조명하면서 "하느님의 아드님 예수 그리스도의 복음의 시작." 이라는 간결한 말로 그분 이야기를 시작합니다. 독자는 그들 앞에 갑자기 나타난 이 낯선 존재가 하느님의 아들 그리스도라는 말에 놀라 그분에게서 눈을 떼지 못합니다. 그런 그들에게 마르코는 세례자 요한의 인물을 서술한 다음 예수님께서 요르단에서 그에게 세례를 받으시고(1,8-11), 광야로 보내져 사탄의 유혹을 받으셨다고(1,12-13) 전합니다.

무겁고 신비스러운 분위기에 독자가 압도되어 말을 잊고 있을 때 갈릴래아에서 그분의 음성이 들려옵니다. "때가 찼다. 하느님의 나라가 가까이 왔다. 회개하고 복음을 믿어라."(1,15) 그리고 어부를 제자로 부르시고(1,16-20), 회당에서 더러운 영을 쫓아내시고(1,21-28), 많은 병자를 고쳐 주시고(1,32-34), 전도 여행을 떠나시는 그분 이야기(1,35-39)가 이어집니다. 이로써 마르코는 예수님과 함께 하느님의 나라가 우리 손이 닿는 가까이에 있으니 생각을 바꾸어 복음에 귀를 기울이고 이에 대한 믿음을 가져야 한다고 말합니다.

마르코 복음서는 황제가 주는 기쁨과는 다른 기쁨을 주는 복음의 책, 인간 중심의 사고를 변화시키는 회개의 책, 원천을 향하게 하는 믿음의 책입니다. 하느님의 나라는 믿는 이에게는 있고 믿지 않는 이에게는 없는 이상향理想鄕이 아닙니다. 그 나라는 인생을 의미 있고 참되게 살기 위해서는 반드시 도달해야 하는 경지입니다. "예수 그리스도의 복음의 시작"이라는 말로 시작한 이 책은 세상을 바라보는 우리의 눈을 완전히 바꾸어 놓는, 우리를 이 경지에 들게 하는 놀랍기 그지없는 선포(케뤼그마κήρυγμα) 그 자체입니다.

복음

1

복음은 그리스어로 '에유앙겔리온εὐαγγέλιον'인데, 접두사 '에우εὖ(좋은)'와 '앙겔로스ἄγγελος(소식 전달자)'의 합성어로 '기쁜 소식', '희소식', '기쁜 메시지'를 뜻합니다. 그리스 헬레니즘 문헌에서는 "주로 전쟁이나 운동경기에서의 승리와 같은 공적인 성격"을 띱니다. 플루타르크에 의하면 이 단어는 "군사적 승리 또는 성공에 관한 소식을 뜻하는 말로 자주 사용"되었습니다. 또는 반란을 진압했을 때 전령을 앞서 보내어 이를 알리는 소식을 에유앙겔리온이라고 불렀습니다. 이 단어는 "한 개인의 성공이나 치유와 같은 사적인 성격"도 지닙니다.[16] 예컨대 "황제의 아들이 약혼을 한다거나 황제 직위를 물려받았을 때, 혹은 황제가 후사를 갖게 되었을 때," 아니면 "무언가 기뻐할 만한 일, 조금 더 나아가 작든 크든 사람들의 삶과 세상 질서를 변화시킨 일을 전하는 소식"을 뜻했습니다.

이 단어는 또 "성공이나 행운을 신의 은덕으로 여기는 세속적 배경

---

16) Fabris, 752.

에서 사용되다가 '황제숭배'와 관련된 사건을 가리키는 용어로도 사용"되었습니다. 에유앙겔리온은 "고대 세계에서 정기적으로 공식 석상에서 행하는 중대 발표"를 알리는 기쁜 소식이었습니다.[17] 사람들은 "에유앙겔리온, 복음을 들을 때마다 자신들이 살아가는 삶의 터전과 환경, 정치를 아우르는 삶의 모든 가능성이 바뀐다는 것을 감지했습니다. 복음은 사회 전체의 풍경을 완전히 탈바꿈하는 소식이었습니다."[18]

2

복음서는 '하느님의 아들'이라는 칭호를 예수님에게 적용하며 인생의 기쁨은 로마의 황제가 아니라 예수님만이 주실 수 있다고 선언합니다. 황제에게만 사용할 수 있는 이 칭호를 황제가 아닌 다른 이에게 사용한다는 것은 로마의 황제를 정면으로 거스르는 체제 전복을 뜻하는 것이었습니다.[19] 그런데 복음서는 황제가 죽인 예수님을 하느님의 아들 그리스도라고 고백하면서 그분을 복음으로 선언합니다. 예수님에게서 로마의 황제와는 전혀 다르게 세상의 질서를 변화시키는 면을 보았던 것입니다.

마르코에게 예수님은 복음 선포자이기만 한 것이 아니라 복음 자체이셨습니다. "하느님의 나라가 가까이 왔다."라는 선언은 하느님만이

---

17) 윌리엄스, 17.
18) 윌리엄스, 18.
19) 배넌 87 참조.

하실 수 있는 것인데, 이 복음이 예수님의 입을 통하여 선포된 것입니다. 마르코는 예수님께서 이 일을 하실 수 있었던 것을 그분이 하느님의 아들이시기 때문이라고 믿습니다. 마르코는 1장 1절에서 "하느님의 아드님 예수 그리스도의 복음의 시작"이라고 하느님의 아들이신 예수님께서 선포하시는 복음이라는 것을 분명히 밝히고, 14절에 가서 예수님께서 전하신 복음이 하느님의 복음이라는 것을 재차 확인합니다. 그리고 하느님만이 전하실 수 있는 복음을 예수님의 입으로 선포합니다. "때가 차서 하느님의 나라가 가까이 왔다. 회개하고 복음을 믿어라."(1,15)

이 선언문은 어떤 인간(황제)의 입에서도 들어 본 적이 없는 것입니다. 하느님의 복음을 모르는 로마의 황제에게 이 선포는 제국의 체제를 전복하려는 반동적인 언사가 아닐 수 없었을 것입니다. 황제는 인간들의 손이 닿지 아니하는 곳에 앉아 인간을 아래로 내려다봅니다. 평범한 백성들은 물론이고, 더군다나 이방인이나 나병 환자나 가난한 사람이나 죄인들은 감히 접근할 수 없는 높은 존재입니다. 이들은 황제와 거리를 두고 존재해야 합니다. 황제는 자기 기분에 따라 그들에게 기쁨을 하사하거나 거둬들이기도 합니다. 그가 다스리는 나라에서 인간은 존재의 기쁨을 누릴 수 없습니다. 백성들은 황제가(인간이) 주는 불완전한 기쁨에 감염되는 모순 속에 살아갑니다. 황제의 지배를 받지 않으려고 하면서도 서로 황제가 되어 서로를 지배하려 들고, 마음에 들지 않는 사람들을 손 밖으로 밀어내며 가차 없이 처치하기도 합니다. 기쁨을 손이 닿지 않는 먼 곳에서 찾으며 언젠가는 그 기쁨을 차지하게 되리라는 망상에 젖기도 합니다. 황제는 자기를 하느님보다 높은 자리에 앉혀 놓고 백성들과 자신을 차별화합니다.

그런데 예수님은 자신을 낮추며 사람들에게 다가가십니다. 모든 사람에게 다가가 손을 내밀고 일으켜 세우고, 모든 사람이 한마음으로 연대하고 함께 살아가게 하십니다. 그분의 복음입니다. 그분의 복음이 황제와 황제처럼 사는 이에게 거부감을 주는 것은 어찌 보면 당연한 일입니다. 그분께서 그들과 한통속이 된 종교 지도자(대사제, 율법학자)들로부터 배척을 받으신 것도 마땅하게 일어난 일입니다.

마르코가 자기 복음서에서 다른 복음사가와 달리 처음부터 '복음'이라는 단어를 사용한 것은 그에게 예수님이라는 존재 자체가 선언의 의미를 지니고 있기 때문입니다. 마르코에게 예수라는 인물은 그대로 복음입니다. 그렇게 그는 자기 복음서를 예수님께서 복음을 선포하시는 일로 시작합니다. 예수님께서 선포하신 복음을 알리기 위하여, 그리고 그분이 복음 자체이시라는 것을 알리기 위하여 자기의 책을 '복음'이라는 말로 시작한 것입니다.

나. 예수 그리스도의 복음

"예수 그리스도의 복음"이라는 말에서 '예수 그리스도'는 고유명사가 아닙니다. "예수 그리스도의 복음"이라는 말은 예수 그리스도라는 인물이 전한 복음이라는 말이면서 동시에 "예수님이 그리스도라는 것이 복음"이라는 뜻을 내포하고 있습니다. 예수 그리스도를 믿는다는 말은 예수님이 그리스도라는 것을 믿는다는 말입니다. 마르코가 인생을 기쁘게 사는 비결을 예수 그리스도에게서 찾았다는 것은 온갖 모욕을 받으며 십자가에서 비참하게 생을 마감하신 '사람의 아들' 예수님이 그리스도라는 것을 알게 된 데서 인생의 기쁨을 찾았다는 것을 뜻합니다.

예수님이 그리스도라는 고백은 남을 위하여 자기 목숨을 내놓을 수 있는 자만이 진심으로 할 수 있는 고백입니다. 일상에서 만나는 사람의 아들들을 하느님의 아들로 보는 자만이 이 고백을 할 수 있고, 또 그러기 위해 그분께 고백하는 것입니다.[20]

예수님이 그리스도라는 것을 아는 만큼 인생을 기쁘게 살 수 있을 것입니다. 예수님이 그리스도라고 고백한다 하더라도 그리스도를 모른다면 인생의 기쁨도 모를 것입니다. 예수님께서 거짓 그리스도를 조심하라고 경고하신 것은 우리가 진정한 복음의 기쁨을 얻어 살기를 바라신 때문입니다. 마르코의 스승 바오로 사도가 자기가 선포한 예수님과 다른 예수님을 선포하는 사람을 잘도 참아 주는 코린토 신자들에게 실망감을 표하며 그리스도를 향한 성실하고 순수한 마음을 저버리지 않을까 두렵다고 토로한 것도 그들이 그리스도를 알아 진정 인생을 기쁘게 살기를 바라서일 것입니다(2코린 11,4-5 참조).

온갖 모욕을 받으며 십자가에서 비참하게 생을 마감한 '사람의 아들'이 '하느님의 아들' 그리스도라는 것, 신비스럽지 않습니까? 이 신

---

20) 우리는 일상에서 사람의 자식들을 어떻게 만나고 있습니까? 가난하고 힘없는 사람과 더러운 영이 들린 사람, 온갖 모욕을 받다가 사형선고를 받은 사람들을 어떻게 만납니까? 그들에게서 자기 생명의 시작이신 하느님을 봅니까? 빈부귀천, 인종과 종족과 언어의 장벽을 넘어 그들의 소리에서 하느님의 음성을 듣습니까? 구유에 누운 아기의 가련한 목소리에서, 십자가에서 절규하는 죄수의 신음에서 세상 만물을 창조하신 하느님의 음성을 듣습니까?

비는 인간의 지식이 아니라 몸으로 깨달을 수 있는 진리입니다. 어찌 인생을 머리로, 이론적으로 기쁘게 살 수 있겠습니까? 이 비결을 익힌 자만이 자기 몸에서 기쁨의 빛이 발하며, 그를 만난 사람들도 그에게서 반사되는 빛을 받아 기쁨의 빛을 발산하게 됩니다. 예수님은 그렇게 복음으로서 세상에 기쁨을 발하며 사신 분이었습니다. 사람들에게 그분은 기쁨 자체이며 복음이었습니다. 우리는 마르코 복음서를 이 비결에 초점을 맞추어 읽게 될 것입니다. 마르코는 이 비결을 깨닫게 하려고 우리를 예수님께서 돌아가신 십자가로 안내할 것이며, 자기의 언어를 침묵시키는 자만이 이 비결을 깨닫게 될 것이라고 말합니다.

2.
복음을 선포하시기 전

가. 마지막 예언자 세례자 요한

이사야 예언자의 글에 "보라, 내가 네 앞에 내 사자를 보내니 그가 너의 길을 닦아 놓으리라." "광야에서 외치는 이의 소리. '너희는 주님의 길을 마련하여라. 그분의 길을 곧게 내어라.'" 하고 기록된 대로, 세례자 요한이 광야에 나타나 죄의 용서를 위한 회개의 세례를 선포하였다. 그리하여 온 유다 지방 사람들과 예루살렘 주민들이 모두 그에게 나아가, 자기 죄를 고백하며 요르단강에서 그에게 세례를 받았다. 요한은 낙타털 옷을 입고 허리에 가죽 띠를 둘렀으며, 메뚜기와 들꿀을 먹고 살았다. 그리고 이렇게 선포하였다. "나보다 더 큰 능력을 지니신 분이 내 뒤에 오신다. 나는 몸을 굽혀 그분의 신발끈을 풀어 드릴 자격조차 없다. 나는 너희에게 물로 세례를 주었지만, 그분께서는 너희에게 성령으로 세례를 주실 것이다."(마르 1,2-8)

1

세례자 요한은 구약의 마지막 예언자로 알려져 있습니다. 여기서 '마지막'은 예수님을 알기 위해, 예수님을 따르기 위해 '마지막'으로 거쳐야 할 단계로 이해할 수 있습니다. 요한 복음은 요한이 예수님께서 자기 쪽으로 오시는 것을 보고 "보라, 세상의 죄를 없애시는 하느님의 어린양이시다."(요한 1,29) 하고 증언했다고 전합니다. 많은 화가가 이 장면을 예수님을 가리키는 요한의 손가락에 시선을 모으도록 묘사합니다. 그의 손가락이 가리키는 방향 끝에서 신약시대를 여는 예수님을 만나게 됩니다. 요한과 함께 구약시대가 끝이 나고 신약시대가 열린다는 의미에서 마지막 예언자는 새 시작을 알리는 예언자입니다.

2

세례자 요한은 자기의 사명을 다 마칠 무렵 자기는 그리스도가 아니며 주님의 길을 곧게 내기 위하여 광야에서 외치는 이의 소리(요한 1,23)라며 말합니다. "나보다 더 큰 능력을 지니신 분이 내 뒤에 오신다. 나는 몸을 굽혀 그분의 신발끈을 풀어 드릴 자격조차 없다. 나는 너희에게 물로 세례를 주었지만, 그분께서는 너희에게 성령으로 세례를 주실 것이다."(마르 1,7-8) 바오로 사도는 요한이 "너희는 내가 누구라고 생각하느냐?"(사도 13,25)라고 묻고 자기는 그분이 아니라고 스스로 대답하며 이 말을 한 것으로 전합니다.

요한의 질문은 예수님께서 당신의 죽음을 예고하시면서 "너희는 나를 누구라고 하느냐?"라고 물으신 일을 상기시킵니다. 그때 베드로가 나서서 "스승님은 그리스도이십니다." 하고 고백하지만(마르 8,27-29), 사람의 아들에게서 하느님의 아들을 보지 못합니다. 이를 보지 못하는 것은 요한처럼 몸을 굽혀 "사람들의 신발끈을 풀어" 드릴 준비가 되어 있지 않기 때문입니다. 요한처럼 자기 손가락으로 "하느님의 어린양"을 가리키지 못하기 때문입니다. 그 손가락이 가리키는 방향에서 그리스도를 보지 못하기 때문입니다. 다른 사람을 위하여 자기를 희생 제물로 바칠 준비가 되어 있지 않기 때문입니다. 세례자 요한은 그분을 알아보았습니다. "나는 그분의 신발끈을 풀어 드리기에도 합당하지 않다."라고 말하는 그는 그리스도를 만나고 있습니다. 예수님을 만나는 길은 요한처럼 자기를 낮추고 비워 의식주에서 자유롭게 되는 것입니다.

3

우리 눈에 비치는 세례자 요한은 낙타털 옷을 입고 허리에 가죽 띠를 두르고 메뚜기와 들꿀을 먹고 살아가는 모습입니다. 그의 이런 의식주 방식은 인생의 행복은 화려한 의식주에 달려 있지 않다는 것을, 오히려 그런 것들은 주님을 만나고 기쁘게 사는 데 방해가 될 수 있다는 것을 성찰하게 합니다. 의식주를 어떻게 대하는가에 따라 인간은 기쁘게 살 수도 불행해질 수도 있습니다. 부자와 거지 라자로의 비유(루카 16,19-31)에서처럼 부잣집 대문 앞에 종기투성이 몸으로 누워 부자의 식탁에서 떨어지는 것으로 배를 채우더라도 천국의 삶을 살 수 있고, 대궐 같은 집에서 자주색 옷과 고운 아마포 옷을 입고 날마다 즐겁고 호화롭게 살아도 행복을 모르고 살 수 있습니다. 광야에서 세례를 베푸는 요한은 의식주에서 해방된 영의 인간이며, 인간의 힘을 다 내려놓은 자유인의 모습입니다. 구세주를 만나기 위해서는 요한처럼 낙타털 옷衣을 입고 메뚜기와 들꿀食을 먹고 광야住로 나가서 외쳐야 합니다.

낙타털 옷과 가죽 허리띠를 두른 요한에 대해 많은 교부가 이야기합니다. "사치품인 양털 옷이 자신에게 어울리지 않는다고 여긴 복된 요한은 낙타털 옷을 입고서 단순하고 참된 삶의 모범을 보여 주었습니다. 그는 달콤한 영적 양식인 들꿀과 메뚜기를 먹고 살며 (…) 주님의 길을 겸손하고 절도 있게 준비하였습니다. 요한이 어찌 화려한 옷을 입을 수 있었겠습니까? 그는 도시의 가식과 온갖 겉치레를 거부하고 어리석은 탐욕과 천박하고 비열한 모든 것에서 벗어나 광야에서 조용한 삶을 살았습니다."[21]

"요한이 왜 옷에 가죽 띠를 둘렀는지 묻고 싶습니까? 요즘처럼 부드럽고 촉감 좋은 옷이 나오기 전까지 고대인들은 이러한 복장에 익숙했습니다. (…) 엘리야를 비롯한 많은 성인도 그렇게 입었는데, 고된 노동을 하거나 여행을 다니거나 소임과 관련된 일에 투신했기 때문입니다. 또 그들은 모든 장신구를 하찮게 여기고 소박한 삶의 방식을 실천했기 때문입니다."[22]

"낙타털 옷을 입은 그는 옷차림으로도 가르치고 있습니다. 곧, 인간

---

21) 알렉산드리아의 클레멘스, 오든 63.
22) 크리소스토무스, 오든 64.

적 필요에서 해방되어 이 세상 그 무엇에도 매이지 말고, 몸을 가리거나 몸에 걸친 것조차 필요치 않았던 아담의 원초적 품위로 돌아가라는 것입니다."[23]

4

세례자 요한은 주님의 길을 곧게 내는 주님의 일꾼이며 광야에서 회개를 외치는 소리입니다. 그는 왜 사람들이 북적거리는 도시가 아니라 사람이 살지 않는 광야로 나가서 외치는 것일까요? 광야는 삭막하여 사람이 살 수 없는 곳이고 행복과는 거리가 먼 곳입니다.

아무리 좋은 소리라도 들어 줄 사람 없는 광야에서 혼자 외치는 것은 어쩌면 무모한 일입니다. 하지만 자기의 소리를 들어 주는 사람만을 찾아가서 외치는 것은 자기 소리에 도취하여 원천에서 멀어질 수 있습니다. 하느님의 소리에 귀를 막은 외침은 위선이고 거짓일 수 있습니다. 그런 외침으로는 전해야 할 참된 소리를 낼 수 없을 뿐 아니라 열광하는 군중의 소리에 고무되어 허영과 자만에 빠질 수 있습니다.

요한은 광야로 나가서 태초로부터 들려오는 하느님의 음성을 들려주는 소리 역할을 합니다. 그의 소리는 태초에 세상 만물을 창조하시던 하느님의 말씀을 들려주고, 세상 만물이 하느님의 말씀을 들려준다는 사실을, 귀를 기울이면 언제 어디서나 들을 수 있다는 것을 알려 줍니다. 말하는 인간만이 아니라 굴러다니는 돌멩이나 바람 소리,

---

23)   크리소스토무스, 오든 64.

나뭇잎 흔들리는 소리, 새소리, 시냇물 소리, 파도 소리, 세상의 모든 소리들이 세상을 창조하시고 구원하시는 하느님의 음성을 들려줍니다. 요한은 그렇게 광야에서 외치는 소리였습니다. 주님의 오심을 알리는 소리는 광야에 나가야 들을 수 있습니다. 그리스도가 오시는 소리를 들으려면 광야로 나가야 합니다. 구세주는 아무도 찾지 않는 광야의 구유에서 태어나셨습니다.

5

요한의 외침은 '한처음', 하느님께서 세상을 창조하시던 그 순간을 향하게 합니다. "빛이 생겨라."(창세 1,3) 하시며 빛이 생기게 하신 말씀, 그렇게 내 존재를 있게 하신 말씀, 천지창조의 순간으로 요한은 우리의 귀를 열게 합니다. 우리의 존재가 시작한 그 순간으로 우리를 안내합니다. 내 생이 시작되던 그 고요한 순간에 우리는 무엇을 들었습니까? 그 이전에 우리는 무엇을 들었을까요? 지금 우리는 무엇을 듣고 있습니까? 혼탁한 세상의 소리에 휩쓸려 오늘도 세상을 창조하시고 나를 창조하시는 하느님의 말씀을 듣지 못하고 살아가는 것은 아닙니까? 하느님께서 그 옛날 세상을 창조하신 뒤 뒷전으로 물러나시거나 한 것처럼 그분을 잊고 세상의 주인 행세를 하는 것은 아닙니까? 그분은 오늘도 우리를 창조하고 계시다는 것을 잊고 사는 것은 아닙니까?

하느님은 우리를 빚으시며 말씀하십니다. "사람이 되어라." 그 말씀에 따라 우리는 인간으로 태어났습니다. 우리가 만나는 사람들과 우리에게 일어나는 일들도 하느님의 음성에 따라 존재하고 일어납니다. 그런데 세상의 겉에서 울리는 소리를 쫓아 사느라 또는 걱정에 파묻혀 사느라 그 음성을 잘 듣지 못합니다. 예수님께서 요르단에서 세례를 받으실 때 하늘에서 "너는 나의 사랑하는 아들"이라는 소리가 들려왔습니다. 하느님은 우리에게도 같은 말씀을 하십니다. 그런데 수많은 잡음 때문에 이 음성은 묻혀 버리고 맙니다. 듣고 싶은 것만을 들으려 하고, 부와 권력과 명예, 높은 자리를 추구하느라 처음부터 우리에게 들려오는 원음, 하느님께서 우리에게 들려주고자 하시는 원음을 놓치고 맙니다. 이 음성을 듣기 위하여 광야로 나가야 합니다. 광야에서 들려오는 음성을 들어야 합니다.

6

마르코는 요한이 이사야 예언자의 글에 기록된 대로 선포하였다고 하지만, 열두 예언서 중 가장 마지막 예언서인 말라키 예언서도 함께 인용합니다. "보라, 내가 네 앞에 내 사자를 보내니 그가 너의 길을 닦아 놓으리라."라는 구절은 말라키서 3장 1절(보라, 내가 나의 사자를 보내니 그가 내 앞에서 길을 닦으리라.)에서 인용했고, "광야에서 외치는 이의 소리. '너희는 주님의 길을 마련하여라. 그분의 길을 곧게 내어라.'"라는 구절은 이사야서 40장 3절(너희는 광야에 주님의 길을 닦아라. 우리 하느님을 위하여 사막에 길을 곧게 내어라.)에서 인용한 것입니다. 마르코는 이사야서와 말라키서를 나름대로 혼용하여 "너희는 주님의 길을 마련하여라. 그분의 길을 곧게 내어라." 하고 요약하였습니다.

요한 복음은 "광야에서 외치는 이의 소리"라는 말을 세례자 요한이 직접 자기 입으로 말하게 합니다. 요한은 "당신은 누구요?" 하고 캐묻는 유다인들의 질문에 "나는 그리스도가 아니다."(요한 1,20) 하고 고백하며 "나는 이사야 예언자가 말한 대로 '너희는 주님의 길을 곧게 내어라.' 하고 광야에서 외치는 이의 소리다."(1,23) 하고 대답합니다. 요한은 주님의 길을 닦습니다. 그 길로 사람들을 안내합니다. 그 길을 벗어나서는 사람들이 찾는 행복에 도달할 수 없다고 그는 외칩니다.

예수님이 길이신 것은 그분이 복음이시기 때문입니다. 그분의 길에서 우리는 복음을 만나고 하느님의 나라가 가까이 왔다는 것을 깨닫게 됩니다. 그리고 우리 자신이 하느님에게 복음이고 길이며 세상에 복음임을 깨닫게 될 것입니다. 주님께 이르는 길을 가야 하는데 그 길이 울퉁불퉁하기도 하고 구불구불하기도 하여 그분께 이르기가 쉽지 않습니다. 곧장 주님께 나아가 세상과 우리를 창조하신 하느님의 음성을 듣고 싶지만 갖가지 욕망과 집착과 이기적인 사고가 그분께 나아가는 길을 방해합니다. 나의 굽은 마음이 이를 방해합니다. 생각을 곧게 펼 때 우리는 이웃을 만날 수 있고, 그들 안에서 그들을 창조하신 하느님 음성을 들을 수 있고, 나를 인간으로 불러 주신 원천을 향하여 살 수 있습니다.

7

광야에서 돌아온 요한은 "그분(말씀)은 커지셔야 하고 나(소리)는 작아져야 한다."(요한 3,30) 하고 말하며 회개의 세례를 베풉니다. 자기의 몸을 굽히고 낮춘 사람에게서 회개하라는 소리가 들려옵니다. 회개는 개인의 인기와 성과와 집착과 욕망으로 가득 찬 마음에서 방향을 돌려 들리지 않는 하느님의 소리에 귀를 기울이게 합니다. 죄(하마르티아ἁμαρτία)는 목표를 잘못 정하여 다른 방향으로 행복을 찾아가게 하는 것입니다. 하느님과 하느님의 나라에서 점점 멀어지는 것입니다.

회개는 잘못된 길에서 돌아서 주님께로, 만물의 원천으로 향하는 것입니다. 요엘 예언자는 "주님의 말씀이다. 그러나 이제라도 너희는 단식하고 울고 슬퍼하면서 마음을 다하여 나에게 돌아오너라. 옷이 아니라 너희 마음을 찢어라. 주 너희 하느님에게 돌아오너라. 그는 너그럽고 자비로운 이 분노에 더디고 자애가 큰 이 재앙을 내리다가도 후회하는 이다."(요엘 2,12-13) 하고 외칩니다. 즈카리아 예언자는 "만군의 주님이 말한다. 너희는 나에게 돌아와라. 만군의 주님의 말씀이다. 그러면 나도 너희에게 돌아가리라. ─ 만군의 주님께서 말씀하신다. 너희는 너희 조상들처럼 되지 마라. 이전의 예언자들은 '만군의 주님께서 이렇게 말씀하신다. 너희는 부디 너희의 악한 길과 악한 행동을 버리고 돌아와라.' 하고 외쳤으나, 그들은 듣지도 않고 나에게 주의를 기울이지도 않았다. 주님의 말씀이다."(즈카 1,3-4) 하고 외칩니다.

요한 1서 저자는 "여러분은 처음부터 들은 것을 여러분 안에 간직하십시오. 처음부터 들은 것을 여러분 안에 간직하면, 여러분도 아드님과 아버지 안에 머무르게 될 것입니다. 이것이 그분께서 우리에게 하신 약속, 곧 영원한 생명입니다."(1요한 2,24-25)라고 말하며 이 음성을 놓치고 세상의 말에 파묻혀 태초로부터 들려오는 하느님의 음성을 부인하는 자를 거짓말쟁이라고 합니다(2,21). 더 심하게 그를 그리스도의 적이라고 말하기도 합니다(2,22). 그리스도의 적은 듣지만 듣지 못하는 자입니다.

8

    요르단은 요한이 예수님께 세례를 베푼 곳이지만 동시에 예수님을 알아본 곳입니다. 요르단에서 요한은 자기에게 세례를 받으려고 오신 예수님이 하느님의 아들 그리스도이시라는 것을 알아봅니다. 그리고 구세주를 만나기 위해 자기처럼 낙타털 옷을 입고 메뚜기와 들꿀을 먹으며 광야에서 살아야 한다고 무언으로 인류를 가르칩니다. 요한처럼 의식주에서 자유로운 사람만이 예수님이 하느님의 아들 그리스도이심을 체험하게 될 것입니다.

나. 요르단에서 세례를 받으시는 예수님

    그 무렵에 예수님께서 갈릴래아 나자렛에서 오시어, 요르단에서 요한에게 세례를 받으셨다. 그리고 물에서 올라오신 예수님께서는 곧 하늘이 갈라지며 성령께서 비둘기처럼 당신께 내려오시는 것을 보셨다. 이어 하늘에서 소리가 들려왔다. "너는 내가 사랑하는 아들, 내 마음에 드는 아들이다."(마르 1,9-11)

예수님, 요르단에서 세례를 받으시다

1

우리는 마르코가 자기의 복음서를 다른 복음사가들과는 달리 장성한 예수님에게서부터 시작하고 있다는 사실을 눈여겨볼 필요가 있습니다. 마르코는 예수님을 요란하게 역사에 등장시키지 않습니다. 마태오는 천사가 요셉에게 나타나 마리아가 성령으로 잉태하였다는 것을 알리고, 루카는 천사가 마리아에게 나타나 아기를 낳을 것이라고 알립니다. 그리고 그분은 구유에 누운 아기 모습으로 인류 역사에 등장하십니다. 마르코에게는 루카에서처럼 어린 예수님이 성전에서 학자들과 당당하게 논쟁하거나 당신을 찾는 부모에게 "왜 저를 찾으셨습니까? 저는 제 아버지의 집에 있어야 하는 줄을 모르셨습니까?"(루카 2,49) 하고 당당하게 말씀하시는 예수님, 이미 모든 진리를 다 깨친 하느님 아들의 모습을 찾아볼 수 없습니다. 마르코 복음에는 어른이 되신 예수님께서 요한에게 세례를 받으시고자 요르단에 처음 모습을 드러내십니다. "종의 모습을 취하시고 사람들과 같이"(필리 2,7) 되시어 무리에 섞여 나타나십니다. 그리고 세례를 받으심으로써 그분의 공생활이 시작됩니다.

2

예수님은 가난한 마리아와 요셉의 아들로 태어나 인생을 사시면서 가난하고 병들고 고통받는 사람들과 시기하고 반목하고 트집 잡고 걸고넘어지는 사람들을 많이 보셨을 것입니다. 복음서에 등장하는 인물들은 예수님께서 복음을 선포하시기 전부터 일상에서 만나던 사람들입니다. 행복을 추구하면서도 행복하지 못한 인생들, 병고에 시달리는 인생을 보시며 행복이란 무엇인지, 인생의 의미가 무엇인지, 인생을 기쁘게 사는 비결이 무엇인지, 물으셨을 것입니다.[24] 그리고 그들 마음속 깊은 곳에 감추어 있는 행복을 추구하는 마음을 보시면서 행복은 모든 이들 안에 감추어져 있다는 것을, 미워하고 갈등하는 그들 마음속 깊은 곳에 감추어 있다는 것을, 그 마음에 도달하지 않고서는 결코 인생을 행복하게 살 수 없다는 것을 체험하셨을 것입니다.

그분께서 언제부터 이런 심각한 물음을 던지기 시작하셨고 어느 시점에 이르러 그 답을 얻으셨는지 성경 기록만으로는 알 수 없습니다. 예수님께서 30~35세가 되어 "하느님의 나라가 가까이 왔다."라는 하느님의 복음을 선포하신다면 하느님의 복음을 깨닫는 데 그만큼의 세월이 걸렸음을 암시합니다. 신심 깊은 그리스도인들은 예수님께서 깨닫는 데 30년 이상 걸렸다고 말하면 하느님의 아들이신 그분의 신성을 부정하는 말처럼 알아듣고 거부감을 일으킬지도 모릅니다. 하지만 예수님은 하느님의 아들이시기에 말구유에 태어나실 때부터 이미 행복이 무엇인지, 행복하게 사는 방법이 무엇인지 다 알고 계셨다고 생각

---

24) 제2차 바티칸공의회가 던진 질문은 예수님의 질문이며 그래서 우리 모두의 질문입니다. "인간이란 무엇인가? 인생의 의미와 목적은 무엇인가? 선은 무엇이고 죄는 무엇인가? 왜, 무엇 때문에 고통을 겪어야 하는가? 죽음은 무엇이고, 죽은 뒤의 심판과 보상은 무엇인가? 마지막으로, 우리 삶을 에워싸고 있는 형언할 수 없는 저 궁극의 신비는 무엇인가? 우리는 어디에서 와서 어디로 가는가?"(비그리스도교에 관한 선언 1항)

한다면 그분을 신화의 존재로 만드는 것이나 다를 바 없습니다.

예수님께서 선포하신 이 복음은 예수님께서 세상에 탄생하실 때 하늘나라의 아버지께서 전수해 주신 어떤 비법이 아니라 당신이 세상에서 인간으로서 살아가시면서 체득하신 것입니다.

3

"하느님의 아드님 예수 그리스도의 복음의 시작"(1,1)이라는 말로 복음서의 서두를 꺼낸 마르코는 1장 14절에서 예수님의 복음은 하느님의 복음이라고(1,14) 선포하고, 이어서 "때가 찼다. 하느님의 나라가 가까이 왔다."(1,15)라고 예수님께서 하느님의 복음 내용을 선포하셨다고 전합니다. "예수님의 복음"(1,1)과 "하느님의 복음"(마르 1,14-15) 사이에 세례 사화(1,9-11)와 유혹 사화(1,12-13)를 통하여 예수님께서 체험하신 복음 이야기를 들려줍니다.

예수님은 요르단에서 요한에게 세례를 받으실 때, 또 광야에서 사십 일 동안 사탄에게 유혹받으실 때 당신의 내면을 향하여 들려오는 하느님의 음성을 들으셨습니다. 그 음성은 당신의 온 존재를 기쁨으로 가득 채웠고, 온 세상을 사랑으로, 복음으로 만나게 했습니다. 물론 이 체험은 그때 처음으로 하신 것이 아니라 당신의 인생을 통하여 무르익은 체험일 것입니다.

예수님은 당신의 인생으로 체험하신 복음을 온 세상이 함께 누리도록 선포하십니다. "때가 찼다. 하느님의 나라가 가까이 왔다. 회개하고 복음을 믿어라."(마르 1,15) 간결한 이 말씀에 성경 전체의 내용이 함축되어 있습니다. 인생을 의미 있게 사는 비결이 들어 있습니다. 이 복음은 이천 년이라는 유구한 세월을 두고 사람들의 입에 오르내리는 동안 너무도 귀에 익어 특별한 울림을 주지 못하는 박제된 말씀처럼 들리기까지 합니다. 예수님께서 복음을 선포하시기 위해 여러 마을과 고을을 두루 다니셨고, 실제로 그분을 만난 사람들이 그분에게서 삶의 의미를 찾았다고 말을 하면서도 나의 복음으로 만들지는 못하는 것입니다.

이 복음은 인간이 인간으로 살기 위하여 들어야 할 마지막 말씀입니다. 참행복을 얻고자 한다면 인류는 그분의 체험을 자기의 체험으로 만들어야 합니다. 예수님께서 하느님 나라의 복음을 선포하시는 이유는 이 복음은 당신 개인의 체험이면서 동시에 행복과 평화를 꿈꾸는 온 인류가 체험해야 할 원초적인 체험이기 때문입니다. 예수님은 온 인류를 당신께서 체험하신 이 원초적인 체험으로 안내하여 거기서 살기를 바라신 것입니다. 마르코는 그 길을 충실히 안내해 줍니다.

4

마르코는 예수님의 세례 장면을 간단하게 세 문장으로 서술합니다. 1) 예수님께서 요르단에서 요한에게 세례를 받으셨다. 2) 물에서 올라오신 예수님께서는 하늘이 갈라지며 성령께서 비둘기처럼 당신께 내려오시는 것을 보셨다. 3) "너는 내가 사랑하는 아들, 내 마음에 드는 아들이다."라는 하늘에서 들려오는 소리를 들으셨다. 마르코에 의하면 요한은 "죄의 용서를 위한 회개의 세례를"(마르 1,4) 베풀었습니다.[25] 예수님도 죄를 고백하고 회개하기 위하여 세례를 받으신 것일까요? 요한은 세례를 받으러 찾아오신 예수님에게서 무엇을 느꼈을까요? 그분의 머리를 눌러 물에 담글 때 그의 마음은 어떠했을까요?

마르코는 예수님께서 "요르단에서 요한에게 세례를 받으셨다."(1,9) 하고 간결하게 보도하지만, 마태오는 요한이 자기를 찾아와 세례를 청하는 예수님께 "제가 선생님께 세례를 받아야 할 터인데 선생님께서 저에게 오시다니요?"(마태 3,14) 하면서 그분을 말렸다고 서술합니다. 예수님께서 "지금은 이대로 하십시오. 우리는 이렇게 해서 마땅히 모든 의로움을 이루어야 합니다." 하고 대답하시자, 그제야 요한이 예수님의 뜻을 받아들여 세례를 베풀었다고 전합니다(마태 3,14-15).

요한은 세례를 받으려고 몸을 숙이신 예수님이 자기보다 훌륭한 분이심을 알아봅니다. 그분은 자기보다 큰 능력을 지니신 분이기에 자기는 그분의 신발을 들고 다닐 자격조차 없다고 이미 밝혔습니다(마르 1,7). 요한은 이 예수님을 두고 말합니다. "보라, 세상의 죄를 없애시는 하느님의 어린양이시다."(요한 1,29) 하느님의 어린양에 대해서는 많은 주석과 해석이 있지만, 일반적으로 예수님을 희생양으로 보는 견해가 지배적입니다.[26] 구약의 이스라엘은 전통적으로 자기들의 구원을 위하여 다른 짐승을 희생 제물로 바쳐 왔지만 이제 예수님은 당신 자신을 희생 제물로 내놓으십니다. 구약의 사람들은 자기의 행복을 위해 다른 희생물이 필요했지만, 예수님은 인류의 구원을 위하여

---

25) 마태오도 마르코와 비슷하게 사람들이 "자기 죄를 고백하며 요르단강에서 그에게 세례를 받았다."(마태 3,6)라고 서술합니다.
26) 뒤켄, 117 참조.

당신의 목숨을 희생 제물로 바치십니다.

5

마태오는 "그때에 예루살렘과 온 유다와 요르단 부근 지방의 모든 사람이 그(요한)에게 나아가, 자기 죄를 고백하며 요르단강에서 그에게 세례를 받았다."(마태 3,5-6)라고 말합니다. 예수님께서도 그 무리에 섞여 차례를 기다려 세례를 받으셨을 것입니다. 하느님의 아드님께서 죄인의 무리에 섞여 있습니다. 죄인의 무리에 섞여 계신 그분의 모습은 하느님 아들의 모습입니다. 하느님의 아들이시기에 그러실 수 있습니다.

그분은 대열에 서신 그 모습으로 하느님은 우리 가까이 계시고 싶어 하신다는 것을, 어떤 죄인이라도 밀어내지 않고 당신의 전부를 전달하시며 거처로 삼기를 바라신다는 것을 보여 주시는 것입니다. 긴 대열에서 순서를 기다리는 그분의 모습에서 약하고 죄스러운 인간성을 받아들이며 포용하시는 하느님을 봅니다. 우리의 집단적인 죄악을 신비스럽게 짊어지고 하느님께 자비를 구하시는 모습을 봅니다.

긴 대열에 서신 그 모습으로, 물에 잠기는 그 모습으로, 이제 그분은 죄인에게 다가가 손을 내밀고 잡아 일으키실 것입니다. "짊어진 죄의 무게는 어떤 사람도 감당하기 어려울 정도로 무거워서 예수님은 강물 아래 어둠 속으로 가라앉는다."[27]

---

27) 케이시 57.

이사야서의 다음 말은 사람의 아들이신 그분이 하느님의 아들이셨기에 가능합니다. 그분은 "우리의 병고를 메고 갔으며 우리의 고통을 짊어졌다. 그런데 우리는 그를 벌받은 자, 하느님께 매 맞은 자, 천대받은 자로 여겼다. (…) 주님께서는 우리 모두의 죄악이 그에게 떨어지게 하셨다."(이사 53,4.6)

6

세례자 요한은 예수님을 성령으로 세례를 베푸시는 성령의 사람으로 소개합니다. "나는 너희에게 물로 세례를 주었지만, 그분께서는 너희에게 성령으로 세례를 주실 것이다."(마르 1,8). 물은 살리고(생명), 씻고(정화), 죽이는(죽음) 힘을 지니고 있습니다. 세례받는 자는 자기 머리 위에 부어져 온몸으로 흘러내리는 물에서 물의 흐름을 느낍니다. 흘러가다가 장애물을 만나면 억지로 뚫고 지나가려 하지 않고 불평 없이 피해서 흐릅니다. 세례의 물은 단순히 더러운 것을 씻는 역할만 하는 것이 아니라 굽은 마음을 곧게 합니다.

물로 세례를 베푸는 요한의 마음은 어쩌면 이러했을 것입니다. "여러분은 생각이 복잡하여 그리스도께 나가는 길을 스스로 막고 있습니다. 여러분 앞에 나타난 이웃을 그리스도께 나가는 데 방해물로 생각하고 억지로 여러분의 힘으로 그들을 뚫고 통과하려 합니다. 그러는 사이 자신도 모르게 상대에게 폭력을 가하며 상대를 지배하려 들고 업신여기며 상처를 주기도 합니다. 그런가 하면 마음에 욕심이 가득 차 위로만 향하려 합니다. 그런 굽은 마음으로는 그리스도께 나아갈 수 없습니다. 길을 곧게 하십시오. 그런 마음을 씻어 버리십시오. 물처럼 흐르십시오. 물이 되어야 합니다. 여러분의 몸에 흐르는 물을 느끼며 아래로 흐르고, 웅덩이를 만나면 기다렸다가 흐르고, 장애물을 만나면 옆으로 피해서 흐를지언정 억지로 뚫으려 하지 마십시오. 여러분의 몸이 그렇게 물처럼 흘러가도록 내버려 둘 때 여러분은 자기를 창조하시고 사랑하신 태초의 하느님 음성을 들을 수 있고 주변과 조화를 이룬 삶을 살 수 있을 것입니다. 물이 씻는 역할을 한다면 굽은 마음을 씻는 것입니다."

물의 세례나 성령의 세례나 내용상으로는 크게 다르지 않습니다. 물의 흐름처럼 성령의 바람도 어디서 와서 어디로 불어 갈지 모르기 때문입니다. 물이나 불이나 모두 인간의 힘과 의지를 내려놓게 합니다. 그래서 마르코는 물의 세례에 이어 성령의 세례를 말합니다. 요한 복음은 성령을 이야기하지 않고 다음과 같이 말합니다. "나는 물로 세례를 준다. 그런데 너희 가운데에는 너희가 모르는 분이 서 계신다. 내 뒤에 오시는 분이신데, 나는 그분의 신발끈을 풀어 드리기에도 합당하지 않다."(요한 1,26-27) 마태오와 루카가 각각 자기의 복음서를 시작하면서 예수님을 성령으로 인하여 동정녀에게서 나신 분으로 서술했다면 마르코는 세례와 관련하여 성령의 이야기를 끄집어 냅니다. 인간의 힘을 포기한 자만이 성령의 인간을 알아볼 수 있습니다.

하늘이 갈라지는 체험

1

마르코는 세례를 받으시고 물 위로 올라오신 예수님께서 1) 하늘이 갈라지는 체험, 2) 성령 체험, 3) 당신을 하느님의 사랑하는 아들로 체험하셨다고 전합니다. 하늘이 열리고 눈이 열리고(보셨다), 귀가 열리는(들으셨다) 강렬한 세례 체험에서 우리는 그분께서 곧 펼치실 하느님의 나라와 지상의 나라(하느님 나라가 가까이 와 있다), 하느님과 인간의 아들 사이(하느님의 아들이 사람의 아들)에는 거리가 없으며 그 무엇도 이 하나 됨을 갈라놓을 수 없다는 복음을 미리 맛보게 됩니다. 이 체험이 예수님 가르침의 핵심이 될 것입니다.

하늘이 갈라졌다는 것은 하늘이 두 쪽으로 갈라져서 그사이에 어떤 틈이 생겼다는 말이 아닙니다. 하늘이 갈라졌다는 것은 하늘이 땅을 향하여 열렸다는 것을, 곧 하늘과 땅의 만남과 하늘과 땅의 결합을 암시합니다. 보통 사람들에게 하늘은 땅 위에 높이 걸쳐 있는 공간(세계)으로 땅에 사는 인간으로서는 도달할 수 없는 곳입니다. 하늘과 땅은 서로 극을 이루며 떨어져 있고, 하늘에 계신 하느님은 땅 위에 사는 인간으로서는 도저히 근접할 수 없는 분으로 생각하는 것입니다. 하늘은 땅을 떠나야 체험할 수 있고, 하느님의 나라는 지상(현실 세계)을 떠나야 들어갈 수 있는 나라, 죽은 다음 체험할 수 있는 나라로 생각하는 것입니다.

예수님은 이런 이분법적인 사고에 젖어서 행복을 추구하는 인간들과는 다른 체험을 하셨습니다. 사람들은 흔히 불행한 모든 일이 사라진 곳에 행복이 있다고 생각합니다. 그래서 자기를 불행하게 하는 것들(사람들)을 제거하거나 피하려고 애씁니다. 고통과 불행이 끊이지 않는 이 세상에서는 행복할 수 없는 것처럼, 현실을 떠난 어떤 곳에 행복이 보장되는 천국이 있는 것처럼, 그 나라를 동경합니다. 예수님은 그렇게 믿고 사는 한 행복할 수 없다는 것을 체험하셨습니다. 생로병사 희로애락이 펼쳐지는 이 땅에 우리가 찾고 있는 행복이 숨겨져 있고, 행복의 원천이신 하느님께서 이 땅에 현존하신다는 것을 체험하셨습니다. 하늘이 갈라지는 체험은 인간의 이분법적인 사고가 깨지는 체험입니다.

2

하늘과 땅의 결합을 우리는 구약의 야곱이 하늘과 땅이 맞닿은 꿈을 꾼 이야기에서도 듣습니다. "야곱은 브에르 세바를 떠나 하란으로 가다가, 어떤 곳에 이르러 해가 지자 거기에서 밤을 지내게 되었다. 그는 그곳의 돌 하나를 가져다 머리에 베고 그곳에 누워 자다가, 꿈을 꾸었다. 그가 보니 땅에 층계가 세워져 있고 그 꼭대기는 하늘에 닿아 있는데, 하느님의 천사들이 그 층계를 오르내리고 있었다."(창세 28,10-12) 야곱이 하느님의 천사들이 층계를 오르내리는 꿈을 꾸었다는 것은 하늘과 땅의 만남을 체험했다는 것을 암시합니다.

하늘의 하느님을 땅에서 체험한 것입니다. "야곱은 잠에서 깨어나, '진정 주님께서 이곳에 계시는데도 나는 그것을 모르고 있었구나.' 하면서, 두려움에 싸여 말하였다. '이 얼마나 두려운 곳인가! 이곳은 다름 아닌 하느님의 집이다. 여기가 바로 하늘의 문이로구나.'"(창세 28,16-17) 하느님의 현존을 체험한 그는 이제 어디든 갈 수 있게 됩니다. 이 체험을 창세기 저자는 하느님의 음성을 통하여 들려줍니다. "보라, 내가 너와 함께 있으면서 네가 어디로 가든지 너를 지켜 주고, 너를 다시 이 땅으로 데려오겠다. 내가 너에게 약속한 것을 다 이루기까지 너를 떠나지 않겠다."(창세 28,15)

야곱은 하늘과 땅의 만남을 체험하면서 땅을 하늘의 문으로, 하느님의 집으로 체험하게 됩니다. 그리고 하늘의 문은 더 이상 하늘 높이 매달려 있는 것이 아니라 땅에 뿌리박고 있음을 체험하게 됩니다. 야곱은 지금까지 이를 모르고 살았습니다. 몰랐기에 끊임없이 도망치는 삶을 살았습니다. 이제 땅에서 하늘을 체험하면서 형 에사우가 있는 집으로 돌아가기로 마음을 먹습니다. 그렇다고 두려움에서 완전히 벗어난 것은 아닙니다.

그는 머리에 베었던 돌을 가져다 기념 기둥으로 세우고 그 꼭대기에 기름을 붓고 그곳의 이름을 베텔, 즉 '하느님의 집'이라 부르고(창세 28,18-19), 그런 다음 이렇게 서원합니다. "하느님께서 저와 함께 계시면서 제가 가는 이 길에서 저를 지켜 주시고, 저에게 먹을 양식과 입을 옷을 마련해 주시며, 제가 무사히 아버지 집으로 돌아가게 해 주신다면, 주님께서는 저의 하느님이 되시고, 제가 기념 기둥으로 세운이 돌은 하느님의 집이 될 것입니다."(창세 28,20-22) 두려움 속에 그는 자기가 있는 곳이 하느님의 집이고, 자기가 만나는 모든 사람이 하늘에 이르는 문임을 체험하게 됩니다. 두려워하는 마음으로 세상을 대하고, 그 마음으로 사람들을 하느님의 집(하느님의 나라)으로 만나게 될 것입니다. 만나는 사람을 지나치는 것은 하늘의 문을 지나치는 것입니다. 사람들이 천국을 그리워하면서도 하늘의 문을 지나치는 것은 사람들을 두려워하는 마음 없이 대하기 때문입니다.

창세기의 바벨탑 이야기는 다른 각도에서 이 체험을 들려줍니다. 여기서는 하늘이 찢어지며 땅과 결합한 것과는 반대의 체험입니다. 하늘이 아니라 땅이 하늘을 향해서 찢어지는 체험을 하고자 했던 인간들의 실패담입니다. 인간들은 땅 높이 하늘을 향하여 자기들의 세계를 세우려는 교만의 극치를 보입니다. 그들은 말합니다. "자, 성읍을 세우고 꼭대기가 하늘까지 닿는 탑을 세워 이름을 날리자. 그렇게 해서 우리가 온 땅으로 흩어지지 않게 하자."(창세 11,4)

그 결과는 혼돈이었습니다. 그들에게 남겨진 것은 불통과 불신과 흩어짐이었습니다. "주님께서는 그들을 거기에서 온 땅으로 흩어 버리셨다. 그래서 그들은 그 성읍을 세우는 일을 그만두었다. 그리하여 그곳의 이름을 바벨이라 하였다. 주님께서 거기에서 온 땅의 말을 뒤섞어 놓으시고, 사람들을 온 땅으로 흩어 버리셨기 때문이다."(창세 11,8-9) 하느님께서 왜 그러셨을까요? 당신의 자리에 위협을 느껴 인간들을 응징하신 것일까요? 그들에게는 자신을 찢는 마음이 없었기 때문입니다. 하늘의 체험이 아니라 땅의 체험에만 묶여 있었기 때문입니다. 예수님께서 하늘이 갈라지는 체험을 하셨다는 것은 인간이 도달할 수 없는 하늘, 인간이 멀리 두고 바라보기만 하면서 들어가지 못하는 하늘, 그 하늘이 갈라지는 체험을 하셨다는 것을 의미합니다.

3

예수님께서 세례를 받으시고 물 위로 올라오시는 장면은 창세기를 연상시킵니다. "땅은 아직 꼴을 갖추지 못하고 비어 있었는데, 어둠이 심연을 덮고 하느님의 영이 그 물 위를 감돌고 있었다."(창세 1,2) 이 물 위로 "빛이 생겨라."(창세 1,3) 하시는 하느님의 말씀이 퍼져 나갑니다. 말씀에 따라 세상이 빚어집니다. 하느님께서는 하늘과 땅, 풀과 나무, 낮과 밤, 온갖 생물과 새, 집짐승과 들짐승 그리고 사람을 지으시고 보시며 "좋았다." 하고 감탄하십니다. 하느님 눈에는 온 세상이 참으로 사랑스럽습니다. 물속에서 세례를 받으시고 물을 가르며 올라오신 예수님께서 그 세상을 만납니다. 그분 앞에 새 하늘 새 땅이 열리며 온 세상이 사랑스럽게 펼쳐집니다. 물에서 올라오신 예수님은 그렇게 하느님의 사랑을 느끼며 온 세상을 사랑으로 만나십니다.

예수님께서 요르단에서 세례를 받으시고 물에서 올라오시는 모습이나 요한이 세례를 베푸는 광경은 나도 당장 물에 뛰어들어 세례를 받고 싶은 충동을 일으킵니다. 그 순간이 아니면 영원히 기회를 놓쳐 버릴 것 같은 긴장된 분위기는 하느님의 사랑이 감싸고 있는 평화로운 분위기입니다. 세례를 받고 나오신 예수님의 마음은 평화롭습니다. 요르단 주변은 물론이고 온 세상이 평화롭습니다. 평화는 조화입니다. 평화는 하늘과 땅이 대립하지 않고 서로를 향하여 열리며 조화를 이루는 데서 느껴집니다. 조화가 이루어진 그곳은 사랑스럽습니다.

예수님께서 하늘을 체험하신 곳은 땅입니다. 하늘은 땅에서만 체험 가능합니다. 땅을 떠나서는 하늘을 체험할 수 없습니다. 이로써 하늘나라의 행복(기쁨, 영생, 영복)은 땅을 떠난 천국에서 체험된다거나 하느님은 땅을 떠난 저 높은 곳에서 체험된다는 인간적인 사고가 극복됩니다. 하늘 없이 땅을 이야기할 수 없고 땅 없이 하늘을 이야기할 수 없습니다. 마찬가지로 하느님 없이 인간을 이야기할 수 없고, 인간 없이 하느님을 이야기할 수 없습니다. 이 세상에서 만나는 사람들이 바로 하느님의 나라를 체험하게 해 주는 사람들이며 하느님의 나라에서 만나게 될 사람들입니다. 이 세상에서 하는 일이 그대로 하느님의 나라에서 하게 될 일입니다. 이웃을 체험하지 못하는 사람은 하느님을 체험할 수 없습니다. "내가 진실로 너희에게 말한다. 너희가 내 형제들인 이 가장 작은 이들 가운데 한 사람에게 해 준 것이 바로 나에게 해 준 것이다."(마태 25,40)

4

예수님은 당신의 이 체험을 "하느님의 나라가 가까이 왔다."라는 복음에 담아 선포하십니다. 하느님의 나라는 지상을 떠나 하늘로 올라가야 체험되는 나라가 아닙니다. 땅에 출구가 있고 천국에 입구가 따로 있는 것이 아닙니다. 천국에 이르는 문은 땅을 떠나게 하는 문이 아니라 땅의 심장을 향하여 들어가게 하는 문입니다. 천국의 문은 땅에 있습니다. 땅에서 만나는 사람들이 천국에 이르는 천국의 문입니다. 인간(세상)의 마음 안으로 들어가지 못하는 자는 천국의 기쁨을 누릴 수 없습니다. 하늘이 갈라지는 체험, 하늘의 문이 땅을 향하여 열리는 체험은 하늘과 땅을 갈라놓는 이분법적인 사고가 깨지는 체험입니다.

우리가 가고 싶어 하는 하느님의 나라는 우리가 일상에서 만나는 사람들 안에 와 있습니다. 그들 안으로 들어갈 때 천국을 체험하게 될 것입니다. 우리가 그분의 이름으로 세례를 받는다면 땅에서 하늘의 마음을 보기 위해서입니다. 이런 체험 없이 천국을 이야기하는 데서 사람들은 천국을 우리의 삶과는 상관이 없는 학설이나 교리로 만들고, 살아 계신 하느님을 죽은 존재로 만듭니다. 행복의 나라 천국을 죽은 자들의 나라로 만들고, 영생을 생명 없는 이들이 누리는 허구로 만들어 버립니다.

5

예수님은 우리의 신관神觀을 바꾸어 놓으십니다. 하늘의 찢어짐은 하느님의 지상 개입을 의미합니다. 하느님께서 하늘과 땅과 인간을 이원론적 신관으로 갈라놓고 분열시키는 인간의 역사를 찢으시며 개입하십니다. 인간을 성과 속, 선과 악, 행과 불행, 이웃과 원수, 유다인과 이방인 등으로 갈라 세우는 그릇된 인간의 사고를 바로잡아 주십니다. 하느님은 땅 위 하늘 높은 곳에 안주하시는 분이 아닙니다. 하늘을 가르며 땅으로 내려오시어 땅에서 만나게 되는 분입니다. 예수님은 하느님께서 땅을 떠나 하늘에 정주하며 땅을 굽어보시는 분이 아니라 아버지라 부를 정도로 우리 가까이 계시는 분이라고 선포하셨습니다. 하늘에 계신 하느님은 땅에 사는 우리의 하느님이십니다. 땅 위에 사는 사람들을 외면하고서는 만날 수 없는 분입니다.

하느님을 믿는다는 것은 땅의 인간이 접근할 수 없는, 인간의 손이 닿지 않는 '저 위'나 '세상 바깥' 어딘가에 천국이 있고 거기에 홀로 계시며 세상을 굽어보시는 하느님을 믿는 것이 아니라, 항상 우리의 손이 닿는 땅을 향하고 땅을 건드리고 땅에 현존하시는 하느님을 믿는 것입니다. 지상에서 하느님을 체험할 수 있다는 것을 믿는 것입니다. 하느님을 만나기 위해서는 땅을 떠나 하늘로 올라가야 한다는 사고를 깨야 합니다. 예수님께서 사회적으로 외면당하고 손가락질받는 힘없고 소외된 이들을 우선적으로 찾아 복음을 선포하시는 것도 이런 이유에서입니다. 이들을 지나쳐서는 하느님을 만날 수 없습니다.

하느님 아들 체험

1

예수님께서는 하늘이 갈라지는 체험을 하시면서 당신을 하느님께서 사랑하시는 아들로 체험하셨습니다. 마태오는 하늘에서 "이는 내가 사랑하는 아들, 내 마음에 드는 아들이다."(3,17)라고 말하는 소리가 들려왔다고 함으로써 요한에게 세례를 받으러 온 사람들이 자기들과 함께 세례를 받으신 예수님을 하느님의 아들로 체험한 것(군중의 예수 체험)으로 서술하지만, 마르코는 "너는 내가 사랑하는 아들, 내 마음에 드는 아들이다."(마르 1,11; 루카 3,22)라고 함으로써 예수님께서 당신 자신을 하느님의 사랑하는 아들로 체험하신 것(예수님 자신의 체험)

으로 묘사합니다.[28]

예수님께서 당신을 하느님의 아들 그리스도로 체험하신 것은 온 우주를 창조하신 하느님을 당신의 아버지로 체험하셨다는 것을 말하며, 이는 인류의 원초적인 체험(원체험)입니다. 원초적인 체험이라는 것은 그분이 들은 음성은 모든 사람이 들어야 할 음성임을 말합니다. 그분은 모든 사람(인류)이 들어야 할 음성을 들으신 것입니다. 모든 사람이 하느님의 자녀들입니다. 그분은 하늘로부터 "너는 내가 사랑하는 아들"이라는 음성을 들으시며 모든 인간의 자식들을 하느님의 아들과 딸로 만나십니다. 그분께서 하늘로부터 들은 '너'는 모든 인간이 들어야 할 '너'입니다. 그분은 당신께서 체험하신 하느님을 모든 사람이 함께 체험하기를 바라십니다. 이제 선포하시게 될 "하느님의 나라가 가까이 왔다"라는 복음은 이 체험에 근거한 것입니다.

예수님께서 사람의 아들이신 당신을 하느님의 사랑받는 아들로 체험하시면서 온 세상에서 하느님의 사랑과 하느님의 생명을 느끼십니다. 하느님께서 세상을 창조하시며 숨을 불어넣으시니 온 세상이 하느님의 숨을 쉽니다. 세례를 받으시고 물 위로 올라오신 예수님께서 이 세상에서 그 숨을 느끼십니다. 온 세상이 하느님의 사랑과 생명으로 가득 채워졌습니다. 온 세상이 하느님의 나라를 보여 주고, 하느님의 사랑을 느끼게 합니다. 예수님께서 세례를 받으시고 물 위로 올라오실 때 펼쳐진 세상은 태초에 하느님께서 하늘과 땅을 지으시고 "보

---

28) 요한 복음은 세례 장면에 대한 묘사는 없지만, 세례자 요한이 예수님을 하느님의 아들로 체험한 것으로 서술합니다. "나는 성령께서 비둘기처럼 하늘에서 내려오시어 저분 위에 머무르시는 것을 보았다. 나도 저분을 알지 못하였다. 그러나 물로 세례를 주라고 나를 보내신 그분께서 나에게 일러 주셨다. '성령이 내려와 어떤 분위에 머무르는 것을 네가 볼 터인데, 바로 그분이 성령으로 세례를 주시는 분이다.' 과연 나는 보았다. 그래서 저분이 하느님의 아드님이시라고 내가 증언하였다."(요한 1,32-34)

시니 좋았다"(창세 1,10) 하신 그 세상입니다. 예수님께 세상은 하느님의 숨을 쉬는 새 세상입니다.

2

예수님께서 당신을 하느님의 아들로 체험하셨다는 것은 신학적 성찰에 근거합니다. 하느님께서 아버지이신 것은 어머니에 대하여 아버지를 말하거나 남성으로서 아버지를 말하는 것이 아닙니다. 하느님은 남자가 아닙니다. 천사가 마리아에게 하느님의 아들을 낳을 것이라 예고했을 때, 마리아가 "저는 남자를 알지 못하는데, 어떻게 그런 일이 있을 수 있겠습니까?"(루카 1,34) 하고 반문하자, 천사는 '성령'으로 말미암은 일이라고 말합니다. 예수님께서 하느님의 아들이신 것은 남성으로서 아버지이신 하느님의 아들이 아니라는 뜻입니다. 성령이 예수님의 어머니가 될 수 없는 것과 같은 맥락입니다.

하느님한테 어떻게 아들이 있을 수 있는가, 인간 예수가 어떻게 하느님을 아버지라 부를 수 있는가, 인간 예수가 어떻게 자신을 하느님의 아들이라고 자처할 수 있는가, 묻는 것은 하느님께서 당신 자신을 인간에게 전달하시는 분이라는 것을 간과한 채 인간의 손이 닿지 아니하는 저 먼 데서 하느님을 찾으려 하기 때문입니다. 예수님께서 하느님을 아버지로 당신을 아들로 체험하신 것은 하느님과 당신을 그보다 더 가까울 수는 없는 관계로 체험하신 것입니다. 너무도 가까워 나뉠 수 없는 하나의 관계로 맺어져 있음을 체험하신 것입니다. 이 관계는 물리적인 '가까운 사이'를 초월한 신비의 영역입니다. 하느님께서 인간의 아버지이시고 인간이 하느님의 아들이면서 하느님의 어머니(하느님이 인간 안에 잉태되어 있습니다.)라는 것은 신비입니다. 하느님은 홀로 저 하늘 높은 곳에 외따로 계시면서 세상을 관찰하시는 분이 아니라 하늘을 가르며 이 세상 안으로 들어오시어 당신 자신을, 당신의 전부를 전달하시는 분이십니다.

3

예수님은 자신의 전부를 전달하시며 가까이 다가오시는 하느님을 사랑으로, 당신 생명의 근원으로, 아버지로 체험하셨고, 당신 자신을 하느님의 사랑받는 아들로 체험하셨습니다. 그리고 세상을 사랑으로 체험하셨습니다. 세상 사람들은 하느님이 사랑이시라면 어떻게 그분께서 창조하신 세상 안에 악하고 미운 것들이 있을 수 있는가 하고 묻습니다. 하느님을 아버지로, 당신을 하느님의 사랑하는 아들로 체험하신 예수님은 다르게 묻습니다. 사랑이 아니시라면 어찌 세상을 창조하신 전능하신 하느님께서 인간 안에 계실 수 있겠는가? 사랑이 아니시라면 어찌 인간들에게 아버지라 불리실 수 있겠으며, 사랑이 아니시라면 어찌 인간이 하느님을 인격적으로(아버지로) 체험하게 하실 수 있겠는가? 사랑이 아니시라면 어떻게 이런 험한 세상 안에 현존하실 수 있겠는가? 험한 세상이 우리에게 하느님의 사랑을 느끼게 합니다.

세상이 밉게 보이는 것은 하느님의 현존을 믿지 못하기 때문입니다. 예수님은 하느님을 사랑으로 체험하시면서 당신 자신 또한 사랑으로 체험하셨습니다. 사랑만이 사랑을 사랑으로 체험할 수 있으며, 사랑에서 생명이 탄생합니다. 예수님은 이 체험에 근거하여 하느님의 나라가 가까이 왔다고, 모든 인간은—그가 가난하든, 병이 들었든, 이방인이든, 더러운 영이 들었든—하느님의 자녀라고 선포하시며 사랑으로 살게 하십니다. 당신 자신의 체험을 인류와 나누고자 하십니다.

예수님은 하느님과 인간의 관계를 인격적으로 체험하셨습니다. 하느님을 아버지로 체험하신 것은 하느님을 인격적으로 체험하셨다는 것을 말합니다. 너무도 가깝게 느껴 아기가 아버지를 부르듯 "아빠"라고 부르십니다(마르 14,36). 예수님께서 하느님을 "아빠", "아버지"라고 부르셨다는 것은 당신 자신을 자비로운 하느님 아버지의 사랑받는 아들로 체험하셨다는 것을 말합니다. 그 예수님께서 "아버지나 어머니를 나보다 더 사랑하는 사람은 나에게 합당하지 않다. 아들이나 딸을 나보다 더 사랑하는 사람도 나에게 합당하지 않다."(마태 10,37)라고 하신 말씀도 이런 체험을 바탕으로 할 때만 옳게 이해할 수 있습니다.

4

하느님께서는 예수님에게만 "너는 나의 사랑하는 아들"이라고 하신 것이 아닙니다. 예수님께 이 음성을 듣는 순간은 모든 인간이 하느님의 아들이라는 것을 체험하는 순간입니다. 하느님은 우리 모두를 그렇게 부르십니다. 하느님을 아버지라고 부르신 예수님은 우리에게 하느님을 아버지라 부르게 하십니다. 우리는 예수님처럼 하느님의 둘도 없는 유일한 사랑스러운 아들딸입니다.

하느님과 인간의 이런 부자 부녀 관계는 예수님 이후에 주어진 것이 아닙니다. 하느님은 처음부터 우리의 아버지이시고 우리는 그분의 자녀입니다. 천지창조 때부터 인간은 하느님의 자녀입니다. 이를 깨닫지 못한 인간이 하느님을 저 멀리 우리의 손이 닿지 않는 하늘 위에 모셔놓고 살 뿐입니다. 예수님께서 우리에게 하느님을 아버지라 부르게 하시면서 하느님과 우리 사이에 처음부터 주어진 관계를 일깨워 주셨습니다. 예수님께서 들으신 하늘로부터 들려오는 음성을 우리가 듣지 못한다면 하늘이 갈라지는 체험을 하지 못하기 때문입니다. 아직도 하늘과 땅, 이웃과 원수, 유다인과 이방인 사이를 갈라놓는 마음이 작용하기 때문입니다. 예수님처럼 우리가 하느님의 사랑받는 자녀라는 느낌으로 충만할 때, 마음을 다하여 하느님을 아빠라 부를 수 있을 때, 온 세상이 우리의 눈앞에 사랑으로 펼쳐질 것입니다.

5

우리가 주목할 것은 예수님께서 하느님의 음성을 들으셨다는 것입니다. 만일 우리가 하느님의 사랑받는 아들딸이라고 큰소리로 고백하면서도 아무런 느낌이 없다면 마음으로 고백하지 못하기 때문입니다. 우리가 하느님의 자녀라고 고백하면서도 하느님의 소리를 듣지 못한다면 귀를 막고 자기가 좋아하는 소리만을 들으려 하기 때문입니다. 부와 권력과 명예와 인기 따위의 달콤한 유혹이 들음을 방해합니다. 사물의 안을 들여다보지 못하고 겉모습(껍데기)에만 머무는 얄팍한 시야가 들음을 방해합니다. 하느님의 나라가 이미 와 있는 세상을 외면하고 하늘 높은 곳만을 바라보는 허황한 마음이 들음을 방해합니다. 예수님은 "눈이 있어도 보지 못하고 귀가 있어도 듣지 못하는"(마르 8,18) 우리의 눈과 귀를 안타까워하십니다. 머릿속이 온통 자기가 듣고 싶은 것과 보고 싶은 것만으로 가득 찬 사람은 하느님께서 부르시는 소리를 듣지 못합니다. 이웃을 보면서도 하느님을 보지 못합니다.

그분은 들려오는 소리에, 당신을 부르시는 소리에 귀를 기울이며 사셨습니다. 그분은 당신께서 들으신 바를 인류에게 들려주고자 하십니다. 인류가 당신께서 들으신 소리에 귀를 기울이게 하십니다. 그분께서 "하느님의 나라가 가까이 왔다." 하고 선포하신다면 가까이 온 하느님의 나라에 귀를 기울이라는 말씀입니다. 하느님의 나라를 듣기 위해 사람들은 예수님께 귀를 기울여야 합니다. 그분은 말씀이 사람이 되시어 세상에 들어오셨습니다. 하느님께서 당신을 부르신 그 음성으로 사람들을 부르러 세상에 들어오셨습니다. 당신이 들은 음성을 사람들에게도 들려주시기 위해, 당신의 깨달음을 사람들도 깨닫게 하시기 위해 그분은 사람들을 부르며 세상에 들어오셨습니다. 사람들은 이제 그분의 음성을 들으면서 하느님의 음성을 듣게 될 것입니다. 하느님의 음성을 듣는 자는 인간의 음성에 귀를 기울입니다.

6

예수님은 세례를 받으실 때 당신을 하느님의 아들로 체험하셨습니다. 이 말은 예수님께서 세례를 받으실 때 비로소 하느님의 아들이 되셨다는 말이 아닙니다. 예수님이 하느님의 아들로 세상에 오셨다고 믿는 것은 구유에 누운 아기가 자기를 하느님의 아들로 알고 있었다고 믿는 것이 아닙니다. 동네 아이들과 뛰놀면서 자기는 이 아이들과는 다른 하느님의 아들이라고 생각하지 못했을 것입니다. 루카는 예수님께서 열두 살 때 성전에서 학자들과 논쟁하셨다는 일화를 전합니다. 그때 소년 예수님은 자기가 오늘날 우리가 알고 있는 천주 제2위 성자라고 생각하였을까요? 학자들도 그 소년이 하느님의 아들이라는 것을 알고 논쟁을 벌였을까요? 수석 사제들과 원로들과 율법 학자들은 그분이 하느님의 아들이라는 것을 알면서도 십자가에 못 박았을까요? 예수님은 하느님 곁에 하느님 아들로 계시다가 어느 날 날을 잡아 세상에 오신 것이 아닙니다.

예수님은 하느님의 아들로서 하늘에서 아버지와 함께 계시다가 "때가 차자" 인류를 구원하라는 아버지의 뜻을 받들어 인간이 되어 지상에 태어나신 분, 그래서 우리와는 출신이 완전히 다른 분이 아닙니다.[29] 예수님은 하느님 아버지의 후광을 입고 세상에 태어나 권세를 부리는 자가 아닙니다. 이런 생각은 오히려 예수님께서 당신을 하느님의 아들로, 하느님을 아버지로 체험하셨다는 것을 부정하는 것이 됩니다.

구유에 누운 아기는 자기가 하느님의 아들 그리스도라는 것을 모릅니다. 막 태어난 핏덩이가 어떻게 그런 생각을 할 수 있겠습니까? 어머니 마리아가 갓 태어난 아기를 예루살렘으로 데리고 올라가 주님께 바칠 때도 아기는 자기가 하느님의 아들이라는 것은 몰랐을 것입

---

29) 마르 8,27-33 참조.

니다. 마리아는 구유에 누운 아기가 다른 사람의 아들과는 다른 하느님의 아들이라고 생각하지 못했을 것입니다. 그렇게 되면 예수님의 이야기는 신화가 됩니다. 예수님은 태어나면서부터 당신을 하느님의 아들로 의식하신 것이 아닙니다. 루카가 전하는 성전에서 학자들과 논쟁하는 소년 예수님 이야기는 후대 신학적 성찰에서 나온 것입니다. 아기 예수님이 하느님의 아들이라는 것, 태어나기 전부터 하느님의 아들이셨다는 것은 신학적 성찰에서 나온 것입니다.

7

예수님은 당신이 하느님의 아들이라는 것을 차츰 의식하셨습니다. 요한한테서 세례를 받으실 때 그분은 당신이 하느님의 사랑받는 아들임을 강렬하게 체험하셨습니다. 당신 존재 처음부터, 세례받으시기 전, 아니 세상 창조 이전부터 하느님의 아들이셨음을 강하게 느끼셨습니다. 말구유에 누운 아기가 바로 하느님의 아들이었고, 사람들이 갈릴래아 출신이라고 비아냥거리던 목수의 아들이 바로 하느님의 아들이었음을 의식하게 되신 것입니다.

당신을 하느님의 아들로 체험하시면서 모든 인간의 자식이 또한 하느님의 자식이라는 것을 인식하셨습니다. 가난하고 힘없고 버림받고 변두리로 내몰린 사람들, 하나같이 행복을 추구하며 누구보다 간절하게 하느님께 기도하는 사람들, 예수님은 이들을 하느님의 아들로 체험하시게 된 것입니다. 예수님께서 당신을 하느님의 아들로 체험(의식)하신 것은 "나는 하느님의 아들이고 너희는 인간의 자식"이라는 뜻에서가 아닙니다. 그 반대입니다. 당신을 하느님의 아들로 체험(의식)하시면서 모든 사람을 하느님의 자녀로 체험하신 것입니다. 그렇기에 그분은 모든 인류에게 당신처럼 하느님을 아버지라 부르게 하셨습니다.

문제는 그분께서 가르쳐 주신 대로 하느님을 아버지, 우리 아버지, 하늘에 계신 우리 아버지라 부르지만, 우리 자신을 하느님의 아들로 느끼지 못한다는 점입니다. 구유에 누운 아기가 우리의 구세주라고 그 탄생을 기뻐하면서도, 우리 주변의 구유에 누운 아기에게서 우리의 구세주를 보지 못하고, 십자가에 달린 하느님 아들의 죽음을 애도하면서도 우리 주변의 십자가를 진 사람들에게는 무관심하다는 것입니다. 우리의 인생을 천지창조의 시간으로 향하지 못하고 있는 것입니다.

예수님께서 들으신 하늘에서 들려온 소리는 우리 모두를 향한 소리입니다.[30] 예수님께서 천지창조 이전부터 하느님의 아들이셨던 것처럼 모든 인간도 그러합니다. 모든 인간이 하느님의 자녀로 세상에 태어나 살아가고 있습니다. 세례는 모든 인간은 처음부터 하느님의 사랑받는 자녀로 세상에 보내졌다는 것을 깨우쳐 주는 은총의 사건입니다. 모든 인간은 생명이 잉태되는 첫 순간부터 하느님을 아버지라 불러야 하는 하느님의 자녀들입니다. "너는 나의 사랑하는 아들!"이라는 음성을 듣기 위하여 세례를 받습니다.

사람의 아들을 하느님의 아들로 보는 것은 모든 인간의 신원을 알

---

30)   마태오는 그 소리를 예수님 주변의 사람이 들었다고 전합니다(마태 3,17 참조).

려 주는 인권선언입니다. 예수님이 하느님의 아들이신 것은 우리 인간과는 다른 신원이심을 말하는 것이 아니라 모든 인간이 하느님의 자녀임을 알려 주는 메시지입니다. 그분께서 "너희는 아래에서 왔고 나는 위에서 왔다."(요한 8,23)라고 말씀하신다면 그분께서 우리를 아래 것으로 보며 당신의 특출한 신원을 강조하시는 것이 아니라 우리도 당신과 마찬가지로 위에서 왔지만 이를 깨닫지 못하고 있음을 깨우쳐 주시는 말씀입니다.

위에서 왔지만 위에서 왔다는 것을 모르는 사람, 이를 깨닫지 못한 사람을 예수님은 아래에서 온 사람이라고 하십니다. 성령께서 우리 몸에 내려오시는 것을 느끼고 깨달을 때, 세상 창조 이전 그리스도 안에서(에페 1,4) 어머니 배 속에 있을 때부터(갈라 1,15) 하느님께서 우리를 당신의 은총으로 부르셨다는 사실을 알 때, 그리고 성령의 힘으로 "아빠! 아버지!" 하고 외치는 하느님의 아들딸이라는 것을 알고(로마 8,15-16) 하느님의 사랑을 온몸으로 느낄 때, 우리는 우리 자신뿐 아니라 세상 모든 사람을 하느님의 자녀로 만나게 될 것입니다.

8

마르코에게 예수님이 하느님의 아들인 것은(달리 말해서 예수님의 신성은) 예수님이 인간의 아들이기 때문입니다. 예수님은 인간으로서 당신이 하느님의 아들이심을 체험하신 것입니다. 마르코는 예수님이 우리와는 다른 존재라는 것을 증명하려고 복음서를 쓴 것이 아니라 우리와 똑같은 인간임을 숨김없이 서술하면서 인간 예수님이 당신의 인간성으로 하느님을 보여 주셨음을 알리고자 합니다. 그 때문에 그는 예수님께서 우리와 조금도 다르지 않게 사신 참 인간이심을 강조합니다.

그분은 "이 지상에서 살았고 죽었던 한 사람이었다. 그분은 어떤 특정한 가족에 속했고, 특정한 문화 속에서 양성되었으며, 당대 사람들이 그분에 관한 소식을 들었고 보았고 만졌던 사람이었다."[31] 그분은 "나자렛 출신이고(마르 2,1) 배고파하셨고(마르11,2) 먹고(마르 2,15-16; 14,3.18-25) 또 끼니때를 놓치기도 하셨다(마르 3,20; 6,31). 인간을 사랑하셨고(마르 10,21), 분노하셨는가 하면(마르 1,41; 3,5) 슬퍼하고(마르 3,5) 연민을 가지셨고(마르 1,41; 6,34; 8,2) 야단을 치기도 하시는(마르 7,27) 등 인간으로서 감정이 풍부했다. 잡히시기 전에는 겟세마니에서 불안에 떠셨다."[32] 이 인간 예수님이 하느님의 아들입니다.

그분은 인간의 자식으로 죄 외에는 인간의 약함을 다 지니셨습니다. 그분은 "공간과 시간의 한계 안에 있고 특정한 문화 속에서 양육되었다. 있는 그대로의 모습에서 보면 그분에게 많은 자질들이 결핍되었다. 남성이었기에 여성이 아니었다. 유다인이었기에 아일랜드 사람이 아니었다. 목수였기에 로켓 과학자가 아니었다. 1세기에 마을에서 살고 있었던 주민이어서 아마도 지구가 평평하다고 생각했을 것이다."[33] 이 인간의 아들이 자신을 하느님의 아들로 체험하신 것입니다.

마르코는 예수님께서 처음부터 하느님의 아들이심을 의식하며 사

---

31) 케이시 19.
32) 케이시 31-32 참조.
33) 케이시 33.

셨다고 주장하지 않습니다. 그랬다면 그분은 신화 속의 인물에 지나지 않을 것입니다. 마르코는 신화적 사고를 벗어나 그분을 알게 하고 하느님의 아들이 어떤 존재인지 알게 하며 나아가 그분을 통하여 우리도 하느님의 자녀라는 것을 깨달아 하느님의 자녀로 살게 합니다. 세례가 우리를 하느님의 자녀로 새롭게 태어나게 합니다. 바리사이와 율법 학자들은 사람의 아들에게서 하느님의 아들을 볼 눈이 없습니다. 그런 그들이기에 그분께서 하느님을 아버지라 부르시면 하느님을 모독한다고 비판하고, 세리와 죄인들과 함께 식사하시면 그런 사람들과 어울린다고 비난합니다. 그들에게 예수님은 인간의 아들도 하느님의 아들도 아니었던 것입니다.

성령 체험

1

예수님께서 하느님을 아버지로, 당신을 하느님의 아들로 체험하신 것과 성령을 체험하신 것은 동시적 사건입니다. 예수님은 하늘이 갈라지는 체험을 통해 하느님께서 당신의 아버지이심을, 당신이 하느님의 사랑받는 아들이심을 체험하셨고 동시에 당신을 성령의 궁전으로 체험하셨습니다.

마태오와 루카가 예수님 탄생 이전에 성령에 관해서 언급한 것에 반해 마르코는 세례 때 처음으로 성령을 이야기합니다. 예수님께서 몸을 굽히고 머리를 숙여 세례를 받으실 때 하늘이 갈라지면서 성령이 비둘기 형상으로 내려옵니다. 창세기에서 홍수가 지나간 뒤 세상의 평화를 알리며 새로운 세계의 시작을 알린 것이 비둘기입니다.(창세 8,10-11) 비둘기는 온순하여 자기의 힘을 과시하지 않는 동물을 상징합니다.

세례를 받으시려 요르단으로 가서서 세례자 요한 앞에 몸을 굽히고 머리를 숙이신 예수님의 모습은 인간의 힘을 다 비운 모습입니다. 그 모습은 천사가 아기를 낳을 것이라고 알릴 때 몸을 굽혀 경청하던 동정 마리아의 모습을 상기시킵니다. 몸을 굽히고 머리를 숙인 동정녀에게 하늘의 음성이 천사를 통하여 들려옵니다. 그 몸에서 하느님의 아들이 탄생하셨습니다. 요한이 물로 세례를 주는 동안 예수님은 성령으로 세례를 받으십니다. 당신의 몸을 인간의 욕망과 인간의 힘이 자리할 수 없는 성령의 몸으로 체험하십니다. 사람의 아들인 당신을 영의 인간으로 체험하십니다.

성령은 몸을 굽히고 머리를 숙이는 자가 체험할 수 있습니다. 세례는 몸을 굽히고 머리를 숙여야 받을 수 있습니다. 몸을 굽히고 머리를 숙이는 행위는 자기를 죽이는 행위입니다. 세례를 받으시는 예수님에게서 장차 십자가에서 고개를 떨어뜨리며 당신 자신을 죽음에 맡기는 모습을 봅니다. 인간의 모든 힘을 비우는 모습을 봅니다. 나중에 바오로 사도는 "우리는 그분의 죽음과 하나 되는 세례를 통하여 그분과 함께 묻혔습니다."(로마 6,4)라고 말합니다. 세례로써 우리는 그분과 함께 이미 죽었다는 것입니다. 바오로 사도에 의하면 세례는 자기를 물속에 죽이는 행위입니다. 자신을 온전히 물속에 죽일 때 우리는 하늘이 열리는 체험을 하게 될 것입니다.

성령의 내려오심에 대한 체험은 하늘이 갈라지는 것에 대한 체험과 무관하지 않습니다. 성령이 하늘과 땅을 만나게 해 줍니다. 하늘이 갈라지면서 성령이 비둘기처럼 땅 위로 내려오는 것을 보았다는 장면은 태초에 하느님께서 땅을 창조하시고 그 위에 당신의 숨을 불어넣어 주시는 장면을 연상케 합니다. 땅은 그냥 하늘 아래 펼쳐진 어떤 공간이 아니라 하느님의 영이 덮고 있는 세계입니다. 하늘을 느끼고, 하느님의 숨을 느끼고, 하느님의 영을 체험하게 해 주는 세계입니다. 세상이 성령의 궁전입니다.

2

영의 인간은 육적이고 세속적인 인간을 벗어난 상태의 인간을 말합니다. 끊임없이 성과 속, 영과 육을 가르는 것이 속의 인간이요 육의 인간입니다. 육의 인간은 모든 것을 자기 힘으로 가르고 판단하고 자기중심적으로 대하지만, 영의 인간은 육과 속(세상)을 부정하지 않고 그 마음속 깊은 곳에 있는 하느님의 거룩한 영을 만납니다. 영의 인간은 갈라놓는 힘을 비운 존재입니다. 그렇기에 그는 몸을 굽힌 자세로 세상에 나타납니다. 겉으로 보기에 세상의 힘에 굴복한 연약한 존재 같지만, 그가 세상을 이깁니다. 세례를 받기 위하여 몸을 굽히신 예수님에게서 속(세상)을 이긴 영의 인간을 봅니다. 영의 인간만이 다른 사람을 위하여 십자가에서 죽고 묻힐 수 있습니다.

다. 광야에서 시험을 받으시는 예수님

"그 뒤에 성령께서는 곧 예수님을 광야로 내보내셨다. 예수님께서는 광야에

사십 일 동안 계시면서 사탄에게 유혹을 받으셨다. 또한 들짐승들과 함께 지내

셨는데 천사들이 그분의 시중을 들었다."(마르 1,12-13)

왜 광야로 인도하셨는가?

1

마르코는 예수님께서 세례를 받으신 후 광야로 나가서서 사십 일 동안 머물며 사탄의 유혹을 받으셨다고 전합니다. 바로 전에 예수님은 세례를 받으시며 하늘이 갈라지는 체험을 하셨습니다. 성령이 내려오시는 것을 보셨고, 당신을 하느님의 사랑받는 아들로 체험하셨습니다. 하느님을 아버지로, 당신을 하느님의 사랑받는 아들로 체험케 했던 영이 그분을 광야로 인도하여 유혹을 받으시게 했다는 것은 우리를 당황하게 합니다. 어떤 이는 유혹을 받으실 수 없는 하느님의 아들이 유혹을 받으신 것은 인류에게 유혹을 이기는 법을 가르치기 위함이라고 해석하지만, 신심에 찬 이런 해석은 예수님의 신성을 강조하느라고 인간성을 부정하는 꼴이어서 동의하기 어렵습니다.

예수님께서 갖가지 유혹을 물리치신 것을 그분은 하느님의 아들이니까 당연한 일로 여기는 것은 그분이 사람의 아들이라는 것을 부정

하는 것이 됩니다. 예수님께서 겉으로는 유혹을 받으셨지만, 속으로는 유혹과는 상관없이 광야에 나가셨다는 설명은 예수님께서 십자가에 못 박히셨지만, 하느님의 아들이기에 고통을 당하시지 않으셨다는 가현론docetismus의 주장과 다를 바 없습니다. 진짜 유혹을 받으셨고 십자가에서 진짜 고통을 당하신 예수님, 유혹과 고통에 노출된 사람의 아들 예수님이 진짜 하느님의 아들이십니다.

마태오 복음에 따르면 예수님은 진짜 허기져 먹고 싶었고, 진짜 권력과 영광을 자기 몸으로 누리고 싶은 유혹을 받으셨습니다. 가짜로 그리하신 것이 아닙니다. 하느님은 그런 몸을 통해서 당신을 드러내 보이십니다. 배고픔과 권능과 영광의 유혹을 받으신 분이 하느님의 아들이십니다. 예수님은 유혹받으시는 몸으로 당신이 하느님의 아들이라는 것을 더욱 체감하셨습니다. 우리가 하느님의 자녀인데도 이를 느끼지 못한다면 인간이 받는 유혹을 피하려고만 하기 때문입니다. 이기지 못하기 때문입니다.

유혹을 피하려고만 하면서 유혹에 굴복하는 자는 하느님 아들의 면모뿐 아니라 인간의 면모도 잃게 됩니다. 예수님은 유혹을 이기심으로써 사람의 아들이신 당신이 하느님의 아들이심을 보여 주십니다. 사람의 아들이기에 하느님의 아들이십니다. 유혹을 이기는 자만이 자기가 하느님의 아들임을 알고, 참 인간으로 산다고 할 수 있습니다.

유혹은 한번 이겼다고 해서 다시는 영원히 유혹받지 않게 되는 것이 아닙니다. 예수님은 평생 유혹을 받으셨습니다. 돌아가시기 전에("이 잔을 거두어 주십시오."), 십자가에서도("왜 나를 버리셨나이까?") 유혹을 받으셨습니다. 그 모습이 하느님의 아들이십니다. 유혹이 심할수록 그분은 '아빠', '아버지' 하느님께 매달리십니다. 그분께서 유혹받으시는 시간은 아빠 아버지와 하나 되는 시간입니다.

2

여기서 우리는 그분께서 광야로 나가신 일을 성령의 일로 서술하고 있다는 것에 주목하게 됩니다. 성령의 인도로 광야로 나가셨다는 것은 광야에서도 성령께서 그분과 함께하신다는 것을 시사합니다. 그분께서는 유혹받으시면서 세례 때의 성령 체험을 잊지 못하십니다. 물속에서 세례를 받으신 것도 광야로 나가신 것도 성령의 인도로 이루어진 일입니다. 요르단에서 세례를 받으실 때 체험하신 하늘과 땅의 만남을 예수님은 이제 광야에서 또 체험하십니다. 광야에서 예수님은 세례 때와는 다른 체험을 하십니다. 광야에서는 하늘에서 내려오시는 성령도 보이지 않고 "너는 나의 사랑하는 아들"이라는 소리도 들려오지 않습니다.

광야로 나가신 일이 성령의 일이었다는 것은 광야는 죽음의 공포가 감도는 불안한 곳이지만 하느님의 생명을 체험할 수 있는 곳이기 때문입니다. 외롭고 쓸쓸하고 배고픈 극한의 상황에서 인간은 더한 유혹에 빠질 수 있습니다. 어떤 인공의 빛도 소리도 차단된 절대 고독의 장소는 더 깊이 내면의 소리를 듣고 더 높이 하늘의 소리에 귀 기울이게 합니다. 밤하늘의 별이 땅으로 쏟아지는 곳(아브라함의 광야체험)이며, 하느님의 달콤한 음성을 들을 수 있는 곳입니다. 하느님의 은총을 체험하는 곳이고, 인간이 신발을 벗어야 할 만큼 하느님의 거룩함을 체험할 수 있는 곳(모세의 광야 체험)입니다.

광야는 황량함에 대해 편안함을 찾으려는 수많은 유혹이 있는 곳이지만, 안락한 삶 때문에 돈과 명예와 권력 등에 대한 유혹에 굴복하고서는 하느님의 현존을 체험할 수 없다는 것을 일깨워 주는 교육장입니다. 광야는 편안함에 안주하는 사람, 유혹을 피해야 할 것으로만 생각하는 사람, 그런 기도만 바치는 사람은 하느님의 현존을 체험할 수 없다는 것을 알려 줍니다. 광야의 양면성 앞에 인간은 혼란을 겪는 것이 사실이지만, 광야의 양면성을 견디는 자가 하느님을 체험할 수 있습니다.

성령은 세례를 받으신 예수님을 광야로 나가게 하심으로써 죽음의 그늘이 드리워진 곳을 사랑하게 해 주셨습니다. 성령은 예수님을 사탄에게 유혹받을 광야로만 인도하신 것이 아니라 하느님을 체험할 수 있는 적막한 곳으로 인도하신 것입니다. 외롭고 쓸쓸한 광야에서 예수님은 자신을 온전히 고독에 맡기며 하느님을 경배하고 그분만을 섬기는 힘을 얻게 됩니다(마태 4,10). 유혹의 광야는 사탄이 물러가고 천사들이 나타나 시중을 들게 하는 곳입니다.

3

예수님께서 성령의 인도로 광야로 나가시어 사탄의 유혹을 받으셨다는 것은 앞으로 그분이 하실 일과 그 일을 이행하는 종교(종교인)가 받게 될 유혹이 어떤 것인지를 미리 보여 줍니다. 유혹은 빵과 명예와 권력이 인생의 전부가 아님을 깨닫는 은혜의 시간을 제공합니다.

유혹을 이긴 자만이 "지난날의 생활 방식에 젖어 사람을 속이는 욕망으로 멸망해 가는 옛 인간을 벗어 버리고, (…) 진리의 의로움과 거룩함 속에서 하느님의 모습에 따라 창조된 새 인간"(에페 4,22.24)으로 태어날 수 있습니다. 예수님께서 유혹을 받는 이들을 도와주실 수 있는 것은 친히 고난을 겪으시면서 유혹을 받으셨기 때문입니다(히브 2,18). 유혹이 성령의 인도로 인한 것이라면 유혹은 이길 수 있는 것임을 암시합니다. 동시에 인간의 의지로서 이길 수 있는 것이 아니라는 것도 암시합니다. 유혹의 극복은 자신을 성령의 인도에 맡길 때 가능합니다.

4

복음사가는 예수님의 광야에서 하느님 체험을 요르단에서 하느님 체험 다음에 배치합니다. 요르단에서의 하느님 체험이 광야에서의 하느님 체험으로 이어지고, 이 체험이 하느님의 나라가 가까이 왔다는 복음으로 선포됩니다. 이런 배치는 하느님의 복음을 깨치기 위해서는 그분처럼 사막을 찾아 사막의 고요에 잠길 수 있어야 한다는 것을 말해 줍니다. 복음, 기쁜 소식은 재물과 권력과 명예가 가득 찬 도시가 아니라 도시의 불빛이 미치지 않는 광야에서 나옵니다. 광야를 사랑하는 자만이 진정한 기쁨을 얻을 수 있고 또 남에게 전해 줄 수 있습니다. 진정한 인생의 기쁨은 자신을 광야로 안내한 성령을 통해서 얻을 수 있습니다.

사람들은 영원한 행복과 평화를 찾아서 시선을 세상 바깥으로 돌립니다. 고통을 밀어내려 애씁니다. 현실을 외면하고 하늘만 바라보는 마음으로는 행복과 평화의 원천이신 하느님을 체험할 수 없습니다. 눈을 돌려 현실 사막을 들여다보고, 이웃을 바라보아야 합니다. 유혹을 받는 세상 안에, 죽음의 세력이 지배하는 광야에 복음이 감추어 있음을 깨닫도록 해야 합니다. 현대인은 혼자 잘 있지를 못합니다. 고독에 익숙하지 못합니다. 지친 몸을 쉬기 위해 잠시 홀로 있고 싶어 하지만 곧 '홀로 있음'의 중압감에 짓눌리며 힘들어합니다.

홀로 있음의 시간을 즐길 수 있을 때 지금까지 듣지 못했던 고요한 내면의 소리를 들으며 자기 자신을 부드럽게 느낄 수 있을 것입니다. "고독 안에서 우리는 참된 우리의 본성, 참된 우리 자신, 참된 우리의 정체성"을 발견하게 됩니다.[34] 고독 속에서 우리는 "벌거벗고 상처받은 하느님, 개방되어 있고 항상 받아들일 준비가 되어 있는 우리의 사랑스러운 하느님 현존 안으로 들어가게 된다. 그리고 거기에서 우리는 그분만이 하느님이심을, 그분만이 사랑이심을, 그분만이 유일한 관심이시고 용서 자체이심을 깨닫게 된다. 고독 안에서, 정말로 우리는 하느님을 우리의 아버지, 모든 백성의 사랑스러운 아버지라 부를 수 있다."

예수님께서 광야로 가셨다면 우리에게 홀로 있음의 의미를 찾아 주시기 위한 것이기도 합니다. 홀로 있을 때 우리는 그 어떤 외부의 조건으로부터도 자유로워져 사물의 심장이 고동치는 소리를 들을 수 있습니다. 사람들과 어울려 떠들썩하게 지내느라 놓쳐 버린, 또는 허

---

34) 나웬, 어릿광대, 53-54. 아래 인용 이 책의 52.

황한 꿈을 좇느라 놓쳐 버린 자기의 내면을 만날 수 있습니다. 홀로 있을 때 우리는 하느님께서 내 욕구를 충족시켜 주시기 위해 존재하시는 분이기 전에 사랑 자체로서 우리와 함께 계시는 분이심을 체험하게 됩니다. 더욱더 친밀하게, 더욱더 사랑스럽게 말입니다. 예수님께서 세례받으신 후 광야로 가신 것은 '홀로 있음'을 즐기기 위해서라고 볼 수 있을 것입니다. 예수님은 요르단에서 느낀 사랑의 하느님 아버지를 그렇게 광야에서 강하게 느끼십니다. 어떤 유혹도 이 사랑을 막을 수 없습니다.

예수님은 복음을 선포하시면서 종종 제자들과 함께 한적한 곳을 찾으셨는데 그들을 고요로 안내하시기 위해서일 것입니다. 예수님께서 복음을 선포하고 돌아온 제자들에게 한적한 곳으로 가서 함께 쉬자 하신 것은 이런 이유 때문일 것입니다. 예수님 뒤를 따르고자 한다면, 그분을 따라 광야로, 산으로, 한적한 곳으로 물러가서 고요에 귀를 기울여야 합니다. 우리의 내면에 고요와 고독의 공간을 마련하지 않고서는 그분의 영에 사로잡혀 복음을 전할 수 없습니다. 자신을 하느님의 자녀로 만날 수 없습니다.

5

우리는 그분처럼 하느님의 자녀로 인생을 살기 위하여 우리 자신을 성령에 맡기어 광야로 향할 수 있어야 합니다. 생로병사 희로애락이 펼쳐지는 이 세상에서 영원한 하느님을 느끼면서 그분처럼 세상의 구원을 위하여 우리 자신을 희생할 수 있을 것입니다. 그분처럼 우리가 하느님으로부터 이 세상에 보내어졌으며, 세상의 구원을 위하여 십자가의 고통으로 불림을 받았으며, 드디어 남을 위한 죽음으로 초대되었다는 사실을 받아들이게 될 것입니다. 거기에 평화가 있다는 것을 깨닫게 될 것입니다.

광야에서 우리는 예수님의 복음은 인간이 받아들여야 할 가장 원천적인 진리이지만, 이기적이고 배타적인 인간들의 몰이해로 인해 오해받고 핍박받고 있다는 사실도 깨닫게 될 것입니다. 깨닫기 위해서 우리는 복음을 받아들여야 하고, 복음을 받아들일 때 우리는 인생을 깨달을 수 있습니다. 세례받을 때의 마음을 평생 유지하며 산다는 것은 쉽지 않습니다. 세례를 받았어도 내면의 싸움은 계속됩니다. 세례를 받은 사람은 항상 모든 이를 사랑하며 평화롭게 살고, 세례받지 않은 사람은 늘 서로 미워하며 불행하게 사는 것이 아닙니다. 세례를 받았어도 배타적이고 불화를 일으키는 사람이 얼마든지 있습니다.

세례를 베푸는 교회마저 인류에게 희망이 되지 못하는 경우도 많이 봅니다. 세례를 받은 사람일수록 광야로 나가 유혹을 이기는 법을 배워야 합니다. 광야는 이기적인 마음과 배타적인 마음을 극복할 수 있는 곳이며, 맹신과 광신을 이길 수 있는 곳입니다. 광야는 인간이 유혹을 받는 곳이지만 유혹을 이기는 곳이기도 합니다. 광야는 우리의 아버지, 우리의 구원자 하느님을 만나게 하는 유일한 장소입니다. "광야와 메마른 땅은 기뻐하여라. 사막은 즐거워하며 꽃을 피워라." (이사 35,1)

사탄의 유혹을 받으시다

1

마르코는 예수님께서 유혹을 받으시는 장면을 구체적으로 서술하지 않습니다.[35] 마태오나 루카처럼 빵과 권력과 세상의 영화에 대하여 유혹을 받으셨다는 서술도 없고 그분의 입에서 나온 어떤 말씀도 들을 수 없습니다. "예수님께서는 광야에서 사십 일 동안 사탄에게 유혹을 받으셨다."라고 간단하게 서술하면서 "들짐승들과 함께 지내셨는데 천사들이 그분의 시중을 들었다."라고 덧붙입니다.

"들짐승들과 함께 지내셨다."라는 대목은 이사야서를 상기시킵니다. "늑대가 새끼 양과 함께 살고 표범이 새끼 염소와 함께 지내리라. 송아지가 새끼 사자와 더불어 살쪄 가고 어린아이가 그들을 몰고 다니리라. 암소와 곰이 나란히 풀을 뜯고 그 새끼들이 함께 지내리라. 사자가 소처럼 여물을 먹고 젖먹이가 독사 굴 위에서 장난하며 젖 떨어진 아이가 살무사 굴에 손을 디밀리라."(이사 11,6-8)

"천사들이 그분의 시중을 들었다."라는 대목은 시편 91장에서 빌려 온 표현인데, 하늘과 땅이 하나 되는 관계를 방해하는 유혹을 이기신 그분의 내면을 만나게 됩니다. 승천하시기 전 열한 제자에게 나타나하신 말씀은 이 내면에서 나오는 소리입니다. "믿는 이들에게는 이러한 표징들이 따를 것이다. 곧 내 이름으로 마귀들을 쫓아내고 새로

---

35) 『말은 시들지 않는다』, 이제민, 생활성서사, 2006.

운 언어들을 말하며, 손으로 뱀을 집어 들고 독을 마셔도 아무런 해도 입지 않으며, 또 병자들에게 손을 얹으면 병이 나을 것이다."(마르 16,17-18)

2

사탄이 예수님께 내건 조건들은 평소 우리가 하느님께 간청하는 것들이기도 합니다. 사탄은 우리가 하느님께 기도하며 요구하는 것들을 자기가 주겠다며 우리를 유혹합니다. 예수님은 이런 유혹을 받으셨고, 이를 이겨내셨습니다. 사탄 대신 하느님께서 채워 주시리라 믿으셨기 때문이 아닙니다. 하느님은 사탄을 대신하여 욕구를 충족시켜 주시는 분이 아닙니다.

사람들은 인생은 시련을 통해서 완숙해진다고 말하지만, 이 진리를 깨닫기에는 세상의 유혹이 너무 강합니다. 재물과 권력과 명예와 인기가 행복을 보장하는 절대 가치가 아님을 알면서도 인간들은 번번이 이것들에 굴복하고 맙니다. 사탄의 유혹에 넘어가는 것입니다. 구세주도 이런 욕심을 채워 주시는 분으로 믿고자 합니다.

"예수님은 사람들을 오로지 빵에만 매달리게 만드는 메시아가 되기를 원하지 않으셨다. 예수님은 기적을 드러내기 위해 성전에서 뛰어내려 사람들을 놀라게 하지 않으셨다. 기이한 힘으로 사람들을 현혹하기보다 광장에서, 거리에서, 한계 안에서 인간적으로 친밀하게 맞대면하시는 것을 좋아하셨다. 예수님은 정치적 힘을 추구하지 않으셨으며 오히려 섬기고자 하셨다. 그래서 사람들과 제자들이 당혹스러워하는 가운데서도 예수님은 스스로 권력의 힘에 희생되는 가난한 종으로서 하느님의 나라에 충실하기 위해 묵묵히 예루살렘으로 오르고자 하셨다. 예수님의 방법은 완전히 새로운 것이었다. 다른 사람들의 자유를 위축시키거나 왜곡시키지 않으셨으며, 사람들 위에 군림하지도 않으셨다. 그분의 방식은 오로지 섬기는 것이었다."[36)

예수님은 빵과 권력과 명예의 일상적인 것들에 대한 유혹을 통해 하느님이 어떤 분이신지를 분명하게 보여 주십니다. 하느님은 인간의 멸망이 아니라 살기를 원하시기에 인간이 유혹에서 이기기를 바라십니다. 유혹 사화는 우리 자신과 사물의 내면을 들여다보게 합니다. 사람들은 빵과 권력과 명예가 자신들에게 평화와 행복을 보장해 준다고 생각합니다. 때론 그렇게 믿어 의심치 않습니다. 유혹 사화는 이런 사고가 잘못된 것임을 지적하면서 그 반대를 이야기합니다. "하느님은 유혹을 통하여 체험된다."라는 메시지를 강하게 던져 줍니다. 신 체험은 하늘에서 떨어지는 어떤 것에 대한 체험이 아닙니다.

3

하느님께서도 인간을 시험하십니다. 예레미야는 주님의 유혹에 넘어가 날마다 치욕과 비웃음거리가 되었다며 말합니다. "주님, 당신께서 저를 꾀시어 저는 그 꾐에 넘어갔습니다. 당신께서 저를 압도하시고 저보다 우세하시니 제가 날마다 놀림감이 되어 모든 이에게 조롱

---

36) 이나시오, 168-169.

만 받습니다."(예레 20,7) 욥기에 의하면, 하느님께서 사탄이 인간을 유혹하도록 허락하십니다. 하느님은 왜 그런 장난(?)을 하시는 것일까요? 분명한 것은 하느님께서 인간이 당신을 얼마나 믿는지, 당신께 얼마나 충실한지 시험해 보시기 위한 것은 아니라는 것입니다. 하느님은 짓궂게 인간을 괴롭히시는 분이 아닙니다. 예수님께서 "성령의 인도로" 광야에 나가 사탄에게 유혹을 받으셨습니다. 같은 일에서 우리는 시험하시는 하느님의 음성도 듣고 유혹하는 사탄의 목소리도 듣습니다.

<h1 style="text-align:center">4</h1>

유혹은 그리스어로 페이라스모스πειρασμός입니다. '빠지는 것', '꾐에 빠지는 것'이라는 뜻입니다. 힘든 상황에서 우리는 하느님이 계시지 않는 것처럼 생각하며 하느님과의 관계를 시험하려는 유혹에 빠집니다.[37] 사탄은 히브리어로 '고발자', '고소인告訴人', '괴롭히는 자', '적대자'(민수 22,22; 1사무 29,4; 1열왕 11,25)라는 뜻을 지니고 있습니다. 라틴어로는 디아볼루스diabolus(그리스어 디아볼로스διάβολος의 음역)인데 '분리시키는 자'라는 뜻입니다. 우리말로는 보통 '악마'로 번역되었습니다. 구약성경에서는 특별히 욥기에서 사탄을 만나는데 천상 어전에 하느님의 아들들과 함께 주님 앞에 나타나고, 주님께서 그에게 욥에 대해 물어보실 정도(욥 1,6-7)인 것으로 보아 오늘날 우리가 생각하는 것처

---

37) 베르거 464.

럼 사악한 모습으로만 그려지지 않았음을 알 수 있습니다. 그러다가 점점 사악한 모습이 더해져서(1역대 21,1; 이사 14,12-21; 즈카 3,1-2) 나중에는 고발자의 의미를 넘어 "인간을 고통과 불행에 빠뜨리는 악한 존재"[38]로 그려지게 되었습니다.

신약성경에서 사탄은 "예수 그리스도의 행업에 반대하며 대적하는 존재로서 '죽음의 권능을 쥐고 있는 자'(히브 2,14)다. 베드로가 예수님으로부터 하느님의 일은 생각하지 않고 사람의 일만 생각한다고 사탄이라고 불리며 꾸지람을 들었다(마르 8,33). 악마는 하느님의 나라를 이야기하면서 하느님의 나라에 폭력을 가하고, 하느님에 대해 이야기하면서 하느님을 폭군처럼 여기게 한다. 예수님은 이러한 '악마가 한 일을 없애 버리려고'(1요한 3,8) 오셨고, 사탄의 지배를 받고 있는 자들에게 하느님을 드러내기 위해 오셨다(1코린 15,24-28; 콜로 1,13-14 참조). 결국 예수님의 공생활은 악과의 투쟁이라고도 할 수 있다. 그러나 사탄은 결코 예수님을 대적할 수 있는 상대가 아니었다. 사탄은 그리스도에 대해 그 어떤 권세도 행사하지 못한다는 내용이 성경 전체를 관통하기 때문이다." 예수님은 십자가의 죽음을 통하여 최종적으로 악마를 이기셨습니다.

5

사탄은 성경을 인용할 정도로 유식한 언어로(마태 4,6) 때로는 달콤

---

38) 『시서와 지혜서』, 김혜윤, 생활성서사, 2010, 125. 아래 인용도 같은 책 같은 면.

한 말로, 때로는 거짓말로 인간을 유혹하며 혼미하게 하고 비뚤어지게 합니다. 사탄은 하느님의 이름으로 유혹합니다. 거룩한 종교의 옷을 입고 하느님의 이름을 들먹이며 재물과 권력과 명예로 유혹합니다. 하느님의 이름으로 하느님을 떠보도록(마태 4,7) 유혹합니다. 일단 유혹에 넘어가면 푸줏간에 끌려가는 소처럼, 올가미에 걸린 사슴처럼, 제 발로 창에 걸려든 새처럼 언제 목숨을 잃을 줄 모르고 끌려다닙니다(잠언 7,21-23).

예수님께서 하느님의 이름을 들먹이는 사탄에게 유혹을 받으셨다는 것은 사탄을 쫓아내야 할 종교가 세상의 도전 아래 있다는 것을 암시합니다. 나중에 예수님은 율법 학자와 바리사이들과 끊임없이 논쟁하셨는데, 그 논쟁에서 복음을 선포해야 할 종교인이 세상의 도전에 넘어가 기쁨의 삶을 선포하지 못하는 모습을 지적하십니다. 율법 학자와 바리사이들은 종교를 대표하는 자들입니다. 그런데 그들은 겉으로는 아름답고 선한 옷을 입고 있지만 속은 추하고 세속적인 것으로 가득합니다. 회당과 한길 모퉁이에 서서 기도하기를 좋아하지만 속은 속俗된 욕심으로 더럽혀져 있고, 진리를 말한다고 돌아다니지만 거짓을 일삼습니다. 하느님의 이름으로 하느님을 욕되게 하고 율법의 이름으로 예수님을 단죄하고자 합니다.

예수님은 이들을 향하여 서슴없이 '위선자'라고 하십니다. 기쁨과 행복을 추구하는 우리에게 진리를 선포하는 것 못지않게 중요한 것은 거짓과 위선의 삶에서 벗어나는 것입니다. 하느님께 신앙을 고백하는 우리들의 행위에 대한 진실 여부는 우리가 거짓과 위선의 삶에서 얼마나 벗어나 있는가에 달렸습니다. 놀랍게도 이 거짓과 위선의 삶은 여러 종교 안에 많이 퍼져 있습니다.

6

예수님께서 광야에서 받으신 유혹은 광야에서 끝나는 것이 아니라 일생을 통해서 일어납니다. "먹을 것을 준다는 이유로 예수님을 따르고(요한 6,26) 믿을 수 있는 표징을 요구하고(마르 8,11) 예수님을 임금으로 삼으려는 사람들(요한 6,15)과 그리스도께서 '사탄'이라고 부르신 베드로를 보면서(마르 8,33) 사도적 삶은 뒷전으로 미루어 버리고 싶은 유혹을 받게"[39] 됩니다. 예수님께서는 기도를 가르쳐 달라는 제자들에게 "우리가 유혹에 빠지지 않게 해 주소서!" 하고 가르쳐 주십니다. 그리고 잡히시던 날 잠자고 있는 제자들을 향해 "너희는 나와 함께 한 시간도 깨어 있을 수 없더란 말이냐? 유혹에 빠지지 않도록 깨어 기도하여라. 마음은 간절하나 몸이 따르지 못한다!"(마태 26,40-41) 하고 탄식하셨습니다. 유혹은 우리의 몸과 마음을 잠에서 헤어나지 못하게 합니다.

---

39) 이나시오, 168.

3.
예수님, 하느님의 복음을 선포하시다

요한이 잡힌 뒤에 예수님께서는 갈릴래아에 가시어, 하느님의 복음을 선포하
시며 이렇게 말씀하셨다. "때가 찼다. 하느님의 나라가 가까이 왔다. 회개하고
복음을 믿어라."(마르 1,14-15)

가. 복음으로 초대

1

마르코가 예수님의 복음 체험을 요한에게 세례를 받으신 일과 광
야에서 유혹받으신 이야기 다음에 들려주는 것은 세례와 유혹 때 예
수님에게 일어난 일이 우리에게도 일어나고 또 일어나게 해야 하는
일이기 때문입니다. 요르단과 광야는 인간이 행복과 평화를 추구하
며 살아가는 일상이며, 이 일상이 행복과 평화를 느끼며 서로 사랑
하며 살게 하는 유일한 장소라는 것을 강하게 시사합니다.

요르단과 광야를 거쳐 세상으로 나오신 예수님께서 '인생을 기쁘게 사는 비결'(마르 1,14)을 선포하십니다. "때가 찼다. 하느님의 나라가 가까이 왔다. 회개하고 복음을 믿어라."(마르 1,15) 이 선포에서 우리는 "때", "하느님의 나라", "가까이 왔다", '회개하라', "믿어라"라는 단어들에 주목하게 됩니다. 우리는 여기서 예수님께서 왜 하필이면 이 단어들로서 기쁨의 비결을 선포하셨는지 그분의 의도를 알도록 해야 합니다. 왜 다른 단어가 아닌 "하느님의 나라"라는 단어를 선택하셨을까요? 왜 그 나라를 선포하시면서 "가까이 왔다."라는 술어를 사용하셨을까요?

그분께서 "회개하고 이 복음을 믿어라." 하신다면, 엉뚱한 곳에서 기쁨을 찾는 우리를 당신의 기쁨으로 초대하시는 것입니다. 하느님은 우리 손이 닿지 아니하는 먼 곳이 아니라 우리 가까이 우리와 함께 계신다는 것을 알 때, 이 세상은 인간의 힘이 아니라 하느님의 힘으로 다스려진다는 것을 받아들일 때, 우리는 인생을 기쁘게 살아갈 수 있다는 것입니다.

예수님은 당신께서 강렬하게 체험하신 이 복음을 인류가 함께 체험하기를 바라며 온 인류를 이 복음의 시작(아르케)으로 초대하십니다.[40] '시작'으로부터 살기 위해서는 때가 찼고 하느님의 나라가 우리 손에 닿는 곳에 와 있다는 복음을 믿어야 합니다. 이 초대에 응하는 자만이 하느님의 말씀이 시간과 공간을 채우고 있음을 느낄 수 있을 것입니다. 그때 우리는 하느님의 사랑받는 아들딸로, 하느님의 사랑

---

40) 마르 1,1 참조.

이 전달된 존재로 세상을 살아갈 수 있을 것입니다. 이 초대에 응하기 위해 인간은 사고를 바꾸어야(회개해야) 하고 하느님의 현존을 믿어야 합니다.

예수님은 일상에서 만나는 모든 사람에게 그들이 하느님께서 사랑하시는 아들딸임을 일깨워 새 삶을 살게 하십니다. 내가 좋아하는 사람만이 아니라 밉고 상처 주고 보기 싫은 사람, 가난한 사람, 갖가지 질병 앓는 사람, 세인들이 손가락질하는 죄인과 세리와 창녀, 이방인, 과부와 고아 등 기쁨을 잃은 숱한 변두리 인생이 모두 나에게 복음을 느끼게 해 주는 존재들이며, 나에게 인생의 행복을 알게 해 주는 복음입니다.

하느님의 복음을 깨닫는 날, 이웃은 나에게 기쁨이 되고 나 또한 이웃에게 기쁨이 될 것입니다. 우리 인생의 목표는 그렇게 기쁨으로 새로 태어나는 것, 세상에 기쁨이 되는 것입니다. 예수님께서 세상의 복음이셨듯이 우리가 세상의 복음이 되는 것입니다. 예수님께서 세상을 복음으로 만나셨듯이 우리 또한 세상을 복음으로 만나는 것입니다. 우리는 예수님처럼 복음으로서 복음에게 복음을 전하기 위하여 하느님의 복음을 믿습니다. 복음이고자 복음에게 복음을 전합니다.

2

마르코는 "요한이 잡힌 뒤에 예수님께서는 갈릴래아에 가시어, 하느님의 복음을 선포"(마르 1,14)하셨다고 전합니다. 예배를 드려야 하는 곳이 예루살렘에 있다고 믿는(요한 4,20) 이스라엘에게 갈릴래아는 아름다운 곳이지만 예언자가 나올 만한 곳은 아닙니다(요한 7,41.52 참조). 그분은 당신께서 처음으로 복음을 선포하실 땅으로 그런 곳을 선택하시어 갈릴래아로 가십니다. 왜 그런 변방으로 가시어 복음을 선포하셨을까요?

마태오는 예수님께서 아예 그곳에 자리를 잡으셨다고 하며 그 상황을 더 생생하게 설명합니다. "예수님께서는 요한이 잡혔다는 말을 들으시고 갈릴래아로 물러가셨다. 그리고 나자렛을 떠나 즈불룬과 납탈리 지방 호숫가에 있는 카파르나움으로 가시어 자리를 잡으셨다." (마태 4,13) 마태오는 예수님께서 카파르나움에 자리를 잡으신 이유를 "이사야 예언자를 통하여 하신 말씀이 이루어지려고 그리된 것이다." (14절) 하고 설명하며 이사야서를 많이 고쳐 인용합니다. "즈불룬 땅과 납탈리 땅 바다로 가는 길, 요르단 건너편 이민족들의 갈릴래아, 어둠 속에 앉아 있는 백성이 큰 빛을 보았다. 죽음의 그림자가 드리운 고장에 앉아 있는 이들에게 빛이 떠올랐다."(15-16절)

이사야는 이 땅을 천대받은 즈불룬 땅과 납탈리 땅, "요르단 건너편과 이민족들의 지역"(이사 8,23ㄷ)이라고 서술하며 그 땅에 사는 이들을 "어둠 속을 걷던 백성", "암흑의 땅에 사는 이들"(9,1)이라고 표현합니다. 이스라엘에게 갈릴래아와 그곳 사람들은 바로 그런 곳, 그런 사람이었습니다. 그러니까 예수님은 이스라엘이 이방인이 사는 암흑의 땅이라 천대하는 곳으로 가시어 마땅히 하느님께서도 저주하셔야 한다고 생각하는 어둠 속의 백성들에게 당신의 복음을 선포하신 것입니다.

예수님께서 갈릴래아에 가셨다는 것은 우리에게 역설적인 질문을 던지게 합니다. 우리는 어디서 행복을 찾는가? 천대받는 이민족들의 지역에서, 어둠 속을 걷던 백성에게서 큰 빛을 보는가? 암흑의 땅에 사는 이들에게 비치는 빛을 보는가?

예수님은 그 빛을 보게 하시려고 갈릴래아에 가시어 "하늘나라의 빛이 저 어두운 곳에 비치고 있다. 그곳에 앉아 있는 이들을 비추고 있다. 어두운 곳에서 빛을 볼 수 있을 때 너는 하느님의 빛이 비치지 아니하는 곳이 없다는 것을 깨닫게 되며, 하느님의 복음을 듣게 될 것이다. 즈불룬 땅과 납탈리 땅, 요르단 건너편, 이민족들의 갈릴래아로 건너가지 못하는 한 너는 하느님의 복음을 들을 수도, 인생을 행복하게 살 수도 없을 것이다."라고 복음을 선포하시는 것입니다.

3

하느님의 빛이 비치지 아니하는 곳은 없습니다. 주님의 빛은 암흑 속에 사는 사람, 내가 무시하고 멸시하며 밀어냈던 사람에게도 비칩니다. 주님께서는 그 누구도 차별함 없이 모든 이의 멍에를 가볍게 하십니다. 하느님께서는 그들에게도 "즐거움을 많게 하시고 기쁨을 크게 하십니다. 사람들이 당신 앞에서 기뻐합니다."(이사 9,2) 그들이 기뻐하는 모습을 볼 수 있을 때 우리는 인생의 참 즐거움을 발견하게 될 것입니다. 강 저편 사람이 하느님의 빛을 받아 즐거워하는 모습을 보며 함께 즐거워할 수 있을 때 우리는 우리 안에 처음부터 비치고 있는 빛을 즐길 수 있을 것입니다.

인생의 참행복을 누리기 위해서는 다른 지역과 낯선 곳에서 온 사람들을 향해서 마음을 열어야 합니다. 그들의 마음에 하느님의 빛이 비치고 있음을 보아야 합니다. 오아시스만이 아니라 광야에서 하느님을 체험한 자가 진정 하느님을 체험했다고 할 수 있습니다. 생명을 느낄 수 없는 황량한 곳에서 생명을 체험한 자가 진정 생명의 거룩함을 느낄 것입니다. 이민족의 땅, 그곳에 사는 사람들 안에도 하느님께서 현존하십니다. 나를 소외시키며 상처를 주는 자에게서 하느님을 체험하는 자가 하느님을 사랑한다고 할 수 있습니다. 하느님 현존의 체험을 통하여 얻는 기쁨은 세상이 주는 기쁨(행복)과는 차원이 다른 새로운 것입니다. 우리가 기쁘게 살지 못하고 세상이 평화롭지 못하다면 강 건너편에도 계시는 하느님의 현존을 체험하지 못하기 때문입니다.

내 안에 그리고 내가 아닌 사람들 안에 비치는 빛을 보기 위해 우리는 예수님처럼 강을 건너야 합니다. 우리의 마음을 강 건너편에 사는 이방인에게 열어야 합니다. 그곳에 사는 사회적 약자들, 창녀, 죄인, 세리, 병든 이, 마귀 들린 이, 과부, 고아에게 마음을 열어야 합니다. 그들에게도 하느님의 빛이 비치고 있음을 보아야 합니다. 그 빛을 볼 때 우리는 재력과 권력과 명예가 주는 기쁨보다 더 큰 참된 기쁨을 맛보게 될 것입니다. 그들에게 비치는 빛이 바로 내 마음에 비치는 빛입니다.

구약의 인간들은 이방인과 과부와 고아를 보살펴 주라는 성경 말씀에도 불구하고 이들에게 대단히 인색하고 무자비했습니다. 그들은 하느님께서 자기 민족 바깥에는 계시지 않는다고, 하느님은 자기들처럼 경건하고 반듯한 집단 안에만 현존하시면서 자기들만을 보호해 주신다고 믿었습니다. 21세기를 사는 오늘날에도 하느님을 자기가 속한 그리스도교 제도 안에서만 활동하신다고 믿으면서 다른 민족, 다른 문화, 다른 종교에 대해서 배타적인 사람이 얼마나 많습니까.

우주를 창조하신 하느님은 이스라엘만이 아니라 모든 민족의 하느님입니다. 그분은 그리스도인만이 아니라 불자, 무슬림, 유다교인을 포함한 모든 이들의 하느님입니다. 그분은 성인들만이 아니라 죄인들의 하느님이며, 학식 있고 권세 있는 기득권자들만이 아니라 온갖 질병을 앓고 가난에 시달리고 천대받는 무지렁이들의 하느님입니다. 그분은 예루살렘 사람들의 하느님이며 갈릴래아 사람들의 하느님입니다. 예수님께서 복음을 선포하시기 위하여 갈릴래아로 가신 것은 그 자체로 상징적입니다.

그분께서 갈릴래아로 가신 일은 그분의 탄생과 죽음을 상기시킵니다. 말구유처럼 더럽고 지저분하고 십자가처럼 저주스럽고 고통스러운 곳에도 하느님은 계십니다. 말구유를 외면하는 사람은 그 안에 탄생하신 그리스도를 만날 수 없고 십자가를 피해 달아나는 사람은 거기 달리신 예수님을 그리스도로 만날 수 없습니다. 말구유에 태어나시고 십자가에서 처형되신 그리스도께 자기의 말구유 처지와 십자가의 고통을 벗어던지게 해 달라고 비는 모순된 신앙 안에서는 그리스도를 만날 수 없습니다.

4

마르코는 예수님께서 갈릴래아에 가시어 복음을 선포하셨다고만 서술할 뿐 복음 선포의 대상에 대해서는 정확히 말하지 않습니다. 그러고선 갈릴래아 호숫가를 지나가시다가 네 명의 제자들을 부르시고 안식일에 카파르나움의 회당에 들어가시어 '사람들'을 가르치셨다고 보도하면서 그분의 가르침을 듣는 이들의 반응을 들려줍니다. 사람들은 그분의 가르침에 몹시 놀랐는데, 마르코는 그분의 가르침이 율법 학자들과 달리 권위가 있었기 때문이라고 전합니다. 복음사가는 이 예수님께서 병자들에게 다가가시는 행보를 보도합니다. 이로써 복음 선포의 대상이 밝혀집니다. 그분은 지금 병자, 고통받는 사람, 율법 학자들과 바리사이, 그리고 제자들 등 온 인류를 향하여 복음을 선포하십니다. 그 출발점이 갈릴래아입니다. 갈릴래아에서 온 인류를 향하여 복음이 들려옵니다. 부활하신 그분을 가장 먼저 만날 수 있는 곳도 갈릴래아입니다(마르 16,7).

나. 시간이 영원을 노래하다

1

"때가 찼다. 그리고 하느님의 나라가 가까이 왔다." 이 간결한 말씀에 그리스도교가 인류에게 전하고자 하는 핵심 가르침이 나타나 있으니, 이는 곧 종교의 원리입니다. 이 복음은 "때가 찼다."라는 문장과 "하느님의 나라가 가까이 왔다."라는 문장이 '그리고(카이καί)'라는 접속사로 이어져 있습니다. 여기서 때는 시간을 말하고 하느님의 나라는 공간을 말합니다. 우리 말 성경은 "때가 차서 하느님의 나라가 가까이 왔다."라고 번역했는데, 이는 다소 오해의 여지가 있습니다. 어느 시점에 예수님께서 역사에 등장하시니까 그때부터 하느님의 나라가 도래하게 되었다는 인상을 주기 때문입니다.[41]

예수님과 함께 예수님 안에서 예수님을 통하여 우리가 하느님의 나라를 체험할 수 있게 되었다는 표현은 신학적으로 틀리지 않습니다. 예수님은 천지창조 이전부터 하느님과 함께 계신 분이시며[42] 그분은 시간의 충만이며 완성이시기 때문입니다. 우리는 그분과 함께 그분 안에서 인생의 목표에 도달할 수 있습니다. 그러나 '때'를 기원 0년으로 이해하는 것은 신학적으로 오해를 불러일으킬 수 있습니다. 이는 예수님 탄생 이전에는 아무도 하느님의 나라를 체험할 수 없었다는 말처럼 들릴 뿐 아니라 예수님 이전의 시간은 하느님의 시간이 아니고 예수님 이후 비로소 하느님의 시간이 열리게 되었다고 오해할 수 있기 때문입니다. 예수님은 그런 식으로 때가 차서 오신 분이 아닙니다. 그리스도는 어느 시점에 이르러 '드디어' 역사에 나타나신 분이 아닙니다. '때'를 예수님 출생 이전과 이후를 구분하는 연대年代, chronology의 의미로 이해한다면 그리스도의 시간을 그르치게 됩니다.

---

41) 참고로 『현대인의 성경』은 "드디어 때가 왔다! 하나님의 나라가 가까이 왔다."로 번역하였습니다. 개신교 『새번역』(대한성서공회 발행)은 "때가 찼다. 하나님의 나라가 가까이 왔다."로 번역했습니다. 『NABNew American Bible(새 미국 성경)』는 "This is the time of fulfillment, The kingdom of God is at hand."로, 독일어 『Jerusalemer Bibel(예루살렘 성경)』은 "Die Zeit ist eruellt, und das Reich Gottes ist nahegekommen"로 번역하였습니다.

42) 요한 복음 저자는 "그분께서는 한처음에 하느님과 함께 계셨다."(요한 1,2)라고 말합니다. 그분은 천지창조 이전부터 하느님과 함께 계셨습니다.

2

　"때가 찼다."라는 말은 하느님의 나라는 그리스도의 시간 안에서만 체험할 수 있다는 것을 암시합니다. 하느님의 나라가 우리 가운데 와 있다는 것은 그리스도의 시간 안으로 자신을 몰입시킬 때에 온몸으로 느낄 수 있다는 말입니다. 하느님의 나라가 선사하는 기쁨을 누리기 위해서는 그리스도의 시간 안으로 자신을 몰입시켜야 하며, 이를 이천 년 전에 예수님께서 인류에게 깨우쳐 주셨습니다. 예수님 스스로 그리스도의 시간을 당신이 사셨던 삼십삼 년이라는 시간 안에 제한하지 않으시고 천지창조의 순간으로 안내하시고 종말의 시간으로 안내하셨습니다. 그분은 "나는 아브라함이 태어나기 전부터 있었다."(요한 8,58)라고 말씀하십니다. 그리스도의 시간 안에서 볼 때 하느님의 나라는 와 있지 않은 때가 없습니다.

　그분의 복음에 의하면 하느님의 나라는 세상 창조 이전부터 우리 가까이 와 있습니다. 예수님께서 선포하신 복음은 천지창조 이전부터 우리에게 선포된 것입니다. 에페소서의 저자는 "세상 창조 이전에 그리스도 안에서 우리를 선택하시어, 우리가 당신 앞에서 거룩하고 흠 없는 사람이 되게 해 주셨습니다."(에페 1,4)라고 말합니다. 그리스도는 세상 창조 이전부터 계셨고 만물이 그 안에서 창조되었습니다. 요한 복음도 서두에서 같은 말을 합니다. "한처음에 말씀이 계셨다. 말씀은 하느님과 함께 계셨는데 그 말씀은 하느님이셨다. 그분께서는 한처음에 하느님과 함께 계셨다. 모든 것이 그분을 통하여 생겨났고 그분 없이 생겨난 것은 하나도 없다."(요한 1,1-3). 인간의 시간을 말하는 '드디어'라는 말이 끼어들 틈이 없습니다.

군이 '드디어'라는 말을 사용하고자 한다면 시제時制로서가 아니라 깨달음의 시간으로, 즉 시간 안에서 영원을 체험하지 못하는 사고가 예수님과 함께 '드디어' 극복되었다는 식으로 사용할 수 있는 것입니다. 그리스도의 시간 안에서 인간은 '드디어' 자기의 시간이 천지창조의 순간을 드러내고 있다는 사실을 깨닫게 되었습니다. 그리스도를 통하여 인간은 '드디어' 복음의 진리를 깨닫게 되었습니다.

그리스도가 나타나지 않으신 때란 없습니다. 그리스도는 천지창조 이후 유구한 세월이 흐른 다음 예수님과 함께 비로소 세상에 나타나신 것이 아닙니다. 하느님은 처음부터 그리스도와 함께 갈라진 하늘을 창조하셨습니다. 그리스도 이전의 시간은 없습니다. 예수님은 모든 때가 하느님의 시간으로 채워져 있고 모든 공간이 하느님의 나라를 느끼게 해 준다는 것을 당신의 존재로 체험하고 이를 선포하신 것입니다. 시간이 영원으로 채워졌고, 모든 시간이 영원의 빛을 발합니다. 모든 시간이 하느님의 시간입니다.

3

창세기가 하느님의 첫 창조물로 빛을 언급한 것은 의미심장합니다 (창세 1,3-5). 이는 모든 시간이 하느님의 현존을 알린다는 것을 말해 줍니다. 하느님은 밤과 낮, 아침과 저녁, 시간을 창조하시면서 거기에 당신의 신성과 영원성을 전달하셨습니다. 모든 때에 하느님의 아름다움이 감추어 있고 모든 시간이 하느님의 영원성을 속삭입니다. 지나고 나면 허무할 것 같은 시간이 하느님의 영원을 노래합니다. 고통을 주는 시간이 하느님의 영원을 노래합니다. 죽고 말 인간이 하느님의 영원을 노래합니다.

구약의 코헬렛은 "하늘 아래 모든 것에는 시기가 있고 모든 일에는 때가 있다. 태어날 때가 있고 죽을 때가 있으며, 울 때가 있고 웃을 때가 있으며 슬퍼할 때가 있고 기뻐 뛸 때가 있다. 찾을 때가 있고 잃을 때가 있으며 간직할 때가 있고 던져 버릴 때가 있다. 침묵할 때가 있고 말할 때가 있다. 사랑할 때가 있고 미워할 때가 있으며 전쟁의 때가 있고 평화의 때가 있다."(코헬 3,1.2ㄱ4.6.7ㄴ-8)라고 노래합니다. 그는 인간의 의지와 달리 움직이는 시간을 체험하며 "그러니 일하는 사람에게 그 애쓴 보람이 무엇이겠는가?"(코헬 3,9) "허무로다, 허무! 모든 것이 허무로다!"(코헬 1,2)라는 그 유명한 말을 내뱉습니다. 인생의 허무를 탄식한 것일까요?

모든 것, 모든 때는 하느님께서 마련하신 것이니 흘려 보거나 겉으로 드러나는 현상만을 보지 말고 그 속 하느님의 마음을 보라는 교훈으로 알아들어야 할 것입니다. 인생에는 즐겁고 웃을 일만 일어나는 것이 아닙니다. 슬프고 괴로운 일이 더 많이 일어납니다. 성공만이 아니라 실패와 좌절을 더 많이 겪습니다. 하지만 지나고 보면 그 모든 순간이 지금의 나를 있게 한 근본이었음을 깨닫게 됩니다. 생의 의미를 잃고 생의 허무를 안겨 준 그때 그 시간이 없었다면 지금의 내가 있을 수 없다는 것을 인생을 통해서 체험하게 됩니다. 기쁘고 즐거울 때는 하느님께서 나와 함께하시고 고통과 방황의 시간에는 하느님께서 나를 떠나신 것이 아니었던 것입니다. 슬픔과 아픔, 절망과 좌절

이 나를 덮쳤을 때도 하느님은 당신의 영원한 생명을 내게 전달하시며 나와 함께 계셨던 것입니다.

생로병사가 펼쳐지는 허무한 세상 같지만, 하느님께서 태초에 창조하시고 나서 보시니 좋았다고 하신 세상입니다. 하느님은 세상을 제때에 아름답게 만드셨습니다. 인생이 허무하게 느껴지는 것은 시간 안에 감추어 있는 하느님의 영원성을 모르기 때문이고, 모든 때가 하느님의 영원을 노래하고 있다는 것을 인식하지 못하기 때문입니다. 시간을 창조하신 하느님의 영원성을 느낄 때 시공에 제한되어 사는 우리의 인생이 완성될 것입니다. 시간을 어떻게 체험하는가에 따라 인간은 보람을 느끼며 살 수도 있고 무의미하게 살 수도 있습니다.

하느님의 시간에 자기를 맡기지 못하고 자기가 시간의 주인인 것처럼 만용을 부릴 때, 인생은 허무의 늪에 빠질 것입니다. 시간은 인간이 아니라 하느님의 창조물입니다. 인간은 힘들고 고통스러울 때면 하느님께서 우리와 함께 계시지 않는 것처럼, 하느님께서 우리를 떠나 버리신 것처럼, 실망하고 원망하며 삶을 비관하기도 합니다. 예수님은 "때가 찼다." 하시며 하느님께서 함께하시지 않는 시간은 없다고 선포하십니다. 시간에 하느님의 영이 가득 차 있습니다. 시간에서 하느님의 영원을 느낄 때 인간은 하느님의 경지에서 영원한 하느님의 아들딸로 살게 될 것입니다.

4

'때'의 그리스어는 '카이로스καιρός'입니다. 지나가면 과거가 될 수 있는 시간을 의미하는 '크로노스χρόνος'와 구분됩니다. 앞에 인용한 코헬렛에서 "때"는 크로노스입니다. 미래가 현재가 되는 그 시간은 금방 과거가 될 것입니다. 이 시간 안에서 인간은 허무를 느낍니다. 천지창조를 알리는 '한처음'은 '카이로스'의 의미에서 알아들을 수 있습니다. 하느님께서 먼 과거에 단 한 번 세상과 인류(아담과 하와)를 창조하신 것이 아닙니다. 하느님의 창조사업은 과거가 될 수 없는 현재의 사건입니다. 아담과 하와뿐 아니라 21세기를 사는 우리도 하느님의 영원한 창조물입니다. 하느님께서 그때 아담을 창조하셨듯이 지금 나와 너 우리를 창조하십니다. 지금 우리 안에서 하느님의 창조사업이 일어나고 있습니다. 하느님은 당신의 창조사업을 통해 우리의 시간을 태초의 시간으로 안내하십니다.

예수님은 세례 때 모든 시간이 하느님의 시간임을 체험하셨고, 그 체험을 당신의 복음으로 선포하셨습니다. 모든 때가 하느님의 시간이라고. 창조주 하느님은 시간을 창조하시면서 시간 안으로 들어오셨다고. 예수님은 요르단에서 하늘이 갈라지는 체험을 하신 '때', 당신을 태초의 순간에서 체험하신 '때', 하느님의 현재를 체험하신 '때', 그 '때'를 지금 선포하시는 것입니다. 과거가 될 수 없는 영원한 현재를 선포하신 것입니다. 모든 시간이 하느님의 시간임을 선포하시는 것입니다.

예수님은 "때가 찼다."라고 선포하시면서 과거 현재 미래의 모든 시간이 항상 하느님의 시간을 알려 준다고 선포하십니다. 모든 시간이 우리에게 하느님을 만나게 하는 시간입니다. 예수님께서 때가 찼음을 선포하시는 것은 인간이 이를 깨닫지 못하고 시간을 과거 현재 미래로 쪼개면서 하느님을 먼 미래의 시간으로 밀어내는 것을 보셨기 때문입니다. 그것도 '영원'의 이름으로 말입니다. 프란치스코 교황은 말합니다. 우리는 "하느님을 과거에서, 혹은 미래에 있을 법한 것들에서 찾으려는 유혹이 있다. 물론 하느님은 과거에 계신다. 당신이 남기신 흔적 안에 계시기 때문이다. 미래에도 계신다. 약속으로. 하지만 이를테면 '구체적인' 하느님은 오늘에 계신다. 그래서 불평은 우리가 하느님을 찾는 일에 결코 도움이 되지 않는다."[43]

예수님은 시간을 쪼개는 인간의 사고를 찢으시며, 하느님은 이제와 항상 영원히 현재에 개입하시는 분이심을 선언하십니다. 영원하신 하느님은 현재의 시간 안에서 만날 수 있습니다. 인간이 생각하는 미래가 시간 다음이 아니라(그런 미래는 없다) 현재의 시간 안에 감추어 있습니다. 시간이 하느님의 현존으로 가득 차 있습니다. 하느님께서 오시는 시간은 따로 있지 않습니다. 바리사이들이 하느님의 나라가 언제 오느냐고 질문했을 때 예수님께서 "하느님의 나라는 눈에 보이는 모습으로 오지 않는다."(루카 17,20) 하고 분명하게 말씀하십니다. 그러므로 그 나라는 "여기에 있다.", "저기에 있다." 하고 말할 수 있는 성질의 나라가 아니라는 것입니다. 그 나라는 우리 가운데에 와 있기 때문입니다(루카 17,21).

묵시록은 말합니다. "보라, 이제 하느님의 거처는 사람들 가운데에

---

43) 『나의 문은 항상 열려 있습니다』, 프란치스코·안토니오 스파다로, 솔, 2014, 150.

있다. 하느님께서 사람들과 함께 거처하시고 그들은 하느님의 백성이 될 것이다. 하느님 친히 그들의 하느님으로서 그들과 함께 계시고 그들의 눈에서 모든 눈물을 닦아 주실 것이다. 다시는 죽음이 없고 다시는 슬픔도 울부짖음도 괴로움도 없을 것이다. 이전 것들이 사라져 버렸기 때문이다."(묵시 21,3-4)

5

예수님께서 가까이 왔다고 선포하신 하느님의 나라는 천지창조 때부터 이미 우리와 함께 있었고, 지금도 함께 있으며, 앞으로도 영원히 우리 가까이 와 있는 나라입니다. 이로써 예수님은 우리가 일상에서 만나는 모든 사람은 처음부터 하느님의 계획에 따라 태어난 하느님의 아들딸임을 깨우쳐 주신 것입니다.

베드로 2서 저자는 "하느님의 날이 오기를 기다리고 그날을 앞당기도록 해야 하지 않겠습니까?"라고 반문하면서 "그날이 오면 하늘은 불길에 싸여 스러지고, 원소들은 불에 타 녹아 버릴 것입니다. 그러나 우리는 그분의 언약에 따라, 의로움이 깃든 새 하늘과 새 땅을 기다리고 있습니다."(2베드 3,12-13)라고 말합니다. 하느님의 날을 앞당긴다는 것은 우리가 처해 있는 시간이 이미 하느님의 시간임을 깨달아야 한다는 말과 다르지 않습니다. 하늘이 불길에 싸여 스러지는 것은 하늘이 갈라지는 것입니다. 그때 새 하늘과 새 땅이 우리에게 열리고, 하느님의 나라가 와 있음을 체험하게 될 것입니다.

모든 시간이 하느님의 시간임을 깨닫는 날 인류는 구원의 빛을 보게 될 것입니다. 예수님은 모든 시간이 하느님의 시간이고 모든 공간이 하느님의 공간임을 인류에게 깨닫게 해 주십니다. 시공을 나의 시간과 공간으로만 한정하여 받아들이는 한, 예수님은 아직 우리에게 오시지 않은 분이고, 천국 역시 아직 우리에게 오지 않은 먼 나라일 뿐입니다.

때가 찼습니다. 하느님의 나라가 가까이 왔습니다. 언제 어디서나 하느님을 찬미하고 감사함이 마땅하고 옳은 일입니다.

다. 하느님의 왕국은 손에 닿을 만큼 가까이에 있다

1

'때가 찼다.'라는 선포에 이어 "하느님의 왕국이 가까이 왔다."라는 선포가 이어집니다. 모든 시간이 하느님의 시간이듯이 모든 공간이 영원하고 무한하신 하느님을 체험하게 합니다. 많은 사람이 천국을 세상 밖 어딘가에 있는 나라, 이 세상을 떠나야 들어갈 수 있는 나라, 살아 있는 동안은 도달할 수 없는 나라, 아픔도 슬픔도 없고 영원한 행복만이 충만한 낙원으로 상상하면서 '지금 여기서' 영생을 누릴 수 없는 것처럼 생각합니다. 예수님은 이런 사고를 뒤엎으십니다. 그런 나라는 없다고, 하느님의 나라는 우리 손이 닿는 곳에 있다고 선포하십니다.

"하느님의 나라가 가까이 왔다."라는 복음은 '하느님의 나라'와 '가까이 왔다'라는 두 개념으로 구성되어 있습니다. 우리말로 '나라'로 번역된 그리스어 '바실레이아βασιλεία'는 왕국, '바실레이아 투 테우βασιλεία τοῦ Θεοῦ'는 '하느님의 왕국'입니다.[44] '가까이 왔다'로 번역된 그리스어 '엥기켄ἤγγικεν'은 '엥기조ἐγγίζω'의 완료형으로서 '손에 닿을 듯 가까이에 있다'라는 뜻입니다.[45]

하느님의 왕국이 가까이 왔다는 것은 세상은 인간이 아닌 하느님이 다스려야 한다는 것을 말합니다(1사무 8,4-22 참조). '인간이 왕이 되어 다스리는 나라'에서는 부와 권력이 지배합니다. 자기 힘으로 자신과 이웃과 세상을 다스리려 하고, 자기 힘으로 인생의 기쁨을 얻으려 할 때, 만족을 모르는 인간은 스스로 힘의 노예가 되어 행복을 추구하면서 행복을 잃고 평화를 염원하면서 평화를 잃게 됩니다.

예수님은 인간이 힘을 내려놓고 하느님의 다스림에 자신을 맡길 때 참행복을 얻게 되고, 세상이 평화로워질 것이라고 선포하십니다. 하느님의 왕국은 "칼과 몽둥이"(마르 14,48)가 아니라 하느님께서 다스리시는 나라입니다. 천국에 대한 믿음은 하느님의 다스림에 대한 믿음입니다. 하느님의 왕국(천국)의 반대말은 '지상의 나라' 지옥이 아니라 인간이 왕처럼 지배하는 '인간의 왕국'입니다. 하느님 나라의 복음이 전하는 메시지는 하느님께서 모든 것을 다스리시게 하라는 것입니다.

---

44) 이 단어를 우리말로 '나라'로 번역한 것은 '왕국'이 군주제를 떠오르게 하는 부정적 이미지 때문일 것입니다. 하지만 '나라nation, country'가 인간의 통치 조직을 가진 일정한 영토를 말한다면 '왕국king-dom'은 왕이 다스리는 나라입니다.

45) "엥기켄 헤 바실레이아 투 테우ἤγγικεν ἡ βασιλεία τοῦ Θεοῦ"는 "하느님의 왕국이 손에 닿을 듯 가까이에 있다"로 번역할 수 있을 것입니다. 영어의 번역은 이렇습니다. "The kingdom of God is at hand."(King James Version)

2

하느님의 왕국을 설명하는 "가까이 왔다."라는 술어는 천국이 어떤 나라인지, 어떻게 천국을 이야기해야 하는지, 천국을 이야기하는 이유가 무엇인지 알게 하는 핵심 단어입니다. 천국은 우리의 손이 닿는 곳에 와 있습니다. 손만 내밀면 언제 어디서나 체험할 수 있는 곳에 와 있습니다. 술어 없이 천국만을 따로 떼놓고 이야기할 때 천국은 추상적이고 이념적인 공간에 머물 수 있습니다. 예수님은 하느님의 나라를 이론적으로 설명하지 않으셨습니다.

우리가 천국을 체험하지 못한다면 천국을 우리 손이 닿지 아니한 곳으로 밀어내기 때문입니다. 굶주린 이, 헐벗은 이, 병든 이, 감옥에 갇힌 이, 낯선 이, 상처를 주는 이에게 손을 내밀지 못하기 때문입니다. 사람들이 천국을 갈망하면서도 행복하지 못하다면 가난하고 힘없는 이들이 내게 다가오는 것을 꺼리기 때문입니다. 그들을 내 손이 닿지 아니하는 영역으로 밀어내면서는 천국을 체험할 수 없습니다. 행복도 기쁨도, 영원한 생명도, 부활의 삶도 체험할 수 없습니다. 그분은 단도직입적으로 선포하십니다. "하느님의 나라의 행복을 누리고 싶은가? 가난하고 힘없는 사람을 손이 닿지 아니하는 곳으로 밀어내지 마라. 그들이 내게 오는 것을 막지 마라. 그들을 향하여 손을 내밀어라. 손이 닿는 그곳에 하느님의 나라가 와 있다."

천국의 행복을 원한다면, 인생을 기쁘게 살고자 한다면, 구유에 누운 불쌍한 아기에게 손을 내밀어 어루만지고 십자가에 매달린 처참한 젊은이를 가슴에 품어 주어야 합니다. 그들이 우리에게 천국의 경지를 열어 보여 줍니다. 그들의 몸 안에 우리가 갈망하는 천국이 와 있습니다.

그들에게 손을 내밀어 어루만지고 일으켜 세울 수 있을 때, 그들이 내게 다가와 나를 만지며 위로를 얻을 수 있을 때, 우리는 세상의 그 무엇도 줄 수 없는 천국의 기쁨을 맛보게 될 것입니다. 그분은 우리가 구유를 향하여 손을 내밀게 하시려고 구유에 태어나시고 십자가를 향하여 두 손을 올리게 하시려고 십자가에 달리셨습니다.

예수님은 가시는 곳마다 만나는 사람에게 손을 내밀어 그들을 만져 주셨고 또 사람들이 당신을 만지게 하셨습니다. 그분은 존재 자체로 복음이시고 행복 자체이셨으며 인생에 기쁨과 의미를 주는 비결 자체이십니다. 그리고 우리 또한 당신처럼 온 세상에 손을 내밀어 다가가며 언제든 천국을 체험할 수 있는 존재로 창조되었다는 것을 믿게 해 주셨습니다.

3

하느님의 나라가 가까이 왔다는 것은 하느님은 '우리 손이 닿는 가까이', '우리보다 더 가까이', '우리 안에', '우리 가운데', '우리와 함께', '우리를 위하여' 계시고, 우리 인간 또한 하느님과 멀어질 수 없이 가까운 존재로 창조되었다는 것을 말합니다. 아무리 도망치고 싶어도 하느님은 손이 닿는 가까이에 계십니다. 하늘 높이 올라가도 거기에 계시고 지하에 내려가도 거기에 계십니다(시편 139,8). 우리가 어디를 가든 하느님은 우리와 함께 계시며 우리 안에서 우리와 함께 움직이십니다. 하느님은 세상 너머에 계신 분이 아니라 세상 모든 것 안에서 만날 수 있는 분이심을 말합니다. "세상은 하느님을 만나고 하느님의 부르심을 듣는 곳"입니다(이냐시오). 인간은 하느님의 손에서 벗어나 살 수 없습니다.

이냐시오는 영신수련에서 이렇게 씁니다. "하느님이 어떻게 피조물 안에 기거하시는지를 살펴보자. 곧 하느님은 물질들에 존재를 부여하시면서 그 안에 계시고, 식물들을 성장하게 하시면서 그 안에 계시며, 동물들에게 감각을 부여하시면서 그 안에 계시고, 사람들에게는 이해력을 부여하시면서 그들 안에 계시는 것이다. 그리고 나에게 존재와 생명과 감각을 주시면서, 그리고 이해력을 주시면서 그렇게 내 안에 계시고, 또한 나를 성전이 되게 하심으로써, 그리고 당신의 존엄하신 모습을 닮은 하느님의 모상으로 창조하신 내 안에 계신다."[46]

4

예수님은 하느님 나라의 복음을 선포하시면서 하느님을 지극히 높은 곳에 안주하여 계시는 분, 그곳에서 인간들을 지켜보며 그 행업에 따라 상벌하시고, 기도의 열정과 신심의 정도에 따라 소원을 들어주시거나 들어주지 않을 수도 있는 분, 세상 밖에 계시다가 세상 안으로 개입하시는 분으로 상상하는 것을 부정하십니다. 우리를 행복하게 하시고 세상에 평화를 가져다주시고 인생을 의미 있게 살게 해 주

---

46) 위의 책 159-160에서 인용.

시는 하느님은 처음부터 우리 안에 우리와 함께 계십니다.

이 '함께하심'이 너무도 강하여 인간의 모습을 취하시고 인간과 같이 되시어 여느 사람처럼 나타나셨습니다(필립 2,7). 우리가 구유에 나면 우리와 함께 구유에 나시고, 우리가 십자가에 달려 고통당하면 우리와 함께 십자가에 달려 고통당하시는 자비로운 분이십니다. 그 누구의 눈에도 귀하게 보이지 않을 정도로 우리 가운데 여느 사람과 같은 모습으로 와 계셨기에 사람들은 그분을 몰라보았으며 오히려 십자가에 달리신 그분을 업신여기고 조롱했습니다.

예수님은 하느님의 이 '함께하심'을 체험하시면서 당신의 존재를 천지창조의 순간으로부터 들여다보셨으며, 나아가 우리 모두도 이 '함께하심'을 깨달을 가능성이 있음을 일깨우고자 하셨습니다. 우리는 모두 그런 존재로 태어났습니다. 하느님은 우리의 존재가 생기기 전부터 늘 우리와 함께 계셨습니다. 하느님은 처음부터 인생의 기쁨을 누릴 은총을 인간에게 선사하신 것입니다.

5

하느님은 우리의 일상이 펼쳐지는 곳에서 체험되는 분이십니다. "하느님은 모든 사람의 삶 안에 계십니다. 하느님은 각자의 삶 안에 계십니다. 어떤 사람의 삶이 하나의 재앙이었다 할지라도, 악습이나 마약이나 그 어떤 다른 것들로 파괴되었다 할지라도 하느님은 그의 삶 안에 계십니다."[47] 예수님은 이 세상이 끝난 다음 펼쳐질 구원을 예언하며 약속하신 것이 아니라 온갖 부정이 판을 치고, 살인과 폭력, 미움과 증오가 지배하고 있는 듯한 이 세상에 하느님의 나라가 '이미' 와 있다고, 우리가 기쁘게 살아야 할 이유가 있다고, 험난하고 고달픈 세상이지만 구원은 이미 시작되었다고 선포하십니다.

지금 여기 일상에서 만나는 사람에게 손을 내밀지 못하는 사람은 저세상에 가서도 하느님을 체험하지 못할 것입니다. 거기서도 온갖 핑계를 대며 손을 내밀지 못할 것이기 때문입니다. 손을 내밀지 못한다면 그곳이 천국이라 해도 그에게는 천국이 아닙니다. 천국은 손을 내밀면 잡히는 곳에 와 있습니다. 행복은 우리 삶의 영역 밖에 있지 않습니다. 우리가 죽은 다음, 지상의 삶을 끝낸 이후 비로소 누리게 되는 것도 아닙니다. 우리가 기쁨의 존재가 되면 우리가 곧 천국입니다. 우리가 만나는 사람이 곧 천국입니다. 하느님은 우리를 천국으로 창조하셨습니다. 모든 존재는 기쁨과 축복 속에 태어났고 모든 존재는 우리에게 천국의 기쁨을 전해 주면서 세상에 태어났습니다. 이 존재에게 펼쳐지는 생로병사는 기쁨과 축복 속에 전개될 것입니다.

예수님께서 지금 가난하고 배고픈 사람은 행복하다고 선언하신다면 이들에게 '밀어내는 마음'이 없음을 보셨기 때문입니다. 가난하지만 자기가 하느님 안에 있음을 온몸으로 느끼며 살아가는 것을 보셨기 때문입니다. 반면에 지금 배부른 사람은 불행하다고 선언하신다면 그들은 '밀어내는 마음'으로 부를 자기에게 축적하고 있음을 보셨기

---

47) 『나의 문은 항상 열려 있습니다』, 156. 이 대목은 교황의 교의적 확신인데 여기서는 말마디를 약간 변형했습니다.

때문입니다. 자기가 지금 하느님 안에 있음을 모르고 부와 권력과 자신의 능력에 의존하여 살아가는 것입니다. 예수님께서 부와 힘 자체를 부정하시는 것이 아니라, 이것들에 집착하는 마음을 경고하십니다. 사람들은 부와 힘과 명예를 자신만의 행복과 안위를 위하여 끌어모으고 사용하려 들지만, 예수님은 이것들을 추구하는 인간의 노력을 의혹의 눈초리로 바라보십니다.

6

예수님은 하느님 나라의 복음을 선포하시면서 우리 인생에 이미 주어져 있는 기쁨과 행복을 깨닫고 누릴 수 있다는 희망을 주시며 그 비법을 가르쳐 주셨습니다. 인생을 기쁘게 사는 비결은 하느님의 현존을 믿고 하느님의 다스림에 자신을 맡기는 것입니다. 천국이 여기 있다 저기 있다 하고 말할 수 있는 것이 아니듯 행복과 기쁨도 여기 있다 저기 있다 말할 수 있는 성질의 것이 아닙니다. 행복을 보장하는 공간은 따로 존재하지 않습니다. 어느 공간에 들어서면 저절로 행복해지고 저절로 기쁘게 되리라는 생각은 망상입니다. 천국이 우리의 힘이나 노력으로 쟁취하고 차지할 수 있는 나라가 아니라 하느님의 힘에 자신을 맡길 때 들 수 있는 경지이듯 행복과 기쁨, 사랑과 용서와 평화도 인간이 힘으로 쟁취할 수 있는 '것'이 아니라 하느님의 다스림에 자신을 맡기는 일을 통해 도달하게 되는 '경지'입니다.

천국을 인간의 노력으로 들 수 있는 공간으로 생각하는 것은 인간이 그만큼 소유에 집착하고 있기 때문입니다. 천국은 자식을 편안히 품어 주는 어머니의 품과도 같습니다. 어머니의 품은 우리가 쟁취할 수 있는 것이 아닙니다. 어머니는 쟁취하고자 하는 마음을 누그러뜨리고 없애 줍니다. 그 품은 평온합니다. 예수님은 하느님 나라의 복음을 선포하시면서 돈이나 권력, 명예나 인기 따위의 소위 세상이 말하는 성공과는 차원이 다른 기쁨의 경지를 열어 보여 주셨습니다. 이 경지에서 모든 이는 서로에게 기쁨이 되고 서로에게 천국이 됩니다. 행복은 우리가 소유할 수 있는 물건이 아니라 우리가 젖어 들어야 할 경지입니다.

모든 인간을 복음으로 만날 수 있다는 것, 이보다 더 신비스러운 일이 어디 있겠습니까? 행복은 신비스러운 경지입니다. 하느님의 나라가 가까이에 와 있다는 복음을 받아들인 사람은 언제 어디서나 감사하며 하느님의 나라에 살듯 세상을 살아갑니다. 그에게는 세상을 사는 것이 기쁨입니다.

라. 생각을 바꾸어라, 그리고 복음을 믿어라

1

사람들은 하느님의 나라가 손에 닿을 만큼 가까이에 있다는 복음을 받아들이는 데 어려움을 겪습니다. 손을 내밀지 못하기 때문입니다. 엉뚱한 곳을 바라보기 때문입니다. 손에 닿을 만큼 가까이에 있다는 것을 믿지 못하기 때문입니다. 아직 오직 아니한 나라, 언젠가 우리가 가야 할 나라로 생각하기 때문입니다. 왜 그렇게 생각하는 것일까요? 왜 '이미 와 있는 나라'를 오지 아니한 나라처럼 생각하는 것일까요? 이런 상황에서 그분은 회개와 믿음을 촉구하십니다. "회개하라 그리고 복음을 믿어라."

'회개하다(메타노에오μετανοέω)'의 명사는 우리가 잘 알고 있는 '메타노이아μετάνοια'입니다. '메타μετά'는 '위', '이상의', '…를 넘어'라는 뜻이고, '노이아νοια'는 '앎', '사고', '생각', '이성'을 뜻합니다. 메타노이아는 우리의 앎(지식), 우리가 알고 있다고 생각하는 알량한 지식이나 사고의 틀을 넘어서는 것입니다. 기존의 생각에서 돌아서는 것입니다. 우리는 안다고 하지만 모르거나 잘못 알 때가 많습니다. 그것을 바로 알게 하는 것이 회개입니다.

예수님께서 하느님의 왕국을 선포하시면서 회개를 요구하신다면, 우리가 하느님의 왕국을 잘못 알고 있거나 잘못 생각하고 있다고 보신 때문입니다. "하느님의 나라가 손에 닿는 가까이에 있다."라는 선포가 이미 우리가 하느님의 나라에 대해 잘못 알고 있다는 것을 암시하며, 우리의 생각을 바꾸도록 요구합니다. 하느님의 나라는 우리가 보통 알고 있는, 우리가 원하는 행복의 조건이 다 갖추어져 있는 나라가 아닙니다. 그런 나라는 없습니다. 천국은 유토피아가 아닙니다. 하느님의 나라는 언제 어디서나 체험할 수 있는 경지인데도 우리가 손을 내밀지 못하여 그 나라의 기쁨을 맛보지 못할 뿐입니다. 예수님은 회개하라고 하시며 우리의 인식 지평을 넓히어 그 경지로 우리를 안내하고자 하십니다.

인생의 기쁨은 나를 만족하게 하는 것들, 부와 명예와 권력 등으로 채워지는 것이 아닙니다. 내가 원하는 것은 시간이 지나면 허무한 것이 될 수 있습니다. 하느님 나라의 행복은 우리의 이기적인 욕망과 자기만족을 위한 생각을 초월할 때 맛볼 수 있습니다. 천국의 행복을 누리기 위해서는 세상을 달리 보는 눈을 가져야 합니다. 이 세상이 힘에 겹고 고통스러울지라도, 상대가 밉고 원수라 하더라도 그들을 향하여 손을 뻗어야 합니다. 마음의 문을 열어야 합니다. 그들을 외면하는 것은 천국을 내 삶의 영역 밖으로 밀어내는 것입니다. 행복을 차 버리는 것입니다.

2

우리는 아프지 않고 건강하게 사는 기쁨, 오래 사는 기쁨, 늙었어도 젊게 보이며 사는 기쁨, 부자 되는 기쁨, 출세하는 기쁨, 성공하는 기쁨, 하는 일마다 잘되는 기쁨에 젖어 인생을 꾸미는 데 익숙합니다. 늙고 병들고 죽는 것을 기쁨을 방해하는 원수처럼 여기며 이를 피하게 해 달라고 하느님께 매달리며 기도합니다. 하지만 이는 그분을 생로병사가 펼쳐지는 파란만장한 세상의 밖으로 밀어내는 행위와 다를 바 없습니다.

예수님께서 "회개하라." 하신다면 이런 우리의 사고를 전환하지 않고서는 영원한 기쁨을 누릴 수 없다고 말씀하시는 것입니다. 기쁨과 행복은 우리가 피해 가고 싶은, 그러나 피할 수 없는 것들 안에 감추어 있습니다. 피해 달아나려는 생각을 바꾸어 현실의 심장을 직시하고 받아들이지 않는 이상 행복하게 살 수도 영생을 누릴 수도 없을 것입니다. 회개하라는 명령은 우리의 손이 닿지 아니한 곳에 일정한 넓이를 확보하고 우리를 기쁘게 하는 천국이 있다고 믿는 생각에서 돌아서라는 것입니다. 악이 모두 사라진 곳, 더는 불행한 일이 일어나지 않는 무결점의 세상은 따로 없습니다. 우리를 행복하게 해 주는 공간은 '지금 여기' 외에 따로 없습니다. 돈으로 사서 소유하거나 힘으로 정복하여 쟁취할 수 있는 행복의 공간은 따로 없습니다. 예수님은 그런 사고에서 돌아서서 하느님의 다스림에 자신을 맡길 것을 요구하십니다.

3

회개하라는 말씀은 복음을 믿으라는 말씀과 함께 생각해야 합니다. 예수님은 "회개하라."라는 요구에 바로 이어 "복음을 믿어라!" 하십니다. 예수님께서 하느님 나라의 복음을 선포하시며 "회개하라." 하신다면 생로병사가 펼쳐지는 이승을 떠난 외딴곳을 바라보며 천국을 그리는 환상에서 돌아서라는 말씀이며, "믿어라." 하신다면 세상 안에 이미 하느님의 나라가 와 있음을 믿으라는 말씀입니다. 일상에서 만나는 사람과 사물 하나하나가 하느님의 나라의 비밀을 간직하고 있다는 것을 믿으라는 것입니다. 하느님의 나라는 우리의 일상이 펼쳐지는 이 세상과 이 세상에서 만나는 사람들 안에 와 있다는 것을, 손에 닿는 가까이, 바로 여기에 하느님의 나라가 감추어져 있다는 것을 믿으라는 것입니다. 온 세상에 악이 만연하고, 허구한 날 불행한 일들이 나에게 일어나고, 불의가 정의처럼 행세하는 세상이지만 그 심장에 하느님께서 현존하신다는 것을 믿으라는 것입니다. 우리는 나를 행복하게 해 주는 천국은 세상 밖에 따로 있는 것이 아니라 내 손이 닿는 곳에 이미 와 있다는 것을 믿어야 합니다.

일상에서 하느님의 나라를 느끼지 못하는 것은 사물의 속을 들여다보지 못하고 겉만을 보기 때문입니다. 회개와 믿음은 동시적인 사건입니다. 회개하기 위하여 믿어야 하고 믿기 위해 회개해야 합니다. 우리는 영원한 기쁨을 죽음 이후로 미루고 살면서 이를 믿음이라는 마술로 위장할 때가 많습니다. 무지 때문입니다. 이런 무지, 이런 잘못된 앎에서 돌아서는 것, 무지를 씻고 바로 알게 하는 것, 그것이 회개입니다. 회개한 자는 믿음으로 삽니다.

믿음은 세상을 달리 보게 합니다. 행복하게 인생을 살고 싶다면 사물의 속을 들여다보도록 해야 합니다. 하느님께서 모든 피조물 안에 현존하신다는 복음을 믿고 그 신비에 자신을 맡길 때 우리는 인생의 기쁨이 무엇인지, 인생의 의미가 무엇인지 알게 될 것입니다.

4

"믿으면 천당 간다. 믿으면 병이 낫고 믿으면 하는 일이 잘 된다."라는 환상에 빠져 믿음을 고백하는 이들을 많이 봅니다. "믿습니다." 하고 큰 소리로 고백하면 천당 가고 병이 낫고 하는 일마다 잘되는 것으로 생각하며 믿는 이들도 많이 봅니다. 예수님께서는 복음을 믿으라고 하십니다. 복음을 믿는다는 것은 고해苦海와 같은 세상이지만 그 안에 하느님께서 현존하신다는 것을 믿는 것입니다. 어떤 상황에서도, 절망과 고통이 지배하는 지옥과 같은 상황에서도 하느님께서 현존하신다는 것을 믿는 것입니다. 어떤 사람 안에도, 내가 미워하고 싫어하고 화해하고 싶지 않은 사람 안에도, 나를 모욕하고 상처 주고 괴롭히는 사람 안에도, 내 손과 발에 못을 박고 가슴에 창을 겨누는 사람 안에도, 나를 십자가에 못 박아 죽이려는 사람 안에도 하느님께서 현존하신다는 것을 믿는 것입니다. 믿는 이는 병자든 이방인이든, 가난한 이든 강도 만난 사람이든, 생각과 언어, 문화와 종교, 종족을 초월하여 모든 이를 하느님으로 만납니다.

믿는 이는 자기 구원에만 집중하지 않고 만나는 모든 사람을 하느님 만나듯 만납니다. 예수님이 그리스도이시라는 것을 믿는다고 고백하는 것은 예수님처럼 다른 이를 위하여 목숨을 내놓겠다고 고백하는 것입니다. 야고보 사도는 말합니다. "믿음이 있다고 말하면서 실천이 없으면 무슨 소용이 있겠습니까? 그러한 믿음이 그 사람을 구원할 수 있겠습니까?"(야고 2,14) 헐벗고 그날 먹을 양식조차 없는 사람에게 그들 몸에 필요한 것을 줄 생각은 하지 않고 "예수님 믿으십시오. 그러면 구원을 받을 것입니다."라고 한다면, 무슨 소용이 있겠습니까? "믿음에 실천이 없으면 그러한 믿음은 죽은 것입니다."(2,17)

하느님이 창조주이심을 믿는다는 것도 하느님께서 자동차를 만들어 내듯이 세상을 만드셨다는 것을 믿는 것이 아니라 하느님께서 창조하신 세상 안에 당신의 영을 불어넣으시고 그 안에 현존하신다는 것을 믿는 것입니다. 이 세상(창조물)을 떠난 곳에서는 그 어디서도 하느님을 들을 수 없고 체험할 수 없다는 것을 믿는 것입니다. 믿는 이는 언제 어디서나 어떠한 상황에서도 하느님의 다스림에 자신을 맡깁니다. 하느님은 인간의 눈으로 볼 수 없고 그분의 음성은 인간의 귀로 들을 수 없지만, 하느님의 나라가 가까이 왔음을 믿고 하느님의 다스림에 자신을 맡긴 사람은 모든 이에게서 하느님을 보고 하느님의 음성을 듣습니다. 모세가 백성에게 하느님의 말씀은 "하늘에 있지도 않다. 그러니 '누가 하늘로 올라가서 그것을 가져다가 우리에게 들려주리오? 그러면 우리가 실천할 터인데.' 하고 말할 필요가 없다. 또 그것은 바다 건너편에 있지도 않다. 그러니 '누가 바다 저쪽으로 건너가서 그것을 가져다가 우리에게 들려주리오? 그러면 우리가 실천할 터인데.' 하고 말할 필요도 없다. 사실 그 말씀은 너희에게 아주 가까이 있다. 너희의 입과 너희의 마음에 있기 때문에 너희가 그 말씀을 실천할 수 있는 것이다."(신명 30,11-14)라고 말할 수 있었던 것은 하느님 현존을 체험하였기 때문입니다.

5

하느님에 대한 믿음과 인간에 대한 믿음은 따로 분리해서 생각할 수 없는 하나의 믿음입니다. 믿는 이는 죽음으로 내모는 병중에도, 십자가 위에도 하느님이 계심을 믿습니다. 하느님을 믿는 사람은 세상 만물이 하느님을 투영하고, 모든 생명이 하느님의 현존을 드러낸다는 것을 믿습니다. 그는 온 세상이 하느님 자신이 전달된 곳임을 믿습니다. 종교의 사명은 모든 사람이 모든 것 안에 와 있는 하느님의 나라를 보도록 하는 것입니다.

믿는 이는 모든 것 안에서 하느님을 보기에 모든 것을 하느님을 사랑하듯 사랑합니다. 믿는 이는 사랑하는 사람입니다. 예수님께서 말씀하십니다. "내가 너희를 사랑한 것처럼 너희도 서로 사랑하여라."(요한 13,34) "원수를 사랑하여라. 그리고 너희를 박해하는 자들을 위하여 기도하여라."(마태 5,44) "너희가 자기를 사랑하는 이들만 사랑한다면 무슨 인정을 받겠느냐? 죄인들도 자기를 사랑하는 이들은 사랑한다."(루카 6,32).

예수님께서 복음을 선포하신 이후 인류는 병중에도 고통 중에도 가난에도 실패에도 늙음과 죽음에도 하느님께서 현존하심을 믿게 되었고, 그 현존이 사랑임을 온몸으로 느끼게 되었습니다. 사랑은 건강과 성공이 주지 못하는 다른 차원의 기쁨을 선사합니다. 이 기쁨은 인류를 새 인간으로 살게 합니다. 복음에 대한 믿음은 우리를 사랑하는 존재로 변화시킵니다. 천국의 삶을 원한다면 병을 사랑하십시오. 고통을 사랑하십시오. 죽음을 사랑하십시오. 실패를 사랑하십시오. 이 모든 현상 안에 하느님께서 현존하신다는 진리를 깨닫도록 하십시오. 하느님의 나라가 우리 손이 닿는 곳에 있습니다. 고통을 없애고 나서 비로소 기쁘게 살게 되는 것이 아니라 고통 가운데서도 하느님의 현존을 체험할 때 우리들의 삶은 기쁨으로 충만하고 바로 거기에 천국이 열립니다. 이 기쁨은 자신을 희생하며 '남을 위한 고통'에 동참하게 합니다. 복음은 자기 자신을 위한 기쁜 소식을 넘어 남을 기쁘게 하는 소식입니다.

6

행복하게 살고 싶다면 복음을 믿고 하느님께서 나를 다스리게 하십시오. 세상에서 하느님의 다스림을 보도록 하십시오. 인생(세상) 안으로 눈을 돌려 그 안에서 행복을 찾도록 하십시오. 아무리 고달프더라도, 어떤 역경에 처해 있더라도, 빛이 보이지 않는 어둠 속에 버려진 것 같은 느낌이 들더라도 하느님에 대한 믿음을 가지고 하느님의 나라를 보도록 해야 합니다.

세상을 미워하는 것은 그 안에 하느님의 나라가 이미 와 있다는 것을 부정하는 것이며 세상을 창조하신 하느님을 부정하는 것입니다. 우리가 미워해야 할 것이 있다면 세상과 천국을 이분법적으로 갈라놓는 생각입니다. 삼구三仇에 대한 교리(선행을 막는 세 가지 원수, 육신·세속·마귀)는 복음의 바탕에서만 옳게 이해할 수 있을 것입니다. 복음은 우리의 생각을 바꾸어 세상을 바라보게 하고 새로운 삶을 살게 하며 인생에 기쁨과 희망을 줍니다. 복음은 틈만 나면 등을 돌리고 배신하고 딴 길을 걷는 인간인데도 불구하고 우리 마음 안에 충실히 머물며 끝까지 함께하고자 하시는 하느님의 마음을 느끼게 합니다. 복음으로 회개한 자는 결코 하느님의 집을 떠날 수 없다는 것을 압니다. 아버지 집에 행복이 있고 그렇지 못한 곳에 불행이 시작됩니다.[48]

그리스도인은 이 세상 바깥 저 위 어떤 곳에 천국이 있다는 것을

---

48) 루카 복음서에 나오는 작은 아들이 아버지께 돌아가기로 한 것은 아들을 기다리는 아버지의 마음입니다. 아들은 아버지의 유산을 챙겨 아버지의 집을 떠났지만, 아버지는 아들의 마음속에 현존하며 아들을 동행합니다. 방종한 생활을 하며 자기 재산을 허비할 때도 돼지들이 먹는 열매 꼬투리로라도 연명할 때도 말입니다. 아버지의 마음이 아들을 돌아오게 합니다. 회개란 나의 결심 이전에 아버지의 이 마음을 느끼는 데서 비롯합니다(루카 15,11-32).

믿는 것이 아니라 이 세상 한복판에 천국이 이미 와 있음을 믿는 사람입니다. 그리스도인은 저승에 건너가서 자기 좋아하는 사람을 만나서 영원히 행복하게 살겠다는 꿈을 꾸는 자가 아니라 온갖 사람을 만나는 이 세상에서 자신과 만나는 이웃을 하느님의 다스림에 맡기고 살아가는 사람입니다.

7

세상 안에 하느님의 나라가 가까이 왔다는 것은 예수님께 하나의 이론이나 가설이 아닙니다. 그분은 실제로 이 세상에 하느님의 나라가 가까이 와 있음을 느끼셨습니다. 불의가 판을 치는 불공정한 세상, 미운 사람, 보기 싫은 사람, 음흉하고, 이간질하고, 자기밖에 모르는 사람들이 너무도 많아 때때로 떠나고 싶은 마음이 드는 이 세상에서 예수님은 하느님의 나라를 느끼셨고, 모든 사람이 이를 느끼며 살기를 바라셨습니다. 하느님의 나라를 체험하기 위해서는 모든 사람을 당신처럼("나를 따르라!") 마음으로 만나야 한다고 강조하셨습니다.

복음을 선포하는 사람은 모든 사람이 하느님의 나라를 간직한 존재임을 압니다. 우리가 천국을 믿는다면 모든 이들 안에 하느님의 나라가 와 있음을 믿는 것이고, 그렇기에 아무리 보잘것없고 하찮은 사람이라도 그들을 지나쳐서는 천국을 체험할 수 없다는 것을 믿는 것입니다. 복음을 선포하신 예수님께서 기득권자들과는 달리 병자와 약자와 가난하고 무식한 이들을 우선하여 벗으로 맞아들이신 이유이기도 합니다. 그들에게서 그리고 그들이 사는 세상에서 하느님의 현존을 느낄 때 우리는 비로소 행복이 무엇인지 알게 될 것입니다. 부활의 삶을 살게 될 것입니다.

"하느님의 나라가 손에 닿는 가까이에 있다."라는 복음은 인간에게 이 진리에 도달할 수 있다는 희망을 열어 줍니다. 예수님께서는 종종 "너희는 눈이 있어도 보지 못하고 귀가 있어도 듣지 못하느냐?"(마르 8,18) "그렇게도 생각이 둔하냐?"(마르 8,17) 또는 "믿음이 약한 자야!", "믿음이 없는 세대야!" 하고 꾸짖으셨는데 복음에 대한 믿음을 일깨우시기 위해서입니다. 지금 당장은 깨닫지 못하여 보지 못하고 느끼지 못한다고 하더라도 실망할 필요 없습니다. 인간은 언제라도 하느님의 나라를 향하여 뻗을 수 있고 만질 수 있는 손을 가진 존재로 창조되었기 때문입니다. 예수님께서 바리사이나 율법 학자들의 위선을 비판하고 질책하셨다면(마르 12,24), 당신께 그리스도라고 고백하는 베드로를 "사탄"이라고 부르며 하느님의 일은 생각하지 않고 사람의 일만 생각한다고(마르 8,27-33) 꾸짖으셨다면, 이들에게서 하느님을 바로 알고 그리스도를 바로 알고 사랑할 수 있는 마음을 보셨기 때문입니다. 부활하신 예수님께서 베드로에게 "너는 나를 사랑하느냐?" 하고 물으셨을 때 베드로는 "제가 주님을 사랑하는 줄을 주님께서 아십니다." 하고 고백합니다. 자기가 안다고 고백하지 않고 자기가 알고 있는 것을 주님께서 아신다고 고백합니다(요한 21,15-17). 주님의 사랑이 그를 고백하게 한 것입니다.

우리가 하느님을 선택하여 믿고 사랑하는 것이 아닙니다.[49] 하느님

---

49) 신앙은 내가 선택할 수 있는 것이 아니라 나를 자유롭게 하는 것입니다.

께서 먼저 우리를 사랑하시고 당신 사랑에 대한 믿음을 주셨습니다. 온갖 위험에서 우리를 당신의 손 그늘에 숨겨 주시고(이사 49,2) 당신 깃으로 덮으시어 당신 날개 밑으로 피신하게 해 주시고(시편 91,4) 독수리 날개에 태워 당신께 구해 주셨습니다(탈출 19,4). "하느님은 어떤 인간 존재가 우리에게 사랑을 보여 줄 수 있기 전에 우리를 사랑한다. 그분은 우리를 '첫 번째' 사랑으로, 무제한의 그리고 무조건의 사랑으로 사랑하고 우리가 그분의 사랑받는 자녀들이 되기를 원하며 그분처럼 사랑스러운 존재가 되라고 우리에게 말해 준다."[50]

8

"나는 하느님의 나라가 우리 가운데 와 있다는 것을 믿습니다. 나는 하느님이 당신의 생명을 온 우주에 전달하셨다는 것을 믿습니다. 나는 하느님이 당신의 생명을 이 세상 온 사물에 그리고 내가 만나는 모든 사람에게, 나보다 먼저 세상을 살았고 내 뒤에 태어나 살게 될 사람에게 전달하신다는 것을 믿습니다. 나는 전능하신 천지의 창조주 하느님을 믿습니다. 나는 하느님이 당신의 전부를 당신의 외아들 예수님에게 전달하셨음을 믿습니다. 나는 말구유에서 동정녀 마리아에게서 태어나시고 모욕을 받으시고 십자가에 처형되신 저 예수님이 하느님의 아들 그리스도이심을 믿습니다. 나는 하느님이 내 안에 계시고, 나 또한 그분 안에 있음을 믿습니다. 나는 예수님의 십자가가

50)   헨리 나웬, 『탕자의 귀향』, 최종훈 옮김, 포이에마(2009), 117.

부활의 삶임을 믿습니다. 나는 우리가 '부활하신 그분'으로 말미암아 산다는 것을 믿습니다. 나는 마리아가 동정녀로서 하느님의 어머니임을 믿습니다. 그렇게 나는 내 안에 잉태된 하느님을 세상에 탄생시켜야 할 사명이 있음을 믿습니다. 나는 교회를 믿으며 육신의 부활을 믿습니다. 나를 보았으면 아버지를 뵌 것이라고 말씀하신 예수님처럼 나도 언젠가 그분처럼 그런 말을 하는 날이 내게 오기를 희망합니다."[51]

마. 예수님이 복음

복음을 선포하신 예수님은 복음 자체셨습니다. 그분은 하느님 나라의 복음을 선포하기만 하신 것이 아니라 당신의 존재로 하느님이 우리 안에 와 계신다는 것을 보여 주셨습니다. 갈릴래아에서 복음을 선포하기 시작하신 이후 예루살렘에서 돌아가시기까지 그분이 하신 모든 말씀과 행위에서, 제자들을 불러 모으시고, 병자를 고쳐 주시고, 배고픈 이를 먹이신 일에서 사람들은 그분과 함께하시며 '우리 안에 와 계신 하느님'을 보았습니다.

그들은 예수님의 복음을 듣기만 한 것이 아니라 하느님 나라의 복음을 선포하시는 예수님에게서 하느님의 나라가 가까이 왔음을 체험했습

---

51) 이제민, 『다의 발견—한국 그리스도교의 미래를 위하여』, 우리신학연구소(2007), 136.

니다(마태 12,28). 예수님 체험이 곧 하느님 나라의 체험이었습니다. 하느님의 복음을 전하시는 그분이 그들에게 복음 자체였습니다. 그분 스스로 말씀하십니다. "나를 본 사람은 곧 아버지를 뵌 것이다."(요한 14,9), "내가 너희에게 하는 말은 나 스스로 하는 말이 아니다. 내 안에 머무르시는 아버지께서 당신의 일을 하시는 것이다."(요한 14,10)

믿음을 선포하시는 예수님이 믿음의 대상이 됩니다. 그분의 복음을 '듣는 사람'들은 그분을 '믿는 사람'이 됩니다. 하느님의 나라가 와 있음을 믿던 사람들이 예수님을 믿는 사람이 됩니다.

예수님의 복음에 따라 하느님의 나라를 선포하던 제자들은 예수님을 선포하게 됩니다. 그들에게 예수님이 바로 복음입니다. 예수님의 복음(하느님의 나라가 가까이 왔다)이 그들의 복음(예수님이 하느님의 아들 그리스도이십니다. 그분의 죽음과 부활)입니다.

바. 사람이 복음

하느님의 복음을 전하시는 예수님이 복음이듯 우리도 복음입니다. 예수님을 만나기 전 사람들은 하느님의 나라를 먼 데 있는 나라로 생각했습니다. 예수님께서 갖가지 질병 앓는 이들을 고쳐 주신다는 소문을 듣고 아픈 몸을 이끌고 그분을 찾아갈 때만 해도 그들에게 하느님의 나라는 먼 나라였습니다. 그 누구도 미워하거나 저주하거나 밀어냄 없이 가난하고 병들고 소외된 보잘것없는 사람들을 향하여 자비의 손을 내밀어 어루만지며 일으켜 세우시는 예수님을 만나면서 그들은 그토록 피하고 싶었던 아픈 현실 속에, 그들이 일상을 살아가는 곳에 하느님의 나라가 와 있다는 것을 체험하게 됩니다. 그리고 그들 마음 안에 하느님이 살아 계신다는 것을, 그들이 하느님에게 복음이라는 것을 체험하면서 자신과 세상을 복음으로 만나게 됩니다.

복음이신 그분을 만나면서 그들은 자신과 세상을 복음으로 만나게 됩니다. 자신들의 일그러지고 못난 얼굴이 세상에 하느님을 비추고 있다는 사실을 깨닫게 되며 나약하고 상처 입은 그들의 몸으로 남에게 하느님을 느끼게 해 주는 존재로 새로 나게 됩니다. 우리는 입으로 복음을 전하는 존재이기만 한 것이 아니라 우리 자신이 복음임을 깨달아야 합니다. 우리도 예수님처럼 우리 자신의 언행으로, 우리의 존재로 사람들에게 복음을 느끼게 해 주어야 합니다. 우리들의 언어에서 세상이 하느님의 말씀을 듣도록 해 주어야 합니다. 우리도 "나를 본 사람은 곧 아버지를 뵌 것이다."(요한 14,9) "내가 너희에게 하는 말은 나 스스로 하는 말이 아니다. 내 안에 머무르시는 아버지께서 당신의 일을 하시는 것이다."(요한14,10)라고 말씀하시는 예수님의 경지에 이르도록 해야 합니다.

내가 얼마만큼 복음의 존재인지는 내 몸에서 얼마만큼 복음의 기쁨이 넘쳐나는가 하는 것이 말해 줄 것입니다. 나는 복음을, 기쁜 소식을 전하는데 듣는 사람이 나에게서 기쁨을 느끼지 못한다면, 내 몸에서 하느님의 복음, 예수님의 복음을 느끼지 못한다면 복음을 전하는 나에게 문제가 있는 것입니다. 특별히 언행에 문제가 있는 것입니다.

우리는 그분처럼 복음이 되어야 합니다. 그분께서 말씀하십니다. "하늘의 너희 아버지께서 완전하신 것처럼 너희도 완전한 사람이 되어야 한다."(마태 5,48) "너희 아버지께서 자비하신 것처럼 너희도 자비로운 사람이 되어라."(루카 6,36) "여러분을 부르신 분께서 거룩하신 것처럼 여러분도 모든 행실에서 거룩한 사람이 되십시오."(1베드 1,15) 여기에 우리가 예수님을 믿고 따르고자 하는 이유가 있습니다. 그리스도처럼 세상에 복음이 되는 것은 우리 인생의 목표입니다. 세상의 복음화를 외치는 교회는 신자들에게 복음을 전파하라고 재촉하기 전에 스스로 복음이 되어야 한다고 말해야 합니다. 서로 복음으로 만나야 한다고 말해야 합니다.

사. 가난한 이들이 복음

1

"하느님의 나라가 가까이 왔다."라는 복음에 따르면 모든 사람 안에 하느님의 씨앗이 뿌려져 자라고 있습니다. 씨앗이 자라는 것이 눈에 보이지 않듯이 사람들 안에 와 있는 하느님의 나라도 보이지 않습니다. 복음을 따라 사는 사람이란 자기가 좋아하는 사람뿐만 아니라 싫어하는 사람 안에도 하느님의 나라 씨앗이 자라고 있음을 믿기에 그에게는 이웃과 원수의 구분이 없습니다. 고생하며 허덕이는 사람들, 우는 사람들, 아픈 사람들, 나를 괴롭히고 상처를 주는 사람들, 힘없고 나약한 사람들을 기쁨으로 만날 수 있다면 우리는 복음화한 존재라고 할 수 있을 것입니다. 그때 우리 인생은 완성되었다고, 목표에 도달했다고 말할 수 있을 것입니다. 기쁨에 도달한 사람은 자기 존재로 남에게 기쁨을 느끼게 해 주고, 만나는 모든 대상(선한 사람이든 악한 사람이든)에게서 기쁨을 느낍니다. 우리가 그리스도인으로 살아가는 것은 하느님께서 세상 만물을 통해 당신의 음성을 들려주신다는 믿음 때문이며, 이 믿음을 통하여 세상 만물에서 하느님의 기쁨을 느끼기 위해서입니다.

복음을 믿는 사람은 가난하고 보잘것없는 사람을 동정하며 돈 몇 푼 건네면 되는 존재로 대하지 않습니다. 그들은 비록 배고픔과 헐벗음으로 누추하게 보인다 해도 그들 마음 안에 하느님이 살아 계시며 우리에게 하느님의 기쁨을 선사하는 존재입니다. 그분 스스로 가난하고 소외된 이들에게 다가가 하느님의 나라를 느끼게 해 주셨습니다. 가난하고 힘없는 그들이 하느님의 나라를 차지할 것이라고, 위로를 받을 것이라고, 그들이야말로 온유하고 마음이 깨끗한 사람들이라고, 자비로운 사람들이라고, 평화를 이루는 사람들이라고, 행복한 사람들이라고 선포하셨습니다(마태 5,3-12 참조).

복음을 믿는 사람은 내가 그들에게 복음을 전하기 전에 그들이 먼저 하느님 나라의 복음을 체험하고 우리에게도 체험하게 하는 기적을 일으키는 자들임을 압니다. 그들은 나에게 나눔을 가르치고 자선을 실천하게 하며 내 몸에서 가난의 기적이 일어나게 합니다. 예수님은 그들을 복음으로 대하셨고 우리 또한 그들을 복음으로 만나게 해 주셨습니다. 예수님은 당신의 제자 공동체가 이런 가난한 이들과 한 공동체이기를 바라셨습니다. 그렇게 복음의 공동체이기를 바라셨습니다.

2

가난은 현실입니다. 가난한 이는 우리의 동정을 바라는 존재이기만 한 것이 아니라 가난 때문에, 가난을 바라보는 세상의 눈 때문에 아픔을 가지고 사는 존재들입니다. 가진 것 없지만 마음이 깨끗하고 온유하고 순수한 존재이기만 한 것이 아닙니다. 빈첸시오 성인은 "가난한 이들은 대개 지식이 없고 거칠다."라고 현실적으로 이해합니다. 그렇기에 "그들의 외적 차림새나 그들이 지닌 정신적인 능력을 보고 판단을 내려서는 안 된다. 신앙의 빛으로 본다면 그들은 가난한 이가 되기로 작정하신 하느님의 아드님을 대신한다"라고 말합니다. 예수님께서 "주님께서 나를 보내시어 가난한 이들에게 기쁜 소식을 전하게 하셨다."(루카 4,18)라고 하신다면 당신은 이런 무지하고 거친 사람에게 보내지셨다고 말씀하시는 것입니다. 그리스도께서 가난한 이로 오셨다면 이런 무지하고 거친 사람 가운데 태어나신 것입니다. "그리스도께서는 가난한 자로 태어나기를 원하시고 가난한 이들을 당신 제자로 삼으시고 가난한 이들의 봉사자가 되셨으며 그들의 처지에 참여하시어, 가난한 이들에게 행해지는 모든 것이(그것이 선이든, 악이든) 당신에게 행해지는 것으로 여기겠다고 말씀하셨습니다."[52] 가난한 이를 돌보는 것은 이들 거친 마음과 하나 되는 것이기도 합니다. 아픔 없이는 이루어질 수 없는 행위입니다.

아. 다른 복음

1

가진 것 많고 힘 있는 자들은 그분의 복음을 쉽게 받아들이지 못했습니다. 율법 학자와 바리사이들은 그 누구보다 율법과 복음을 잘 안다고 자부했지만, 스스로 자기 지식의 꾀에 넘어가 안다고 하는 바를 가장 몰랐습니다. 그들은 하느님의 나라를 설명할 줄은 알았지만, 그 나라가 주는 기쁨을 느끼지 못했습니다. 그들은 하느님의 나라가 가까이 왔다는 예수님의 복음을 들으면서도 자기들 안에, '지금' 만나는 사람들 안에, '여기' 이 세상 안에 하느님의 나라의 씨앗이 자라고 있음을 감지하지 못했습니다. 그들은 자신들이 누릴 영생과 영복의 삶을 저세상의 일로 미루며 '지금 여기'에 충실하지 못했습니다. 유식한 율법 학자들에게 나병 환자를 깨끗하게 하고, 중풍 병자를 걷게 하고, 눈먼 이를 보게 하고, 귀머거리를 듣게 하시는 예수님의 행위는

---

52) 빈첸시오 축일 성무일도 제2독서에서 인용.

사사건건 시빗거리가 되었습니다.

그들은 예수님의 일을 고운 눈으로 바라보지 못했습니다. 예수님께서 병자들을 바라보시는 측은한 눈빛이나, 병자들이 예수님을 바라보는 간절한 눈빛이 그들에겐 없었습니다. 그들의 마음에 율법만 있을 뿐 율법에 대한 깨달음이 없었기 때문입니다. 깨닫지 못한 자는 매사를 트집 잡고 비판하는 눈으로 바라봅니다. 그들은 앓는 이들의 병을 고쳐 주시는 예수님에게 툭하면 시비를 걸고 마찰을 일으켰는데 예수님의 가르침에 위협을 느꼈기 때문입니다. 그들의 눈에 예수님은 그들의 전통에 어긋나고 그들이 믿는 하느님과는 다른 하느님을 선포하는 것처럼 보였습니다. 그분의 행동도 하느님을 모독하는 불경처럼 보였습니다. 그들 자신과 달랐기 때문입니다.

예수님께서는 그런 그들을 정면으로 비판하셨습니다. "눈이 있어도 보지 못하고 귀가 있어도 듣지"(마르 8,18) 못하는 자들이라고 탄식하셨습니다. 자기들도 들어가지 않을 뿐만 아니라, 들어가려는 이들마저 못 들어가게 하늘나라의 문을 잠가 버린다고 한탄하셨습니다(마태 23,13). 그런 그들이니 자기의 몸으로 하느님을 세상에 보여야 한다는 예수님의 가르침은 용납할 수 없는 고발감이었습니다. 예수님의 복음을 들으면서도 그들의 마음은 굳어 있었습니다. 깨닫지 못하는 그들은 매사를 따지는 마음으로 대합니다. 예수님은 그들을 대놓고 위선자라고까지 부르셨습니다.

위선자는 그리스어로 히포크리테스ὑποκριτής인데 해설자, 배우, 속이는 자라는 의미를 담고 있습니다. 위선자는 남에게 한 충고에 대해 신의가 없습니다. 말만 하고 실천하지 않는 자입니다. 긴 겉옷을 입고 나다니며 장터에서 인사받기를 즐기고(마르 12,38) 가난하고 힘없는 "과부들의 가산을 등쳐 먹으면서 남에게 보이려고 기도는 길게"(마르 12,40) 하는 속 다르고 겉 다른 자입니다. 예수님은 "그들이 너희에게 말하는 것은 다 실행하고 지켜라. 그러나 그들의 행실은 따라 하지 마라."(마태 23,3) 하시며 그들의 위선을 꼬집으십니다. 물론 모든 바리 사이들이 다 그런 것은 아닙니다. 예수님은 니고데모처럼 훌륭한 바리사이도 알고 계십니다.

예수님께서 보시기에 많은 바리사이와 율법 학자들은 말로는 모든 것을 다 아는 척하지만 실제로는 모르는 사람들입니다. 모르기에 용서도 하지 못하는 사람들입니다. 그들은 예수님을 십자가에 못 박으라고 하면서도 자기들이 무슨 짓을 하는지 모릅니다. 자신들이 모른다는 사실조차 모릅니다. "그러면 우리들도 눈이 멀었단 말이오?" 하고 묻는 그들에게 예수님의 답변은 이렇습니다. "너희가 눈먼 사람이었으면 오히려 죄가 없었을 것이다. 그러나 지금 너희가 '우리는 잘 본다.' 하고 있으니, 너희 죄는 그대로 남아 있다."(요한 9,40.41) 다 안다고 생각하는 그 자만심이 예수님을 십자가에 못 박고 있습니다. 그 무지가 용서받지 못할 일을 하고 있습니다. 그들은 변화되어야 합니다. 남을 변화시키려 대들기 전에 자신이 먼저 변화되어야 합니다. 마르코 복음사가가 예수님과 그들 사이에 논쟁을 전하는 이유는 이를 통해 복음을 일깨워 주기 위해서일 것입니다.

2

우리는 입버릇처럼 세상의 복음화를 외칩니다. 복음화를 외치는 우리에게 복음화가 이루어진 세상은 어떤 세상입니까? 복음화를 외치면서 우리는 세상이 어떻게 변화되기를 바랍니까? 예수님께서 복음을 선포하시면서 세상이 어떻게 되기를 바라셨을까요? 그분에게 복음화된 인간은 어떤 인간일까요? 복음화한 인간만이 세상을 복음으로 만날 수 있습니다. 복음의 핵심(천국과 회개와 믿음)을 온몸으로 입은 사람이 복음화한 사람입니다. 복음화한 인간은 모든 이를 복음으로 대하는 인간입니다. 그는 회개한 인간, 믿음의 인간, 천국의 삶을 사는 인간입니다. 아무리 큰 소리로 사도신경을 외운다 해도 사람이 나에게 복음으로 보이지 않는다면, 이웃과 원수를 가르면서 함께하지 못한다면, 그 고백은 빈 고백일 수밖에 없습니다. 큰 소리로 복음화를 외치면서도 우리는 맹신하고 광신할 수 있으며, 하느님의 이름을 부르면서도 우상을 숭배할 수 있으며, 자비롭지 못할 수 있습니다. 온 세상이 복음화를 외친다고 하더라도 그분께서 선포하신 복음을 깨닫지 않고서는 세상의 복음화는 요원합니다.

바오로 사도는 예수님께서 선포하신 복음 외에 '다른 복음'은 있을 수 없다고 강조합니다. 복음을 따른다면서 복음을 왜곡하는 경우를 보았기에 하는 말입니다. "누가 여러분이 받은 것과 다른 복음을 전한다면 그는 저주받아 마땅합니다."(갈라 1,6-9; 2코린 11,4) 복음이 무엇인지도 모르는 바탕에서 십자가와 부활을 논하며 믿음을 고백할 때 인생은 혼란스러워집니다.

바오로 사도는 복음을 알기에 복음 선포는 피할 수 없는 인간의 의무라고 말하며 자기가 복음을 선포하지 않는다면 불행할 것이라고 단언합니다(1코린 9,16.23). 복음을 선포하지 않는 것이 불행하다는 것은 복음이 삶의 근본이기 때문입니다. 복음은 시간이 나면 전하고 시간이 안 나면 전하지 않아도 되는 것이 아닙니다.

제2장

복음의 실천:
모든 이 안에 천국이

복음이신 그분께서 사람들에게
자신과 그의 이웃이 하느님의 복음임을 알게 하시어
복음으로 살게 하십니다
일어나 부활의 삶을 살게 하십니다

복음이신 그분께서
열병이 든 부인에게 다가가시어 손을 잡아 일으키시니
나병 환자에게 손을 내밀어 대시니
중풍 병자에게 "너는 죄를 용서받았다.", "일어나라." 하시니
손이 오그라든 사람에게 "일어나라.", "손을 뻗어라." 하시니
"더러운 영아, 그 사람에게서 나가라." 하시니
하혈하는 여인이 그분의 옷에 손을 대니
눈먼 이의 두 눈에 손을 얹으시니
귀먹고 말 더듬는 이의 귀가 열리고 묶인 혀가 풀리고
죽은 삶을 살던 그들이 일어나 기쁜 부활의 삶을 삽니다

이들이 예수님에게 복음이었습니다
이들이 우리에게 하느님의 복음입니다
우리의 인생을 기쁘게 하는 비결입니다
세상을 기쁘게 대하게 하는 비결입니다
예수님은 이 운동으로 인류를 초대하며 당신의 제자로 부르십니다
복음화란 서로에게서 복음을 보는 운동입니다

4.
부르심과 따름

예수님께서 갈릴래아 호숫가를 지나가시다가, 호수에 그물을 던지고 있는 시몬과 그의 동생 안드레아를 보셨다. 그들은 어부였다. 예수님께서 그들에게 이르셨다. "나를 따라오너라. 내가 너희를 사람 낚는 어부가 되게 하겠다." 그러자 그들은 곧바로 그물을 버리고 예수님을 따랐다. 예수님께서 조금 더 가시다가, 배에서 그물을 손질하는 제베대오의 아들 야고보와 그의 동생 요한을 보시고, 곧바로 그들을 부르셨다. 그러자 그들은 아버지 제베대오를 삯꾼들과 함께 배에 버려두고 그분을 따라나섰다(마르 1,16-20).

가. 갈릴래아 호숫가를 지나가시다가

1

이 이야기에서 눈여겨볼 것은 '지나가다', '보다', '부르다', '버리다', '따르다' 등의 술어들입니다.[53] 술어는 문장에서 함께 사용된 명사의 상태와 움직임을 설명합니다. 예수님께서 요르단 건너편 이민족들의 땅 갈릴래아로 가서서 복음을 선포하기 시작하신 것은 의미심장합니다. 갈릴래아는 천대받는 이민족들의 땅으로서 가난한 사람들의 일상이 펼쳐지는 곳입니다. 예수님께서 갈릴래아로 가셨다는 것은 천대받는 이민족의 땅, 가난하고 소외된 이들이 사는 곳으로 가셨다는 말이 됩니다. 예수님께서 그곳에서 복음을 선포하셨다는 것은 가난한 이들의 일상이 펼쳐지는 곳에 하느님의 나라가 가까이 왔다는 복음을 선포하신 것입니다. 이로써 땅 위에 사는 모든 사람이 자신과 세상을 복음화하는 일로 초대받았습니다.

2

예수님은 그곳 호숫가를 지나가시다가 그물을 던지고 있는 시몬과 그의 동생 안드레아를 보시고 당신을 따라오라 하십니다. 조금 더 가시다가 배에서 그물을 손질하고 있는 제베대오의 아들 야고보와 그

---

53) 성경 속 술어述語들은 복음을 깨닫게 하는 키워드입니다. 우리는 하느님의 나라를 이야기하면서 습관적으로 '가다'라는 술어를 사용하지만, 예수님께서는 '가까이에 있다.', '왔다.'라는 술어를 사용하셨습니다. 하느님의 나라는 우리가 '가야 할' 어떤 공간, '여기에 있다, 저기에 있다.' 하고 말할 수 있는 공간이 아니라 '지금 여기 우리 손이 닿는 곳'에 이미 와 있는 나라, 우리가 손만 내밀면 언제든 체험할 수 있는 경지입니다. 사람들은 '다가오셔서' '손을 내미는' 그분에게서 하느님의 나라를 체험하였습니다. 복음사가가 사용한 술어들을 통해서 그분께서 사람들을 대하시는 마음, 또 사람들이 예수님을 대하는 태도를 보게 됩니다.

의 동생 요한을 보시고[54] 또 부르십니다.[55]

소외된 이방인의 땅에서 일상의 고된 생업에 열중하고 있는 어부들을 제자로 부르신 것은 그곳에서 복음을 선포하신 일만큼이나 상징적입니다. 우선 베드로는 평범한 유다인입니다. 그는 회당에 정기적으로 나가고 매일 일을 해야 했고 가족의 생계를 꾸려 나가야 했으며, 안식일은 기도로 성스럽게 지냈으며, 종교적으로 큰 문제 없이 살아가던 사람이었습니다. 그는 그 당시 유다인이면 모두가 가지고 있던 하느님에 대한 일반적인 견해를 가지고 있었을 것이고, 하느님은 거룩하신 분, 전능하신 주님, 하늘과 땅을 창조하신 분으로 인간이 가까이 갈 수 없는 위엄을 지니신 분이시지만 인간 역사 안에 활동하신다는 믿음 속에 살았을 것입니다. 이방인이나 악인들이 성공하여 하느님의 축복을 받는 것처럼 보이고 무고한 자들의 피가 여기저기 흩어지는데도 자신을 나타내지 않는 하느님께 신학적 문제를 제기함이 없이 고통으로 이를 삭이며 불안과 열망 속에서 일상을 사는 평범

---

54) 요한 복음에 의하면 안드레아는 세례자 요한의 제자였습니다. 그는 요한이 예수님께서 지나가시는 것을 보고 "보라, 하느님의 어린양이시다."라고 말하는 것을 듣고 예수님을 따라갔다가 그분이 메시아 곧 그리스도라는 것을 알고 자기 형 시몬을 예수님께 데려갑니다. 예수님께서 시몬을 눈여겨보시고 그를 "케파", "베드로"라 부르십니다(요한 1,35-42).

55) 마르코는 예수님께서 호수를 지나시다가 베드로와 안드레아 그리고 제베대오의 두 아들을 보시고 "나를 따라오너라." 하시자 그들은 자기를 부르는 소리에 압도되어 그분을 따라나섰다고 전하지만, 루카는 호숫가에 대어 놓은 시몬의 배에 오르시어 가르치신 다음 시몬에게 깊은 데로 저어 나가서 그물을 내리게 하시고, 시몬이 그분께서 시키시는 대로 그물을 내리니 그물이 찢어질 만큼 많은 물고기를 잡게 되자, 놀라 그분 무릎 앞에 엎드려 "주님, 저에게서 떠나 주십시오. 저는 죄 많은 사람입니다."라고 고백하고 주님께서는 그런 그를 제자로 삼으셨다(루카 5,1-11)고 전합니다. 많은 물고기를 잡았다는 이야기는 요한 복음에서도 전해지는데, 부활하신 예수님께서 아무것도 잡지 못한 제자들에게 나타나시어 "그물을 배 오른쪽에 던져라. 그러면 고기가 잡힐 것이다."라고 하시고 그들은 시키시는 대로 하니 그물을 끌어 올릴 수 없을 만큼 많은 고기를 잡게 됩니다. 그러자 그들은 그분이 주님이신 것을 알고 그분께 뛰어갑니다(요한 21,3-14). 고기를 잡는 이야기를 루카는 사람 낚는 어부와 함께 부르심과 관련하여 들려주고 요한은 성찬례와 관련하여 들려줍니다. 내가 먹기 위해 잡을 수도 있고 남에게 먹히기 위하여 물고기가 될 수도 있을 것입니다. 주님을 따르는 것도 나를 위해서 따를 수 있고 다른 이를 주님께 안내하기 위하여 따를 수도 있습니다.

한 사람이었을 것입니다.[56]

그다음 우리는 예수님께서 어부들을 부르신 것에 주목할 필요가 있습니다. "그러니까 직업상으로만 어부가 아니라 실제로 고기를 잡던 중이었고 그물을 손질하여 고기 잡을 준비를 하던"[57] 어부들을 부르신 것입니다. 레위라는 세리를 부르실 때도 마찬가지입니다. 예수님께서 길을 지나가시다가 세관에 앉아 있는 알패오의 아들 레위를 보시고 "나를 따라라." 하시자 그는 즉시 일어나 그분을 따릅니다. 고기 잡는 본업에 충실하던 일손을 놓고 즉시 그분을 따라나선 어부와 마찬가지로 레위도 일상에서 하던 일을 멈추고 그분을 따라나섭니다.

마르티니는 이렇게 요약합니다. "마르코가 여기서 하려는 말은 무엇인가? 사람이 놓여 있는 바로 그 자리, 각자의 구체적인 상황 한가운데서 예수님께서 사람을 찾아내어 당신을 따라오라고 부르신다는 점이다. 평상적으로 사람이 처해 있는 그곳을 찾아가서서 초대를 하신다. 어부들처럼 정직하고 당당한 처지일 수도 있고 세관원처럼 당당하지도 못하고 도덕적으로도 애로점이 많은 자리일 수도 있다. 예수님께서는 저 사람도 찾고 이 사람도 찾아 따라오라고 부르신다… 하느님은 우리가 살던 바로 그 처지로 우리를 만나러 오셔서 우리를 부르셨고, 신앙에로, 그리스도를 따르는 길로 초대하셨다. 따라서 부르심이라는 것은 사람이 살아가고 있는 그곳으로, 사람이 놓여 있는 그 처지로 내려온다."[58]

---

56) 마르티니 43-45 참조.
57) 마르티니 49 참조.
58) 마르티니 49-50.

3

예수님께서 제자들을 부르신 곳은 그들의 일상이 펼쳐지던 삶의 현장입니다. 그들은 일상을 살아가던 삶의 터에서 자기들을 부르시는 소리를 들었습니다. 일상이 하느님께서 그들을 부르시는 장소입니다. 복음은 일상에서 만나는 사람, 일상에서 일어나는 사건들을 통해 전해집니다. 일상은 평범하여 먹고 자고 일하고 공부하고 사랑하고 싸우는 일들의 연속일 뿐 특별한 것이 없어 보이지만 이 세상을 창조하신 하느님의 숨결이 스며들어 있습니다. 예수님은 제자들을 부르시며 그들의 일상 안에 그들이 찾고 있는 천국이 감추어 있음을 느끼게 하여 주실 것입니다.

일상에서 천국을 느끼기까지는 시간이 필요합니다. 일상에 귀를 기울이며 사는 것은 말처럼 쉬운 일이 아닙니다. 당장 눈에 보이고 귀에 들리는 것에 마음을 빼앗기기가 십상이어서 보면서도 보지 못하고 들으면서도 듣지 못하는 일이 다반사이기 때문입니다. 제자들은 그분의 부르심에 생업을 접고 곧 그분을 따라나섰지만 내심으로는 일상과는 다른 어떤 특별한 상황이 자신들에게 펼쳐지기를 기대했을지 모릅니다. 여전히 더 많은 고기를 잡고 더 많은 풍요를 누리며 더 높이 출세하고 더 크게 성공하는 일에 파묻혀 있었던 것입니다. 그런 그들이 뒤늦게야 주님께서 항상 그들과 함께하셨다는 것을 깨닫고 뜨거운 눈물을 흘리게 됩니다. 주님께서 돌아가시고 나서야 말입니다.

우리는 일상의 관습에 젖어 낯선 것에 귀를 잘 기울이지 못합니다 (마르 6,4 참조). 보이는 것 이면의 소리를 잘 듣지 못합니다. 하물며 소리 없이 부르시는 하느님의 목소리를 어찌 쉽게 들을 수 있겠습니까? 예수님께서 평범한 일상을 살아가던 어부를 제자로 부르십니다. 평범한 일상을 살아가던 그들을 부르신 것은 일상에 감추어 있는 하느님의 나라를 일깨우시기 위해서입니다. 이것은 장차 그들이 세상에서 해야 할 일이기도 합니다. 예수님께서 승천하시기 전 제자들을 갈릴래아로 보내신 것도 이 때문일 것입니다. 일상에서 일상을 살아가는 사람들에게 그들은 복음을 전해야 합니다.

나. 보시고 부르시다

1

예수님께서 베드로를 비롯한 제자들을 부르시는 장면은 복음서마다 조금씩 다르게 전해집니다. 마르코는 예수님께서 갈릴래아 호숫가를 지나가시다가 생업에 열중하고 있는 베드로와 그의 동료들을 보시고 부르셨다고, 그분의 부르심에 그들은 곧 모든 것을 버리고 따랐다고 간략하게 서술합니다. 마태오도 호숫가를 지나시던 예수님께서 어망을 던지는 어부들을 보시고 부르시자 그들은 곧바로 그물을 버리고 예수님을 따랐다는 이야기를 들려줍니다.

루카는 좀 다르게 서술합니다. 예수님께서 겐네사렛 호숫가에 서 계시고 군중이 그분의 말씀을 듣기 위해 몰려들자(루카 5,1 참조) 예수님께서 호숫가에 대어 놓은 시몬의 배를 보시고 올라타시어 뭍에서 약간 떨어지게 하신 다음 군중을 가르치십니다. 그리고 나서 시몬에게 깊은 데로 나가서 그물을 치라고 이르십니다. 시몬은 밤새도록 애썼지만 한 마리도 잡지 못했다고 설명하면서도 예수님의 지시대로 그물을 내렸다가 그물이 찢어질 만큼 매우 많은 물고기를 잡습니다. 이에 시몬 베드로가 두려움에 떨며 예수님 앞에 엎드려 자기는 죄인이라며 떠나 달라고 말합니다. 예수님께서 그런 베드로에게 "두려워하지 마라. 이제부터 너는 사람을 낚을 것이다."(루카 5,10) 하시며 그를 제자로 삼으십니다.

부르심에 대한 이야기의 설정도 마르코와 루카는 다릅니다. 루카에 의하면 예수님께서는 광야에서 유혹을 받으시고(4,1-13) 갈릴래아로 돌아가시자 그분의 소문이 주변의 모든 지방으로 퍼져 나갑니다. 예수님께서 여러 회당에서 가르치시고 고향 나자렛에 가셔서도 복음을 선포하십니다(4,14-30). 더러운 영을 쫓아내시고, 시몬의 장모를 고쳐 주시는 등 많은 병자를 고쳐 주신 이야기 다음에 예수님께서 어부들을 제자로 부르신 이야기가 이어집니다. 예수님께서 전도 여행을 계속하시면서 유다의 여러 회당에서 복음을 선포하신 이야기도 제자를 부르시는 장면 앞에 나옵니다. 그러나 마르코는 예수님께서 광야에서 유혹을 받으시고 나서(1,12-13) 갈릴래아에 가시어 하느님의 복음을 선포하신 뒤 곧바로 어부 네 사람을 제자로 부르신 이야기를 들려줍니다(마르 1,16-20). 그리고 나서 회당에 가시어 더러운 영을 쫓아내시고, 시몬의 집에 들러 병든 그의 장모를 고쳐 주시고 전도 여행을 하시면서 나병 환자, 중풍 병자 등 많은 병자를 고쳐 주신 이야기가 계속됩니다.

2

일하고 있는 시몬과 그의 동생 안드레아 그리고 제베대오의 아들 야고보와 그의 동생 요한을 부르시는 이야기는 구약의 엘리야가 엘리사를 부르는 장면을 연상시킵니다. 엘리야는 길을 가다가 열두 겨릿소를 앞세우고 밭을 갈고 있는 사팟의 아들 엘리사를 보고 자기 겉옷을 그에게 걸쳐 줍니다. 자기를 따르라는 표시입니다. 그러자 엘리사는 소를 그냥 두고 엘리야에게 달려와 자기 부모에게 작별 인사를 한 뒤에 선생님을 따라가게 해 달라고 청합니다. 엘리야가 허락하자 엘리사는 돌아가서 겨릿소를 잡아 제물로 바치고, 쟁기를 부수어 그것으로 고기를 구운 다음 사람들에게 나누어 먹게 하고 일어나 엘리야를 따라나섭니다(1열왕 19,19-21). 그런데 예수님은 엘리야보다 더 엄격하십니다. 예수님께서 그들을 부르시자 그들은 즉시 일손을 멈추고 모든 것을 버리고 부모와 작별 인사할 새도 없이 그분을 따라나섭니다. 예수님께서는 어떤 제자가 먼저 아버지의 장사를 지낼 수 있도록 허락해 달라고 청하자 "너는 나를 따라라. 죽은 이들의 장사는 죽은 이들이 지내도록 내버려 두어라."(마태 8,22)라고 하시며 허락하지 않으십니다.

그런데 예수님께서 그들을 부르신 이유가 무엇입니까? 당신을 따르라 하신 이유가 무엇입니까? 차츰 밝혀지겠지만 그분께서 그들을 부르신 이유는 당신이 체험하신 것을 체험하게 하시고, 당신이 하느님의 아들 그리스도라는 것을 깨달아 그들도 하느님의 아들 그리스도로 살게 하시고, 세상 모든 사람을 하느님의 아들 그리스도로 대하며 살게 하시고, 그렇게 세상 모든 이가 하느님을 아버지라 부르는 하느님의 자녀로 살게 하시기 위함이었습니다. 당신을 통하여 자신을 복음으로 만나고, 다른 이를 복음으로 대하고, 그렇게 모두가 서로 복음으로 만나게 하시려고 그들을 부르셨습니다. 그들은 그분을 따라다니면서 그분과 그분께서 만난 사람들에게서 '가까이 와 있는 하느님의 나라'를 체험하게 될 것입니다. 그분과 함께 지내면서 복음의 눈을 얻어 세상을 복음으로 보는 법을 익히게 될 것입니다(마르 3,13-15). 이 과정은 평생 걸릴 것입니다. 그분의 의도를 알기까지는 상당한 시간이 필요하였습니다. 무지와 덜렁댐과 고백과 배반과 도망의 긴 과정을 거쳐 그분께서 그들을 부르신 이유를 차츰 깨달아 갈 것입니다.

3

예수님께서 당신이 체험하신 하느님의 나라 복음을 들려주시고자 제일 먼저 부른 사람이 어부였다는 것, 그 자체가 복음입니다. 예수님께서 어부를 부르신 것은 그들이 당신께서 전하시는 복음을 잘 알아듣고 잘 전할 만한 영민한 사람인지, 그가 당신의 제자가 되어 활동을 잘할 만한 능력이 있는 사람인지 살펴보시고 그럴 만한 자질이 있다고 판단하셨기 때문이 아닙니다. 어부에게 다가가시는 그분의 모습은 하느님의 나라가 우리에게 가까이 다가오는 모습입니다.

베드로를 부르시는 예수님은 우리에게 이렇게 말씀하시는 것 같습니다. "사람을 만나되 고관대작이나 힘 있고 부유한 유명인사보다 가난하고 무지한 변두리 사람부터 만나라. 그 옛날 하느님께서 사무엘을 시켜 다윗을 왕으로 세우실 때처럼 사람의 외모를 보지 말고 마음을 보도록 하라." 하느님을 체험한 사람은 겉모양을 따지지 않습니다. 예수님은 지금 어부를 부르시면서 인류에게 사람의 마음을 보시는 법을 가르쳐 주십니다. 어쩌면 이들은 읽을 줄도 쓸 줄도 모르는 무식쟁이들일 수 있습니다. "고백하면서도 무엇을 고백하는지 모르는 사람들", "믿는다고 하면서도 무엇을 믿는지 모르는 사람들"일 수도 있습니다. 나중에 그들의 삶이 이를 증명합니다. 예수님께 뜨겁게 고백한 베드로(마르 8,27-30)를 비롯하여 제자들은 결정적인 순간에 예수님을 버리고 모두 달아났습니다(마르 14,50).

예수님은 그런 그들을 제자로 부르시면서 "눈이 있어도 보지 못하고 귀가 있어도 듣지 못하는"(마르 8,18) 인간들의 마음 안에 자신들도 미처 느끼지 못하는 하느님의 나라가 이미 와 있음을 느끼게 해 주고자 하셨습니다. 그들이 자기 내면에 귀를 기울이며 거기서 들려오는 하느님의 음성을 듣고, 당신과 함께 이웃에서 하느님을 보면서 살게 하시려 그들의 눈과 귀를 열어 주고자 하셨습니다. 그분의 사람 대하는 법을 느낄 수 있습니다. 예수님께서 베드로를 부르신 것을 당신의 수제자를 뽑으신 것으로 의미 부여하며 교계제도의 차원에서 이해하고자 하는 것은 예수님의 의도를 빗나가는 것입니다. 예수님은 베드로의 특출한 재능을 보시고 그를 교황으로 삼기 위하여 제자로 부르

신 것이 아닙니다.[59]

예수님은 시몬과 안드레아에게 다가가신 그 마음으로 인류에게 다가오십니다. 온 인류가 각자 자기 마음 안에 간직하고 있는 '보는 눈'과 '듣는 귀'를 열어 주고자 하십니다. 천대받는 노동자, 어부, 병자, 약자들은 그저 보잘것없는 사람이 아니라 우리에게 귀를 열어 주고 눈을 열어 주는 존재들임을 일깨워 주십니다. 그들은 우리에게 겉모습으로 판단하지 않고 마음을 보게 하는 스승이며, 하느님을 느끼게 해 주는 복음입니다. 우리는 그들을 복음으로 봅니까?

4

예수님께서 제자들을 부르신 일을 단순히 당신과 함께 사업을 펼칠 동업자를 구하신 일쯤으로 보는 시각은 그분의 복음을 오해하는 것입니다. 그런 의도였다면 그분은 갈릴래아가 아닌 예루살렘으로 올라가셨을 것이며, 어부가 아니라 당신의 가르침을 잘 알아들을 수 있는 명석한 두뇌를 가진 엘리트를 택하셨을 것입니다. 그분은 그렇게 하지 않으셨습니다. 복음은 어떤 전략을 세워 펼치는 사업이 아닙니다. 제자들을 보시는 그분의 모습에서 인류를 대하시는 그분의 마음을 봅니다. 사람은 머리로 만나는 존재가 아닙니다. 복음은 머리가 아니라 보는 눈을 가진 자가 깨닫게 될 것입니다. 여기서 '본다'는 것

---

59) 성직자와 수도들이 자기를 하느님으로부터 '특별히' 부르심 받은 존재로 여기며, 일반 신도들이 하느님의 부르심을 받았다는 사실을 간과한다면 그들은 성소를 잘못 이해하고 있는 것입니다. 그들은 모든 사람이 복음의 삶으로 부르심을 받았음을 자신들의 부르심 받은 삶으로 보여 주어야 합니다.

은 단순히 육안으로 보는 것 이상입니다. "'보기'는 단순히 경험적 관찰이 아니라 '신앙의 눈으로 하느님을 관상하기'다. 그렇게 해서 '우리를 둘러싼 현실을 그분 섭리의 빛에 비추어 볼' 수 있게 된다."[60]

5

예수님은 갈릴래아의 어부에게서 '사람 낚는 어부'를 보셨습니다. 나중에 실제로 그들을 '사람 낚는 어부'가 되게 하셨습니다. 우리는 어부 시몬한테서 '사람 낚는 어부'를 볼 수 있을까요? 그에게서 우리 인생의 목표인 하느님의 나라를 볼 수 있을까요? 학연 지연 혈연 따지는 사람은 예수님처럼 사람들을 자유롭게 대하지 못합니다. 보잘것없는 사람들에게서 하느님의 모상을 보지 못합니다. 하느님의 나라가 이미 세상에 와 있건만 대부분 사람은 이를 느끼지 못한 채 살아갑니다.

예수님께서 제자들과 함께 다니며 별 볼 일 없는 촌뜨기들, 가난한 이들, 죄인들, 병자들을 만나신다면 그들 안에 하느님이 계심을 보셨고, 제자들도 이를 보고 느끼도록 하시기 위해서입니다. 우리가 예수님을 믿고 따르는 것은 그분의 시선으로 세상을 바라보기 위해서입니다. 그분께서 베드로와 안드레아, 야고보와 요한을 보시고 부르신 그 시선으로 우리의 이웃들을 바라보기 위해서입니다. 그분께서 악령 들린 사람과 열병을 앓는 베드로의 장모를 만나시고, 나병 환자

---

60) 호르헤 마리오 베르골리오·안토니오 스파다로, 『교황 프란치스코: 나의 문은 항상 열려 있습니다』, 국춘심 옮김, 솔출판사(2014), 172

와 갖가지 병고에 시달리는 사람들을 만나신 그 마음으로 우리 주변의 아픈 사람, 힘없는 사람들을 만나기 위해서입니다. 우리는 사회적 약자들을 어떤 시선으로 바라봅니까? '안됐다, 불쌍하다, 무슨 잘못을 했기에 그런 고통을 당할까' 하는 눈으로 바라보는 것은 아닙니까? 그렇다면 우리는 그들 안에 와 계시는 하느님을 보지 못하고 있는 것입니다.

베드로와 안드레아를 부르신 예수님은 이제 모든 인간은 서로에게서 하느님을 볼 수 있는 눈을 가지고 있음을 일깨워 주실 것입니다. 부르심을 받은 그들은 그들 자신을 바라보는 그리스도의 눈을 통해 그들이 미처 보지 못했던 그들 자신의 내면을 들여다보게 될 것입니다. 비록 많은 시간이 필요하겠지만 말입니다. 사실 우리 인간은 사물의 깊이를 들여다보는 능력을 지니고 태어났음에도 이 능력을 지나칠 정도로 과소평가하며 살아갑니다.

"우리가 한 개의 돌을 볼 때에 우리가 직접 볼 수 있는 것은 그 돌이 우리 쪽으로 향하고 있는 면의 색깔과 형태뿐이다. 그러나 우리는 이 한정된 표면과 더불어 그리고 그것을 통해서, 그 돌의 둥글기와 그 뻗음과 그리고 전체의 구조를 알게 되는 것이다. (…) 우리가 사람의 얼굴을 볼 때에 우리는 그 윤곽과 영상을 본다. 그러나 그것과 더불어 그리고 그것을 통해서 우리는 독특하고 비교해 낼 수 없는 인격을 보는 것이며 그 인격은 그의 얼굴에 나타나 있다. 우리는 또 그의 품격과 그가 겪어 온 운명의 흔적을 이해할 수 있으며 또 그것을 통해서 그의 장래 일까지도 어느 정도 읽을 수가 있는 것이다. 색채와 형태와 운동과 더불어, 그리고 그것들을 통해서, 우리는 친근함과 매

정스러움, 적의와 충성, 노여움과 사랑, 그리고 슬픔과 기쁨을 보는 것이다. 우리가 사람의 얼굴을 들여다볼 때면, 우리는 거기서 우리가 보는 것보다는 무한히 심오한 것을 보는 것이다. 아니 그런 것들까지도 초월해서 새로운 심연을 보는 것이다."[61]

하느님은 우리의 눈으로 볼 수 없습니다. 하지만 하느님은 보이는 예수님을 통하여, 보이는 이웃과 보이는 만물을 통하여 당신의 모습을 드러내십니다. 이는 보이는 사람과 사물을 외면하고서는 하느님을 체험할 수 없다는 것을 말해 줍니다. 예수님께서 "너희는 보면서도 보지 못하고 들으면서도 듣지 못한다."라고 하시거나 "나는 보지 못하는 이를 보게 하고 보는 이를 보지 못하게 한다." 하고 말씀하신다면 인간은 사물의 속을 들여다볼 수 있는 눈을 가졌으면서도 겉만을 보는 습성에 따라 살고 있음을 지적하시는 것입니다. 우리는 사물을 있는 그대로 본다고 하지만 겉만을 볼 때가 많다는 것입니다.

우리의 눈은 보고 싶은 대로 보는 눈 때문에 정작 보아야 할 것은 보지 못하고, 보지 못한 것을 보았다고 착각하는 경우가 많습니다. 우리는 보지만 보지 못하는 눈을 감을 필요가 있습니다. 듣지만 듣지 못하는 귀를 닫을 필요가 있습니다. "우리의 눈을 감자. 그러면 우리는 아마 무한한 인간적인 깊이와 따라서 하느님의 힘과 사랑으로 가득 찬 눈매로 우리를 굽어보시는 이의 모습을 보게 될 것이다. 그리고 이 눈매는 '와서 보라.' 하고 우리에게 이르는 것이다."[62]

예수님은 우리가 복음을 깨닫고 세상을 복음으로 만날 수 있게 하

---

61) 틸리히, 199-200.
62) 틸리히, 206.

시려고 보는 눈과 듣는 귀를 열어 주십니다. 달리 보고 달리 들으며 달리 사고할 수 있게 하십니다. 사람들과 세상이 달리 보이고 세상의 소리가 달리 들릴 때 새 하늘 새 땅이 펼쳐지며 새사람으로 태어날 것입니다. 세상이 복음으로 다가올 것입니다. 그분의 제자라면 복음을 전하기 위하여, 복음을 살기 위하여, 세상을 복음으로 만나기 위하여 그분처럼 달리 보고 달리 듣고 달리 사고해야 합니다. 우리가 눈을 뜨고 귀를 열어야 하는 까닭은 주님과 함께 보고 듣고 하느님의 나라를 체험하기 위해서입니다. 우리를 보시고 우리에게 다가오시는 그분처럼 우리도 우리의 이웃과 세상 만물을 보고 다가가고 그 안에서 하느님의 나라를 맛보기 위해서입니다. 그분을 따르는 자만이 보고 들으며 하느님의 나라를 체험할 수 있을 것입니다. 그분을 따른다는 것은 그분의 길을 밟는 것입니다.[63]

6

한 번쯤은 그분에 관한 소문을 스쳐 들었을지 모르지만, 일면식도 없는 예수님께서 다가오셔서 따라오라 하셨을 때 제자들은 어떤 생각이 들었을까요? 왜 자기를 부르신다고 생각했을까요? 그들에게 그분은 어떤 분으로 비쳤을까요? 베드로는 그분의 시선을 받으며 자기

---

63) '보다'와 관련 성경 말씀 묵상: "보시니 좋았다."(창세 1,5.12.18.25.31…), "그들을 보시고 부르셨다."(마르 1,16), "보고 또 보아도 알아보지 못하고…"(마르 4,12), "너희는 눈이 있어도 보지 못하고…"(마르 8,18), "너희의 눈은 볼 수 있으니 행복하고…"(마태13,16), "많은 예언자와 의인이 너희가 보는 것을 보고자 갈망하였지만 보지 못하였고…"(마태13,17), "너희가 '우리는 잘 봅니다.' 하고 있으니, 너희 죄는 그대로 남아 있다."(요한 9,41), "보지 못하는 이들은 보고, 보는 이들은 눈먼 자가 되게 하려는 것이다."(요한 9,39), "나를 본 사람은 곧 아버지를 뵌 것이다."(요한 14,9), "너는 나를 보고서야 믿느냐? 보지 않고도 믿는 사람은 행복하다."(요한 20,29)

자신을 누구라고 생각했을까요? "제가 누구기에 저를 부르십니까?", "스승님은 제가 누구라고 생각하십니까?"

베드로는 그분의 음성을 듣는 순간 평소 자기가 추구하던 바를 그분을 통해 얻을 수 있으리라 생각했을지 모릅니다. 그분을 따라다니기만 하면 높은 자리에 앉고, 부자 되고, 출세하고, 하는 일마다 잘되고, 원하는 것을 다 얻을 수 있으리라 기대하며 "예." 하고 따라나섰을지 모릅니다. 이는 훗날 그가 예수님께 "보시다시피 저희는 모든 것을 버리고 스승님을 따랐습니다. 그러니 저희는 무엇을 받겠습니까?"(마태 19,27) 하고 질문한 데서 잘 드러납니다.

베드로는 예수님을 그물이 가져다주는 행복보다 더한 행복과 기쁨을 안겨 주실 분이며 미래의 삶을 보장하고 영생을 약속하시는 분으로 인식한 것이 분명합니다. 베드로는 그분을 보는 순간 구세주 그리스도를 느꼈고 그분은 그에게 모든 것이 되었습니다. 그는 그분이 누구신지 묻지 않고 곧바로 따라나섰습니다. 한번 결단하면 물불을 가리지 않고 즉시 이행하는 그의 성급하고 충동적인 면모를 봅니다. 그 때문에 많은 실수를 하기도 합니다. 하지만 이는 있는 그대로 감정을 표현하는 그의 정직성이기도 합니다. 그는 "대담한 사람 같지만 두려움이 많고 마음속에는 부서지기 쉬운 나약성을 지닌 인간"입니다. "남 앞에서는 자신감이 넘치는 듯한 행동을 하지만 때로는 주워 담을 수 없을 만큼 두려움과 나약함"을 보여 주고 있습니다(마르티니 31). 예수님께 물 위를 걷게 해 달라고 청해 놓고도 막상 물 위로 내려서자 그만 두려워져 물에 빠지고 마는 장면에서 그의 조심성 없는 성격을 엿봅니다.

베드로의 따라나섬에는 힘의 논리가 작용하고 있습니다. 훗날 예수님께서 그리스도를 설명하셨을 때 그가 보인 반응이 잘 말해 줍니다 (마르 8,27-33). 베드로는 예수님께서 막강한 힘을 가지신 분이라 믿었을 것입니다. 힘의 논리에 따라 그분의 부르심에 기꺼이 응답했을 것입니다. 나중에 그분을 배반한 것은 힘의 논리에 걸었던 기대가 무너졌기 때문일 것입니다. 예수님께서 사람들 손에 넘겨져 매 맞고 죽임을 당하셔야 한다는 것은 그에게 일어나서는 안 될 일이었던 것입니다. 예수님께서 베드로를 부르신 것은 이런 힘의 논리를 깨뜨리기 위해서였습니다.

베드로는 예수님을 따라다니며 차츰 이 논리를 몸에 익히게 될 것입니다. 수 없는 고백과 배신을 반복하면서도 그분 곁을 떠나지 못한 것은 힘을 포기하신 그분에게서 무언가 특별한 것을 느꼈기 때문일 것입니다. 그분을 따라다니면서도 그는 아직 영원한 기쁨을 맛보지 못하고 있지만 끝내는 예수님의 마음에 이르게 될 것입니다. 자기들을 부르시는 예수님의 목소리를 듣고 그분의 가르침을 깨닫기까지는 많은 세월이 흘러야 했습니다. 베드로에게서 보듯이 제대로 보고 듣기까지는 일생이 걸릴 수도 있습니다. 그들은 예수님께서 십자가에서 돌아가신 후에야 비로소 그분의 부르시는 소리를 알아듣고 그분의 가르침(복음)을 깨달았습니다.

그분의 음성을 듣게 되면서 자기들이 죄인임을 고백하고, 자기를 죄인으로 고백하면서 예수님의 시선으로 세상을 바라보게 되었습니다. 죄인을 부르시는 예수님, 약자에게 다가가시는 예수님을 통하여 강한 것에 집착하며 살아온 자신들을 돌아봅니다. 깨달음에 이르기 위해서는 힘 있고 잘난 사람을 쫓기보다 힘없고 무지한 사람에게 눈길을 주며 다가가는 법부터 익혀야 합니다. 예수님께서 어린이가 되지 않으면 천국의 진리를 깨달을 수 없다고 하십니다. 무지몽매한 인간들을 깨달음으로 인도하시기 위하여 그분께서 고심하신 흔적을 봅니다. 인내로 인류를 대하시는 그분의 교육 방식을 봅니다.

제자들은 복음을 입으로 선포하기만 할 것이 아니라, 자기의 존재로 복음을 세상에 보여 주어야 합니다. 그러기 위해서는 사람들 안에 씨앗으로 뿌려져 자라고 있는 하느님의 나라를 보는 눈을 가져야 합니다. 이 일은 하루아침에 이루어지는 것이 아닙니다. 제자들은 예수님의 복음을 들으면서 그들 안에, 그들이 만나는 사람들 안에, 그들이 사는 세상 안에 하느님의 나라가 자라고 있음을 점점 느끼게 될 것입니다.

다. 따라라

1

시몬과 안드레아는 예수님의 부르심을 받자 즉시 그물을 버리고 예수님을 따랐습니다. 생업을 위해 손질하던 그물을 땅바닥에 내려놓고 예수님을 따라나섰습니다. 예수님께서 조금 더 가시다가 아버지와 함께 배에서 그물을 손질하고 있는 야고보와 요한을 보시고 그들을 부르시자 그들 또한 그물은 물론이고 배와 아버지까지 버려두고 예수님을 따라나섭니다(마르 1,16-20). 그들은 무엇을 보았기에 지금까지 종사하던 직업과 자기 생명의 원천인 아버지까지 단번에 팽개치고 예수님이라는 사람을 따라나섰을까요? 무엇을 믿고 그런 용기가 발동했을까요?

자기의 삶을 영위할 직업을, 자기의 생명을 있게 한 아버지를 버린다는 것은 자기의 삶 전체를 버리는 것입니다. 삶의 수단과 방법을 완전히 포기하는 것입니다. 오늘날 예수님께서 오시어 우리를 부르신다면 우리는 과연 모든 것을 버리고 그분을 따라나설 수 있을까요? 우리는 사도가 아니기에 그러지 않아도 된다고 핑계를 댈지 모릅니다. 그러나 제자들도 처음부터 그분의 제자였던 것은 아닙니다. 그들도 처음엔 우리처럼 생업에 열중하던 평범한 사람이었습니다. 예수님의 제자니까 당연히 모든 것을 버리고 그분을 따랐으리라 생각하는 것은 오버센스입니다. 부르심을 모르고 하는 소리입니다. 어쩌면 우리가 예수님을 따르지 못하는 이유는 그들처럼 자신을 내려놓지 못하기 때문일 것입니다. 시간이 흐를수록 물질과 권력과 명예와 인기의 노예가 되어 가는 것과 무관하지 않은 것입니다.

2

다 버리고 예수님을 따른다는 것은 떠돌이 생활까지 각오해야 하는 모험입니다. 머리를 기댈 곳조차 없다고 하신 예수님을 따라나선 그들은 이집 저집 옮겨 다니며 숙식을 해결하게 될 것입니다. 요한 복음에는 세례자 요한의 제자들이 조심스럽게 예수님을 따르는 모습을 보여 줍니다. 요한이 자기 제자 두 사람과 함께 서 있다가 예수님께서 지나가시는 것을 보고 "보라, 하느님의 어린양이시다."라고 말하자 두 제자가 예수님을 따라갑니다. 그들이 "라삐, 어디에 묵고 계십니까?" 하고 묻자 예수님께서 "와서 보아라." 하시며 당신께서 묵으시는 곳을 보여 주십니다. 요한의 제자들이 따라가서 본 곳은 사람들이 찾는 호화로운 저택이 아닙니다. 그분은 "여우들도 굴이 있고 하늘의 새들도 보금자리가 있지만, 사람의 아들은 머리를 기댈 곳조차 없다."(마태 8,20)라고 하십니다. 예수님을 따라갔던 두 사람 중 하나인 안드레아는 형 시몬을 만나 "우리는 메시아를 보았소." 하며 형을 예수님께 데리고 갑니다. 그리고 그 길로 그분의 제자가 됩니다(요한 1,35-42).

3

　제자들이 해야 할 일은 예수님께서 부여하신 사명을 실천하는 것입니다. 유다의 경계를 벗어나 온 세상 모든 피조물에게 복음을 전하는 것입니다. 복음화는 온 세상에 하느님의 나라가 와 있다는 것을 깨닫게 하는 운동입니다. 제자들은 이 복음화로 불림을 받았습니다. 복음화는 세상을 복음으로 꾸미는 일입니다. 복음을 선포하기 위해서는 스스로 우리의 삶을 복음으로 꾸밀 수 있어야 합니다. 예수님께서 사람들을 당신 제자로 부르신 것은 당신을 따라 당신처럼 복음이 되어 모든 이를 하느님의 복음으로 대하며 살기를 바라시기 때문입니다. 주님의 부르심을 받아 그분을 따르게 된 제자들은 세상 모든 이에게로 다가가야 합니다. 그분은 세상 모든 사람이 당신의 제자로 살기를 원하십니다. 부르심은 제자의 삶을 위해서입니다. 주님과 함께 보고 듣고 하느님의 나라를 체험하기 위해서입니다. 우리를 보시고 우리에게 다가오시는 그분처럼 우리도 세상을 보고 세상으로 다가가 세상에서 하느님 나라를 맛보기 위해서입니다. 그분의 뒤를 따르는 자만이 그분처럼 하느님의 나라를 체험할 수 있을 것입니다.

라. 사람 낚는 어부

1

예수님은 무슨 배짱으로 자기 생업에 열중하고 있는 사람들에게 자기 삶을 버리고 당신을 따르라고 하셨을까요? 그들은 무슨 용기로 아무 의심 없이 자기 삶을 버릴 수 있었을까요? 처음부터 그들의 생살 여탈권이라도 쥐고 계신 듯 그들을 부르시는 예수님의 언행이 너무나 태연하십니다. "나를 따라오너라. 내가 너희를 사람 낚는 어부가 되게 하겠다."(마르 1,17) 이 말씀 한마디에 그들은 곧바로 그분의 제자가 되어 그분을 따릅니다. 어부들이 그물과 아버지를 버리고 예수님을 따라나섰습니다. 어떻게 그럴 수 있었을까요? 예수님의 몸에서 풍겨 나오는 권위(언행의 일치)에서 빵이 인생의 전부가 아니라는 것을 직감하였던 것일까요?

예수님께서 그들을 부르시며 '사람 낚는 어부'가 되게 하시겠다고 하셨지만, 그들이 이 말씀을 깨닫기까지는, '고기 낚는 어부'에서 '사람 낚는 어부'가 되기까지는, 수없이 많은 고백과 배신의 세월이 흘러야 했습니다. 사실 사람을 낚는 데는 그물도 배도 필요하지 않습니다. 사람이 사람으로 사는 목적은 다른 데에 있습니다. 버려야 삽니다.

이제 그들의 삶의 목적은 지금까지 살아온 삶을 버리는 것에 있습니다. 버리는 데 무슨 방편이 따로 있겠습니까. 예수님께서 말씀하십니다. "정녕 자기 목숨을 구하려는 사람은 목숨을 잃을 것이고, 나와 복음 때문에 목숨을 잃는 사람은 목숨을 구할 것이다."(마르 8,35) 복음을 온몸으로 깨달을 때 비로소 '사람 낚는 어부'가 되어 그리스도의 참 제자가 될 것입니다.

2

예수님의 부르심을 받기 전 그들은 고기를 잡아 생계를 이어가는 어부였습니다. 전통과 관습에 얽매인 삶을 살아가는 필부였습니다. 고기를 잡기 위해 그물을 수선하고 그물을 던지는 동안 고기와 그물에 집착하는 삶을 살았습니다. 더 많이 잡는 것이 행복의 절대 가치인 양 눈에 보이는 성과를 쫓는 삶을 살았습니다(마태 19,27). 이집트 땅에서 탈출한 지 두 달도 안 되어 "아, 우리가 고기 냄비 곁에 앉아 빵을 배불리 먹던 그때, 이집트 땅에서 주님의 손에 죽었더라면! 그런데 당신들은 이 무리를 모조리 굶겨 죽이려고, 우리를 이 광야로 끌고 왔소?"(탈출 16,3)라며 모세와 아론에게 불평을 쏟아 대는 이스라엘 백성처럼 살았습니다. 고기와 빵의 노예에서 해방시켜 주신 야훼 하느님의 마음을 깨닫지 못한 삶을 살았습니다. 예수님은 제자들을 부르시기 전 광야에서 "사람은 빵만으로 살지 않고 하느님의 입에서 나오는 모든 말씀으로 산다."(마태 4,4)라는 것을 강하게 체험하셨습니다. 이제 그 체험을 제자들도 하게 될 것입니다.

3

그들이 그물을 버렸다는 것은 사람이 그물만으로 사는 존재가 아님을 암시합니다. 인생을 살아가는 데 빵보다 그물보다 더 귀한 것이 있습니다. 행복을 위해서 빵을 모으고 그물을 수선하는 것보다 더 귀한 일이 있습니다. "여러분들은 지금 고기잡이로 살고 있다. 그러나 그것보다 더 인생을 행복하게 하는 일이 있다. 고기와 그물 때문에 망각한 행복의 비결, 더 큰 창고를 짓느라고 놓쳐 버린 행복의 비결, 이 비결을 나와 함께 세상에 선포하지 않겠느냐?" 예수님은 지금 이 복음으로 그들을 초대하시는 것이고, 예수님의 초대를 받은 그들은 —아직은 미흡하지만—무언가를 직감하며 말없이 그분을 따라나섰습니다.[64]

사람을 낚는 일은 고기와 빵만이 인간을 행복하게 할 수 있다고 생각하는 사람을 그렇지 않다고 생각하는 사람으로 변화시키는 일입니

---

64) 예수님은 그들을 빵에 집착한 삶에서 불러내십니다. "빵이 아닌 하느님께서 나를 다스리게 하라. 내 마음의 주인은 나도 빵도 아닌 하느님이시다." 훗날 바오로 사도는 말합니다. "이제는 내가 사는 것이 아니라 그리스도께서 내 안에 사시는 것입니다."(갈라 2,20) 예수님은 고기를 많이 잡게 해 달라, 부자 되게 해 달라, 하는 일마다 잘되게 해 달라는 기도를 버리게 하십니다.

다. 고기와 빵이 아니라 하느님(의 말씀)께서 나를 다스리시도록 해야 합니다. 하느님의 나라가 가까이 왔기 때문입니다. 제자들이 부르심을 받았다는 것은 하느님의 다스리심에 맡기는 삶으로 초대된 것입니다. 행복이 거기에 있기에.

예수님은 돈과 명예를 버리라고 하십니다. 그래야 삶이 보인다고 하십니다. 돈과 권력과 명예가 아니라 생명에 순종해야 합니다. 제자들을 부르시는 그분의 음성에서 또 그 부르심에 응답하는 제자들의 삶에서 생명에 순종하는 자유를 봅니다. 삶을 옭아매는 각종 그물에서 벗어날 때 우리는 자유로울 수 있습니다. 지금 우리의 삶을 옭아매는 것은 무엇입니까? 우리는 무엇을 통해 자기의 삶을 들여다봅니까? 더욱더 촘촘한 그물망을 원하며 그것을 손질하는 데 온 힘을 쏟고 있는 것은 아닙니까? 그물에 걸려들 부와 명예와 권력과 인기 따위에 마음을 빼앗기며 사는 것은 아닙니까? 로어는 '사람을 낚으라고' 한 말을 이렇게 설명합니다. "우리는 '사람'보다 '옳은 관념'을 낚느라고 역사의 대부분을 보냈다. 개념과 조직을 바르게 하고 옹호하는 데 아까운 시간과 정력을 쏟은 것이다."[65]

예수님께서 어부를 부르신 것은 그 자체로 상징적입니다. 그들은 자기 힘을 과신하는 기득권자들과 달리 빵과 권력과 명예에 덜 오염되었습니다. 아닌 게 아니라 그들은 예수님의 말씀을 듣자 망설임 없이 그분을 따라갑니다.

---

65) 리처드 로어, 『벌거벗은 지금』, 이현주 옮김, 바오로딸(2017), 112.

5.
사람들에게 다가가시어 일으키시다

가. 사람들은 그분의 가르침에 놀랐다

그들은 카파르나움으로 갔다. 예수님께서는 곧바로 안식일에 회당에 들어가 가르치셨는데, 사람들은 그분의 가르침에 몹시 놀랐다. 그분께서 율법 학자들과 달리 권위를 가지고 가르치셨기 때문이다. 마침 그 회당에 더러운 영이 들린 사람이 있었는데, 그가 소리를 지르며 말하였다. "나자렛 사람 예수님, 당신께서 저희와 무슨 상관이 있습니까? 저희를 멸망시키러 오셨습니까? 저는 당신이 누구신지 압니다. 당신은 하느님의 거룩하신 분이십니다." 예수님께서 그에게 "조용히 하여라. 그 사람에게서 나가라." 하고 꾸짖으시니, 더러운 영은 그 사람에게 경련을 일으켜 놓고 큰소리를 지르며 나갔다. 그러자 사람들이 모두 놀라, "이게 어찌 된 일이냐? 새롭고 권위 있는 가르침이다. 저이가 더러운 영들에게 명령하니 그것들도 복종하는구나." 하며 서로 물어보았다. 그리하여 그분의 소문이 곧바로 갈릴래아 주변 모든 지방에 두루 퍼져 나갔다(마르 1,21-28).

1

예수님께서 안식일에 회당에 들어가셔서 마귀를 쫓아내신 이야기입니다. 사람들은 그분의 가르침에 몹시 놀랐다는 말로 시작됩니다. 이 짧은 이야기에 '놀라다'라는 말이 두 번 나오는데 한번은 예수님의 가르침이 율법 학자들과 달리 권위가 있었기 때문이고, 또 한 번은 그분께서 더러운 영을 쫓아내시는 행위에서 새롭고 권위 있는 가르침을 보았기 때문입니다.[66)]

복음사가는 사람들이 그분의 가르침에 놀란 것(엑플렛소)은 그분의 해박한 지식이나 능숙한 말솜씨 때문이 아니라 그분의 가르침이 율법 학자들의 가르침과는 달리 권위가 있었기 때문이라고 그 이유를 설명합니다.[67)] 그분은 무엇을 어떻게 가르치셨기에 사람들이 그분에게서 놀랄만한 권위를 느꼈고, 율법 학자들은 무엇을 어떻게 가르쳤기에 사람들이 그들에게서 권위가 없다고 느꼈을까요?

마르코는 가르침의 내용을 직접 언급하지 않는데 하느님의 복음(마르 1,14-15)이라는 것이 자명하기 때문일 것입니다. 예수님은 하느님의 나라가 가까이 왔다고 가르치셨을 것입니다. 사람들이 그분의 가르침에서 권위를 느꼈다면 하느님의 복음을 전하는 그분의 말씀에서 하느님의 말씀을 듣고 그분의 음성에서 하느님의 음성을 들었기 때문일

---

66) 우리말로는 똑같이 '놀라다'로 번역되었지만, 그리스어로는 예수님의 가르침을 듣고 놀랐다는 단어 '엑세플레쏜토ἐξεπλήσσοντο'는 '에크플렛소ἐκπλήσσω'의 미완료 수동태이고, 더러운 영을 쫓아내시는 행위를 보고 놀랐다는 단어 '에탐베테산ἐθαμβήθησαν'은 '탐베오θαμβέω'의 아오리스트 수동태로 서로 다른 단어입니다. '에크플렛소'는 '놀라게 하다', '어리벙벙하게 하다', '두렵게 하다'라는 뜻이고 '탐베오'는 '놀라게 하다', '당황하게 하다', '어쩔 줄 모르게 하다'라는 뜻입니다.
67) 루카는 그들이 놀란 것은 그분의 말씀에 권위가 있었기 때문이라고 전합니다(루카 4,32).

것입니다. 하느님 나라의 복음을 선포하시는 그분에게서 하느님의 나라를 느낀 것입니다. 그분의 가르침에서 그분의 삶, 하느님의 삶을 본 것입니다. 가르치는 그분에게서 가르침과 삶이 일치하는 것을 본 것입니다. 그분은 가르치기만 하신 것이 아니라 가르치신 것을 당신의 존재(몸)로 보여 주셨습니다. 가르치시는 그분 몸 자체가 가르침이고 그분의 동작 하나하나가 그대로 가르침이었습니다.

예수님은 당신의 온몸으로 복음을 선포하시면서 세상 만물과 모든 사람을, 어떤 미천한 사람도 예외 없이 하느님을 대하듯 대하셨습니다. 사람들은 자기들을 그렇게 대해 주시는 예수님께 위로를 얻었고, 그분의 권위에 두려움을 느꼈습니다. 악령은 두려워 떠나갔고, 율법학자와 바리사이는 입을 다물었습니다. 유식하고 잘난 사람들뿐 아니라 이들이 소외시킨 못나고 부족한 사람들도 그분 가르침에 놀라고, 경건하고 준엄한 사람들뿐만 아니라 이들이 업신여기며 밀어낸 죄인들도 그렇게 놀랐습니다.

2

율법 학자들의 가르침에 권위가 없다면, 그들도 분명 성경을 인용하여 하느님의 말씀을 전했을 테지만, 그들의 말에서 하느님의 말씀을 느낄 수 없었기 때문일 것입니다. 하느님의 말씀을 전한다면서 자기 소리만 냈기 때문입니다. 그들의 목소리에 가리어 하느님의 말씀이 들리지 않은 것입니다. 그들의 목소리가 하느님의 말씀을 듣는 것을 방해한 것입니다.

권위가 없다는 것은 그들의 가르침에 그들의 삶이 녹아 있지 않다는 말입니다. 가르침은 본래 삶을 위한 것입니다. 가르침과 삶이 일치하지 않는 그들의 말에서 사람들은 권위를 느끼지 못한 것입니다. 그들의 가르침은 모세의 율법에 어긋남이 없고 다 옳습니다. 이는 예수님께서도 인정하십니다(마태 23,3 참조). 그들도 예수님처럼 하느님을 사랑하고 이웃을 사랑하며 착하게 살라고 끊임없이 설교합니다. 옳은 일을 하고 그른 일은 하지 말라고 가르칩니다. 그런데 그들의 가르침에 권위가 없습니다. 그들 자신이 가르치는 대로 살지 못하기 때문입니다. 그들은 옳은 가르침에도 불구하고 자기들 눈 밖에 난 사람들, 가난한 사람, 죄인, 세리, 창녀, 병자를 하느님의 나라에 들어갈 수 없는 사람으로 낙인찍으며 하느님 나라의 문턱을 높입니다(마르 12,38-40 참조).

3

사람들이 두 번째로 놀란(탐베오) 이유는 예수님께서 더러운 영을 쫓아내시는 것을 보았기 때문입니다. 더러운 영이 예수님을 보자 "저는 당신이 누구신지 압니다. 당신은 하느님의 거룩하신 분이십니다." (마르 1,24) 하고 소리를 지르고, 예수님께서 그에게 "조용히 하여라. 그 사람에게서 나가라." 하고 꾸짖으시니, 더러운 영이 큰소리를 지르며 그 사람에게서 나갑니다. 이를 보고 사람들이 "이게 어찌 된 일이냐? 새롭고 권위 있는 가르침이다." 하며 놀랍니다. 권위는 영의 인간에서 나오는 것입니다. 언행이 일치한 영의 인간이 "조용히 하여라.

그 사람에게서 나가라." 하고 꾸짖으니 더러운 영이 그에게서 나갑니다. 더러운 영들을 복종시키는 영의 인간인 그분의 말씀에서 사람들은 하느님의 권위를 느낍니다.

예수님께서 더러운 영이 들린 사람에게서 더러운 영을 쫓아내신 이야기의 장면은 광야에서 유혹을 받으실 때(마르 1,12-13)와는 사뭇 다른 분위기입니다. 유혹을 받으실 때는 들짐승이 우글거리는 광야에 천사들이 나타났고 성령께서 예수님을 광야로 안내했습니다. 그러나 이 이야기에는 그런 포석 없이 예수님께서 가르치고 계신 회당에 더러운 영이 든 사람이 이미 와 있었고, 예수님이 누구신지 안다고 소리칩니다. 마르코는 그가 소리를 지르는 것은 악령이 들었기 때문이라고 보도합니다. 이는 그가 본래 악한 사람이 아니라 악령에 시달리고 있을 뿐이라는 것을 시사합니다. 더러운 영은 성령에 대조되는 세력입니다.

우리가 눈여겨볼 것은 더러운 영이 든 사람이 예수님이 누구신지 안다고 소리를 질렀다는 것입니다. 마귀는 사람들이 복음을 깨닫는 일을 방해하고 사람들이 그분을 하느님의 아들로 만나는 것을 가로막고 훼방하는 세력입니다. 그 마귀가 예수님을 안다고, 그분이 하느님의 거룩하신 분이라는 것을 안다고 소리를 지릅니다(마르 1,24). 더러운 영이 예수님이 누구신지 안다며 예수님을 증언하려고 하는 것은 예수님의 정체성을 무너뜨리기 위한 것이며, 인간 안에 더러운 영과 성령이 같이 활동한다는 것을 말해 줍니다. 예수님이 누구신지는 하느님에게서 오시는 영을 통해서만 알 수 있습니다. 예수님이 누구신지는 인간의 지혜가 아니라 성령께서 가르쳐 주신 것이기 때문입니다.

하느님의 영은 영적인 사람만이 판단할 수 있습니다(1코린 2,11-16).

4

영의 인간 예수님께서 더러운 영에게 "조용히 하여라. 그 사람에게서 나가라." 명령하시자 더러운 영은 복종합니다. 하지만 조용히 떠나지 않습니다. 더러운 영은 영의 인간 예수님께 복종하면서도 그 사람에게 경련을 일으켜 놓고 큰 소리를 지르며 나갑니다.

예수님께서 더러운 영을 쫓아내실 수 있는 것은 참 하느님이며 참 인간이시기 때문입니다. 예수님을 안다는 것은 인간의 아들 예수님이 하느님의 아들 그리스도이심을 안다는 것입니다. 인간의 아들인 자기가 하느님의 아들이라는 것을 아는 자는 권위가 있습니다. 예수님은 돌아가시기 얼마 전에 당신이 원로들과 수석 사제들과 율법 학자들에게 배척을 받아 죽임을 당하시게 될 것이라고 말씀하심으로써 (마르 8,31) 당신이 인간의 아들이라는 것을 강조하십니다. 그분은 다른 복음서에서 "친구들을 위하여 목숨을 내놓는 것보다 더 큰 사랑은 없다."(요한 15,13)라고 말씀하십니다. 다른 이를 위하여 온갖 모욕과 고통을 당하고 목숨까지 내놓는 사랑은 신적이며 힘이 있고 권위가 있습니다.

마귀의 앎이 예수님의 정체성을 아는 데 방해가 된다는 것은 그분께서 마귀에게 침묵을 명령(함구령)하신 데서 분명해집니다. 당신을 알고 있다는 마귀에게 그분은 "조용히 하여라. 그 사람에게서 나가라." 하고 꾸짖으시고(마르 1,25) 마귀들이 말하는 것을 허락하지 않으

섰습니다(1,35). 그리스도처럼 다른 이를 위하여 목숨을 내놓을 준비
가 되어 있지 않다는 것입니다. 고백이 진실하지 않다는 것입니다. 결
과적으로 그분을 모른다는 것입니다. 마귀는 이 권위에 쫓겨나면서
도 사람들이 그분을 따르는 것을 방해합니다.

5

더러운 영이 든 사람이 예수님을 향하여 소리 지른 것은 앞으로 보
게 될 베드로의 고백을 연상시킵니다. "너희는 나를 누구라고 하느냐?"
라는 스승의 질문에 베드로는 큰 소리로 "스승님은 그리스도이십니다."
(마르 8,29) 하고 고백했습니다. 그는 고백하면서 예수님을 누구보다 잘
알고 있다고 생각했을 것입니다. 그런데 예수님은 당신을 안다고 고백
하는 베드로에게 더러운 영이 들린 사람에게서처럼 "조용히 하라.", "아
무에게도 말하지 말라." 하고 엄중히 이르십니다. 안다는 그의 고백이
자기만을 위한 생각으로 가득 차 있기 때문입니다(마르 8,33).

물론 베드로가 안다고 고백한 것은 더러운 영이 예수님을 안다고
소리 지르는 것과는 다릅니다. 베드로의 경우가 무지에서 나온 것이
라면, 그렇기에 순수성을 보유하고 있다면, 마귀의 경우는 예수님을
어려움에 빠뜨리려는 모함에서 나온 것입니다. 그렇기에 악입니다. 예
수님께서 소리 지르는 그 사람에게서 더러운 영을 쫓아내셨다는 것
은 더러운 영이 든 사람을 악인으로 여긴 것은 아닙니다. 구마를 통
하여 예수님은 당신이 누구신지 진짜 당신을 알게 하신 것입니다.

악령이 나가는 것을 지켜본 사람들이 놀란 것은 그분께서 악령을

몰아내신 힘에서, 악령까지 복종하는 데서, 그리고 악령 들린 사람이 새사람으로 살아가게 된 데서 '새롭고 권위 있는 가르침'을 보았기 때문입니다. 사람들은 더러운 영을 쫓아내는 예수님의 행위에서 가까이 온 하느님의 나라를 느꼈을 것입니다. 사람들이 예수님의 가르침에서 권위를 느낀 것은 그들도 자신들 안에 복음의 씨앗이 자라고 있음을, 곧 복음을 깨달을 가능성을 가지고 있을 뿐만 아니라 그분을 하느님의 아들로 만날 가능성을 가지고 있음을 암시합니다. 복음의 씨앗이 뿌려져 있는 자신들의 마음 안으로 들어갈 때 그들은 예수님을 알아 뵙게 될 것이고 나아가 더러운 영을 향하여 "그 사람에게서 나가라." 하고 꾸짖을 수 있을 것입니다.

6

우리가 놀라야 할 것은 또 있습니다. 더러운 영에서 해방된 사람의 놀라움입니다. 복음사가는 더러운 영에서 해방된 이에 대해서 추가 설명은 하지 않지만, 자기 몸에서 더러운 영이 나가는 것을 온몸으로 느낀 그가 얼마나 기뻐했을지는 충분히 짐작할 수 있습니다. 지금까지 그는 더러운 영에 짓눌려 죽은 목숨처럼 고통 속에 살았을 것입니다. 그런데 하느님의 거룩하신 분 예수님께서 악령을 몰아내시고 참 인간으로, 이로써 하느님의 아들로 살아가게 해 주십니다. 더러운 영이 그 사람에게 경련을 일으켜 놓고 큰 소리를 지르며 나가는 순간, 그는 다른 이를 위하여 목숨을 내놓는 존재로 새롭게 태어났을 것입니다. 조금 전 회당에 들어올 때까지만 해도 그는 더러운 영이 들어 예수님을 향해 당신이 누구신지 안다고 소리 지르면서도 그분을 몰랐지만, 예수님께서 더러운 영을 꾸짖으시면서 그의 마음을 조용하게 비워 주십니다. 얼마나 기뻤겠습니까? 얼마나 놀라웠겠습니까?

　그런데 다르게 놀라는 사람들도 있습니다. 율법 학자들입니다(마르 1,22). 그들은 병에서 해방된 사람의 기쁨이나 환희는 안중에도 없습니다. 예수님께서 수많은 병자를 고쳐 주셨을 때마다 거의 그랬습니다. 사람들은 예수님께서 치유의 기적을 일으키신다는 소문을 듣고 그분께 몰려왔지만 정작 치유된 사람이 새사람으로 태어나서 누리는 기쁨에는 관심을 보이지 못했습니다. 예수님은 꺾인 삶을 살던 사람들을 치유해 주실 때마다 기뻐하는 그와 함께 주변 사람들도 같이 기뻐하기를 바라셨지만 그들은 그러지 못했습니다. 더러운 영을 쫓아내신 그분에게서 치유된 자도 놀라고 지켜보던 이들도 놀랐지만, 율법 학자들의 놀람은 병에서 해방된 저 죄인의 놀람과는 다릅니다. 죄인은 그분의 권위에 놀라 몸을 굽히지만, 율법 학자들은 오히려 자신들의 지위에 위협을 느끼며 놀랍니다. 권위주의적으로 말하는 그들의 몸은 뻣뻣하고 행동이 일치를 이루지 못합니다. 오죽했으면 예수님께서 그들의 가르침은 듣고 지키되 그들의 행실만은 본받지 말라 하셨을까요. 행동이 따르지 않는 말은 권위가 없습니다. 권위 있는 명령에는 사람들이 마음으로 순종하지만 그렇지 못한 명령은 폭력이 될 수 있습니다.

7

　영의 인간은 모든 것 안에서 하느님의 영을 느낍니다. 영은 하느님의 깊은 비밀을 통찰합니다. "그 사람 속에 있는 영이 아니고서야, 어떤 사람이 그 사람의 생각을 알 수 있겠습니까? 마찬가지로, 하느님의 영이 아니고서는 아무도 하느님의 생각을 깨닫지 못합니다."(1코린 2,11) 영의 인간만이 하느님의 비밀을 통찰할 수 있다는 말의 이면에는 인간은 영이기에 하느님의 비밀을 통찰할 수 있는 존재라는 뜻이 내포되어 있습니다. 인간이 영인 것은 인간은 본래 "하느님에게서 오시는 영"(1코린 2,12)을 받았기 때문입니다. 하느님께서 인간을 창조하실 때 당신의 영을 불어넣어 주셔서 영으로 살게 하신 것입니다.

영적인 존재만이 하느님의 비밀을 통찰할 수 있다는 것은 하느님께서 세상을 창조하시면서 세상 만물에 당신의 영을 불어넣어 주셨기 때문입니다. 온 세상이 하느님의 영을 표현합니다. 그 위대하신 하느님께서 가장 보잘것없고 가장 작은 것 안에도 당신의 영을 불어넣어 주셨습니다. 영적인 존재만이 태초에 하느님께서 자기 안에, 저들 안에, 만물 안에 당신의 영을 불어넣어 주셨다는 것을 알 것입니다. 영적인 존재만이 그들 안에도 계시는 하느님의 영을 느낄 것입니다. 그리고 그 신비에 감탄하며 찬미하지 않을 수 없을 것입니다. 예수님의 권위는 이 신비로부터 말씀하시는 데서 풍겨 나옵니다.

회당에 더러운 영이 들린 사람이 있었다는 것은 거기에 영의 인간으로 살지 못하는 사람도 있었다는 것을 말합니다. 더러운 영은 예수님과 관계하려 하지 않습니다. 그런데도 그가 예수님을 보고 하느님의 거룩하신 분이라고 외친 것은 그(인간)의 마음속 깊은 곳에 예수님을 알아보는 눈이 있다는 것을, 하느님께서는 성과 속, 선과 악, 좋고 나쁨을 가르지 않으시고 모든 이들 안에 당신의 숨을 불어넣어 주셨다는 것을 시사합니다. 그도 처음엔 영적인 존재로 지어졌지만, 지금 그렇게 살고 있지 못하는 것입니다.

바오로 사도는 자기가 본래 영적인 존재라는 것을 망각하고 힘과 머리(지혜)에 의존하여 살려는 사람을 어리석은 자라 부릅니다. 우리에게 권위가 없다면 어리석기 때문입니다. 곧 하느님의 나라를 전하면서도 하느님의 나라를 우리 몸으로 보여 주지 못하기 때문입니다. 이웃에게서, 창녀와 세리와 죄인에게서 그들 안에 감추어 있는 하느님의 모습을 보지 못하기 때문입니다. 입으로 하느님의 나라가 가까이 왔다고 선포하지만 몸이 하느님의 나라를 살고 있지 못하기 때문입니다. 권위 있는 사람은 사람들 위에 군림하지 않으며 가난한 이, 버림받은 이들의 마음 안에 들어가기 위해서 자신을 굽히고 낮은 데로 내려갑니다. 복음을 선포하는 성직자에게 권위가 보이지 않는다면 아래로 내려가지 못하고, 모든 이들의 위에 군림하려 하기 때문입니다. 영의 인간만이 사람들의 마음 안으로 들어갈 수 있고 영의 인간은 권위가 있습니다.

8

예수님의 권위는 안식일에 마귀를 쫓아내신 행위에서도 드러납니다. 율법 학자에게 안식일은 꼭 지켜야 한다고 규정된 날이었다면, 예수님께 안식일은 하느님께서 세상을 창조하시고 나서 쉬시며 만물에 귀를 기울이시는 날입니다. 예수님은 온 만물에 귀를 기울이며 가르침을 주십니다. "당신께서 저희와 무슨 상관이 있습니까? 저희를 멸망시키러 오셨습니까?"[68] 하고 말하는 더러운 영이 들린 사람에게까지 귀를 기울이십니다. 권위는 들음에서 옵니다. 듣는 자는 권위가 있습니다. 예수님께 권위가 있다면 매사에 귀 기울이며 상대와 한마음이 되셨기 때문이고, 율법 학자에게 권위가 없다면 상대의 마음에 귀를 기울이지 못하는 독선 때문입니다(마르 11,27-33 참조).

마르코는 예수님의 소문이 모든 지방에 두루 퍼져 나갔다고 전합니다. 그분의 가르침이 권위가 없었다면 일어날 수 없는 일입니다. 윌리엄스는 이 사실을 두고 예수님의 가르침이 "팔레스타인의 작은 마을을 넘어 온 세상을 뒤엎었다."라고 말합니다. "그리고 지금부터 전하는 사건들이 진실로 세상을 바꾸고 기존 질서를 뒤엎는다면 이 모든 사건의 한가운데 있는 한 사람은 이 세상에 있는 그 누구나, 무엇이나 바꿀 수 있는 능력과 권위를 지닌 분"이라고 역설합니다. 예수님을 이런 권위 있는 분으로 묘사한 마르코를 그리스도교 예술은 전통적으로 사자로 표현하는데 윌리엄스는 이것이 우연한 일이 아니라며 다음과 같이 말합니다. "이 사람은 우리가 길들일 수 있는 사자가 아닌, 우리의 예측을 뛰어넘어 광폭하게 움직이는 사자이다."[69]

---

68) "안식일에 좋은 일을 하는 것이 합당하냐? 남을 해치는 일을 하는 것이 합당하냐? 목숨을 구하는 것이 합당하냐? 죽이는 것이 합당하냐?"(마르 3,1-6 참조)
69) 윌리엄스, 46.

나. 열병이 든 부인에게 다가가시어
손을 잡아 일으키시니

그들은 회당에서 나와, 야고보와 요한과 함께 곧바로 시몬과 안드레아의 집으로 갔다. 그때에 시몬의 장모가 열병으로 누워 있어서, 사람들이 곧바로 예수님께 그 부인의 사정을 이야기하였다. 예수님께서 그 부인에게 다가가시어 손을 잡아 일으키시니 열이 가셨다. 그러자 부인은 그들의 시중을 들었다(마르 1,29-31).

1

마르코는 예수님께서 마귀 들린 사람들(정신병 앓는 자들)을 고쳐 주신 일들(1,21-34)에 이어 육체의 병을 앓는 자들(나병 환자 중풍 병자 등)을 고쳐 주신 일들을 보도합니다. 마르코 복음에 의하면 예수님께서 복음을 선포하시고 나서 제일 먼저 하신 일은 제자들을 불러 모으신 일이었고, 그다음 악령 들린 사람들을 비롯하여 많은 병자를 낫게 하시는 일이었습니다. 하느님 나라의 기쁘고 반가운 소식이 누구보다도 병자들에게 먼저 전하여진 것입니다. 예수님께서 병자들을 고쳐 주신 이야기에서 우리는 복음이 누구에게 선포되었는지, 예수님께서 복음을 선포하신 이유가 무엇인지, 이를 통해 예수님이 누구이신지 알게 됩니다. 그리고 우리 또한 누구이며 어떻게 살아야 하는지 알게 됩니다. 앓는 사람들, 곤궁에 처한 사람들, 소외된 사람들에게 복음이 전해졌다는 것은 이들의 마음에 귀를 기울이는 사람만이 복음을 들을 수 있다는 것을 암시합니다.

시몬의 장모를 고쳐 주신 이야기에서 병자들의 마음에 귀를 기울이시는 예수님의 마음을 만나게 됩니다. 예수님은 단순히 병을 고쳐 주시는 의료기술자가 아닙니다. 예수님께서 우연히 시몬의 집에 가셨다가 그의 장모가 열병으로 누워 있는 것을 알게 되셨는지, 열병으로 앓고 있다는 소식을 듣고 야고보와 요한과 함께 시몬의 집으로 찾아가셨는지는 이 대목만으로는 알 수 없습니다. 분명한 점은 사람들이 시몬의 장모가 열병으로 앓아누워 있다고 예수님께 알렸고, 예수님은 그 부인 곁으로 가셔서 손을 잡아 일으키셨다는 점입니다. 베드로의 장모는 열병으로 누워 있습니다.

정양모 신부는 열병에 대해 이렇게 말합니다. "원문에서는 '열이 부인을 버리고 떠나갔다' 한다. 열을 일종의 귀신으로 본 것이다. 당대 사람들은 귀신이 붙어서 병이 난다고 생각했다." 그렇다면 부인은 귀신 들린 사람입니까? 아닙니다. 시몬의 장모는 마귀(다이모니온 δαιμόνιον)들린 사람(1,32.39 참조)이라기보다 정신적으로 열병을 앓고 있습니다.

무엇이 부인에게 정신병이 들었다고 할 정도로 열병을 앓게 하였는지, 드러난 이야기만으로는 그 원인을 알 수 없지만, 예수님께서 부인에게 다가가시어 손을 잡아 일으키시자 부인은 열이 내리고 즉시 일어나 시중들게 되었다고 한 데서 유추해 볼 수는 있습니다. 예나 지금이나 남이 내 노력이나 희생을 몰라주거나 애쓴 만큼 인정받지 못한다는 생각이 들 때면 서운함을 넘어 열을 받기도 합니다(루카 10,38-42 참조). 부인은 사람들의 따스한 관심을 바랍니다.

2

열병으로 누워 있는 시몬의 장모에게 다가가시는 예수님의 마음이 여기에 사용된 동사에 잘 드러납니다. 부인 곁으로 '다가가시어' 손을 '내밀어 잡으시고' '일으켜 세우셨습니다.' 여기서 눈여겨볼 단어는 '일으키셨다'입니다. 그리스어로 '에게이렌ἤγειρεν'인데 '에게이로ἐγείρω'의 미완료입니다. 예수님께서 중풍병자(마르 2,9), 손이 오그라든 사람(마르 3,3), 야이로의 딸(마르 5,41), 더러운 영이 든 아이(마르 9,27)를 일으켜 세우실 때 사용하신 술어입니다. 거센 물결이 배 안으로 들이치자 제자들이 당황하여 고물에서 주무시는 예수님을 '깨우고'(마르 4,38), 예수님의 무덤을 찾은 여자들에게 천사가 "그분은 '되살아나셨다'"(마르 16,6)라고 알릴 때도 이 단어가 사용됩니다.[70] '일어나다', 잠에서 '깨우다', '일으키다', '일어나게 하다'라는 뜻입니다.

성경에 나오는 병자들은 그냥 몸만 아픈 사람들이 아닙니다. 그들은 주변 사람들한테서 귀신 들린 사람, 가까이하기 싫은 사람, 피하고 싶은 사람, 사람대접 못 받는 사람들이기도 합니다. 그들은 그런 취급을 받으며 몸보다 마음이 더 아픈 사람들입니다. 살아 있으면서도 죽은 삶을 사는 사람입니다. 예수님은 그런 사람들에게 다가가시어 손을 내밀어 일으켜 세우시고, 그들은 그분의 손길을 느끼며 일어나 새 삶을 살게 됩니다. 그렇게 그분의 손길이 부인에게 새 생명을 선사합니다.

---

70) '일어나다ἐγείρω'에 대해서 마르 12,18-27, 마르 16,9 참조.

히에로니무스는 예수님께서 여인을 일으키신 장면을 이렇게 서술합니다. "그 여인은 침대에 누워 자기 힘으로는 일어날 수도 없고 그분을 뵈러 갈 수도 없는 형편이었다. 그러자 자비로우신 의사께서는 몸소 침대에 다가가셨다. 잃어버린 양을 어깨에 메고 오셨던 그분께서 침상 곁으로 오신 것이다. (…) 그리고 '손을 잡아' 일으키셨다. 당신 손으로 여인의 손을 잡아 주셨다. 이 얼마나 놀랍고도 거룩한 호의인가! 손을 잡아 일으키시고, 당신 손으로 그 여인을 고쳐 주셨다. 의사처럼 손을 잡으시어 진맥하시고 열을 재셨다. 그분이 바로 의사요 약이었다. 예수님께서 그 여인을 만지자 열이 가셨다. 그분께서 우리 손을 잡아 주시어 우리의 행실을 깨끗이 해 주신다면 얼마나 좋을까? 그러니 우리 집에 그분을 모시자. 누워 있지 말고 침상에서 벌떡 일어나자."[71]

다가가시어 손을 내밀고 일으켜 주시는 그분의 모습에서 병자, 죄인, 창녀, 세리, 가난뱅이 등 인류를 대하시는 그분의 마음은 물론이고, 그분의 손길을 느끼며 일어나 사는 사람들의 마음도 만나게 됩니다.

3

이 이야기는 베드로의 장모가 열병에서 치유되는 것으로 끝나지 않고 열이 내린 부인이 일어나서 그분의 시중을 들었다는 이야기로 이어집니다. 열병으로 누워 있던 부인이 예수님의 손길을 느끼면서 일

---

71) 히에로니무스, 오튼 83.

어나 그분의 시중을 듭니다. 병에서 일어난 부인이 봉사하고 섬기는 인간으로—복음화된 존재로—새로 태어난 것입니다. 부인은 지금까지 열병으로 죽은 삶을 살다가 예수님의 손길을 느끼며 다시 살아난 삶, 일어난 삶, 부활의 삶을 살게 되고, 그 삶이 시중드는 일로 나타납니다. 봉사를 뜻하는 그리스어 '디아코니아διακονία'는 종처럼 시중들며 남을 섬기는 일입니다.

"첫째가 되려는 이는 모든 이의 종이 되어야 한다. 사실 사람의 아들은 섬김을 받으러 온 것이 아니라 섬기러 왔고, 또 많은 이들의 몸값으로 자기 목숨을 바치러 왔다."(마르 10,44-45) 섬기는 일은 사랑에서 나오며 사랑은 하느님께 대한 사랑에 기인합니다. "너는 마음을 다하고 목숨을 다하고 정신을 다하고 힘을 다하여 주 너의 하느님을 사랑해야 한다."(마태 12,30) "네 이웃을 너 자신처럼 사랑해야 한다."(마태 12,31)

목숨을 바쳐 하느님을 섬기고 이웃을 섬기는 사람은 이웃에게서 열을 받지 않습니다. 오히려 섬김을 피하려는 데서 열을 받습니다. 예수님은 부인을 치유하시면서 섬기는 인간이 되게 하셨습니다. 다시 섬기게 된 부인은 이제 어떤 일이 닥쳐도 열을 받지 않을 것입니다. 그의 섬기는 손길은 하느님의 사랑을 느끼게 해 주는 손길입니다.

4

복음은 인간의 손을 통해 전해집니다. 손을 내미는 행위는 하느님의 현존과 생명을 알리는 신호입니다. 우리는 병자에게 어떻게 다가

갑니까? 나에게 상처를 주고 나를 미워하고 나에게 미운 마음을 심어 주는 사람은 나를 열을 받게 하지만 그 때문에 그도 괴로워하며 앓을 수도 있습니다. 예수님은 그 앓는 마음까지를 읽으시고 손을 내밀어 일으켜 세우시고 새 삶을 살도록 해 주십니다. 복음화는 그들이 일어나 살아갈 수 있도록 일으켜 세우는 것입니다. 부활의 삶을 살게 하는 것입니다. '가서 손을 내밀어 일으켜 세우는' 일을 통해 나도 온갖 병에서 벗어나 평온하게 살 수 있습니다.

5

우리가 예수님을 믿는 이유는 그분께서 아픈 내 마음을 어루만져 주시고 병을 낫게 해 주시는 의사와 같은 존재이시기 때문만이 아닙니다. 그분이 우리 죄인을 위해 십자가에서 돌아가셨다고, 고통받는 우리의 마음을 어루만져 주셨다고, 그것이 사랑이라고, 감상적으로 고백하며 감사하는 마음을 발하는 것만으로 우리 자신을 변화시키지 못할 것입니다. 우리가 그분을 믿는다면 우리도 그분처럼 앓는 이들에게 다가가서 그들을 일으켜 세울 수 있어야 하고, 우리도 그분처럼 죽은 삶을 사는 이들에게 다가가서 그가 새 생명을 살 수 있도록 용기를 불러일으킬 수 있어야 합니다. 사람들이 나에게 다가오기를 기다리는 것이 아니라 예수님처럼 다가갈 수 있어야 합니다(마르 16,15).

그분은 탄생 때 인류에게 다가오셨고, 세례 때 요한에게 다가가셨고, 복음을 전하시며 병자들에게 다가가셨습니다. 제자들을 부르실 때도 당신께서 먼저 그들에게 다가가셨습니다. 그분은 당신에게 찾아온 사람만을 맞아들이신 것이 아니라 온 인류에게 다가가시어 손을 내밀어 그들의 마음을 어루만져 주셨습니다. 베드로의 장모는 그렇게 자기에게 찾아오신 예수님의 손을 잡고 일어났습니다.[72] 복음화는 남이 나에게 다가오기를 바라는 것이 아니라 내가 남에게 다가가서 그의 손을 잡아 일으켜 세우는 것입니다. 손을 내미는 것은 마음을 여는 행위입니다. 복음화는 세상이 마음을 돌려 교회로 다가오기를 바라는 것이 아니라 교회가 먼저 세상을 향하여 문을 열며 다가가는 데서 시작됩니다.

다. 병든 이들과 마귀 들린 이들을 예수님께 데려오다

저녁이 되고 해가 지자, 사람들이 병든 이들과 마귀 들린 이들을 모두 예수님께 데려왔다. 온 고을 사람들이 문 앞에 모여들었다. 예수님께서는 갖가지 질병을 앓는 많은 사람을 고쳐 주시고 많은 마귀를 쫓아내셨다. 그러면서 마귀들이 말하는 것을 허락하지 않으셨다. 그들이 당신을 알고 있었기 때문이다(마르 1,32-34).

---

72) 마르코 복음에 나타난 손과 관련된 다음의 대목을 묵상해 보십시오. 1,29-31.40-45; 3,1-6.10.7-12; 5,21-24.25-34.35-43; 6,2.5.30-44; 7,2-5.31-37; 8,6.22-26; 9,27.31.43; 10,16; 14,41.46.58; 16,18. 미켈란젤로의 걸작 시스티나 성당의 천장화 중에 「아담의 창조」라는 걸작은 하느님께서 손을 뻗어 인간의 손끝으로 생명을 전달하시는 그림입니다. 예수님은 소외된 자들에게 손을 내밀어 대시며 그들이 새 인간으로 다시 태어나 살게 하십니다.

1

사람들이 갖가지 질병을 앓는 이들과 마귀 들린 사람들을 예수님께 데리고 옵니다. 그분께서 먼저 그들을 향해 마음을 열고 다가가셨기에 가능한 일입니다. 해가 진 저녁 시간은 하루 일을 마치고 피로를 씻어 내는 아늑한 휴식 시간입니다. 예수님은 그때까지도 모여드는 많은 사람을 보시고 가엾은 마음이 드셨습니다. 가엾은 마음이 드셨다는 것은 그들에게 당신의 온 마음을 다 주셨다는 말입니다. 그들을 맞이하시는 예수님의 마음은 그들에게 다가가시는 마음입니다. 가엾이 여기며 다가가는 마음이 그들을 낫게 합니다. 그들을 병에서 구원합니다. 사람들은 이 자비를 느끼고자 몰려들고 있는 것입니다.

'고치다'의 그리스어 단어는 '테라퓨오θεραπεύω'이며 명사는 우리가 잘 아는 '테라피θεραπεία'입니다. "존중하다, 사랑하다, 돌보다"라는 뜻입니다. 예수님께서 갖가지 질병 앓는 사람들을 고쳐 주셨다는 것은 그들이 육체적으로 앓는 병을 고쳐 주셨다는 것을 넘어 그들을 진정으로 존중하고 사랑하고 돌봐 주셨다는 것을 시사합니다. "인간의 가장 깊은 곳의 상처를 치유할 수 있는 것은 상대방을 존중해 주고 사랑해 주고 따뜻한 마음으로 돌봐 줄 때 가능하다."[73]

---

73) 유광수 I, 155.

2

예수님께서는 온갖 질병을 고쳐 주시고 많은 마귀를 쫓아내시면서 마귀들이 당신의 일을 말하는 것을 허락하지 않으셨습니다. 말을 하지 말라고 하신 이유를 마르코는 "그들이 당신을 알고 있었기 때문이다."(마르1,34)라고 설명합니다. 예수님을 따르는 자만이 아니라 마귀도 예수님을 안다고 큰소리로 외친다는 것은 충격입니다(마르 1,24 참조). 우리는 이런 충격 속에서 신앙생활을 합니다. 예수님의 이름은 함부로 입 밖에 내어서는 안 될 이름입니다. "주님, 주님!" 한다고 구원을 받는 것이 아닙니다. 예수님께서 원하시는 바는 사람들이 당신께서 하신 일들을 알아주는 것이 아니라 당신의 일에서 당신의 마음을 읽고 당신의 마음과 하나가 되는 것일 것입니다. 현상이 중요한 것이 아니라 당신과 하나 되는 것이 중요합니다. 침묵 명령을 내리신 예수님의 마음은 다음 날 새벽 아직 캄캄할 때 외딴곳으로 나가시어 기도하시는 모습에서 진하게 느낄 수 있습니다.

라. 그곳에도 복음을 선포해야 한다

다음 날 새벽 아직 캄캄할 때, 예수님께서는 일어나 외딴곳으로 나가시어 그곳에서 기도하셨다. 시몬과 그 일행이 예수님을 찾아 나섰다가 그분을 만나자, "모두 스승님을 찾고 있습니다." 하고 말하였다. 예수님께서 그들에게 말씀하셨다. "다른 이웃 고을들을 찾아가자. 그곳에도 내가 복음을 선포해야 한다. 사실 나는 그 일을 하려고 떠나온 것이다." 그러고 나서 예수님께서는 온 갈릴래아를 다니시며, 회당에서 복음을 선포하시고 마귀들을 쫓아내셨다(마르 1,35-39).

1

예수님께서 새벽 먼동이 트기 전에 일어나 외딴곳으로 나가시어 기도하십니다. 복음서를 보면 예수님은 당신 생애의 중요한 시점에는 늘 혼자 기도하셨습니다. 세례를 받으시고 광야에 나가서서 기도하셨고, 병자들을 치유하신 후에도 외딴곳으로 물러가 기도하셨고(마르 1,45; 루카 5,12-16) 오천 명을 먹이신 후 군중을 돌려보내시고 그들과 작별하신 뒤에도 기도하시려고 산에 가셨습니다(마르 6,46). 거룩한 변모 때에도 높은 산에 오르시어 기도하셨고(9,2), 죽음을 앞두고 겟세마니 동산에서도 밤을 새워 기도하셨습니다(14,32-39). 그리고 십자가에서 홀로 시편을 기도하시며 돌아가셨습니다(15,34-37). 외딴곳에 가시어 그분은 무슨 기도를 바치셨을까요? 그분에게 기도는 무엇이었을까요?

적막감이 감도는 외딴곳은 외로움과 침묵 속에 자기의 소리를 죽이며 하느님의 소리에 귀를 기울이게 합니다. 인간의 소리가 차단된 곳에서 인간과 함께하시는 하느님의 음성이 들려옵니다(1,12-13). 하느님께서 귀를 기울여 들으시는 인간의 신음이 들려옵니다(탈출 3,7).

기도는 자기의 말과 소원을 잠재우고 하느님의 음성에 귀를 기울이는 것입니다. 기도는 하느님의 함께하심에 잠겨 드는 것입니다. 하느님께서 함께하신 이들의 존재에 잠겨 드는 것입니다. 기도하시는 예수님의 삶은 하느님 현존 안에서의 삶이었습니다. "예수님은 당신의 기쁨과 두려움과 희망과 절망을 항상 아버지와 함께 나누셨다."(나웬, 어릿광대, 115)

예수님처럼 이웃들의 마음을 듣기 위하여 우리도 사막으로, 산으로, 외딴곳으로 갈 수 있어야 합니다. 외로움과 고요 속에 자신을 잠기게 해야 합니다. 홀로 조용히 무릎을 꿇고 기도할 수 있어야 합니다. 제자들은 외딴곳에서 기도하시는 예수님의 마음을 이해하지 못합니다. 시몬의 일행이 예수님을 찾아 나섰다가 그분을 만나자 "모두 스승님을 찾고 있습니다."(마르 1,37) 하고 전하는 말투에서도 느낄 수 있습니다.

그들이 예수님을 찾아 나선 이유는 그들의 힘든 삶에 기적을 일으켜 주시기를 바라기 때문입니다. 예수님께서 그들의 마음을 아시고 아무 반응을 보이지 않으신 채 "다른 이웃 고을들을 찾아가자. 그곳에도 내가 복음을 선포해야 한다. 사실 나는 그 일을 하려고 떠나온 것이다."(1,38) 하고 말씀하십니다. 그들은 아직 복음을 깨닫지 못하고 있습니다. 새벽 먼동이 트기 전부터 일어나 기도하시는 그분과 하나 될 수 있는 자만이 복음을 들을 수 있을 것입니다(1,35).

2

"다른 이웃 고을들을 찾아가자. 그곳에도 내가 복음을 선포해야 한다. 사실 나는 그 일을 하려고 떠나온 것이다."(마르 1,38) 복음은 입이 아니라 온몸으로 선포되어야 합니다. 복음은 '다른 곳에도' 전해져야 합니다. 하느님이 아니 계시는 곳이 있거나 한 것처럼 그들이 천대하는 이민족의 땅 '그곳에도' 하느님은 계시고 하느님의 일이 펼쳐지고 있다는 것을 알려야 합니다. 그곳 사람들도 하느님의 다스림에 자기를 맡기고 살도록 복음은 선포되어야 합니다. 복음은 자기의 온 존재와 인격과 자기가 하는 모든 일을 통해서 선포됩니다. 자기 안에 머물지 말고 다른 곳으로 가서 다른 사람을 만나야 합니다.

'떠나는 일', '가는 일'(16,15), '복음을 선포하는 일'은 서로 보완합니다. 복음을 선포하기 위해서는 가야 하고, 가기 위해서는 자기가 있는 곳을 떠나야 합니다. 자기의 생각으로부터 그리고 소유와 집착으로부터 떠나야 합니다. 자기와 생각이 다르고 언어가 다르고 이해가 다른 사람들을 만나 그들과 한마음이 되기 위하여 있는 곳을 떠나서 가야 합니다. 예수님의 일은 온 세상이 복음을 깨달아 하느님의 다스림에 자신을 맡기며 살게 하는 것입니다. 이 일을 위해서 우리는 있는 곳을 떠나야 합니다.

선교는 '가는 일'이고 기쁜 일입니다. 루카는 선교 여행을 떠났던 제자들이 기뻐하며 돌아와 보고했다고 전합니다(루카 10,17). 그들이 기쁜 것은 사람들에게 자기들의 가르침이 먹혀드는 놀라운 성과를 얻었기 때문이 아니라 낯선 곳 낯선 사람들 안에 와 있는 하느님의 나라를 보았기 때문입니다. 서로에게서 하느님의 나라를 보고 보여 주는 임무를 충실히 수행한 제자들이 기쁨을 안고 돌아온 것입니다. 예수님은 이런 기쁨을 세상에 선포하시기 위해 오셨고, 이런 목적으로 오늘도 끊임없이 제자들을 세상으로 파견하십니다.[74]

---

74) 프란치스코, 『복음의 기쁨—현대 세계의 복음 선포에 관한 교황 권고』, 한국천주교중앙협의회(2014), 21항 참조.

마. 나병 환자에게 손을 내밀어 대시니

어떤 나병 환자가 예수님께 와서 도움을 청하였다. 그가 무릎을 꿇고 말하였다. "스승님께서는 하고자 하시면 저를 깨끗하게 하실 수 있습니다." 예수님께서 가엾은 마음이 드셔서 손을 내밀어 그에게 대시며 말씀하셨다. "내가 하고자 하니 깨끗하게 되어라." 그러자 바로 나병이 가시고 그가 깨끗하게 되었다. 예수님께서는 그를 곧 돌려보내시며 단단히 이르셨다. "누구에게든 아무 말도 하지 않도록 조심하여라. 다만 사제에게 가서 네 몸을 보이고, 네가 깨끗해진 것과 관련하여 모세가 명령한 예물을 바쳐, 그들에게 증거가 되게 하여라." 그러나 그는 떠나가서 이 이야기를 널리 알리고 퍼뜨리기 시작하였다. 그리하여 예수님께서는 더 이상 드러나게 고을로 들어가지 못하시고, 바깥 외딴곳에 머무르셨다. 그래도 사람들은 사방에서 그분께 모여들었다(마르 1,40-45).

치유의 기적

1

우리는 앞에서 예수님께서 병든 시몬의 장모를 고쳐 주시고(마르 1,29-31) 많은 병자를 치유해 주신 이야기(1,32-34)를 들었습니다. 예수님께서 병자를 고쳐 주셨다는 이야기를 앞으로 더 많이 듣게 될 것입니다. 중풍 병자(2,1-12)와 손이 오그라든 사람(3,1-6)과 하혈하는 부인을 고치시고(5,25-34), 죽은 사람을 살리시고(5,21-24.35-43) 귀먹고 말

더듬는 이(7,31-37)와 눈먼 이를 고치시며(8,22-26; 10,46-52) 더러운 영을 내쫓으시는 기적(9,14-29)을 만나게 될 것입니다. 마르코가 기적 이야기를 나열하다시피 들려주는 이유는 예수님께서 다른 어느 치유자보다 능력 있는 기적의 치유자라는 것을 알리기 위해서가 아닙니다.

나병 환자가 예수님께 와서 도움을 청한다면 예수님을 효험있는 치유자로 보았기 때문일 수 있습니다. 열두 해 동안이나 하혈하는 여자가 예수님 옷에 손을 대기만 하면 병이 낫겠지 하고 믿었던 것처럼(5,28) 그도 그런 마음으로 그분 앞에 무릎을 꿇고 자기가 앓고 있는 병을 보이며 치유되는 기적을 일으켜 달라고 청했을 수 있습니다. 하지만 이 이야기를 예수님께서 그들의 청에 따라 병을 고쳐 주셨다는 것에 초점을 맞추어 읽는다면, 기적을 그렇게 이해한다면, 우리는 기적을 오해하게 되며, 이 이야기가 전해 주는 메시지를 놓치게 됩니다. 많은 그리스도인이 그렇게 예수님께서 전하고자 하시는 메시지를 놓치고, 치유자 예수님과 그분에 대한 신앙을 잘못 받아들입니다.

예수님은 그들이 청하기에 기적을 일으키신 것이 아닙니다. 예수님은 그들의 믿음과 그들의 행위를 보시고 기적을 일으키신 것이 아닙니다. 예수님께서 그들의 믿음에 감동하셔서 기적을 일으키신 것이라면 기적은 그분이 아니라 그들의 청(소원)과 욕망이 일으킨 것이 될 것입니다. 그들이 처음에는 자기 몸에 치유의 기적이 일어나기를 바라며 예수님께 다가가 청했을지라도 예수님을 만나면서 그들은 가까이 오시는 하느님, 함께하시는 하느님, 그들의 행위와 뜻을 초월하여 계시는 하느님에 대한 믿음을 얻게 됩니다. 그 순간 그들은 그들 존재가 치유되는 기적을 느꼈을 것입니다. 자기 존재에 일어난 이 엄청난 기적을 체험하면서 온 세상이 달리 보이는 기적 또한 체험했을 것입니다. 예수님을 찾는 마음에, 그리고 예수님을 만난 그 몸에 기적이 일어난 것입니다. 이제 그들은 어떤 상황에서도 하느님의 기적을 느끼며 살게 될 것입니다. 새 삶을 살게 될 것입니다. 사실 그들은 늘 하느님께서 일으키시는 기적 속에 살고 있었던 것입니다.

2

나병 환자를 치유하신 이야기는 나병의 특성 때문에 우리에게 더 많은 것을 묵상하게 합니다. 당시 나병 환자는 세상으로부터 철저하게 소외당하며 살아야 했습니다. 사람들은 그들을 하느님께서도 저주하신 불결한 사람으로 취급하며 멸시했습니다. 사제는 모세의 율법에 따라 그들을 부정한 이로 선언하고 인간 공동체에서 격리했습니다. 그들은 "부정한 사람이오.", "부정한 사람이오."(레위 13,45) 하고 외치고 다녀야 했고(레위 13장), 온갖 모멸 속에 인간의 존엄을 포기한 채 숨어 지내야 했습니다. 그들이 체감하는 수치심이나 소외감은 나병이라는 병보다 더 아프게 그들을 괴롭혔을 것입니다.

나병 환자가 예수님께 와서 무릎을 꿇고 도움을 청한 데서 비참한 처지에서 벗어나고 싶은 그의 절박한 심정을 보게 됩니다. 예수님께서 그에게 손을 대신다면 그의 서러운 마음을 받아 주시는 것입니다. 그는 예수님의 마음을 느끼며 몸과 마음이 깨끗해집니다. 요한 크리소스토무스는 이와 관련하여 다음 세 가지를 묵상합니다.[75]

---

75) 요한 크리소스토무스, 오든 84-85 참조.

첫째, 나병은 불결한 병이 아니라는 것입니다. 예수님께서 나병 환자에게 손을 대셨어도 당신은 나병으로 더러워지지 않으셨습니다. 예수님께서 굳이 그에게 손을 대시어 깨끗하게 해 주신 것은 당신은 율법에 종속되어 계시지 않고 오히려 율법 위에 계시며, 깨끗한 사람에게는 더 이상 불결한 것이 없다는 것을 보여 주시고자 하신 것으로 알아들을 수 있을 것입니다. 예수님께서 손을 내밀어 그에게 대시니 그가 깨끗해졌습니다.

둘째, 기적에 대한 이해입니다. 사람들은 나병 환자가 깨끗해진 것을 보고 치유의 기적이 일어났다고 말합니다. 그러나 나병 환자도 지금 자기에게 일어나고 있는 일을 세인이 말하는 그런 기적으로 받아들였을까요? 그는 지금 그 누구에게서도 느끼지 못한 따뜻한 마음을 예수님에게서 느낍니다. 예수님께서 그의 병을 고쳐 주셨다면 움츠러든 그의 상처받은 마음과 하나가 되신 것입니다. 예수님은 당신께 다가와서 얼굴을 땅에 대고 엎드려 애원하는 그의 애달픈 소리를 들으시며 그 소리가 흘러나오는 그의 마음을 향하여 손을 내밀어 그를 소외시키고 멸시하던 따가운 시선에서 구해 주신 것입니다. 마르코가 이 이야기를 통해 전하고자 하는 메시지는, 예수님은 보통 사람들이 상상하는 정도의 치유자를 넘어 이미 복음이시고, 나병 환자는 이를 드디어 자기의 몸으로 깨치게 되었다는 것입니다.

셋째, 자비에 대한 이해입니다. 예수님께서 그에게 손을 대시었다는 것은 그의 마음에 귀를 기울이셨다는 것을 말하며, 귀를 기울이셨다는 것은 그의 마음과 한마음이 되셨다는 것으로 그분의 자비를 말합니다. 그분의 자비는 나병 환자가 앓고 있는 병을 함께 앓는 것입니다. 그가 앓고 있는 병, 사람들로부터 천대받고, 거부당하고, 그 때문에 고통당하는 그의 마음과 하나가 되어 함께 고통을 당하는 것입니다. 하느님께서 비천한 인간의 모습을 취하여 인간 세계로 들어오셨듯이 그분 스스로 나병 환자 안으로 들어가서서 그가 앓는 병을 함께 앓으시는 것입니다. 사실 그분은 사람들로부터 나병 환자나 다름없는 배척을 받으셨습니다. 사람들은 그분을 나병 환자보다 더 혹독하게 대했습니다. 끝내는 죄 없는 그분을 십자가에 못 박기까지 했습니다. 마르코는 나병 환자를 통해 독자를 그분의 자비로 안내합니다.

물론 나병 환자는 예수님에 관한 소문을 듣고 치유를 기대하면서 예수님을 찾았을 수 있습니다. 그러나 그분의 손길을 느끼면서 자기의 온몸이 병에서 치유되는 것을 느꼈을 것입니다. 사람들은 그를 하느님으로부터 벌받은 죄인으로 단정하며 기성 사회에서 소외시켰지만, 그는 예수님을 통하여 그가 앓는 병중에도 하느님께서 자기와 함께 계심을 확신하며 그분께 다가갈 수 있었고, 위안을 받았습니다. 그는 그분의 손길을 느끼며 병은 고통이기만 한 것이 아니라 하느님의 자비를 느끼게 해 준다는 것을 함께 체험했을 것입니다. 그는 예수님께서 '손을 내밀어 자기 몸을 만지는 행위'에서 천국이 다가오는 느낌을 받았을 것입니다. 그는 나병에서 치유된 기쁨을 넘어 그분의 사랑을 느끼며 무한 자유의 존재로 새로 태어납니다. 단순히 피부가 깨끗해진 정도가 아니라 자기의 온 존재가 깨끗해지며 새사람으로 태어나는 기쁨을 맛보게 됩니다.

하고자 하시면, 하고자 하니

1

　우리는 여기서 나병 환자가 "하고자 하시면" 하고 도움을 청한 점을 주의 깊게 보게 됩니다. 마르코는 "하고자 하시면" 하고 도움을 청하는 나병 환자를 영성가로 만나고 있습니다. 그는 "주님, 아픕니다. 안 아프게 하여 주십시오. 모든 사람이 저를 더럽다고 멸시하며 피합니다. 인생이 서럽습니다. 그들이 저를 피하지 않게 해 주십시오." 하고 청하지 않습니다. 낫고 안 낫고 하는 것을 주님의 뜻에 맡기며 주님의 뜻에 따라 살게 해 주십사 청합니다.

　그는 지금껏 병도 병이지만 사람들 시선에 짓눌려 많은 고통을 느끼며 서러운 인생을 살아왔습니다. 그런데 돌아보니 자기 자신도 자기를 저주하는 사람들과 똑같이 자기 병을 하느님께서 내리신 벌로 단정하고, 이런 병을 주신 하느님을 원망하며 살았습니다. 병든 자기 몸을 미워하고, 자기를 천대하는 사람들을 저주하며, 하느님께 죄를 지었습니다.

　그런데 예수님을 만나면서 그의 생각이 바뀌게 되었습니다. 주님은 늘 자기를 듣고 계셨음을 깨닫게 된 것입니다. 어쩌면 그는 속으로 시편을 노래했을지도 모릅니다. "죽음의 오랏줄이 나를 두르고 멸망의 급류가 나를 들이쳤으며 저승의 오랏줄이 나를 휘감고 죽음의 올가미가 나를 덮쳤네. 이 곤경 중에 내가 주님을 부르고 내 하느님께 도움을 청하였더니 당신 궁전에서 내 목소리 들으셨네. 도움 청하는 내 소리 그분 귀에 다다랐네."(시편 18,5-7) 그리고 속으로 고백했을 것입니다. "그동안 당신의 복음을 깨닫지 못한 저에게 자비를 베풀어 주십시오. 주님의 자비가 저의 이 더러운 마음을 깨끗하게 해 줄 것입니다."

"하고자 하시면"은 "당신께서 원하시면 무엇이라도"라는 뜻입니다. 그는 자기를 완전히 주님의 뜻에 맡깁니다. 예수님 앞에 무릎을 꿇은 데서 모든 것을 그분의 뜻에, 하느님의 뜻에 맡긴 모습을 봅니다. 그는 자기가 원하는 것을 이루어 달라고 청하는 대신 예수님께서 원하시는 것에 자신을 맡기게 해 달라고 청합니다. 우리도 자주 "주님의 뜻대로"라는 말을 입에 올리지만, 속마음은 다를 때가 많습니다. 내 뜻대로 일이 풀리면 주님께 감사하지만 그렇지 않을 때는 주님을 원망합니다. "주님의 뜻대로"라는 말에 자신을 온전히 맡기지 못하는 것입니다. 나병 환자는 죽은 삶을 살게 하는 나병을 주님께 맡기고자 합니다. 나병의 몸으로 세상을 살아간다는 것은 고통스러운 일이지만, 자기 몸 껍데기에 붙은 병이 낫고 안 낫고의 차원을 넘어서서 존재 자체가 깨끗해진 삶을 살고 싶은 것입니다.

2

나병 환자가 예수님께 무릎을 꿇고 도움을 청한 "하고자 하시면"이라는 말은 "낫게 하고자 하시면"으로 단순 이해하면 그의 영성을 지나치게 됩니다. 그는 주님을 하고자 하시면 어떤 병이든 다 낫게 하실 수 있는 초능력자로 여기며 그분 앞에 무릎을 꿇고 청하는 것이 아닙니다. "하고자 하시면"이라는 말은 지금까지 자기에게 일어난 일,

지금 일어나고 있는 일, 앞으로 일어나게 될 일을, 그것이 질병이든 치유든, 치욕이든 명예든, 단명이든 장수든, 이사야가 말하는 것처럼 행복이든 불행이든(이사 45,7) 모든 것을 주님의 뜻에 맡긴다는 말로 알아들어야 할 것입니다. 그는 병이 낫든 안 낫든 주님의 '하고자 하시면'에 자신을 맡기고 있는 것입니다. 주님의 일로 받아들이는 것입니다. 그에게 예수님은 자기를 깨끗하게 하실 수도 있고, 그대로 나병 중에 놔두실 수도 있는 분이십니다. 그러면서도 그는 질병이 주는 고통을 함께 호소합니다. 이 병은 견디기 어려운 것이어서 주님의 도움이 없이는 주님께서 일으키신 일이라고 받아들이면서 살기가 힘이 듭니다. 그래서 그는 "주님, 이 질병이 너무 무섭습니다. 이대로 사는 것이 주님의 뜻이라면 기꺼이 받아들이겠지만 주님의 도움이 절대 필요합니다." 하고 청하는 것입니다. 그는 병을 낫게 해 달라고 청하지 않고 도와달라고 청하고, 주님은 진솔한 그의 마음을 받아 주십니다. 그리하여 그가 한 말을 그대로 받아 "내가 하고자 하니"라고 하시며 그의 진심을 받아들이십니다.

3

예수님께서 그의 순수한 마음을 읽으십니다. 그리하여 '하고자 하시면' 하고 그가 청한 말로 그의 청을 받아들이십니다. "내가 하고자 하니 깨끗하게 되어라." '내가 하고자 하니'는 그리스어로 '텔로Θέλω'인데, '원하다', '바라다'라는 뜻입니다. "내가 원하니 깨끗하게 되어라." 예수님께서 청하는 그의 마음에 당신의 뜻을 심어 주시어 그가 당신의 뜻에 따라 깨끗하게 살게 해 주십니다. 그는 주님의 손길을 느끼면서 질병과 치유의 경계를 넘어 자유로워진 자신을 발견합니다. 지금 자기의 모든 것을 주님께 내려놓으며 그 누구보다 깨끗한 몸으로 새로 태어납니다. 그는 자기가 깨끗하진 것이 그의 간절한 청 때문이 아니라는 것을 압니다. 그렇기에 설령 병이 낫지 않았다고 해도 그의 몸은 자유의 경지에 들어섰을 것입니다.

복음사가는 예수님께서 가엾은 마음이 드셔서 손을 내밀어 그에게 대셨다고 말합니다. 가엾은 마음이 드셨다는 것은 함께 아파하는 마음입니다. 함께 아파하는 마음이 손을 내미는 행위, 손을 대시는 행위로 나타납니다. 세상을 살아가면서 우리는 불쌍한 사람을 보면 동정심을 느낍니다. 그런데 "쯧쯧" 하면서 안타깝게 생각은 하지만 같은 마음으로 함께 아파하지는 못합니다. 내 존재를 주지 못합니다. 선뜻 손을 내밀지 못하여 그들을 일으켜 세우지 못합니다. 예수님은 단순히 겉으로 드러난 병을 고쳐 주시는 분이 아닙니다. 그분은 마음을 주시는 분입니다.

4

나병 환자의 영성은 제자들의 영성을 능가합니다. 제자들이 스승을 따라다니는 것은 그들이 원하는 것을 얻기 위해서지만(아직까지는) 주님 앞에 무릎을 꿇은 나병 환자는 자신이 원하는 바가 아니라 주님께서 원하시는 것에 자기의 뜻을 온전히 맡깁니다. 제자들은 예수님을 가까이 모시고 그분과 함께 길을 가면서도 어디로 가고 있는지 몰랐지만(마르 8,27-33 참조), 예수님의 이름을 듣고 찾아와서 도움을 청하는 나병 환자는 제자들에 앞서 예수님을 복음으로 만납니다.[76]

마르코는 나병 환자를 단순히 치유를 갈망하는 자가 아니라 예수님을 만남으로써 복음을 깨친, 예수님을 통해서 병중에서 하느님을 발견하고 드디어 그분에게 자신을 맡기며 깨끗한 존재로 태어난 인물로 그리고 있는 것입니다. 자기가 앓는 병 때문에 사람들의 따가운 시선 속에서 주눅이 들어 살던 그가 예수님의 따뜻한 손길을 느끼며 하느님의 현존을 강하게 느낍니다. 육신의 병 고침을 받으러 갔다가 예수님을 통하여 자기 마음을 들여다보게 되고 그 안에 계신 하느님의 자비를 믿게 됩니다. 주님의 현존과 자비를 믿으면서 그는 깨끗해진 몸으로 일상을 살아가게 됩니다.

"하고자 하시면" 하며 무릎을 꿇고 주님께 도움을 청하는 그는 어쩌면 이런 심정이었을 것입니다. "스승님, 스승님께서는 하느님의 나라가 저의 이 비천한 존재 안에, 이 고통 중에 와 있다고 하시는데, 저는 아직 잘 느끼지 못하겠습니다. 사람들이 저를 하느님께서도 용서하시지 못할 죄인 취급할 때면 외로움 속에 온 존재가 무너지는 것 같습니다. 워낙 그런 말을 많이 듣다 보니 정말로 하느님께서 저를 저주하며 떠나 버리셨다는 생각이 들기도 합니다. 그런 저를 불쌍히 여기시어 당신의 사랑을 느낄 수 있도록 도와주십시오."

나병 환자는 자기가 병에서 해방된 것이 자기의 청함 이전에 그분

---

76) 마르코는 나병 환자가 예수님의 소식을 듣고 도움을 청한다고 말하는데 여기에는 그가 예수님을 만나기 전에 복음을 받아들였고, 그런 의미에서 그는 이미 병이 나은 자로 예수님 앞에 나타났다는 것도 암시하고 있습니다.

의 자비 때문이라는 것을 압니다. 설사 여느 아픈 사람들과 다르지 않게 그분에게 병을 고치는 능력이 있다고 믿으며 그분 앞에 무릎을 꿇었다고 할지라도, 가엾이 여기는 그분의 손길이 자기의 몸에 닿는 순간 그에게 놀라운 변화가 일어난 것입니다. 지금까지 가졌던 그의 생각이 바뀌고 그분에 대한 믿음의 내용이 변합니다. 그분은 자기 밖에서 자기가 당하는 고통을 바라보시는 분이 아니라 자기 안에서 자기와 함께 자기가 당하는 고통을 나누시는 분이라는 것을 알게 됩니다. 그분은 고통 가운데에서도 자기와 함께 계시는 자비로운 분이심을 알게 되면서 육신에 묻은 병이 치유되고 안 되고 하는 것은 이제 그에게 아무런 의미가 없어졌습니다. 사람들이 자기를 뭐라고 하든 상관하지 않고 살 수 있게 되었습니다.

주님의 손길을 온몸으로 느끼는 순간 그는 시간을 거슬러 처음부터 자기 몸에 손을 대며 다가와 계신 주님을 느꼈다고 할 수 있습니다. 깨끗해진 그는 병도, 고통도, 생도 죽음도, 행도, 불행도 은총으로 받아들이게 됩니다. 바오로 사도가 말하듯이 먹든지 마시든지, 그리고 무슨 일을 하든지 모든 것을 하느님의 영광을 위하여(1코린 10,31) 사는 자유의 존재로 새롭게 태어났을 것입니다. 자기를 위하여 먹고 마시고 자기만의 명예와 영광을 위하여 사는 삶에서 깨끗해진 그는 무슨 일을 하든 다른 사람을 기쁘게 하려고 애쓰고, 다른 이들에게 유익한 것을 찾는 사람으로 새로 살아가게 될 것입니다. 자기가 병에 걸리지 않기 위해 남을 피해 가는 존재가 아니라 그가 어떠한 인간이든 다가가 손을 내밀어 일으켜 세우는 존재로 살아가게 될 것입니다.

"하고자 하시면"이라는 말은 자기 자신을 온전히 맡긴 사람만이 할 수 있는 말입니다. 고통 중에도 함께하시는 주님에 대한 믿음 속에서 자기를 맡기는 자가 할 수 있는 말입니다. 주님은 '나의 고통을 없애 주시는 분'이 아니라 '고통 가운데도 나와 함께 계시는 분'입니다. 그렇게 하느님을 체험한 자만이 "하고자 하시면" 하고 말할 수 있습니다.

하느님을 믿는다는 것은 하느님의 현존을 믿는 것입니다. 믿는 이는 질병도 하느님의 뜻으로, 고통도 하느님의 사랑으로 받아들입니다. 사랑하는 가족이 중병에 걸렸을 때 고쳐 줄 능력이 내게 없지만, 마음을 다해 함께 있어 줄 때, 그는 의사의 처방 못지않은 위로와 사랑을 느낄 것입니다. 함께 있음에서 오는 사랑은 의사의 치유보다 더 강한 힘을 지니고 있습니다. 사랑이 고통을 이깁니다. 예수님은 병자로 하여금 당신께서 그와 함께 있음을 느끼게 하시며 사랑을 선사하십니다. 사랑을 느끼면서 그의 존재는 사랑을 받는 존재, 사랑하는 존재로 변합니다. 이 사랑 앞에서 고통은 아무것도 아닌 것이 됩니다. 존재가 치유될 때 병은 아무것도 아닌 것이 됩니다. 사랑만이 병을 근원적으로 치유할 수 있습니다.

"하고자 하시면"이란 말은 믿음의 인간만이 할 수 있습니다. 믿음의 인간만이 주님의 처분에 자기를 맡길 수 있습니다. 믿음은 "내 병을 낫게 하고자 하시면" 하고 복선을 까는 마음이 아니라 예수님의 "하고자 하심"에 자기를 맡기는 것입니다. 예수님을 믿는다는 것은 우리와 함께 고통을 당하며 십자가에 처형당하신 예수님께서 하느님의 생명과 사랑을 드러내 보이신다는 것을 믿는 것입니다. 예수님을 믿는다는 것은 고통 중에도 현존하시는 하느님을 믿는 것입니다. 예수님은 이 믿음을 통하여 사람들이 앓는 병만이 아니라 그의 온 존재를 치유해 주십니다. 사람들은 자기 존재의 껍데기—그것이 육체든 정신이든—에 붙은 병에 집착하여 자유롭지 못하지만, 예수님은 그 마음을 자기 내면으로 향하게 하여 하느님의 자유를 만나게 하십니다. '하고자 하시면'은 자기 소망을 포장하는 겉말이 아니라 예수님께 대한 믿음을 고백하는 진심입니다. 마르코가 예수님께서 나병 환자를 치유해 주신 이야기를 들려주는 이유는 예수님에게 병을 낫게 하시는 능력이 있다거나 그분을 믿으면 앓던 병이 낫게 된다는 주술적인 믿음을 심어 주기 위해서가 아닙니다. 예수님을 병 고쳐 주시는 능력에 초점을 맞추어 믿으려 할 때 우리는 인생을 그르치게 됩니다.

6

"하고자 하시면"은 예수님의 삶의 방식이었습니다. 그분에게 기도는 아버지의 뜻이 당신께 이루어지기를 비는 것입니다. 귀를 기울여 하느님의 뜻을 읽는 것입니다. 그리고 하느님의 뜻에 당신을 맡기며 하느님과 하나가 되는 것입니다.

삼십 대 젊은 나이로 십자가에서 생을 마감하신 그분보다 더 처참하고 허무한 인생을 사신 분이 있을까요? 그분은 돌아가시는 순간까지 아직 할 일이 많다며 십자가에서 내려달라고 빌지 않으셨습니다. 잔을 비켜 가고 싶은 절체절명의 순간에도 "그러나 제가 원하는 것을 하지 마시고 아버지께서 원하시는 것을 하십시오."(마르 14,36) 하며 아버지의 뜻에 당신을 맡기셨습니다. 십자가에서 하느님의 현존을 더 강하게 느끼며 "제 영을 아버지 손에 맡깁니다."(루카 23,46) 하고 큰 소리로 외치시고 숨을 거두셨습니다. 그리고 완전히 아버지 하느님과 하나가 되셨습니다. 하느님의 사랑에 온전히 당신을 맡기신 것입니다. 예수님께서 아버지의 뜻을 나병 환자에게 전하십니다. 당신께서 기도 중에 바치신 그 진심으로 나병 환자를 초대하십니다.

나병 환자는 예수님에게서 자기의 인생을 새로 발견하게 됩니다. "하고자 하시면"은 그의 삶의 방식이 됩니다. 지금까지는 병 때문에 주눅 들고 좌절하며 원망하는 삶을 살았지만 이제 그는 병이 나으면 나은 몸으로, 낫지 않으면 낫지 않은 몸으로 그분의 뜻에 자신을 맡기는 삶을 살게 됩니다. 알고 보니 그분의 손길은 늘 자기 몸에 닿아 있었습니다.

7

우리가 예수님께 기도하는 이유는 그분의 손길을 느끼기 위해서입니다. 많은 그리스도인이 고통에서 벗어나 평안을 얻기 위해 하느님을 믿는다고 고백합니다. 하느님을 믿으면 그분께서 우리를 고통에서 해방해 주시리라, 그리하여 평화를 얻게 되리라 믿는 것입니다. 과연 그분 뜻을 읽고 그분 뜻에 자신을 맡길 때 우리는 고통에서 벗어나고 평안을 얻게 됩니다. 하지만 하느님을 내 소원에 따라 행동하시는 분, 끈질긴 나의 기도로 조종할 수 있는 분으로 생각한다면 잘못 믿는 것입니다. 그런 믿음 뒤에는 은연중에 자기 생각에 하느님을 종속시키려는 아집이 자리하고 있기 때문입니다. 겉으로는 "하고자 하시면" 하고 말하지만 내심에는 자기의 뜻을 강하게 숨기고 있는 것입니다. 이런 믿음은 하느님을 고통 가운데는 존재하지 않으시는 분으로 만드는 것과 같습니다.

마르코는 복음을 발견한 한 인간의 기쁜 모습을 우리에게 전합니다. 세상 사람이 말하는 흔한 기적에 놀라지 않고 일상에서 주님의 현존을 체험한 이들의 기적 이야기를 들려줍니다. 세상 사람이 바라는 치유의 기적이 내게 일어나기를 바라는 마음이 변하여 병중에서도 주님의 현존을 믿는 기적, 상처가 아무는 기적만이 아니라 상처 가운데서도 주님을 만나고, 상처에서 사랑을 느끼며 보듬어 안는 기적, 그렇게 일상에서 부활의 삶을 체험하게 된 나병 환자 이야기를 전합니다.[77] 나병 환자는 예수님의 손길을 통하여 자기의 몸에서 하느님의 생명을 느끼며 그 어떤 상황에서도 창조적으로 세상을 살아가게 될 것입니다. 예수님을 믿는 그리스도인은 만나는 사람들에게 손을 내밀어 어루만지며 그들이 창조적으로 자유의 인생을 살도록 돕는 존재입니다.

나병 환자의 치유 이야기가 전해 주는 메시지를 어느 날 미사의 본기도는 이렇게 전합니다. "아버지, 저희를 분열시키는 죄악에서 건져 주시고, 저희를 좌절시키는 차별에서 벗어나게 하시어, 저희가 나병 환자에게서 그리스도의 모습을 보고, 그리스도의 구원 활동에 협력

---

77) 마르 6,1-6 기적 참조.

하며, 형제들에게 아버지의 자비를 전하게 하소서." 나병 환자에게서 그리스도의 모습을 보게 해 달라는 기도입니다. 우리 인생의 목표는 이들에게서 그리스도의 모습을 보는 것입니다. 그리고 자신을 발견하는 것입니다. 하느님의 나라가 손이 닿는 곳에 와 있다고, 고통과 슬픔이 있는 이 세상 안에 천국이 감추어 있다고 복음을 선포하시는 그분에게 구원이란 이 세상의 모든 사람에게서 하느님을 만나는 것입니다. 그들을 피하는 것은 구원을 거부하는 것입니다.

가난하고 힘없는 사람, 손가락질받고 소외된 저 나병 환자, 세리와 죄인들, 일상에서 만나는 모든 이들에게서 그리스도의 모습을 보는 것은 내 의지만으로 되는 것이 아닙니다. 나병 환자에게서 나병만을 보지 않고, 그들에게서 육체적으로 앓는 나병보다 더 심한 심적 고통을 당하고 있다는 것을 보아야 합니다. 그들은 단순히 '나병에서 치유되기만을 바라는 자'가 아닙니다. 그들을 보면서 우리는 자기 자신에게 질문을 던져야 합니다. 나는 그들의 아픔을 나의 아픔으로 여겨 본 적이 있는가? 오히려 그들의 몹쓸 병이 나에게 옮을세라 경계하고 접근하지 못하도록 담을 쌓기에 바쁜 것은 아닌가? 함께 아파하는 마음을 가질 때 우리는 그들에게서 그리스도의 모습을 보고 그의 구원에 협력하게 될 것입니다. 하느님께서 처음 세상을 창조하시고 나서 보시니 좋았다고 하셨습니다. 나병도 하느님께서 창조하신 것입니다. 그들에게서 세상을 창조하신 하느님의 아름다운 마음을 볼 수 있을 때 우리는 구원에 이를 것입니다.

8

모든 인간은 나병 못지않은 무서운 병을 앓고 있습니다. 서로를 멀리하고 미워하는 병, 자기만 깨끗하고 잘난 척하는 병입니다. 다른 종교와 다른 문화에 대해서 배타적인 종교인은 더 심각한 환자들입니다. 그들은 저 나병 환자처럼 "스승님께서는 하고자 하시면 저를 깨끗하게 하실 수 있습니다." 하는 청을 드리지 못합니다. 그렇기에 "내가 하고자 하니 깨끗하게 되어라."라는 주님의 말씀도 듣지 못합니다.

만약 내가 불치의 병을 앓고 있다면 어디서 위안을 얻으려 하겠습니까? 의료 능력으로는 나의 병을 포기할 수밖에 없다고 진단할지라도 나와 함께 있어 주며 나의 아픔을 자신의 아픔보다 더 아파하는 사람이 아니겠습니까? 그에게 나의 병을 고쳐 줄 능력은 없을지라도 그 마음이 내게 더 힘이 되지 않겠습니까? 사랑이 의술보다 위대합니다. 복음사가는 나병 환자뿐 아니라 여러 병자와 이방인들을 등장시키며 은근히 이들이 제자들보다 더 예수님의 사랑하는 마음을 느끼며 제자들보다 먼저 주님을 알아뵙고 체험한 사람으로 소개하고 있습니다. 이들이 먼저 하느님의 나라에 들어갈 것입니다.

우리는 고통을 없이 해 달라고 기도하는 대신 병과 고통 중에도 현존하시는 하느님을 느끼게 해 달라고 기도해야 합니다. 방사선으로 백혈병을 앓다가 세상을 떠난 나가사키의 성자 나가이가 열네 살 난 자기 아들을 생각하며 쓴 글을 인용합니다. "질병과 고난은 우리가 하느님으로부터 멀리 있다거나 그분이 우리를 버리셨다는 것이 아니다…. 우리가 믿는 하느님은 총애하는 사람들은 복권에서 당첨시켜 주고 그렇지 않은 사람들은 기분 내키는 대로 무시하는 그런 편협하고 시시한 분이 아니다. 하느님은 너무나 관대하셔서 그렇게 하지 않으신다. 그렇지만 진실한 기도에는 언제나 응답하실 것이다. 너희들은 진실한 기도의 응답을 받아 건강을 회복해 가는 사람들을 종종 보게 될 것이다. 그러나 모든 병이 기적적으로 낫는 것은 아니다. 더 많은 이들이 기도를 통해서 그분의 평화와 은총 가운데 머물 수 있는 힘을 얻게 된다. 내가 백혈병에서 기적적으로 치유될 수도 있을 것이다. 또 그렇게 된다면 참으로 좋겠지. 그러나 내 병이 낫지 못해도 여전히 좋은 것이고 또 그것 때문에 실망하지 않는다. 나를 향한 그분의 계획이 어떤 것인지 오직 그것만이 나의 관심사이며, 지금 내게 중요한 것은 하느님의 영광을 위해 사는 것뿐이다. 하루에 한 번씩 기도로 지탱하면서."[78]

나가이는 하느님은 우리가 나라와 교회를 위하여 위대한 업적을 이루기를 바라시는 분이 아니라면서 말합니다. "만일 그래야 한다면 이 세상의 병자들은 어떻게 되겠느냐? 예를 들어 남의 도움 없이는 꼼짝도 할 수 없는 나를 보아라. 병상에 누워 지내는 환자들을 "이 세상에 쓸모 있다."라고 말할 사람은 아무도 없을 것이다. 그러나 쓸모가 있다는 것이 문제의 핵심은 아니다. 하느님의 섭리에 따라 우리가 처한 상황을 선하신 하느님의 은총으로 받아들이고 열심히 사랑하며 살아갈 수만 있다면 우리의 삶은 위대한 가치를 지니게 된다. 병자라고 해도 이 같은 생각을 하게 되면 풍성한 삶을 살게 될 것이고 죽고

---

78) 폴 글린, 『나가사키의 노래』, 폴 글린, 김숭희 옮김, 바오로딸(2005), 294.

싶다는 어리석은 소망 같은 것이 끼어들 여지가 없을 것이다."(294-295) 어떤 사람들은 하느님께서 불공평하시다며 의아하게 생각합니다. 그러나 우리는 우리의 연약함을 통해서 하느님의 뜻이 어떻게 이루어지는지 보아야 합니다. "각 사람의 재능과 신체장애는 엄청나게 다르겠지만 우리는 모두 하느님의 영광"을 드러내는 존재들입니다 (295). 우리는 그분의 영광을 드러내기 위해 삽니다.

누구에게든 아무 말도 하지 않도록 조심하여라

예수님께서 나병 환자를 깨끗하게 고쳐 주신 뒤 "누구에게든 아무 말도 하지 않도록 조심하여라." 하고 단단히 이르신 것은 뜻밖입니다. 그는 깨끗해진 몸을 모든 사람에게 보이며 자랑하고 싶었을 것입니다. 그리고 공동체의 일원으로 떳떳하게 받아들여져 당당하게 살아갈 수 있으리라는 기대로 부풀었을지 모릅니다. 예수님 편에서도 당신께서 하신 일이 널리 퍼져야 당신을 더 잘 알릴 수 있고 당신의 복음 사업에도 더 효과적이지 않겠습니까? 요즘 많은 교회가 하는 것처럼 말입니다.

그런데 예수님은 깨끗하게 된 나병 환자를 돌려보내시며 아무에게도 말하지 말고 다만 사제에게 가서 보이라고 하십니다. 예수님께서 침묵을 명하신 것은 "자기의 믿음이 특별해서 병이 나았다."라는 식

의 말을 삼가라는 경고로도 알아들을 수 있을 것입니다.[79]

예수님께서 그의 깨끗해진 몸을 사제에게 가서 보이라고 명령하신 데서 율법을 존중하시는 그분의 마음을 봅니다. 그분은 율법을 폐기하러 오신 것이 아니라 완성하러 오셨습니다.

사람들은 깨끗해진 그의 몸에서 하느님의 뜻이 이루어지는 것을 보아야 합니다. 율법이 완성되는 것을 보아야 합니다.

그런데 그들은 겉으로 드러난 현상만을 볼 뿐입니다. 자기들로 인하여 그가 나병보다 더한 고통 중에 살았음을 그들은 보려 하지 않습니다. 그들 자신이 보면서도 보지 못하는 병을 앓고 있다는 사실을 그들은 인정하려 하지 않습니다. 복음을 깨닫기에 그들이 가야 할 길은 아직 멉니다. 예수님께서 더 이상 드러나게 고을로 들어가지 않으셨다는 말은 이런 인간의 이기적인 마음과 거리를 두신 것으로 이해할 수 있을 것입니다. 예수님께서 외딴곳에 머무신 것은 복음을 깨닫지 못한 군중의 마음 상태이기도 합니다. 그들이 복음을 깨닫지 못하는 것은 외딴곳을 외면하기 때문입니다. 언제 그들은 그분처럼 외딴곳을 찾을 수 있을까요?

---

79) 침묵 명령에 대하여서는 마르 8,27-33 참조.

바. 중풍 병자에게 일어나라 하시니

며칠 뒤에 예수님께서는 다시 카파르나움으로 들어가셨다. 그분께서 집에 계시다는 소문이 퍼지자, 문 앞까지 빈자리가 없을 만큼 많은 사람이 모여들었다. 예수님께서는 그들에게 복음 말씀을 전하셨다. 그때에 사람들이 어떤 중풍 병자를 그분께 데리고 왔다. 그 병자는 네 사람이 들것에 들고 있었는데, 군중 때문에 그분께 가까이 데려갈 수가 없었다. 그래서 그분께서 계신 자리의 지붕을 벗기고 구멍을 내어, 중풍 병자가 누워 있는 들것을 달아 내려보냈다. 예수님께서 그들의 믿음을 보시고 중풍 병자에게 말씀하셨다. "얘야, 너는 죄를 용서받았다." 율법 학자 몇 사람이 거기에 앉아 있다가 마음속으로 의아하게 생각하였다. '이자가 어떻게 저런 말을 할 수 있단 말인가? 하느님을 모독하는군. 하느님 한 분 외에 누가 죄를 용서할 수 있단 말인가?' 예수님께서는 곧바로 그들이 속으로 의아하게 생각하는 것을 당신 영으로 아시고 말씀하셨다. "너희는 어찌하여 마음속으로 의아하게 생각하느냐? 중풍 병자에게 '너는 죄를 용서받았다.' 하고 말하는 것과 '일어나 네 들것을 가지고 걸어가라.' 하고 말하는 것 가운데에서 어느 쪽이 더 쉬우냐? 이제 사람의 아들이 땅에서 죄를 용서하는 권한을 가지고 있음을 너희가 알게 해 주겠다." 그러고 나서 중풍 병자에게 말씀하셨다. "내가 너에게 말한다. 일어나 들것을 들고 집으로 돌아가거라." 그러자 그는 일어나 곧바로 들것을 가지고, 모든 사람이 보는 앞에서 밖으로 걸어 나갔다. 이에 모든 사람이 크게 놀라서 하느님을 찬양하며 말하였다. "이런 일은 일찍이 본 적이 없다."(마르 2,1-12)

너는 죄를 용서받았다

1

마르코는 2장 1절부터 3장 6절에서 예수님을 이해하지 못하는 율법 학자들의 태도와 이에 대한 예수님의 반응을 보여 줍니다. 예수님께서 중풍 병자에게 "너는 죄를 용서받았다." 하시자 그들은 하느님을 모독한다며 격한 반응을 보이고(2,1-12), 예수님께서 세리와 죄인들과 함께 음식을 잡수시는 것을 보고 그분의 행위를 못마땅하게 여깁니다(2,13-17). 요한의 제자들과 달리 예수님의 제자들이 단식하지 않는다고 시비를 걸고(2,18-22), 안식일에 예수님의 제자들이 밀 이삭을 잘라 먹는 것을 보고 그분께 따지고(2,23-28), 안식일에 손이 오그라든 사람을 고쳐 주시자 예수님을 고발할 근거를 찾습니다(3,1-6). 그때마다 예수님은 당신의 행위에서 하느님의 일을 볼 것을 요구하시며(2,1-12) 당신의 존재 이유를 깨우치고자 하십니다(2,13-17). 안식일의 의미를 재조명하시고 제자들의 행위를 옹호하시고(2,23-28) 율법 학자들의 완고한 마음을 탄식하십니다(3,1-6).

예수님께서 중풍 병자를 낫게 하신 이야기는 예수님께서 카파르나움으로 오셨다는 소문을 듣고 문 앞까지 빈자리가 없을 정도로 많은 사람이 모여들었다는 이야기로 시작됩니다. 어쩌면 그분의 말씀을 듣기 위해서라기보다 어떤 병이든 다 고쳐 주신다는 소문을 듣고 모여들었을 것입니다. 들것에 실려 온 중풍 병자도 마찬가지일 것입니다.

그런데 그는 군중 때문에 그분께 접근할 수가 없었고, 그래서 사람들은 지붕을 벗기고 구멍을 내어 들것에 누운 그를 예수님 앞으로 내려보냅니다. 여기서 '군중 때문'이란 단순히 빈자리가 없을 만큼 많은 사람이 모여들어 물리적으로 예수님께 나갈 수 없었다는 것이 아니라, 몸에 흠이 있는 사람은 다른 사람들과 접촉해서는 안 되기에(레위 21,17-23 참조) 예수님 계신 곳으로 다가갈 수 없었다는 것이 암시되어 있습니다. 군중을 피하여 벗겨진 지붕의 구멍으로 내려지는 그의 심정은 어떠하였을까요? 오늘날에도 많은 사람이 신체적 질병 때문에 정신적으로 고통을 받지만, 당시는 그 정도가 상상을 초월해서 갖가지 질병을 앓는 사람은 마귀 들린 자로 몰려 무덤으로 내쫓기기도 하고, 하느님께서도 용서하시지 않는 천벌받은 자로 손가락질받으며 무리에 발붙여 살지 못했습니다.[80] 중풍 병자는 하느님을 알고 율법을 아는 자들이 심어 준 죄의식에 짓눌려 이중 삼중 고통을 당하며 일어서지 못하는 삶을 살아야 했습니다.

사람들은 그런 그를 벌 받은 사람, 용서받지 못할 죄인 취급하며 자기들 손 밖으로 밀어냈습니다. 그로서는 여간 억울하고 원망스러운 일이 아닐 수 없었을 것입니다. 그런 분위기에서 들것에 달려 아래로 내려지면서 자기에게 쏠리는 군중의 시선을 강하게 느꼈을 것입니다.

---

80) 어느 날 밤늦게 멀리서 한 부부가 찾아왔습니다. 평소 전화 한 번 걸지 않던 분이 밤늦게 전화를 하고는 불쑥 찾아온 것을 보면 그 부부에게 무슨 심각한 일이 일어나고 있음이 분명했습니다. 남편은 부인이 암에 걸렸다며 기도해 달라고 했습니다. 부인은 지금 자기가 그동안 성당 일에 소홀했기 때문에 하느님께서 벌을 주신 것 같다고 말했습니다. 나는 병은 하느님께서 내린 벌이 아니라고, 하느님은 성당 일에 소홀했다고 벌을 내리시는 분이 아니라고, 그런 분이라면 믿을 가치도 없을 거라며 위로해 주었습니다. 병이 죄라면, 고통이 죄라면, 죽음이 죄의 결과라면 십자가에 못 박혀 돌아가신 예수님이야말로 하느님으로부터 가장 큰 벌을 받은 죄인이라는 말도 잊지 않았습니다. 나는 나의 말이 부부에게 별 위안을 주지 못한다는 것을 알아챘습니다. 순간 내가 아직 십자가의 삶을 살고 있지 못하다는 것을 온몸으로 느꼈습니다. 그때 부인의 조용한 음성이 귀에 들려왔습니다. 지금까지 용서가 안 돼서 마음에 걸리는 사람이 하나 있는데 이제 진심으로 용서하고 싶다는 것이었습니다. 나는 부인의 마음에 감복했습니다. 부인이 예수님께서 십자가에서 하신 용서와 사랑을 느끼며 그런 말을 했는지 나는 모릅니다. 분명한 것은 고통이 용서하는 인간으로 새롭게 태어나게 한다는 것입니다.

멸시받고 따돌림당하던 설움을 삼키며 들것에 누운 그의 마음은 복잡했을 것입니다. "저분이 정말 나를 고쳐 주실 수 있을까? 의심하면 내 병이 낫지 않을 수도 있으니 저분이 나를 고칠 수 있다고 굳게 믿어야지. 그래야 내 병이 낫지."라는 생각보다는 "주님, 제가 무엇을 잘못했기에, 전생에 무슨 죄를 지었기에 몹쓸 병에 걸려 사람들의 멸시와 천대 속에 이런 고통을 당하는 것입니까?"라는 생각에 그 어느 때보다 병에서 해방되고 싶은 욕망이 강렬했을 것입니다. 어쩌면 자기가 당하는 고통을 하느님의 벌이라고 주장하는 친구에게 자기의 무죄를 주장하는 욥의 심정이었을 지도 모릅니다. 그는 자기가 잘못 없이 중풍을 앓고 있다는 것을 압니다. 그런데 사람들은 그가 죄를 지어 하느님한테서 벌받는 것으로 단정하며 차가운 눈길을 보냅니다. "용서받지 못할 죄인"으로 몰며 박대합니다. 사람들은 들것에 누워 예수님 앞에 내려보내지는 중풍 병자의 심정을 알지 못합니다. 중풍이라는 병보다 '용서받지 못할 죄인'에서 벗어나고 싶은 그의 간절한 마음을 보지 못합니다. 그들은 중풍 병자에 대한 연민이 없습니다. 그를 가엾이 여기며 들것에 들고 데려온 사람들의 마음이 그들에게는 없습니다. 그들이 고통받는 이들과 한마음이 된다는 것은 처음부터 기대할 수 없었던 일입니다.

2

들것에 누워 예수님 가까이 내려진 중풍 병자는 군중이 바라보는 시선과는 너무도 다른 그분의 시선을 느낍니다. 순간 그는 자기도 모르게 주님께 고백합니다. "주님, 사람들은 제가 죄를 지어 벌받는 것이라고 합니다. 사실 그러합니다. 저는 죄인입니다. 하지만 저의 죄를 용서하여 주십시오. 자비를 베풀어 주십시오." 그는 예수님의 눈길에서 병이 아니라 사람을 보시는 그분의 따뜻한 마음을 느낍니다. 동시에 자기 안에 현존하시는 하느님의 생명을 느낍니다. 그분께서 자비로운 목소리로 속삭이듯 건네시는 말씀을 듣습니다. "그래 맞아. 하느님은 너를 죄인으로 여기지 않으셔. 하느님은 저들이 말하는 것처럼 병을 죄로 보시는 분이 아니야. 하느님은 한 번도 너를 용서받지 못할 죄인으로 여기신 적이 없어. 그분은 항상 용서하시는 분이야. 그래. 너는 하느님께서 '용서하시는 분'임을 네 몸으로 느끼고 있구나. 하느님의 자비를 믿는구나. 맞아. 너는 지금 하느님의 자비를 입고 있는 거야. 너는 이미 너의 죄를 용서받았다."

뜻밖의 그분 음성이 그의 내면을 울립니다. 순간 그는 하느님께서 늘 자기와 함께 계셨다는 것을 온몸으로 느낍니다. 예수님은 그에게 하느님의 자비를 느끼게 하십니다. 조금 전까지만 해도 자기가 앓는 병을 하느님의 벌이라 생각하며 죽은 삶을 살아왔지만, 그분 음성을 듣는 순간 마음 깊이 원망하던 하느님을 사랑으로 만납니다. 자기가 언제나 하느님의 용서 속에 살아왔음을 깨닫게 됩니다. 예수님은 그에게 하느님은 그를 죄인으로 몰지 않으실 뿐만 아니라 율법 학자들이 생각하듯이 하느님은 인간을 용서받지 못할 죄인으로 낙인찍으시는 분이 아니심을 알리십니다.

그는 "너는 죄를 용서받았다."라는 예수님의 음성에서 용서하시는 하느님의 음성을 듣습니다. "나는 벌받은 존재가 아니었구나. 나는 늘 용서받은 삶을 살고 있었구나." 그는 자기 몸에, 자기 인생에 치유의 기적이 일어나고 있음을 느낍니다. 용서받은 존재라는 것을 느끼는 순간 그는 병의 치유보다 더한 은혜를 입고 있는 자신을 발견합니다. 한 인생에 이보다 더 큰 체험이 또 있을 수 있을까요?

예수님께서는 그가 앓고 있는 중풍에서 하느님의 자비와 영광을 보게 하십니다. "네가 아픈 것은 네가 죄를 지어 그리된 것도 아니고 네 부모가 죄를 지어 그리된 것도 아니야. 하느님의 일이 너에게서 드러나려고 그리된 것이야(요한 9,3). 너는 너의 병으로 지금 하느님의 영광을 드러내고 있는 거야. 하느님은 너를 죄인으로 취급하지 않으셔. 하느님은 한 번도 너를 용서받지 못할 죄인으로 낙인찍으신 적이 없으셔."

그는 자신의 몸과 화해하고 자신의 몸을 죄악시했던 세상 사람들과 화해하면서 온 존재가 치유된 몸으로 다시 일어납니다. 자기를 저주한 사람까지 용서하는 존재로 거듭나게 됩니다. 그는 자기 몸에 붙어 있는 병의 현상에 대한 집착에서 벗어나 사람들과 함께 하느님을 찬양하는 삶을 살게 될 것입니다.[81]

그는 자기가 앓는 병을 퇴치의 대상이 아니라 보듬어 안아야 할 대

---

81) "죄를 용서받았다." 루카에 나오는 죄 많은 여자(루카 7,36-47)도 예수님한테서 같은 말을 들었습니다. 예수님께서 바리사이 가운데 한 사람인 시몬의 초청을 받아 그의 집에서 식사하고 계실 때, 그 고을에 사는 죄인인 여자 하나가 향유가 든 옥합을 들고 들어와서 눈물로 그분의 발을 씻고 자기의 머리카락으로 닦고 나서, 그분 발에 입을 맞추고 향유를 부어 바릅니다. 그분을 초대한 시몬이 그것을 못 마땅하게 여기자 예수님께서 오백 데나리온을 빚진 자와 오십 데나리온을 빚진 자의 비유를 들려주시며 "이 여자는 그 많은 죄를 용서받았다."(루카 7,47)라고 말씀하십니다. 그러고 나서 그 여자에게 "너는 죄를 용서받았다." 하고 말씀하십니다. 식탁에 함께 앉아 있던 이들이 속으로, "저 사람이 누구이기에 죄까지 용서해 주는가?"라는 반응을 보이지만, 예수님은 개의치 않으시고 "네 믿음이 너를 구원하였다. 평안히 가거라." 하시며 여자를 일상으로 보내십니다(루카 7,48-50). 틸리히는 "그 여자가 용서를 받은 것은 그 여자의 사랑 때문이 아니라 이미 받은 용서가 그 여자의 사랑을 창조해 낸 것이다. (…) 예수님은 그 여자를 용서하시는 것이 아니라 그 여자는 이미 용서를 받았다고 선언하신다."라고 말합니다. "시몬의 집에 있던 그 여인은 이미 용서를 받았기 때문에 예수님 앞으로 온 것이다."(틸리히 16,19)

상으로 받아들입니다. 하느님은 인간의 고통을 당신 자신의 고통으로 받아들이십니다. 그분은 고통받는 이들을 위하여 스스로 십자가를 지시고 고통을 받으십니다. 그리스도의 고통에 동참한다는 것은 인류가 앓는 병을 함께 앓으며 함께 아파하는 것입니다. 예수님께서 중풍 병자의 고통에 동참하시며 그가 당신의 고통에, 이로써 인류의 고통에 동참하게 하십니다. 그는 자기의 고통으로 자비로운 하느님의 영광을 드러내게 될 것입니다.

3

거기 앉아 있던 율법 학자 몇 사람이 예수님의 말씀을 논쟁거리로 삼습니다. 사실 예수님께서 중풍 병자에게 "너는 죄를 용서받았다." 하고 말씀하신 것은 뜻밖입니다. 몇몇 율법 학자들은 그분의 입에서 용서라는 말이 나오자 그분께서 하느님을 모독한다고 생각합니다. 용서는 하느님만이 하실 수 있기 때문입니다. 인간은 용서할 능력이 없습니다. 용서는 신적神的인 일입니다. 그런데 예수님께서 그 말씀을 하신 것입니다. 병자가 그분께 바란 것은 치유였을 텐데 그분은 하느님만이 하실 수 있는 용서를 당신 입으로 말씀하십니다. "얘야, 너는 죄를 용서받았다." 용서와 치유가 도대체 무슨 관련이 있는 것입니까?

여기서 '용서받았다'라는 그리스어 동사 '아피엔타이αφϊενται'는 '아피에미άφίημι'의 수동태입니다. 하느님께서 행위의 주체이신데 행위자는 술어에 숨어 나타나지 않은 상태를 말합니다. 학자들은 이를 신적 수동태passivum divinum란 용어로 설명합니다. 예수님께서 중풍 병자에게 "너는 죄를 용서받았다(아피엔타이)."라고 말씀하신다면, "하느님께서 너를 용서하셨다."라는 말이 됩니다. 하느님이 용서의 사건을 일으키시는 주체입니다.[82] 하느님이 행동의 주체이시기에 죄를 용서하는 권한도 오직 하느님께 있습니다.

예수님께서 하느님이 하실 수 있는 용서를 하셨다면 예수님은 보이지 않는 하느님께서 자신을 드러내지 않으셨지만, 하느님께서 당신과 함께 용서의 일을 하신다는 것을 보이신 것이며, 동시에 당신은 하느님의 권능으로 이 일을 하신다는 것을 보여 주신 것입니다. 예수님의 행위에서 하느님의 행위를 보지 못한 율법 학자들이, 곧 하느님께서 당신만이 할 수 있는 용서를 인간 예수님을 통하여 하고 계시다는 것을 보지 못한 율법 학자들이 예수님의 말꼬리를 물고 늘어진 것입니다.

그들은 하느님만이 용서하실 수 있다고 하면서 하느님을 용서하지 못하는 존재로 만듭니다. 그러면서 스스로 용서하지 못하는 자가 됩니다. 저 사람이 병을 앓는 것은 하느님께서 용서하시지 못할 죄를 지은 탓이고, 자신들이 병을 앓고 있지 않은 것은 하느님께 용서받지 못할 죄를 짓지 않은 때문이라며 교만해집니다. 그들은 자신들이 중풍 병자를 용서받지 못할 죄인으로 몰고 있다는 사실을 모릅니다. 중풍 병자가 예수님을 만나기 위해 지붕에 구멍을 내고 매달려 내려올 수밖에 없었던 것이 그들의 편견 때문이라는 것을 그들은 모릅니다. 그렇게 그들은 위선자가 되어 하느님 나라의 문을 잠가 버립니다. 그

---

82) 부활(일으켜지셨다)도 하느님께서 일으키신 사건입니다. 부활과 관련하여서는 마르 12,18-27 참조.

들은 하느님께서 우리를 용서하시는 것처럼 우리도 용서해야 한다는 예수님의 가르침을, 우리가 서로 용서할 때 하느님께서 늘 우리를 용서하고 계심을 알 수 있다는 그분의 가르침을 받아들이지 못합니다. 오히려 하느님의 이름으로 중풍 병자를 단죄하며 그에게 자비를 베푸시는 예수님의 행위를 신성모독으로 몹니다. 언제나 용서하시는 하느님을 용서에 인색하신 분으로 만드는 모순에 빠집니다.

4

예수님께서 하느님만이 하실 수 있는 용서를 하신다면 하느님은 본래 용서하시는 존재이심을 보여 주시는 것입니다. 율법 학자들은 병으로 고통받는 중풍 병자의 마음을 모릅니다. 육체의 병보다 더 원초적으로 그를 괴롭히는 것이 있다는 것을 그들은 알지 못합니다. 그들 자신이 가혹한 가해자라는 사실을 꿈에서조차 모릅니다. 중풍 병자의 고통은 병은 보면서도 아픈 그의 마음은 보지 못하는 사람들의 시선 때문에 가중됩니다. 하느님만이 죄를 용서하실 수 있다는 저들의 말 뒤에는 "너는 죄인이다. 하느님께서 너를 그렇게 죄로 만드셨다. 네 병이 이를 증명한다."라는 하느님 신앙을 빙자한 무서운 인간의 말이 도사리고 있습니다. 그들은 그가 앓는 병만을 볼 뿐, 그가 무엇을 잘못했기에 죄인으로 낙인찍혀 살아야 하는지 알려고 하지 않습니다. 그저 그가 병을 앓고 있다는 것만으로 그는 죄인이고, 죄인이기에 손 밖으로 밀어내야 한다는 의식에 사로잡혀 있을 뿐입니다.

그들은 그 병을 통해 드러나는 하느님의 영광을 보지 못합니다. 그들에게는 율법만이 있습니다. 병자를 향해 자비로운 눈을 가지지 못한 그들은 죄의 용서를 선포하시는 예수님을 하느님을 모독하는 자로 몰아가지만, 정작 하느님을 모독하는 자는 그들 자신입니다. 하느님만이 하실 수 있는 용서를 인간에 불과한 예수님께서 하신다고 그들은 비판하지만, 정작 하느님의 용서가 인간 예수님을 통해 드러난다는 사실을 알지 못합니다. 하느님께서 그를 용서하신다면 그들은 오히려 "하느님, 왜 저런 사람을 용서하십니까?" 하고 대들 것입니다. 그들은 하느님께서 언제 어디서나 용서하시는 자비로우신 분이라고 고백하지만, 그들에게 그것은 하나의 관념일 뿐입니다. 그들은 하느님을 '용서에 인색하신 분'으로 만들면서 인간을 '용서받지 못할 죄인'으로 만들고 그들 자신도 용서하지 못하는 인간이 됩니다.[83]

그들은 앓는 사람을 죄인으로 몬 그들 자신이 그와 하느님 앞에 더 큰 죄인이라는 것을 모릅니다. 다른 사람을 죄인으로 모는 죄에 알게 모르게 가담한 자신들의 죄를 그들은 모릅니다. 예수님께서 중풍 병자에게 "네 죄가 용서받았다."라고 거기 있는 사람들이 다 들을 수 있도록 큰 소리로 말씀하신다면 그 말씀을 듣는 모든 사람을 향한 말씀이기도 합니다. 그가 용서받지 못한 사람으로 살게 된 데에는 주변의 책임이 큰 것입니다. 그들이 그를 그런 상황으로 몰아 마치 하느님께서도 그를 용서하지 못한 죄인인 것처럼 살아가게 한 것입니다. 예수님의 말씀

---

83) 내가 만일 그때 그 자리에 있었다면 나는 어떤 반응을 보였을까요? 사람들이 병마에서 해방되기를 바라는 고통받는 사람들을 쉴 새 없이 내 앞으로 데리고 온다면 나는 어떻게 했을까요? 예수님처럼 그들에게 측은한 마음을 가질 수 있을까요? 그들의 상처에 손을 대며 기도해 줄 수 있을까요? 예수님처럼 그들에게 위로가 될 수 있을까요? 예수님처럼 그들을 향하여 "너는 죄를 용서받았다" 하고 말할 수 있을까요? 하느님을 아는 자, 하느님처럼 자비로운 자만이 용서할 수 있습니다. 용서하지 못하는 율법 학자들은 하느님을 안다고 하지만 모릅니다.

을 들은 사람들은 중풍 병자가 용서받은 사람으로 살도록 도와주어야 합니다. 그가 용서받은 인간으로 일상으로 걸어 나가게 된 것을 그들 모두 기뻐해야 합니다. 그런데 그들은 그러지 못합니다.

중풍 병자의 마음을 헤아릴 수 없었던 그들은 그가 하느님의 자비를 온몸으로 느끼고 있다는 것을 감지하지 못합니다. 그런 그들이니 예수님께 죄를 용서하실 수 있는 신적인 권한이 있음을 알아챌 리 없습니다. 그들은 예수님이 남을 용서하시는 인간이며 그야말로 하느님처럼 자비로운 존재라는 것을 몰랐습니다. 무지 속에 그들은 그들 스스로 자비로운 인간이 되어야 함을 외면했습니다. 언젠가 예수님께서 말씀하셨습니다. "너희 아버지께서 자비하신 것처럼 너희도 자비로운 사람이 되어라."(루카 6,36) 하느님은 우리 인간도 당신처럼 자비롭기를 바라십니다. 하느님은 우리 인간도 당신처럼 남을 용서하기를 바라십니다. 자비를 구하는 중풍 병자에게 예수님은 하느님의 용서하시는 마음을 펼쳐 보이십니다. 예수님 입에서 나온 "너는 죄를 용서받았다."라는 말씀은 "너는 하느님의 자비를 입었다."라는 말씀과 같은 말씀입니다. 남을 해치지 않는 것만으로 자비로운 존재가 되는 것은 아닙니다. 자비는 죄를 고백하고 용서하는 적극적인 행위입니다. 이제 그는 적극적인 마음을 표하면서 하느님의 영광을 찬양합니다. 그 자리에 있던 모든 사람이 크게 놀라서 하느님을 찬양하며 말합니다. "이런 일은 일찍이 본 적이 없다."

5

그런데 율법 학자들은 아프지도 않으면서 왜 아침부터 그 자리에 나와 예수님께서 하시는 일을 지켜보고 있는 것일까요? 그들이 그 자리를 차지하고 있는 까닭을 복음서만으로는 알 수 없습니다. 하지만 복음사가가 하고픈 말을 감추어 놓고 있음을 짐작할 수 있습니다. 마르코는 "너는 죄를 용서받았다." 하시는 예수님의 말씀을 중풍 병자만이 아니라 율법 학자들과 거기 모인 모든 사람이 들을 수 있도록 말씀하셨다면 하느님은 그를 용서받지 못할 죄인으로 대하지 않으신다는 것을 모든 이에게 선포하시는 것입니다. 율법 학자들은 용서는 하느님만이 하실 수 있는 일이라고 가르치며 그를 용서받지 못할 죄인으로 취급하고, 마치 하느님께서도 그를 용서하지 않으시는 것처럼 그에게 죄의식을 심어 주며 대했습니다. 예수님은 그런 그들에게 하느님은 그런 분이 아니시라는 것을 당신의 행위로 보여 주시며, 그들 마음에 하느님의 용서하시는 마음과 자비의 마음이 일어나게 하십니다.

"너희는 이 자를 죄인 취급하지 마라.", "하느님만이 죄를 용서하실 수 있다는 너희의 말은 옳다. 너희의 말대로 하느님만이 죄를 용서하실 수 있다. 그러나 너희의 눈에 저 중풍 병자가 하느님을 모독하는 자로 보이느냐? 죄에서 해방되어 기뻐 날뛰는 모습이 하느님을 모독하는 행위로 보이느냐? 그 모습을 보면서도 내가 하느님을 모독했다고 하느냐? 이 기뻐 뛰는 모습이 자비하신 하느님께서 보고 싶어 하시는 모습이라고 생각해 본 적이 없느냐? 하느님은 언제 어디서나 용서하시는 분이시다. 하느님은 이 자를 죄에 묶어 두지 아니하신다. 너희는 왜 이 자를 죄인으로 모는가. 그것도 하느님의 이름으로 말이다. 너희는 기뻐 날뛰는 이 자를 왜 하느님을 원망하는 자로 만들려고 하느냐?"

자비로운 자는 죄를 묻지 않고 용서합니다. 죄를 묻지 않고 용서하는 자는 자비롭습니다. 몸이 아픈 사람은 용서받지 못할 죄인이 아니라 단지 환자일 뿐입니다. 하느님은 인간의 율법이나 관습에 따라 누구는 용서하시고 누구는 용서하지 않으시는 분이 아닙니다. 인간이 누구는 하느님으로부터 용서받을 수 있고 누구는 용서받지 못하는 죄인이라고 판별하는 것은 하느님에 대한 월권입니다. 예수님은 중풍병자를 낫게 하시면서 율법 학자들의 월권행위를 무언으로 나무라십니다. 예수님의 이런 마음을 율법 학자들이 이해할 리 없습니다. 그들의 몰이해가 예수님을 하느님을 모독한 자로 몰아갑니다.

그들은 중풍 병자에게서 예수님의 말씀 한마디로 그동안 천대받던 온갖 서러움을 떨쳐 버리고 새롭게 일어나 새로운 삶을 살게 된 기쁨을 보았어야 합니다. 그가 위로와 용기를 얻어 새사람으로 태어난 것을 보았어야 합니다. 그런데 그들은 보지 못했습니다. 예수님께서 희망과 용기를 주시는 분이며 새사람으로 일으키시는 분이라는 것을 알지 못했기 때문입니다. 알지 못했기에 하느님께서도 생각하지 못하셨을 신성 모독죄라는 오명을 그분께 뒤집어씌운 것입니다. 스스로 하느님을 용서하시지 않는 분으로 만드는 모순에 빠진 것입니다. 용서하시는 하느님을 용서하시지 못하는 존재로 만든 그들의 행위야말로 하느님을 모독하는 행위입니다.

하느님의 마음과는 달리 이원론적인 사고에 붙잡혀 사는 한 그들은 영원히 용서하지 못하는 메마른 인간으로 고착되고 말 것입니다. 하느님은 그 누구도 용서받지 못할 죄인으로 대하지 않으십니다. 더

군다나 중풍이니 나병이니 하는 병으로 응징하지 않으십니다. 하느님은 그런 분이 아닙니다. 하느님은 처음부터 용서하시는 분, 자비하신 분이십니다. "너는 죄를 용서받았다."라는 예수님의 말씀은 하느님은 용서하시는 분이라는 선언입니다. 그리고 하느님만이 하실 수 있는 용서를 당신의 몸으로, 당신의 말씀과 행위로 보여 주시는 것입니다. "너는 죄를 용서받았다." 예수님의 이 말씀은 우리도 우리의 병든 몸으로 하느님의 용서를 세상에 보이며 살 수 있는, 살아야 하는 존재라는 것을 깨닫게 해 줍니다.[84]

6

예수님은 중풍 병자에게 하신 말씀을 통해 율법 학자들에게도 메시지를 보내십니다. "하느님께서 용서하셨는데 왜 너희들은 그를 용서하지 못하는가? 용서하시는 하느님을 왜 용서하지 못하는 하느님으로 만들어 숭배하는가? 용서하지 못하는 한, 너희는 저 중풍 병자보다 더 심한 병을 앓는 것이다. 너희 온 존재가 병을 앓고 있다." 남이 나에게 아픔을 호소하면 나는 그에게 하느님은 용서하시는 분이심을 믿게 하고, 하느님의 자비를 느끼게 해 주는 자비로운 자가 되어

---

84) 간음하다 현장에서 붙잡힌 여인에게 "나도 네 죄를 묻지 않겠다."(요한 8,11) 하시는 예수님의 말씀이 도움을 줍니다. 예수님의 이 말씀은 과거를 묻어두고 더는 추궁하지 않겠다는 말씀처럼 들릴 수도 있고, "봐라, 누구도 내 죄를 물을 수 없다." 하고 여인에게 발뺌할 수 있는 빌미를 제공하는 말씀처럼 들릴 수도 있습니다. 하지만 이 말씀은 과거에 있었던 일을 없던 일로 하자는 것이 아닙니다. 용서는 과거의 일을 없었던 것으로 하는 것이 아닙니다. 그런 마음으로는 미래를 열 수 없습니다. 우리 인간에겐 어쩌면 처음부터 과거를 청산할 힘이 없습니다. 과거청산은 하느님만이 하실 수 있습니다. 하느님만이 죄를 용서하실 수 있기 때문입니다. 예수님께서 여자에게 "네 죄를 묻지 않겠다." 하신다면 하느님만이 하실 수 있는 용서를 여자에게 느끼게 해 주시고 그가 하느님의 용서를 느끼며 일어나 새 삶을 살 수 있게 하십니다. 새 삶이란 하느님처럼 용서하는 삶입니다. 새 삶을 살기를 원한다면 용서하는 사람으로 새롭게 변화되어야 합니다. 미래가 열리게 될 것입니다.

야 합니다. 자비로운 자가 되기 위하여 믿어야 하고, 믿기 위하여 자비로운 존재가 되어야 합니다.

하느님은 용서하시는 분이며 자비하신 분이십니다. 예수님은 중풍 병자에게 "너는 죄를 용서받았다."라고 하시면서 사람들의 그릇된 신관을 수정하여 주십니다. 사람들이 서로를 용서하며 새롭게 만나게 하십니다. 하느님께서 처음부터 그를 용서하고 계셨음을 그와 그를 지켜보는 사람들에게 알리십니다. 그는 이제 '용서를 입은 존재'로서 '용서하는 존재'로 일어나 새로운 삶을 살게 될 것입니다. 율법 학자는 예수님께서 그에게 하신 말씀에서 하느님의 용서를 느껴야 했습니다. 그리고 인간은 신적인 용서를 할 수 있는 존재라는 것을 알아들어야 했습니다. 그랬다면 그들은 예수님의 시선으로 중풍 병자를 바라보며 그와 함께 기뻐했을 것입니다.

용서와 치유: 일어나라

1

율법 학자들은 자기들이 예수님의 말씀을 의아하게 생각하며 트집 잡을 때 중풍 병자가 하느님의 자비와 용서를 온몸으로 체험하며 일어났다는 사실을 잊지 말아야 합니다. 예수님께서 그들의 생각을 의

아하게 여기시며[85], "'너는 죄를 용서받았다.' 하고 말하는 것과 '일어나 걸어가라.' 하고 말하는 것 가운데에서 어느 쪽이 더 쉬우냐?" 하고 물으신 것을 마음에 새겨야 합니다.

예수님께서 중풍 병자에게 '일어나' 들것을 들고 집으로 돌아가라고 명령하신다면 그는 지금껏 죽은 삶을 살아왔다는 것을 의미합니다. 예수님은 들것에 매달려서 내려오는 그에게서 죽은 삶을 살아가고 있는 모습을 보셨던 것입니다. 무엇이 그리고 누가 그를 죽은 삶을 살게 한 것일까요? 모든 사람이 자기를 용서받지 못할 죄인으로 취급하고 하느님께서도 자기를 그렇게 대한다고 느끼며 산다는 것은 살았어도 죽은 삶을 사는 것입니다. 그가 예수님을 찾아간 것도 육체적으로 걷고 싶다는 욕망 이전에 더 근원적으로 죽은 삶을 살 수밖에 없었던 상태에서 일어나고 싶은 갈망이 더 크게 작용했을 것입니다. 그런 그에게 예수님께서 "너는 용서받았다."라는 말씀에 이어 "일어나라." 하십니다.

예수님은 "네가 중풍으로 고생하는 것은 하느님께서 벌하셨기 때문이 아니다. 하느님은 그런 분이 아니시다." 하시며 그를 죽은 삶에서 '일으켜 세우시는' 것입니다. 그도 "하느님께서 나를 벌하신 것이 아니었구나." 안도하며 하느님의 용서와 자비를 온몸으로 느낍니다. 하느님의 생명이 처음부터 자기 안에 살아 있음을 체험합니다. 중풍으로 앓는 몸만이 아니라, 온 존재가 죽음에서 다시 일어나는 삶, 부활의 삶을 살게 됩니다. 자기를 저주하는 사람들과 다르지 않게 남을

---

85) 마태오는 예수님께서 그들이 마음속에 악한 생각을 품고 있음을 아셨다고 전합니다(마태 9,4).

미워하고 원망하며 살던 죽은 마음에서 벗어나서 새 차원의 삶으로 일어나게 됩니다. 예수님께서 자기에게 하셨듯이 그는 용서하는 사람으로 세상을 살아가게 될 것입니다.[86]

우리가 하느님께 자비를 구하고 죄의 용서를 청하는 것은 우리도 하느님처럼 용서하면서 세상에 자비로운 사람으로 살기 위해서입니다. (저희에게 잘못한 이를 저희가 용서하오니 저희 죄를 용서하시고…) 자기의 죄를 고백할 줄 모르는 사람은 남을 용서할 줄 모르고, 남을 용서하지 못하는 사람은 자비로울 수 없습니다. 자비롭지 못한 사람은 '일어난' 삶을 살 수 없습니다. 죄의 고백과 용서와 자비는 서로 떼어 놓을 수 없는 하나의 행위입니다. 하느님의 용서와 자비를 체험한 사람은 다른 이들이 자기를 통해 용서하시는 하느님의 생명을 느끼며 '일어난 삶'을 살게 할 것입니다.

2

여기서 우리가 눈여겨보아야 할 또 한 가지는 중풍 병자가 "일어나 들것을 들고 집으로 돌아가거라." 하시는 그분의 명령에 따라 들것을 걷어들고 모든 사람이 보는 앞에서 밖으로 걸어 나갔다는 것입니다. 주님께서 명령하시니 그가 일어나 걸어 나갑니다. 주님께서 일으키시

---

86) 우리가 고해성사를 보면서 죄를 고백하면 사제는 "인자하신 천주 성부께서는 성자의 죽음과 부활로 세상을 당신과 화해시키시고 죄를 용서하시려고 성령을 보내 주셨으니 교회의 직무를 통하여 몸소 이 교우에게 용서와 평화를 주소서." 하고 사죄경을 외웁니다. 그가 다시 일어나 살게 하는 것입니다. 부활의 삶을 살게 하는 것입니다.

니 일어나서[87] 자기를 예수님께 데리고 온 사람들과 자기를 용서받지 못할 죄인으로 몰며 백안시하던 사람들이 함께 어우러져 사는 일상 속으로 걸어 들어갑니다. '일어난 삶'을 살게 된 그 앞에 이제 "용서받지 못할 죄인"은 없을 것입니다. 자기가 '일어나게 된' 것은 자기의 믿음이 크거나 자기가 쌓은 공로 때문이 아니라는 것을 알기에 그는 자기가 입은 하느님의 용서와 사랑을 오로지 자기 몸으로 보이며, 일상에서 '일어나게 된 삶', 부활의 삶을 살게 될 것입니다. 예수님은 그가 집으로 돌아가서 어떤 환상에 빠지는 일도 없이, 다시 닥칠지 모르는 질병이나 역경에도 꺾이는 일이 없이 부활의 삶을 살게 하십니다. 용서받은 삶과 일어나 사는 삶은 같은 것입니다. 중풍 병자를 용서받지 못할 죄인으로 여기는 율법 학자들은 이를 보지 못하여 부활의 삶을 살 수 없습니다. 먼 훗날 되살아난다 해도 부활의 삶은 살지 못할 것입니다.

3

사람들은 중풍 병자가 일어나 들것을 가지고 걸어가는 것을 보고 모두 크게 놀라 하느님을 찬양합니다. 마태오는 "이 일을 보고 군중은 두려워하며, 사람들에게 그러한 권한을 주신 하느님을 찬양하였다."(마태 9,8)라고 전합니다. 하느님께서 사람들, 즉 우리에게 용서하고 일어나 살게 하는 권한을 주셨다는 것입니다. 예수님께서 그에게 "일

---

87) '일어나다ἐγείρειν'에 대해서 마르 1,29-31; 12,18-27; 16,9 참조.

어나 들것을 들고 집으로 돌아가거라." 하시기 전에 "내가(사람의 아들이) 땅에서 죄를 용서하는 권한을 가지고 있음을 너희가 알게 해 주겠다."(마르 2,10) 하고 말씀하셨는데, 예수님께서 하시는 일은 '우리 사람들'이 해야 하는 일입니다. 사람들이 우리가 한 이 일을 보고 하느님을 찬양할 수 있도록 해야 합니다. '우리'는 용서하고 사람들이 일어나 걸어갈 수 있게 하는 존재입니다. 우리는 사람들이 하느님을 찬양하게 하는 존재입니다.

4

우리는 어떤 때 용서라는 단어를 사용합니까? 누군가가 나에게 "용서해 달라."라고 한다면 그는 내가 어떻게 해 주기를 바라는 것입니까? 내가 누군가에게 "용서해 달라." 하고 빈다면 나는 그가 어떻게 해 주기를 바라는 것입니까? "용서를 빌면 용서해 줄게." 또는 "용서를 빌지 않는데 어떻게 용서할 수 있겠는가?"라고 할 때 용서는 어떤 것입니까? 우리는 "용서는 하지만 네가 한 짓은 잊지 않겠다"라고 말하기도 합니다. 원한을 새기듯 그가 한 일을 기억 속에 남겨 두고도 용서했다고 할 수 있을까요? 용서는 상대의 잘못을 잊는 것일까요, 기억하는 것일까요? 그런 우리에게 예수님께서 말씀하십니다. "애야, 너는 죄를 용서받았다."(마르 2,5) 그리고 이어 말씀하십니다. "일어나 들것을 들고 집으로 돌아가거라."(마르 2,11) 그가 일어서서 갈 수 없게 한 것이 죄라면, 그가 죄에서 벗어나 걸어갈 수 있게 하는 것이 용서입니다. 용서는 일어나 살게 하는 힘입니다. 용서는 온 존재를 치유합니다.

용서가 안 된다고 말하기 전에 모든 사람이 서로에게 하느님의 용서를 느끼게 하고, 모든 사람이 서로에게 일어나 살게 하는 존재라는 것을 믿어야 합니다. 하느님의 나라가 가까이 왔다는 복음을 깨달은 자만이 용서할 수 있고 일어나 살게 할 수 있습니다.

예기치 못한 불행에 빠지게 되면 내적으로 충격을 받고 그 충격이 크면 자기도 모르게 남을 용서하지 못하는 병을 앓기도 합니다. 예수님의 치유는 단순히 심신의 병을 고쳐 없애주시는 차원을 넘어 내적 안정과 평화를 선사합니다. 하느님의 현존을 믿는 가운데 병을 다스리고 다시 일어서게 합니다.

내가 사람을 용서한다면 그것은 그가 '일어나' 살게 하는 것입니다. 일어나 사는 삶이, 하느님의 용서가 나의 행위를 통해 드러나는 것입니다. 그렇습니다. 용서는 나의 행위를 통해 드러나는 것이지 '내'가 그를 용서하고, '내'가 그를 일어나 살게 하는 것이 아닙니다. 그것을 내가 한 일처럼 자만할 때, 율법 학자와 같은 위선을 범하게 될 것입니다. 나의 용서에서 사람들이 하느님의 자비를 느끼지 못한다면, 다시 일어날 용기를 얻지 못한다면, 나의 용서는 거짓이고 위선입니다. 자신을 하느님께 맡기고 자기의 몸에서 하느님의 현존을 느끼게 하는 자만이 용서할 수 있습니다. 그 용서만이 '일어난 삶'을 살게 할 수 있습니다. 용서한다고 말하기 전에 자기 안에 현존하시는 하느님을 먼저 느끼도록 해야 합니다. 내 삶이 비록 어두운 터널 속에 있는 것처럼 암울할지라도 사실은 하느님의 빛 속에 살고 있습니다.

용서를 받은 자는 자비의 인간으로 태어납니다. 하느님의 아들이신 예수님은 지금 중풍 병자에게 하느님의 용서와 자비를 체험하게 하십니다. 그의 죄를 보지 않으시고 용서하시는 하느님을 느끼게 하시며 다시 일어난 삶을 살게 하십니다. 율법 학자는 중풍 병자에게 오로지 죄를 느끼게 하였지만, 예수님은 하느님의 용서를 느끼게 하시며 하느님의 경지에 이르게 하십니다. 하느님은 인간 예수님의 일을 통해 당신의 일을 드러내십니다. 중풍 병자는 이제 자기 자신을 새롭게 체험하며 '일어서서' 새 삶을 살게 될 것입니다. 하느님처럼 용서하고 자비롭고 남에게 위로가 되는 삶을 살게 될 것입니다.

율법 학자들은 하느님께서 인간의 일을 통해 당신 자신을 드러내신다는 사실을 알지 못하기에 중풍 병자를 들것에 들고 와서 지붕을 벗기고 예수님께 내려보내는 사람들의 믿음을 보지 못합니다. 그들의 도움으로 예수님 앞으로 내려가고 있는 중풍 병자의 마음을 보지 못합니다. 그들이 예수님 말씀을 의아하게 생각하는 것은 당연합니다. 중풍 병자는 예수님의 용서하시는 말씀을 들으면서 자기중심적인 죄에서 벗어나 일어난 삶을 살게 되지만 그를 용서받지 못할 죄인으로 본 율법 학자들은 중풍보다 더 큰 병을 앓고 있습니다. 그들이 병을 앓고 있다는 사실을 모르고 있다는 데서 그들의 병은 더 심각합니다. 이 병은 그들이 죄인이라는 것을 알 때 치유될 수 있을 것입니다.

믿음을 보시고

1

들것에 누워 예수님 앞으로 내려진 중풍 병자의 입에서 아무 말도 나오지 않은 것도 특이합니다. 그는 예수님께 병을 낫게 해 달라거나 자비를 베풀어 달라고 청하지 않습니다. "예수님, 당신을 믿습니다."라고 말하지도 않습니다. 사람들이 지붕을 벗기고 구멍을 내어 그가 누운 들것을 예수님께 내려보내니 그는 매달려 내려보내졌을 뿐입니다. 마르코는 예수님께서 그를 들것에 달아 내려보낸 이들에게서 믿음을 보셨다고 전합니다. 예수님은 그들이 당신께 믿음을 고백하기 전에 당신께서 먼저 그들의 믿음을 보시고 고쳐 주십니다.

예수님께서 '보신 것'은 무엇일까요? 하느님 나라의 복음에 대한 믿음입니다. 곧 어떠한 처지에서도 하느님은 우리와 함께하시는 분이라는 믿음입니다. 예수님은 중풍 병자에게 하느님의 함께하심을 느끼게 하십니다. 들것에 달려 예수님 앞에 내려진 중풍 병자는 그분의 시선에서 '나의 병을 고쳐 주실 분'이라는 믿음을 넘어 '나와 함께하시는 하느님'에 대한 믿음으로 믿음의 인식이 바뀌게 됩니다. '병이 낫게 되리라는 자기의 믿음'에서 '하느님 현존에 대한 믿음'으로 변한 것입니다. 중풍 병자는 예수님의 시선을 느끼면서 내면에 감추어져 있던 이 믿음을 새로이 발견합니다. 함께하시는 하느님의 현존에 대한 믿음을 얻으면서 자기에게 단순한 치유 이상의 일이 일어나고 있음을 온몸으로 느낍니다. 예수님은 이 변한 믿음을 보신 것입니다.

치유와 용서는 믿음의 바탕에서 일어납니다. 인간은 고통에 짓눌릴 때면 금방 믿음이 흔들려 하느님을 부정하고 원망하고 하느님의 현존을 의심하기까지 합니다. 하지만 믿음은 어떤 고통 중에도, 어떤 최악의 상황에서도 하느님의 나라가 와 있음을 확신하며 하느님께 자기 자신을 맡기는 행위입니다. 믿으면 병이 낫는다든지, 하는 일마다 잘된다든지 하는 것은 믿음이 아닙니다. 그것은 믿음에 대한 오해입니다. 예수님께서도 "내가 네 병을 낫게 할 것을 너는 확신하느냐? 믿으면 낫게 해 줄게."라고 말씀하지 않으십니다. 그런 식으로 "예. 믿습니다."라고 고백하기를 바라지 않으십니다. 병중에도, 고통 중에도 하느님께서 함께 계심을 믿느냐고 물으시는 것입니다.

마르코는 자기 복음서 전체를 통틀어 "믿습니다."라는 식의 말을 대단히 아낍니다. 그는 고통받는 이들이 함부로 이 말을 말하도록 내버려 두지 않습니다. 마르코에게 믿음은 인간의 언어로 전달되는 것이 아니기 때문일 것입니다. 어떤 면에서 인간은 "하느님, 믿습니다." 하고 고백할 필요가 없습니다. 하느님은 내가 믿는다고 입으로 고백하기 전에 내가 믿는 사람인지 안 믿는 사람인지 이미 아시기 때문입니다. 예수님은 그렇게 말없이 들것에 누워 내려오는 그와 그의 동료에게서 믿음을 보신 것입니다. 중풍 병자는 자기를 바라보시는 그분의 시선에서 '바른' 믿음을 발견했다고 할 수 있습니다.

2

자기 병이 하느님께서 내리신 벌이 아님을 확신하는 순간 그는 말을 잃습니다. 더는 믿음을 고백할 필요가 없어졌습니다. 마르코는 자기 복음서 전체에서 예수님의 입을 통해 "너 나를 믿느냐?"라는 식의 질문을 한 번도 던지지 않습니다. 예수님은 우리가 당신을 병을 낫게 해 주시는 분으로 믿고 있는지 떠보시는 분이 아닐 뿐만 아니라 그런 고백을 받아 내신 다음에야 병을 낫게 해 주시는 분이 아니시기 때문입니다. 예수님은 우리가 당신을 그런 존재로 믿어 주기를 바라지 않으십니다. 그분의 관심은 우리가 복음을 믿는 것입니다. 그분은 복음에 대한 믿음을 강조하시면서 우리가 언제 어디서나 우리와 함께 계시는 하느님께 확신을 두고 인생을 살아가기를 바라십니다.

믿음은 하느님께 자신을 맡기는 행위입니다. 치유는 믿음의 대가가 아니라 하느님의 은총입니다. 예수님은 당신을 믿으면 병이 낫고, 부자 되고, 하는 일마다 잘되게 해 주시겠다는 식의 약속을 하시는 분이 아닙니다. 아무리 병에서 치유되었어도 믿음의 경지에 이르지 못한다면, 자기 인생을 은총으로 받아들이지 못한다면 인생의 행복을 맛보지 못할 것입니다. 그분은 "네 손이 너를 죄짓게 하거든 그것을 잘라 버려라. 두 손을 가지고 지옥에, 그 꺼지지 않는 불에 들어가는 것보다, 불구자로 생명에 들어가는 편이 낫다."(마르 9,43)라고 말씀하시는 분이십니다. 자기 확신이 아니라 자기를 하느님께 맡길 때 인생이 바뀔 것입니다. 복음에 대한 믿음이 인생을 치유하며 바꾸어 줍니다. 중풍 병자는 예수님을 만나면서 올바른 믿음을 얻고 치유됩니다. 병이 낫게 되리라는 믿음이 현존하시는 하느님에 대한 믿음(하느님 현존에 대한 믿음)으로 변했다는 것은 엄청난 변화입니다. 믿음은 우리의 인간적인 사고를 바꾸게 합니다. 우리의 인생 자체를 바꾸게 합니다.

예수님 이전의 사람들은 하느님의 나라는 이 세상을 떠나야 들어 갈 수 있는 나라라고 믿었습니다. 그러나 예수님 이후 우리는 하느님 의 나라가 우리 가운데 와 있음을 믿게 되었습니다. 우리가 하느님의 나라에 가는 것이 아니라 하느님의 나라가 우리 안에, 우리 가운데 와 있다는 것을 믿게 되었습니다. 그전에는 하느님을 어떤 대상으로 여기며 하늘 위에 상주하시는 분으로 믿었으나 예수님과 함께 하느님 은 생로병사가 펼쳐지는 우리의 일상에, 우리가 앓는 병과 고통 중에 도 현존하심을 믿게 되었고, 죽음을 맞이하는 상황에도 생명의 하느 님이 함께하신다는 것을 믿게 되었습니다. 예수님의 복음을 알기 전 에는 고통 중에는 하느님께서 현존하시지 않는다고 생각하며 고통에 서 벗어나기를 소망했지만, 그분을 복음으로 만난 후에는 기쁨이나 즐거움이나 행복만이 아니라 슬픔이나 괴로움이나 불행, 말구유나 십 자가 상황까지도 모두 그분의 선물임을 믿고 받아들이게 되었습니다.

한 번 더 강조하지만 여기서 믿음은 '병이 나으리라는 믿음'이 아니 라 '복음에 대한 믿음'입니다. 믿음과 용서를 놓칠 때 치유의 의미도 잃게 됩니다. 치유의 의미를 잃는다는 것은 설령 병이 나았다 해도 치유와 용서의 삶을 살아가지 못한다는 것을 의미합니다. 내 일신이 병에서 벗어나는 기적보다 용서의 기적이 내 존재에 일어나게 해야 합니다. 우리는 믿음의 존재로 새로 태어나야 합니다. 예수님은 사람 들 마음속에 간직된 믿음을 보시고 치유의 기적을 일으키십니다. 용 서하는 삶을 살게 하십니다. 믿음의 인간으로 태어나지 않는 한 영원 히 병든 상태에서 살아가게 될 것입니다. 치유된 자는 하느님의 용서 와 자비를 느끼며 용서하는 자비의 존재로 살아가게 됩니다. 이보다 더 큰 기적이 어디 있겠습니까?

3

의아해하는 율법 학자들에게 예수님께서 "이제 사람의 아들이 땅에서 죄를 용서하는 권한을 가지고 있음을 너희가 알게 해 주겠다."라고 말씀하신다면 우리가 이미 하느님으로부터 용서받으며 사는 존재라는 것을 아는 것이 중풍 병자가 일어나 걷는 것보다 더 위대한 기적이라는 것을 깨닫게 해 주시는 것입니다. 아픈 사람이 하루아침에 건강하게 되었다거나 열심히 기도해서 불치의 병이 나았다거나 악령 들린 사람이 멀쩡한 사람으로 되돌아왔다는 식의 치유 이야기는 세상에 흔합니다. 죽은 사람이 다시 살아났다거나 죽은 이를 살렸다는 이야기, 연옥까지 갔다 왔다는 임사체험 이야기 등 인간이 사는 곳이면 어디에나 인간을 미혹시키는 이런 기적 이야기가 있기 마련입니다. 예수님은 세상에 널려 있는 그런 부류의 기적을 일으키시는 분이 아닙니다. 하느님께서 그런 기적을 일으키시기 위하여 당신의 아들 예수님을 세상에 보내신 것이 아닙니다. 예수님은 그런 기적에 현혹되지 말라고, 그런 기적에 목숨을 걸지 말라고 하십니다. 기적을 내세워 사람들을 꾀는 자들을 주의하라 하십니다. 하느님은 그런 기적을 통하여 당신이 용서하시는 분임을 증명하려 하지 않으십니다.

예수님은 당신의 기적을 보고 놀라는 사람들, 기적 때문에 당신을 따라다니는 사람들에게 말씀하십니다. "기적? 세상에 흔한 일 아닌가? 그런 기적에 놀라지 않는 것이 진짜 기적이야. 진짜 기적이 너희 몸에 일어나도록 하라.", "하느님은 그런 기적을 통해 당신의 존재를 드러내지 않으신다. 오히려 세상의 기적 너머를 바라보게 하시며 당신의 존재를 드러내신다." 기적은 하느님만이 일으키실 수 있습니다 (시편 71.17). 세상에 보이는 모든 피조물이 하느님께서 일으키신 하느님의 기적입니다. 예수님은 기적의 현상에서 우리를 구하여 일상의 삶 깊은 곳에 감추어진 하느님의 마음을 보도록 하십니다. 그분은 용서의 기적을 일으키시는데 사람들은 이 기적을 볼 눈이 없습니다.

4

세상에 용서하는 일보다 더 어려운 일은 없을 것입니다. 눈먼 이가 보고, 다리 저는 이가 걷고, 죽은 이가 다시 살아나 움직인다고 하더라도 용서하는 삶을 살지 못한다면 그런 기적이 우리 인생에 무슨 의미가 있겠습니까. 우리는 우리 몸에 용서하는 기적이 일어나게 해야 합니다. 나를 박해하는 이를 위해 기도하고 저주하는 이를 축복하고 손과 발에 못을 박는 이를 용서하며 평화를 비는 기적이 일어나게 해야 합니다. 사람의 아들에게서 하느님의 아들을 보는 기적이 우리 인생에 일어나게 해야 합니다. '내가 병에서 벗어나는 것' 이전에 '아픈 사람을 보고 함께 아파하는 마음'이 일어나는 기적이 내게 일어나게 해야 합니다. 예수님께서 율법 학자 몇 사람이 의아하게 생각하는 것을 지적하여 말씀하셨다면 주변의 아픈 사람에게 무감각하고 완고한 그들의 마음을 향한 일침입니다. 그들 마음에 자비의 마음을 일으키는 기적이 일어나게 해야 합니다.

예수님은 우리도 당신처럼 기적을 일으키기를 바라십니다. 내 몸에 아무것도 일어나지 않는 기적이, 그러나 다른 이를 위하여 내 몸을 바치는 기적이 일어나기를 바라십니다. 내가 내 몸으로 하느님의 아들을 보여 주는 기적이, 그리고 모든 사람이 서로를 하느님의 아들로 받아들이는 기적이 일어나기를 바라십니다. 모든 사람이 서로에게서 인간의 살을 취하신 하느님을 보고 서로 용서하고 자비를 베푸는 기적이 일어나기를 바라십니다.

5

예수님은 당신이 하느님의 아들 그리스도라는 것을 증명해 보이시려 기적을 일으키신 것이 아닙니다. 예수님은 그런 속된 기준에 따라 기적을 행하지 않으셨습니다. 마르코가 기적이라는 단어 사용을 자제한 이유 중의 하나일 것입니다. 마르코는 예수님을 기적에 대해서 침묵으로 일관하시게 합니다. 침묵하시는 그분께서 번번이 침묵을 명하십니다. 인생에 일어나는 이 신기한 일, 하느님의 나라가 가까이 있다는 복음의 신비를 어찌 인간의 말로 설명할 수 있겠습니까? 믿음의 행위는 침묵 속에 일어납니다. 복음은 침묵 속에 깨닫게 됩니다. 침묵하는 자만이 중풍 병자가 들것을 가지고 돌아가는 모습에서 넘쳐나는 기쁨을 느낄 것입니다. 그리고 그와 함께 기뻐할 것입니다. 율법 학자는 침묵할 수 없어 함께 기쁨을 느끼지 못합니다. 침묵하는 기적이 먼저 그들 몸에 일어나게 해야 할 것입니다. 자기의 언어를 침묵시킬 때 천국의 경지에 들 수 있습니다.

사. 의인이 아니라 죄인을 부르러 왔다

예수님께서 다시 호숫가로 나가셨다. 군중이 모두 모여 오자 예수님께서 그들을 가르치셨다. 그 뒤에 길을 지나가시다가 세관에 앉아 있는 알패오의 아들 레위를 보시고 말씀하셨다. "나를 따라라." 그러자 레위는 일어나 그분을 따랐다. 예수님께서 그의 집에서 음식을 잡수시게 되었는데, 많은 세리와 죄인도 예수님과 그분의 제자들과 자리를 함께하였다. 이런 이들이 예수님을 많이 따르고 있었기 때문이다. 바리사이파 율법 학자들은, 예수님께서 죄인과 세리들과 함께 음식을 잡수시는 것을 보고 그분의 제자들에게 말하였다. "저 사람은 어째서 세리와 죄인들과 함께 음식을 먹는 것이오?" 예수님께서 이 말을 들으시고 그들에게 말씀하셨다. "건강한 이들에게는 의사가 필요하지 않으나 병든 이들에게는 필요하다. 나는 의인이 아니라 죄인을 부르러 왔다."(마르 2,13-17)

1

예수님께서 길을 가시다가 세관에 앉아 있는 알패오의 아들 레위를 보시고, "나를 따라라." 하시자 그가 일어나 그분을 따라갑니다. 예수님은 그가 왜 당신을 따라야 하는지 이유를 설명하지 않으십니다. 그도 그분께서 부르시니 이유를 묻지 않고 그냥 따라나섭니다. 부르시고 따라나서는 풍경이 느린 활동사진처럼 조용히 펼쳐집니다. "말도 없고 이야기도 없으며, 목소리조차 들리지 않지만, 그 소리 온 누리에 퍼져 나가고, 그 말은 땅끝까지 번져 나가네."(시편 19,4-5) 예수님께서 세리를 보시고 당신을 따르라고 하신 것은 그가 우연히 그분의 눈에 뜨였기 때문은 아닐 것입니다.

예수님은 세리를 부르시면서 우리에게 질문을 던지십니다. "여러분이 길을 가다가 세관에 앉아 있는 레위를 본다면 어떻게 하겠는가?" 나중에 복음서를 쓴 사람이니까[88] 당연히 예수님께서 그를 알아보셨다고 생각할 수도 있겠지만, 그는 사람들로부터 손가락질받는 직업을 가진 사람이었습니다. 우리나라로 치면 일제 강점기에 백성들의 돈을 걷어서 일본에 갖다 바치던 일본의 앞잡이 같은 사람이었다고나 할까요. 예수님께서 그가 사람들의 손가락질을 받는 세리라는 것을 모르실 리 없습니다. 세리도 자기가 그런 존재라는 것을 모를 리 없습니다. 그렇기에 자기와 함께 가자고 하시는 뜻밖의 초대에 그도 놀랐을 것입니다. 모든 사람이 자기를 꺼리는데 예수님께서 같이 가자고, 함께 일하자고 하시니 얼마나 놀라운 일입니까.

예수님은 그와 '함께 있기' 위하여 그를 부르신 것입니다. 그분의 부르심은 늘 그와 함께 있었다는 것을 알리는 것입니다. 프란치스코 교황은 산 루이지 데이 프란체지 성당에 있는 카라바죠의 그림 〈성 마태오의 부르심〉을 자주 감상하러 갔다고 합니다. 그는 마태오를 향한 예수님의 손가락에 깊은 인상을 받았는데 마치 자기를 향하는 것 같은 그림 속 손가락과 "아니요. 전 아니에요! 아니라고요. 이 돈은 제 것이에요!" 하고 말하듯 돈을 움켜쥐는 마태오의 모습이 자기의 모습이라고 말합니다. "예. 이것이 저예요. '주님께서 눈길을 돌려 바라보신 죄인."[89] 이제 돈을 움켜쥔, 돈과 함께하던 마음이 예수님과

---

88) 마태오는 이 레위가 마태오 본인이라고 서술합니다(마태 9,9-13).
89) 『나의 문은 항상 열려 있습니다』, 33.

함께하는 마음으로 바뀌게 될 것입니다.

2

이어서 예수님께서 레위의 집에서 음식을 잡수시는 장면이 펼쳐집니다.[90] 루카는 그가 자기를 부르신 예수님을 위해 잔치를 베풀었다고 서술합니다(5,29). 예수님께서 '그의 집'에서 세리들과 죄인들과 어울려 식사를 하셨다는 것은 그를 제자로 부르신 것이 빈말이 아니라 진심이라는 것을 세상에 보여 주시는 것입니다. 그 진심이 세리와 죄인들과 한 식탁에 앉아 식사하는 것으로 나타납니다. 이들과 한 식탁에 앉는다는 것은 이들과 한배를 탔다는 말입니다. 그 자리에 레위의 동료 세리들과 많은 죄인이 함께 자리하였는데, 이 풍경은 예수님께서 평소 이런 사람들과 자주 어울려 한 식탁에 앉으셨다는 것을 말해 줍니다. 마르코는 이런 이들이 예수님을 많이 따르고 있었다고 보도합니다.

예수님의 이런 행위를 보고 바리사이와 율법 학자들이 그분의 제자들에게 "저 사람은 어째서 세리와 죄인들과 함께 음식을 먹는 것이오?"(2,16) 하고 빈정거립니다. 거룩한 사람이라면 죄인들과 함께 식사할 수 없다는 게 그들의 상식입니다. 모든 것을 자기 기준으로 생각하고, 자기 언어로 해석하고, 자기의 생각과 말에 갇히어 세상을 올바로 바라보지 못하는 그들 눈에 예수님께서 죄인들과 함께 식사하시

---

90) 정양모 신부는 예수님께서 식사하신 '그의 집'이 예수님이 자주 머무르신 시몬 베드로의 집일 가능성이 많다고 추측합니다. 공동번역서는 레위의 집에서 음식을 잡수시게 되었다고 전합니다.

는 풍경이 좋게 비칠 리가 없습니다. 그들뿐 아니라 예수님과 한 식탁에 둘러앉은 이들에게도 예수님의 그 행위는 충격이었을 것입니다.

예수님께서 바리사이와 율법 학자들의 빈정거리는 소리를 들으셨다면 그들은 그만큼 예수님하고 가까운 거리에 있었다는 말도 됩니다. 그들은 예수님께서 죄인들과 한 식탁에 앉아 음식을 잡수시는 것만을 지켜볼 뿐 그들에게 다가가지 못합니다. 당연히 그들에게 다가가시는 그분의 마음을 보지 못합니다. 예수님께서 세리와 죄인들과 함께 식사하신다면 바로 그곳에 가까이 다가온 하느님의 나라를 당신의 몸으로 증명해 보이시는 것입니다. "오늘 이 집에 구원이 내렸다."(루카 19,9) 민족적, 사회적, 문화적 통념을 넘어서는 그분의 행위는 메마른 인생에 기쁨과 희망을 불러일으키는 복음이었음은 두말할 나위가 없습니다. 바리사이와 율법 학자들은 물리적으로 예수님 가까이 있지만, 그분의 복음에서 멀리 있습니다.

예수님께서 죄인들과 한 식탁에 앉으신 것은 하느님께서 죄인들과 함께하신다는 것을 적극적으로 보여 주시는 행위입니다. 복음의 근본은 '하느님께서 우리와 함께 우리 안에 계신다.'라는 것입니다. 하느님은 늘 우리와 함께하시고 예수님도 우리와 함께하시는 분이십니다. 마르코는 죄인들과 함께 식사하시는 예수님을 통하여 '언제나 어디서나 어떤 상황에서도 인류와 함께하시는 하느님', '이미 가까이 와 있는 하느님의 나라'를 구체적으로 제시합니다. 하느님께서 모든 이들과 함께하시기에 예수님께서도 모든 이와 함께하십니다.

바리사이들이 예수님의 '죄인들과 함께하심'을 비판하는 것은 결국 하느님의 함께하심을 부정하는 셈입니다. 그들은 예수님께서 제자들을 부르신 것이 당신과 함께 지내며 '하느님의 함께하심'을 느끼게 하기 위한 것임을 아직 모릅니다(마르 3,14). '함께함'이 없이는 사람을 '있는 그대로' 만날 수 없습니다.

예수님은 세리에게 "나를 따라라." 하시며 그를 부르시고, 그의 초대에 응하여 함께 식사하시면서, 모든 인간이 "하느님의 함께하시는 삶"으로 초대되었다는 것을 모든 이에게 보여 주십니다. 하느님은 잘잘못을 따지지 않고 용서하시는 자비로운 분이시며 모든 이를 위하여 잔칫상을 차려 맞이하시는 분이십니다. 제자들은 버림받고 소외된 이들, 가난하고 앓는 이들, 죄인들과 함께하면서 하느님의 함께하심을 보여 주어야 합니다. 제자들에게 주어진 커다란 과제입니다.

3

당신의 몸으로 '하느님의 함께하심'을 보여 주신 예수님께서 의사와 병자에 대해 이야기하십니다. 바리사이와 율법 학자들에게 병자는 함께하지 못할 불결한 존재입니다. 그들이 죄인과 세리들과 함께 식사하시는 예수님을 비난한 것은 거리를 두고 배척해야 할 불결한 존재와 함께하셨기 때문입니다. 불결한 자와 함께하는 자는 불결합니다. 예수님은 이 벽을 넘어 행동하십니다. "건강한 이들에게는 의사가 필요하지 않으나 병든 이들에게는 필요하다. 나는 의인이 아니라 죄인을 부르러 왔다." 예수님은 그들에게 의사로 다가가십니다. 명의는 약 처방을 잘하고 수술을 잘하고 겉으로 드러난 병만 잘 다루는 기술자가 아닙니다. 명의는 병자의 마음을 읽고 병자와 함께 아파하면서 병자와 하나가 되는 사람입니다. 그렇게 병자에게 위로와 사랑을 주는 자입니다. 그는 존재론적으로 '병자와 함께하는 존재'입니다.

병자는 당장은 약 처방 잘하고 수술 잘하는 의사를 원할지 모르지만, 최후의 순간 병자에게 필요한 사람은 약 처방도 모르고 수술도 모르는 어머니나 남편(아내), 자식이나 친구가 될 수 있습니다. 칼과 약보다도 약손이 더 큰 위로를 주고 평화를 안겨 주는 것입니다. 의사에게서 자비심을 느낄 때 병자는 병에서 해방됩니다. 예수님께서 "건강한 이들에게는 의사가 필요하지 않으나 병든 이들에게는 필요하다."라고 하신다면 그분은 병든 사람에게 병든 사람의 마음으로 접근하고 계시는 것입니다. 하느님은 우리의 슬픔과 고통 속에서 우리와 함께하시는 분이십니다.[91]

그 옛날 이스라엘을 이집트에서 탈출시키신 분은 칼과 창을 든 힘의 하느님이 아니라 "나는 너희가 이집트에서 겪는 고난을 똑똑히 보았고, 울부짖는 소리를 들었다. 나는 너희의 고통을 알고 있다."(탈출 3,7) 하고 말씀하시는 야훼 하느님이셨습니다. 그때 이스라엘 백성들은 고통 중에도 하느님께서 늘 자기들과 함께하신다는 것을 깨닫게 되면서 더할 수 없는 위로와 용기와 힘을 얻어 이집트를 탈출할 수 있었습니다. 예수님은 그렇게 지금 병자와 죄인들과 함께하시는 것입니다. 그들의 마음 안으로 들어가서서 그들과 하나 되어 그들의 병을

---

91) 마약에 찌든 십 대 청소년들과 함께 생활한 여성 이야기를 텔레비전에서 보았습니다. "마약은 나쁜 것이야. 마약 하면 건강을 해치고, 사람답게 살 수가 없어." 하는 식으로 교육하고 선도하려 들면 아이들은 금방 도망치고 다들 숨어 버린다는 것을 알기에 마치 마약을 먹은 사람처럼 그들과 함께 뒹굴며 생활한 여인의 이야기입니다. 여인이 진심으로 그들의 삶에 동화되는 모습을 보이자 아이들은 차츰 마음을 열고 갱생의 길을 찾게 되었다고 합니다. 그들과 하나 되려는 마음이 아이들을 변화시킨 것입니다. 사실 그것은 하나의 모험이었습니다. 하느님께서는 인간이 되시는 모험을 하셨습니다.

함께 앓으시며 그들을 고쳐 주시고, 당신을 통해서 하느님께서 함께 계심을 느끼게 해 주십니다. 중풍 병자는 그분의 '함께하심'을 확신하면서 온 존재가 치유되었습니다. 그분의 '함께하심'을 통하여 그는 자신의 존재가 자비와 사랑으로 채워지고, 세상과 이웃이 또한 사랑으로 다가옴을 체험하였던 것입니다.

하느님의 나라가 가까이 왔다는 것은 하느님께서 당신의 느낌을 인간의 감정에 이입하며 다가오심을 말합니다. 내가 아프면 하느님께서도 함께 아파하십니다. 내가 정신병을 앓으면 당신께서도 같은 병을 앓으십니다. 그렇게 우리가 당하는 고통을 함께 당하시며 우리에게 다가오셔서 우리와 하나가 되십니다. 예수님은 그런 모습으로 죄인과 세리들과 함께 식사하시며 하느님의 나라가 그들 안에 와 있음을 보여 주십니다. 하느님은 병든 인간 안으로 들어오시어 인간과 함께 계시며 인간과 하나 되시고 인간과 함께 생활하십니다. 우리가 하느님의 함께하심을 믿는다면 일상에서 만나는 사람에게서 하느님의 함께하심을 보아야 합니다. 우리도 그분처럼 그들 마음 안으로 들어가야 합니다. 그들 안에서 그들처럼 생각하면서 그들과 하나 되어야 합니다.

4

당신의 존재로 하느님의 현존을 보여 주신 예수님께서는 그 누구도 멀리하지 않으셨습니다. 존재하는 모든 인간이 그 자체로 하느님을 느끼게 해 주는 복음이라는 것을 알게 해 주신 예수님께서는 그 누구도 밀어내지 않으셨습니다. 유다인들이 멸시하는 이방인이나 가난한 사람, 약자, 병자, 세리, 창녀들을 가까이 만나셨고 이들을 멀리하는 부자와 율법 학자 바리사이도 피하지 않고 만나셨습니다. 그분께서 율법 학자나 바리사이를 만나신 것은 그들의 잘못이나 불의를 지적하며 일깨우고 가르치기 위해서도, 그들과 논쟁하기 위해서도 아닙니다. 그들은 논쟁하기 위해 그분께 다가왔지만, 그분은 그들에게 복음을 선포하시기 위해 만나셨습니다.

그분에게 죄인은 피해야 할 존재가 아니라 다가가 만나야 하는 존재입니다. 레위를 부르시고 자캐오를 부르신 것은 그들이 죄인임을 꼬집어 개도開導하시기 위해서가 아니라 그들 자신이 복음임을 일깨워 주시기 위해서입니다. 예수님은 의도적으로 죄인에게 다가가시고 함께 일하자고 그들을 부르셨습니다. 그렇게 그분은 "죄인과 함께하는 분"이라는 비난을 받으시며 복음을 선포할 사도들을 죄인들 가운데서 부르셨습니다. 나중에 바오로 사도를 부르시고 수많은 성인을 부르셨습니다. 예수님은 죄인을 부르러 오셨습니다.

여기서 우리는 "나는 의인이 아니라 죄인을 부르러 왔다."라는 말씀이 다른 사람이 아닌 바리사이와 율법 학자들에게 하신 말씀이라는 것에 주목할 필요가 있습니다. 바리사이들은 죄인과 함께하시는 그분을 이해할 수 없었습니다. 그들은 스스로 의롭다고 자처하면서 의롭지 못한 부류들과 차별하며 거리를 두었고, 강도나 도둑이나 창녀나 세리 등 불의한 자들이 자기들에게 접근하는 것을 차단하며 자신들의 의로움과 종교심을 드러내고자 했습니다(루카 18,9-14 참조). 그런 그들에게 자기들과 다르게 행동하시는 예수님은 비난받아 마땅한 존재입니다. 그런데 그분은 당신을 비난하고 시기하고 모함하는 사람들을 피하지 않으십니다.

그들은 예수님께 시비 걸며 논쟁하고, 시험하기 위해 예수님께 다가가고(7,11; 8,11; 10,2; 12,13) 예수님한테서 위선자라는 소리를 들으며 닮지 말아야 할 존재로 알려져 있지만(마태 23,3), 다른 한편 그들은 예수님께 슬기롭게 질문하고(12,28) 예수님을 식사에 초대한 존재이기도 합니다(루카 7,36). 루카는 바리사이를 예수님의 말씀에 귀를 기울이고 질문을 던지는 존재로 등장시킵니다. 그들은 하느님의 나라에 대한 예수님의 복음을 듣고 의문이 생겨 "하느님의 나라가 언제 옵니까?" 하고 질문을 던진 자들입니다(17,20). 헤로데가 예수님을 죽이려할 때 예수님의 신변을 걱정하며 그곳을 피해가도록 조언해 준 사람도 바라사이였습니다(13,31).

예수님은 어떤 사람도 당신 손이 닿지 아니하는 곳으로 밀어내지 않으십니다. 죄인, 세리를 따지지 않고 모든 이에게 다가가셨고 또 모든 이들이 당신께 다가오는 것을 막지 않으셨습니다. 바리사이와 율법 학자들이 예수님께서 죄인과 세리들과 함께 음식을 잡수시는 것을 보고 비난하는 소리를 예수님께서 들으셨다면, 그들이 우연히 그 집 앞을 지나가다가 예수님께서 식사하시는 것을 보고 들어가서 참견한 것은 아닐 것입니다. 예수님께서도 길을 가다가 우연히 들린 그들에게 "나는 의인이 아니라 죄인을 부르러 왔다." 하고 말씀하지 않으셨을 것입니다. 예수님께서 그들을 율법 학자나 바리사이라는 이유로 거리를 두고 당신의 손이 닿지 아니하는 곳으로 밀어내려 하셨다면 당신 스스로 당신의 복음을 부정하는 모순을 범하는 셈이 됩니다. 예수님은 그들을 위해서도 오셨습니다.

아. 왜 단식하지 않습니까?

요한의 제자들과 바리사이들이 단식하고 있었다. 사람들이 예수님께 와서, "요한의 제자들과 바리사이의 제자들은 단식하는데, 선생님의 제자들은 어찌하여 단식하지 않습니까?" 하고 물었다. 예수님께서 그들에게 이르셨다. "혼인 잔치 손님들이 신랑과 함께 있는 동안에 단식할 수야 없지 않으냐? 신랑이 함께 있는 동안에는 단식할 수 없다. 그러나 그들이 신랑을 빼앗길 날이 올 것이다. 그때에는 그들도 단식할 것이다. 아무도 새 천 조각을 헌 옷에 대고 깁지 않는다. 그렇게 하면 헌 옷에 기워 댄 새 헝겊에 그 옷이 땅겨 더 심하게 찢어진다. 또한 아무도 새 포도주를 헌 가죽 부대에 담지 않는다. 그렇게 하면 포도주가 부대를 터뜨려 포도주도 부대도 버리게 된다. 새 포도주는 새 부대에 담아야 한다."

(마르 2,18-22)

1

단식에 관한 이야기와 "새 포도주는 새 부대에 담아야 한다."라는 유명한 이야기입니다. 사람들이 예수님께 와서 "요한의 제자들과 바리사이의 제자들은 단식하는데, 선생님의 제자들은 어찌하여 단식하지 않습니까?" 하고 묻습니다. 루카는 그들은 단식하는데, "당신의 제자들은 먹고 마시기만 하는군요."(루카 5,33) 하고 조소하는 말을 덧붙입니다. 이렇게 따지는 그들은 단식하는 사람일까요, 단식하지 않는 사람일까요? 그들이 진심으로 기도하고 단식하는 사람이라면 이런 식의 질문은 던지지 못할 것입니다. 더군다나 "저희와 바리사이들은 단식을 많이 하는데, 스승님의 제자들은 어찌하여 단식하지 않습니까?"(마태 9,14) 라는 따위의 질문은 더더욱 던지지 못할 것입니다.

우리가 안식일을 지키고 단식하는 것은 인생을 기쁘고 행복하게 살기 위해서입니다. 지정된 날에 단식하고 금식한다 해도, 그 인생이 기쁘지 않다면 그 '행함'이 무슨 소용이겠습니까. 단식은 계명에 따라 한 끼 굶는 것이 아닙니다. 우리는 종종 정치인들이 거리에 천막을 치고 온갖 구호를 내걸고 단식하는 모습을 언론을 통해 접합니다. 자기 주장을 관철하기 위한 투쟁으로 밥 한두 끼 혹은 서너 끼 굶거나 자기 건강과 미용을 생각해서 식사를 건너뛰고 물만 마시는 것을 단식이라고 하지 않습니다. 단식하는 마음에 배고픈 사람이 들어 있지 않다면 그것은 의미 없는 짓입니다.

단식은 배고픈 자의 배고픔을 나의 배고픔으로 삼기 위하여, 그들과 하나가 되기 위하여 먹음을 절제하며 나를 굶기는 것입니다. 단식한 몫은 마땅히 그들에게 돌려야 합니다. 진정으로 단식하는 사람이라면 남이 단식하는지 안 하는지 지켜보지 않을 것입니다. "나는 단식하는데 너는 왜 단식하지 않는가?" 하고 따지지 않을 것입니다. 그런 마음으로는 설령 '단식했다.' 하더라도 단식한 것이 아닙니다. 예수님을 찾아온 논쟁자들은 단식에 관해 묻지만, 그들의 관심은 단식에 있지 않고 '따지는 것'에 있습니다. 단식은 먹는다 안 먹는다 하고 시비하는 마음을 비우기 위해서 하는 것인데 말입니다.

이사야는 따지는 사람들에게 주 하느님의 말씀을 전합니다. "목청껏 소리쳐라, 망설이지 마라. 나팔처럼 네 목소리를 높여라. 내 백성에게 그들의 악행을, 야곱 집안에 그들의 죄악을 알려라. 그들은 마치

정의를 실천하고 자기 하느님의 공정을 저버리지 않는 민족인 양, 날마다 나를 찾으며 나의 길 알기를 갈망한다. 그들은 나에게 의로운 법규들을 물으며 하느님께 가까이 있기를 갈망한다. '저희가 단식하는데 왜 보아 주지 않으십니까? 저희가 고행하는데 왜 알아주지 않으십니까?' 보라, 너희는 너희 단식일에 제 일만 찾고 너희 일꾼들을 다그친다. 보라, 너희는 단식한다면서 다투고 싸우며 못된 주먹질이나 하고 있다. 저 높은 곳에 너희 목소리를 들리게 하려거든, 지금처럼 단식하여서는 안 된다. 이것이 내가 좋아하는 단식이냐? 사람이 고행한다는 날이 이러하냐? 제 머리를 골풀처럼 숙이고 자루옷과 먼지를 깔고 눕는 것이냐? 너는 이것을 단식이라고, 주님이 반기는 날이라고 말하느냐? 내가 좋아하는 단식은 이런 것이 아니겠느냐? 불의한 결박을 풀어 주고 멍에 줄을 끌러 주는 것, 억압받는 이들을 자유롭게 내보내고, 모든 멍에를 부수어 버리는 것이다. 네 양식을 굶주린 이와 함께 나누고, 가련하게 떠도는 이들을 네 집에 맞아들이는 것, 헐벗은 사람을 보면 덮어 주고, 네 혈육을 피하여 숨지 않는 것이 아니겠느냐? 그리하면 너의 빛이 새벽빛처럼 터져 나오고, 너의 상처가 곧바로 아물리라. 너의 의로움이 네 앞에 서서 가고, 주님의 영광이 네 뒤를 지켜 주리라. 그때 네가 부르면 주님께서 대답해 주시고, 네가 부르짖으면 '나 여기 있다.' 하고 말씀해 주시리라."(이사 58,1-9ㄴ)

2

예수님께서는 '따지는 마음', '트집 잡는 마음'에 휘말리지 않으시고 "혼인 잔치 손님들이 신랑과 함께 있는 동안에 단식할 수야 없지 않으냐?"라는 말씀으로 답변하십니다. 무슨 뜻입니까? 결과론적으로 말하자면 '예수님과 함께 있는 동안'은 단식할 필요가 없습니다. 단식하는 이유는 하느님과 함께하기 위해서입니다. 문제는 '하느님과 함께' 있으면서도 이를 느끼지 못하고 산다는 것입니다. 그분과 함께한다는 것은 그분의 '함께하심'과 함께하는 것입니다. 따지는 바리사이뿐만 아니라 제자들도 몸은 그분 곁에서 그분 말씀과 행위를 가까이서 접하지만, 그분의 함께하심에는 함께하지 못합니다. 그분은 존재 자체가 '함께하심'입니다. 가난한 자들과 함께하시기 위해 그분 스스로 가난이 되셨고, 고통받는 이들과 함께하시기 위해 고통이 되셨고, 죄 많은 이들과 함께하시기 위해 죄가 되셨습니다. 함께 아파하고 함께 슬퍼하고 함께 괴로워하는 것이 그분의 존재 방식이며 바로 하느님의 존재 방식입니다.

하느님의 존재 방식은 인류와 함께하시는 것입니다. 하느님은 본질적으로 인류와 함께하시기에 인류의 고통은 당신의 고통이고, 인류의 신음은 당신의 신음입니다. 당신의 외아들을 세상에 보내시어 구유에 태어나게 하시고 십자가에서 죽게 하신 것은 그분의 '함께하심' 때문입니다. 함께하시는 그분은 자비의 하느님이십니다. 예수님은 이 하느님과 함께하시며 그분의 존재 방식으로 인류와 하나가 되셨습니다.

단식하는 이유는 '함께하지 못하는 마음'을 굶기기 위해서입니다.

천국과 세상, 하느님과 인간, 성과 속, 선과 악 등 이분법적으로 갈라 놓으며 '함께하지 못하는 마음'을 죽이고, 마음을 비우기 위해서입니다. '함께하지' 못하는 마음이 작용하는 한, 인간은 단식해야 합니다. '함께하심' 자체이신 예수님과 함께 있는 동안은 단식할 필요가 없지만, 그분과 함께 있으면서도 함께하심을 모르기에 단식해야 합니다.

'함께하심'을 모르는 상황을 예수님은 신랑을 빼앗긴 상태라고 표현하십니다. 제자들은 신랑과 함께 있으면서도 아직 신랑이 없는 세상처럼 살고 있습니다. 세상일에 현혹되어 신랑이 안 보이는 것입니다. 주님의 현존을 느끼기 위하여 그들은 단식해야 합니다. 하느님의 다스림에 자기 자신을 맡기기 위하여 단식해야 합니다. 주님을 알리기 위하여 단식하고, 단식하지 않기 위하여 단식해야 합니다. 우리 인생의 목표는 단식하는 것이 아니라 더는 단식이 필요 없는 혼인 잔치에 참여하는 것입니다. 진정한 잔치의 기쁨은 단식하는 마음에서 옵니다.

루카 복음에 나오는 되찾은 작은 아들을 위하여 잔치를 베푸는 아버지에게서 단식하는 마음을 느낍니다(루카 15,11-32). 아버지는 아들이 집 나가던 순간부터 돌아온 지금까지 아들과 함께하지 않은 시간이 없었습니다. 돌아온 아들을 환영하며 잔치를 베푸는 아버지에게서 옳고 그름을 따지는 마음을 초월해서 '함께하는' 아버지의 마음을 느낍니다. 혼인 잔치의 기쁨은 세상의 어떤 잔치가 주는 기쁨과도 다릅니다. 모든 이가 초대된 그곳에는 기쁨만이 넘칩니다. "할렐루야! 주 우리 하느님, 전능하신 분께서 다스리기 시작하셨다. 기뻐하고 즐거워하며 하느님께 영광을 드리자. 어린양의 혼인날이 되어 그분의 신부는 몸단장을 끝냈다. 그 신부는 빛나고 깨끗한 고운 아마포 옷을 입는 특권을 받았다. (…) 어린양의 혼인 잔치에 초대받은 이들은 행복하다."(묵시 19,6-9) 우리가 단식하는 것은 이 기쁨에 동참하기 위해서입니다.

3

단식과 함께 '먹는 것'에 대해 생각합니다. 밥은 생명입니다. 밥을 대하는 인간의 마음은 생명을 대하는 마음입니다. 밥의 속성을 보지 못하고 먹니 안 먹니, 또는 많이 먹니 적게 먹니 시비하는 것은 밥이 밥의 구실을 못 하게 만드는 것입니다. 인간은 밥에게 감사하는 마음과 함께 미안한 마음을 가져야 합니다. 자기를 살리기 위하여 씹히고 소화되어 사라지는 밥 앞에서 인간은 겸허해야 합니다. 자기 욕구대로 먹기 위해 자연에 피해 끼치고, 남에게 상처 준 것들을 뉘우치며 용서를 비는 마음으로 먹는 법을 새로 배워야 할 것입니다. 가장 작은 씨앗 한 톨에서 세상을 창조하신 하느님의 영원한 생명을 느끼고, 그 생명이 자기의 마음속 깊은 곳에 스며들어 자라고 있음에 놀라며 감사하는 마음으로 밥을 대해야 할 것입니다. 밥을 먹는 사람은 이웃 또한 그렇게 자기 안에 하느님의 씨앗을 품고 있는 존재로 만나야 할 것입니다. 단식하는 이유입니다. 단식은 복음에 근거해서만 옳게 이행할 수 있습니다. 남에게 보이기 위한 삶을 비우고, 명예와 권력과 성공에 대한 집착을 비우고, 온갖 욕심과 욕망을 비우는 것입니다. 단식한다는 마음까지를 비울 때 진정한 단식이 됩니다. 옳게 단식하는 사람이 옳게 먹을 수 있고, 옳게 먹는 사람이 옳게 단식할 수 있습니다.

단식하는 사람은 사물의 속을 봅니다. 그는 모든 것이 본래 좋다는 것을 압니다. 사실 모든 사람은 본래 좋게 태어났습니다. 모든 사람이 하느님께서 보시고 좋다고 감탄하신 존재들입니다. 인간이 색안경 쓴 눈으로 색깔을 입히며 바라볼 뿐입니다. 사물을 있는 그대로 보기 위하여 단식해야 합니다. 단식할 때 밥이 제대로 보이고 먹는 사람이 제대로 보이며 먹는 행위가 새로워질 것입니다. 단식하느냐 않느냐 하는 것을 넘어 자기의 온 존재를 얼마나 남과 나누는가, 남의 행복을 위하여 얼마나 자신을 희생하는가, 그것이 중요합니다. 단식은 남과 나누기 위하여 자신을 희생하는 것입니다. 희생과 나눔과 베풂이 없는 단식, 자비를 느끼게 하지 못하는 단식은 그저 굶는 것일 뿐 의미가 없습니다.

4

희생과 나눔과 자비를 일으키는 단식은 새로운 삶의 방식입니다. 새 삶을 받아들이기 위하여 우리는 우리의 몸을 새 몸으로 만들어야 합니다. 복음은 새 옷, 새 포도주입니다. 복음을 받아들인 이는 율법으로 살지 않고(필립 3,9 참조) 새 부대로 삽니다.

복음을 받아들이기 위해서는 낡은 옷 낡은 부대로서는 안 됩니다. 새 옷을 입을 준비를 해야 합니다. 새 포도주를 담을 준비를 해야 합니다. 우리의 낡은 사고로서는 복음을 받아들일 수 없습니다. 낡은 옷, 낡은 부대를 고집해서는 안 됩니다. 내 의식 내 사고를 바꾸어야 합니다. 헌 옷 헌 가죽 부대는 이것저것 따지고 분리하고 밀어내는 마음입니다. 새 천 조각 새 포도주는 따지지 않는 마음입니다.

단식하는 사람이라면 사람을 단식하는 사람과 단식하지 않는 사람, 심지어는 신자와 신자 아닌 사람으로 존재론적으로 구분하며 대하지 않습니다. 이것저것 따지는 마음으로는 '하느님의 함께하심'을 체험할 수 없으며, 그렇기에 하느님의 나라가 주는 영원한 생명을 느낄 수 없다는 것을 알기 때문입니다.

우리는 따지지 않는다고 하면서 자신도 모르게 따지는 마음을 품고 삽니다. 따지지 않는다고 하면서 양비 양시론에 빠지거나 상대주의에 빠지는 것은 근본주의에 빠지는 것만큼이나 위험합니다. 단식하는 마음만이 이런 위험을 피해갈 수 있습니다. 우리는 어떤 마음으로 단식합니까? 어떤 마음으로 세상을 대합니까? 새 술은 새 부대에 담아야 합니다. 새로운 삶을 살기 위해서 새로 먹는 법을 배워야 합니다. 단식은 새로 먹기 위해 마음을 비우는 것입니다.

5

그런데 묵은 포도주는 무엇입니까? "묵은 포도주를 마시던 사람은 새 포도주를 원하지 않는다. 사실 그런 사람은 '묵은 것이 좋다.'라고 말한다."(루카 5,39) 새 포도주를 거부하는 것입니까? 복음을 거부하는 것입니까? 복음은 우리의 전통과 계명을 무시하지 않습니다. 그분께서 말씀하십니다. "하늘과 땅이 없어지기 전에는, 모든 것이 이루어질 때까지 율법에서 한 자 한 획도 없어지지 않을 것이다."(마태 5,18)

자. 안식일이 사람을 위하여 생긴 것이다

예수님께서 안식일에 밀밭 사이를 질러가시게 되었다. 그런데 그분의 제자들이 길을 내고 가면서 밀 이삭을 뜯기 시작하였다. 바리사이들이 예수님께 말하였다. "보십시오, 저들은 어째서 안식일에 해서는 안 되는 일을 합니까?" 그러자 예수님께서 그들에게 말씀하셨다. "다윗과 그 일행이 먹을 것이 없어 배가 고팠을 때, 다윗이 어떻게 하였는지 너희는 읽어 본 적이 없느냐? 에브야타르[92] 대사제 때에 그가 하느님의 집에 들어가, 사제가 아니면 먹어서는 안 되는 제사 빵을 먹고 함께 있는 이들에게도 주지 않았느냐?" 이어서 그들에게 말씀하셨다. "안식일이 사람을 위하여 생긴 것이지, 사람이 안식일을 위하여 생긴 것은 아니다. 그러므로 사람의 아들은 또한 안식일의 주인이다."(마르 2,23-28)

1

앞(마르 2,18-22)에서 우리는 사람들이 단식을 문제 삼는 것을 보았습니다. 이 대목에서는 바리사이들이 먹는 것을 문제 삼습니다. 이 일이 안식일에 일어났습니다. 단식과 먹는 것, 안식일에 대한 근원적인 이해를 위하여 "어째서 해서는 안 되는 일을 합니까?"라는 물음이 던져집니다. 왜 단식을 안 합니까? 왜 먹어서는 안 됩니까? 왜 안식일에 해서는 안 되는 일을 합니까? 이 세 물음에 대한 답이 안식일에 대한 이해와 함께 주어집니다.

---

92) "에브야타르 대사제 때"는 잘못된 정보입니다. 아히멜렉이 옳습니다(1사무 21,2-7). 마태오는 이 대목을 삭제했습니다.

제자들이 안식일에 밀 이삭을 뜯어 손으로 비벼 먹었다면 분명 '안식일에 해서는 안 되는 일'을 한 것입니다. 하지만 남의 밀밭에서 밀 이삭을 뜯어 먹는 것은 안식일이 아닌 날에도 해서는 안 되는 일입니다. 안식일에 그런 일을 했기에 잘못을 저지른 것이 아닙니다. 그들이 정말 안식일의 정신을 안다면 안식일에 해서는 안 되는 일만이 아니라 안식일에 해야 할 일이 무엇인지 물었어야 했을 것입니다(마르 3,1-6). 배고픈 다윗의 고통을 자기의 것으로 삼았어야 할 것입니다.

2

이 이야기에서 핵심은 예수님께서 "사람의 아들은 또한 안식일의 주인이다."라고 하신 말씀에 있습니다. 당신이 안식일의 주인이라는 말씀은 공관복음서에 다 실려 있는데(마태 12,1-8; 루카 6,1-5) "안식일이 사람을 위하여 생긴 것이지, 사람이 안식일을 위하여 생긴 것은 아니다."(마르 2,27)라는 유명한 말씀은 마르코 복음에만 나옵니다.

"사람의 아들이 안식일의 주인이다."라는 말씀을 "예수님은 하느님의 아들이시니 당연히 안식일의 주인이다."라는 논리로 접근한다면 안식일뿐만 아니라 그리스도까지 오해하게 됩니다. 그런 뜻으로 이 말씀을 하신 것이 아니기 때문입니다. 예수님은 당신이 창조와 안식에 대한 전권을 아버지한테서 받았음을 내세우시고자, 곧 "하느님의 아들인 나 예수가 안식일의 주인이다."라는 의미로 이 말씀을 하신 것이 아닙니다.

우리는 예수님께서 '하느님의 아들'이 안식일의 주인이라고 하지 않으시고 '사람의 아들'이 안식일의 주인이라고 하신 말씀에 주목해야 합니다. 예수님께서 예루살렘으로 올라가시면서 당신이 하느님의 아들이시라는 것을 설명하시면서 당신을 '사람의 아들'이라 자처하십니다. 사람의 아들은 '하느님의 아들'을 설명하기 위한 수식어가 아닙니다. 사람의 아들은 매를 맞으면 아프고, 빵과 권력과 영예의 유혹도 받는, 그러나 불의에 분노하고 가난한 이에게 자비심을 일으키는 감정을 가진 사람입니다.[93] 이 사람의 아들이 안식일의 주인이라고 그분은 지금 말씀하시는 것입니다.

3

예수님이 안식일의 주인이신 것은 사람의 아들이시기 때문입니다. 예수님이 안식일의 주인이신 것은 하느님이 안식일의 주인이라는 안식일 규정(레위 23,3)[94]에 근거한 것입니다. 하느님께서 엿새 동안 세상을 창조하시고 이렛날 쉬셨습니다. 하느님께서 쉬셨다는 것은 팔짱 끼고 방관하셨다는 말이 아닙니다. 하느님은 세상을 창조하실 때 당신의 전부를 그 안에 전달하셨습니다. 하느님은 모든 피조물 안에 현존하십니다. 하느님은 쉬시면서 당신께서 창조하신 피조물을 관조하십니다. 예수님은 당신의 인간 존재로서 세상을 창조하시고 쉬신 하느님을 보여 주십니다.

---

93) 사람의 아들에 대해서 마르 8, 27-33 참조.

94) "너희는 엿새 동안 일을 할 수 있다. 그러나 이렛날은 안식일로서 거룩한 모임을 여는 안식의 날이니, 어떤 일도 해서는 안 된다. 이날은 너희가 사는 곳 어디에서나 지켜야 하는 주님의 안식일이다."

'사람의 아들'이 안식일의 주인이라는 것은, 모든 인간의 아들딸들이 자기의 존재로서 세상을 창조하고 쉬시는 하느님을 보여 주어야 한다는 의미를 내포하고 있습니다. 하느님은 안식하시면서 우리를 안식하게 하십니다. 안식하는 마음으로만 하느님의 창조를 관조할 수 있습니다. 안식일을 지켜야 하는 이유는 하느님의 안식하는 마음으로 세상을 보기 위해서입니다. 창조하는 마음으로 세상을 살기 위해서입니다. 하느님께서 엿새 동안 세상을 창조하시고 나서 이레째 되는 날 쉬신 것은 당신의 피조물이 당신의 창조사업을 창조적으로 지속시켜 나가게 하시기 위해서입니다. 우리가 안식일을 지킨다면 당신의 피조물이 창조적으로 존속하기를 바라며 쉬시는 하느님의 마음을 느끼기 위해서입니다. 일을 '했다, 안 했다' 하고 따지는 마음으로는 안식일을 지킬 수 없습니다. 하느님의 창조하시고 쉬시는 마음을 느낄 수 없습니다.

4

예수님 일행이 밀밭 사이를 질러가는데 앞서가던 제자들이 길을 내면서 밀 이삭을 뜯기 시작합니다. 그런데 그날이 안식일입니다. 이 광경을 본 바리사이들이 예수님께 "저들은 어째서 안식일에 해서는 안 되는 일을 합니까?" 하고 따집니다. 그들의 눈에는 그들이 안식일인데도 밀 이삭을 뜯어 먹는 '일을 한 것'만 보입니다. 그것은 "어떤 일도 해서는 안 된다."라는 안식일 법을 어기는 것입니다.

그들은 제자들의 사정은 헤아리지 않고 안식일에 해서는 안 되는 일을 했다고 트집을 잡습니다. 사람들을 규정으로 묶어 놓고 이런 일은 해야 한다, 저런 일은 해선 안 된다, 하며 사람의 마음보다 규칙을 우선으로 생각합니다. 저들이 왜 저런 행동을 하였을까, 오죽 배가 고팠으면 안식일인데도 남의 밀 이삭을 잘라 먹었을까, 하고 이해하는 경지로 들어가지 못합니다. 인간을 마음으로 만나지 못합니다. 하느님께서 그들을 위하여, 그들의 눈과 마음을 쉬게 하시려고 안식일을 만드셨다는 것을 알았다면 그들의 배고픔이 보였을 것이고, 가엾이 여기는 마음이 생겼을 것입니다.

그런 그들에게 예수님께서 다윗과 그 일행이 한 일을 상기시키십니다. "오죽했으면 나의 제자들이 밀 이삭을 잘라 먹었겠는가. 나도 그들이 해서는 안 될 일을 했다는 것을 안다. 안식일을 떠나서라도 남의 밭 밀 이삭을 따 먹는 일은 해서는 안 되는 일이다. 그러나 너희들이 저들처럼 배가 고픈 상황이었다면 어찌하였겠느냐? 내 제자들처럼 그렇게 하지 않았겠느냐? 너희가 존경하는 다윗왕도 그렇게 하였다. 그도 그의 일행과 함께 성전에 들어가 사제들만 먹을 수 있는 제사 빵을 먹었다. 그것은 성전과 사제만이 아니라 하느님께 대한 모독이었다. 그러나 하느님은 그것을 당신께 대한 모독으로 여기지 않으셨다. 그를 율법으로 다스리지 않으셨다. 그분 스스로 그의 배고픈 처지가 되셨다. 다윗이 먹은 거룩한 빵은 모든 이를 위해 있다. 안식일은 사람을 위해 있기 때문이다. 사람을 율법으로 다스리지 마라. 상대가 처한 상황에서 남을 이해하도록 하여라. 먼저 사람을 이해하도록 하여라. 안식일이 사람을 위하여 있다." 안식일의 하느님은 배고픈 이가 안식일을 지키지 않았다고 추궁하시는 분이 아니십니다.

예수님은 따지는 그들에게 다윗의 이야기를 들려주시면서 너희에게 안식일은 어떤 날인가, 어떤 마음으로 안식을 지키고 있는가, 왜 안식일을 지켜야 하는가, 내 제자들이 왜 밀 이삭을 따 먹는지 이해하려고 해 본 적이 있는가 하고 은근히 물으십니다. 배고픈 이의 마음은 헤아리지 못하고 안식일에 해서는 안 되는 일을 했다고 따지는 완고한 마음으로 안식일을 지킨다고 할 수 없다는 것입니다. 육체가 아무 일을 하지 않아도 정신이 계속 일을 한다면 안식한다고 할 수 없습니다. 육체적으로 간음을 하지 않았다고 해도 마음으로는 얼마든지 간음할 수 있습니다.

바리사이들이 사람의 아들이 안식일의 주인이라는 것을 알았다면, 사람의 아들에게서 하느님의 아들을 보았다면, 안식일이 사람을 위하여 생긴 것이지 사람이 안식일을 위하여 있는 것이 아니라는 것을 알았다면 배고픈 제자들이 안식일에 밀이삭을 따 먹은 행위를 따져 묻는 일은 없었을 것입니다. 그들은 안식하는 눈으로 사람을 바라보지 못합니다. 그들은 하느님은 안식일의 주인이시라고 하면서도 안식하시는 하느님의 눈으로 세상을 바라보지 못합니다. 안식일을 지킨다고 하면서도 안식일을 지키지 못하고 있습니다.

마태오는 다윗 이야기 다음에 "'내가 바라는 것은 희생 제물이 아니라 자비다.' 하신 말씀이 무슨 뜻인지 너희가 알았더라면, 죄 없는 이들을 단죄하지는 않았을 것이다."(마태 12,8)라는 말씀을 덧붙입니다. 하느님께서 원하시는 것이 법 이전에 자비라는 것을 알았다면, 안식일이 자비의 날이라는 것을 알았다면, 밀이삭을 따 먹는 제자들의 사정을 헤아릴 수 있었을 것입니다. 안식하는 눈만이 너그러울 수 있고, 안식하는 마음만이 자비로울 수 있을 것입니다.

5

우리에게 안식일은 '쉬는 날'로 각인되어 있습니다. "쉬는 날이기에 일을 해서는 안 된다. 일하면 안식일을 거스르는 것이다."라는 관념에 젖어 있습니다. 하느님께서 최초의 6일 동안 세상을 창조하시고 최초의 이렛날 하루 쉬셨다는 것도 이런 틀에서 이해하고자 합니다. 7일이 지나고 8일째 되는 날에 하느님께서는 무엇을 하셨을까요? 다시 일어나시어 6일 동안 같은 창조 활동을 하시고 이렛날 또 쉬셨을까요? 그렇게 창조와 안식을 오늘에 이르기까지 무한 반복하고 계시는 것일까요? 이렇게 묻는 것은 우문입니다. 하느님께서 창조하시지 않은 때가 언제 있었으며 안식하시지 않는 때가 언제 있었겠습니까? 창조를 멈추신 때가 언제 있었으며 안식일이 아닌 때가 언제 있었겠습니까? 우리는 우리가 만든 시간 안에 하느님의 창조와 안식을 가두고 하느님께서도 우리가 만든 개념과 관념의 틀 안에서 창조하시고 안식하셔야 하는 것처럼 생각합니다. 그러면서 창조적인 삶과 안식의 삶을 놓쳐 버립니다.

안식일은 인간의 힘을 쉬게 할 때 하느님의 창조를 느낄 수 있다는 메시지를 던져 줍니다. 우리는 창조와 안식을 동시적인 사건으로 알아들어야 합니다. 자기 힘을 내려놓을 때 자기가 하느님의 창조 안에서 숨 쉬며 살아가고 있다는 것을 느끼게 될 것입니다. 하느님은 항상 창조하시고 항상 안식하신다는 것을 안다면, 안식일에도 창조하시며 쉬신다는 것을 안다면, 안식일에 밀밭 사이를 질러가다가 밀 이삭을 뜯어 먹는 배고픈 이를 따지는 눈으로만 바라보지는 않을 것입니다. 그들은 인간을 율법의 잣대로만 대하며 배고픈 이를 더욱 배고프게 하고, 가난한 이를 더욱 가난하게 만들고, 힘없는 자를 더욱 초라하게 만듭니다. "안식일이 사람을 위하여 생긴 것이지, 사람이 안식일을 위하여 생긴 것은 아니다."(마르 2,27)라는 예수님의 말씀은 "안식일이 중요하냐 사람이 중요하냐?"라고 묻는 이분법적인 인간의 잣대는 물론 자기에게 유리하게 법을 해석하는 이기적인 인간의 사고를 무너뜨립니다.[95]

우리가 안식일을 지키는 것은 하느님처럼 안식하기 위해서입니다. 인생을 기쁘고 행복하고 의미 있게 살기 위해서입니다. 아무리 주일날 미사에 빠지지 않고 꼬박꼬박 참례한다 해도 그것이 인생에 안식과 기쁨을 선사하지 않는다면 그런 미사가 우리 인생에 무슨 의미가 있겠습니까. 법규들을 지키지 않으면 께름칙하고 고해성사를 봐야 하니까 지키는 것이라면, 그런 '지킴'이 우리 인생에 무슨 도움이 되겠습니까. 법규들을 잘 지키는 것이 중요한 것이 아니라 그 안에서 인생을 기쁘게 사는 비결을 발견하도록 해야 합니다. 안식일의 종교 그리스도교는 사랑과 자비로 율법을 완성하는 종교입니다. 저 사람이 얼마나 배가 고팠으면 밀 이삭을 따 먹었을까? 저 사람이 얼마나 행복하게 살고 싶었으면, 얼마나 인간답게 살고 싶었으면, 얼마나 마음이 괴로웠으면, 하고 어떤 상황에서도 그를 자비의 마음으로 바라보

---

95) 현대인이 주일을 잘 지키면서도 이웃에게 자비롭지 못한 것은 이기적인 생각과 일로 가득 차 있기 때문입니다. 안식일은 이런 생각과 일을 쉬게 하는 날입니다.

게 합니다. 종교가 사람을 위하여 있는 것이지 사람이 종교를 위하여 있지 않습니다. 그리스도교 신자는 사람을 마음으로 만납니다. 마음으로 사람을 만나기 위하여 우리는 그리스도인이 된 것입니다.

차. 손이 오그라든 사람에게 "손을 뻗어라" 하시니

예수님께서 다시 회당에 들어가셨는데, 그곳에 한쪽 손이 오그라든 사람이 있었다. 사람들은 예수님을 고발하려고, 그분께서 안식일에 그 사람을 고쳐 주시는지 지켜보고 있었다. 예수님께서 손이 오그라든 사람에게 "일어나 가운데로 나와라." 하시고, 그들에게 말씀하셨다. "안식일에 좋은 일을 하는 것이 합당하냐? 남을 해치는 일을 하는 것이 합당하냐? 목숨을 구하는 것이 합당하냐? 죽이는 것이 합당하냐?" 그러나 그들은 입을 열지 않았다. 그분께서는 노기를 띠시고 그들을 둘러보셨다. 그리고 그들의 마음이 완고한 것을 몹시 슬퍼하시면서 그 사람에게, "손을 뻗어라." 하고 말씀하셨다. 그가 손을 뻗자 그 손이 다시 성하여졌다. 바리사이들은 나가서 곧바로 헤로데 당원들과 더불어 예수님을 어떻게 없앨까 모의를 하였다(마르 3,1-6).

1

마르코는 안식일 이야기를 계속합니다. 안식일은 복음적인 삶을 사는 데 중요하지만, 그 규정 때문에 방해가 되기도 합니다. 마르코는 이 이야기를 "예수님께서 다시 회당에 들어가셨다."(마르 3,1)라는 말로 시작합니다. 회당 안에는 한쪽 손이 오그라든 사람이 와 있었고 또 많은 사람이 회당에 이미 와 있었습니다. 복음사가는 사람들이 예수님을 고발하기 위해 왔다고 전합니다. 안식일을 지키는 것은 일하지 않는 것입니다. 그들에게 안식일은 일하지 않는 날입니다.

그런데 그들은 안식일을 지키려고 회당에 온 것이 아니라, 누가 안식일을 지키는가 안 지키는가 지켜보기 위해 왔습니다. 그들은 예수님께서 그 사람을 고쳐 주시는지 지켜봅니다. 그 분위기가 중풍 병자를 고쳐 주시던 때와 비슷합니다(마르 2,1-12). 그때도 사람들은 중풍 병자와 그를 들것에 실어 예수님 앞으로 내려보내는 네 사람을 지켜보았습니다. 이번에도 사람들은 그분께서 안식일인데 이 사람을 고쳐 주시는지 지켜보고 있습니다. 이로써 마르코는 사람들이 우연히 회당에 갔다가 예수님께서 한쪽 손이 오그라든 사람을 고쳐 주시는 장면을 본 것이 아니라, 예수님을 고발하려고 작정을 하고 안식일을 택해 한쪽 손이 오그라든 사람이 있는 회당에 갔다는 것을 강조합니다. 그들의 눈에 사람들의 따가운 시선을 무릅쓰고 안식일에 회당을 찾은 병자의 마음이 보이겠습니까?

사람들이 안식일에 회당을 찾는다면 세상을 창조하신 하느님의 안식을 느끼기 위해서이고 회당이 이를 느끼게 해 준다고 믿기 때문일 것입니다. 하느님의 안식을 느낀다는 것은 하느님께서 창조하신 창조를 느끼는 것입니다. 그런데 그들은 지켜보는 일을 하느라고 자기 눈을 쉬게 하지 못합니다. 쉬시면서 창조를 관조하시는 하느님이 보일 리가 없습니다. 그분께서 이루신 업적이 보일 리가 없습니다. 손이 오그라든 이 사람도 하느님의 위대한 창조물이라는 것을 그들은 보지 못합니다. 이 사람을 창조하시고 나서 보시고 좋다고 하신 하느님의 쉬시는 마음과 그를 바라보시는 예수님의 자비로운 눈길을 그들은 느끼지 못합니다. 하느님께서 안식일의 주인이심을 믿는다면, 온 세상이 하느님의 창조라는 것을 믿는다면, 하느님의 창조를 대하는 그들의 눈을 쉬게 해야 합니다. 눈을 쉬게 하려고 안식을 지키는 것입니다. 그러나 그들은 그들이 만든 규정에 묶이어 스스로 쉬지 못하고 지켜봅니다.

2

이런 상황에서 손이 오그라든 사람의 마음은 어떠하겠습니까? 손이 오그라들었다는 것은 예수님께서 선포하신 "하느님의 나라가 우리 손이 닿는 곳에 와 있다."라는 복음 말씀을 상기시킵니다. 손이 오그라든 사람이 앓는 병은 하느님의 나라를 체험하지 못하는 데서 오는 병을 상징적으로 말해 줍니다. 뻗지 못하는 손으로는 하느님의 나라를 만질 수 없습니다. 손이 오그라든 사람이 회당을 찾았다면 하느님의 나라를 체험하고 싶었기 때문일 것입니다. 지푸라기라도 잡고 싶은 심정으로 안식일에 회당을 찾았을 것입니다. 회당에서 창조하시고 안식하시는 하느님의 포근한 마음을 느끼고 싶었을 것입니다.

기대와 달리 하느님의 안식을 찬미하는 회당이 그를 주눅 들게 합니다. 안식일을 지키기 위해 회당에 온 사람들의 차가운 시선이 회당을 그런 집으로 느끼지 못하게 합니다. 사람들은 그가 손을 뻗는 것을 원하지 않는 것 같습니다. 그가 평생 손이 오그라든 채 살기를 바라는 것 같습니다. 그들은 그분께서 안식일에 그 사람을 고쳐 주시는지 지켜보느라고 그가 왜 안식일에 회당을 찾았는지 그 마음을 보지 못합니다. 인간을 창조하시고 당신의 생명을 불어넣으시는 하느님의 마음, 하느님의 안식을 느끼고자 찾은 회당에서 아픈 사람이 일어나 부활의 삶을 사는 것을 방해하고 있는 것입니다.

3

예수님께서 손이 오그라든 사람에게 "일어나 가운데로 나와라." 하고 회당 한가운데로 부르십니다. 모든 이의 시선이 가운데로 집중합니다. 그 시선을 느끼며 예수님께서 묻습니다. "안식일에 좋은 일을 하는 것이 합당하냐? 남을 해치는 일을 하는 것이 합당하냐? 목숨을 구하는 것이 합당하냐? 죽이는 것이 합당하냐?"(마르 3,4) 그분은 "안식일에 일하는 것이 합당하냐?"라고 묻지 않으시고 '좋은' 일, '남을 해치는' 일, '목숨을 구하는' 일, '죽이는' 일이라는 다소 자극적인 표현을 써서 질문을 던지십니다.

이로써 예수님은 '해서는 안 되는 일'만 보는 눈으로 세상과 안식을 대하는 그들의 태도를 비판하십니다. 그런 눈으로 세상을 본다면 안식일에는 선한 일도 목숨을 구하는 일도 하지 말아야 합니다. 마태오 복음에서는 이 질문을 "안식일에 병을 고쳐 주어도 됩니까?"라는 질문으로 바꾸어 묻고는 "너희 가운데 어떤 사람에게 양 한 마리가 있는데, 그 양이 안식일에 구덩이에 빠졌다고 하자. 그러면 그것을 잡아 끌어내지 않겠느냐?"(마태 12,11-12)라고 질문하십니다.

안식일을 아무 일도 하지 않는 날로만 생각한다면 좋은 일도, 남을 살리는 일도 하지 말아야 합니다. 하지만 좋은 일은 날을 가리지 않고 해야 합니다. 목숨을 구하는 일은 때를 가리지 않고 해야 합니다. 안식일은 무엇을 하지 말아야 하는 것이 아니라 무엇을 해야 하는가 하는 눈으로 세상을 바라보게 합니다.

예수님은 손이 오그라든 사람을 고쳐 주시는지 지켜보는 그들의 눈을 자기 내면으로 향하게 하십니다. "이 사람의 손이 오그라든 것은 너희들의 지켜보는 눈 때문이다. 세상을 창조하신 하느님의 눈으로 바라보지 못하는 너희 병든 눈이 그의 마음과 손을 오그라들게 하였다. 규정을 내세워 안식일에 좋은 일마저 가로막는 너희 완고한 마음이 그를 더욱 주눅 들게 하고 오그라든 손을 펴지 못하게 한 것이다." 그의 손을 오그라들게 만드는 사람들, 오그라든 손을 펼 수 없게 만드는 사람들이 사실은 손이 오그라든 그 사람보다 더 심하게 손이 오그라들어 펴지 못하는 병을 앓고 있습니다. 그런데 그들은 그것을 모릅니다. 자기들은 성한 줄 압니다.

<h2 style="text-align:center">4</h2>

그분은 그들의 마음이 완고한 것을 몹시 슬퍼하시면서 손이 오그라든 사람에게 말씀하십니다. "손을 뻗어라." 손에는 다양한 기능이 있습니다. 쥘 수도 있고 펼 수도 있으며, 남을 칠 수도 있고 어루만질 수도 있습니다. 다가오는 사람을 맞이할 수도 있고 다가오지 못하도록

막을 수도 있습니다. 손동작 하나하나에 손 내미는 사람과 손을 잡는 사람의 마음이 그대로 표현됩니다. 예수님께서 "손을 뻗어라." 하시니 그가 손을 뻗습니다. 그의 손이 성하게 됩니다. 그분께서 오그라든 마음을 펴 주시며 그가 다시 일어나 살게 하십니다. 손은 그렇게 아픈 사람, 고통받는 사람, 힘없는 사람에게 내밀고 잡아 일으켜 세우는 일을 합니다. 희망과 위로와 용기를 심어 주는 일을 합니다.

회당에 모인 사람들의 눈에 좋은 일을 하시는 예수님이 좋게 보이지 않습니다. 아픈 사람에게 "일어나 가운데로 나와라." 하시는 그분의 음성이 안 들립니다. 그들은 안식일인데 그분께서 사람을 고쳐 주시는 일을 하시는지에만 관심이 있습니다. 복음사가는 예수님께서 노기를 띠셨다고, 그들의 마음이 완고한 것을 몹시 슬퍼하셨다고 전합니다. 예수님께서 노기를 띠셨다면 하느님처럼 쉬지 못하는 그들, 창조사업을 계속하지 못하는 그들, 교의와 규칙에 묶여 있는 그들, 깨닫지 못하여 죽은 삶을 사는 그들의 완고한 마음에 분노하신 것입니다. 손이 오그라든 사람을 보면서 자비심을 일으키지 못하는 그들의 인생이 슬픈 것입니다. 손이 오그라든 사람에게 자비심을 일으키는 그분의 마음을 보지 못하는 그들의 인생이 슬픈 것입니다. 안식일이 사람을 위하여 있다는 것을 모르는 그들이 안타까운 것입니다.

예수님께서 손이 오그라든 사람을 지켜보는 사람들 가운데 세우셨다는 것은 사람들이 그를 보도록 하셨다는 말입니다. "보라 이 사람을! 이 손이 오그라든 사람을! 이 사람이 하느님의 아름다운 피조물이다. 이 사람에게서 세상을 창조하신 하느님의 손이 보이느냐? 쉬시는 하느님의 마음이 느껴지느냐?" 안식일이 있기에 생명체가 살아납니다. 하느님께서 안식하시는 동안 당신의 창조에 손이 성해지는 좋은 일이 벌어집니다.

예수님께서 "손을 뻗어라." 하시니 그가 손을 뻗습니다. 온몸으로 세상을 창조하시는 하느님의 자비를 그는 느꼈을 것입니다. "아, 주님 감사합니다. 안식일의 주인이시며 세상의 창조주이신 하느님, 당신께서 제게 늘 손을 뻗고 계시듯 제 손 또한 세상을 향하여 뻗으며 살게 해 주십시오."

우리가 안식일을 지키기 위해 교회에 모인다면 세상을 창조하시고 그 안에 당신의 영을 불어넣어 주시고 쉬신 하느님, 쉬시며 당신의 생명을 인간에게 전달하신 하느님을 찬양하며 하느님께 감사하기 위해서입니다. 하느님의 안식을 얻어 안식하는 마음으로 세상을 살기 위해서입니다. 안식하는 사람만이 선한 사람 악한 사람 따지지 않고 당신의 해가 떠오르게 하시고, 의로운 이에게나 불의한 이에게나 모두에게 비를 내려 주시고(마태 5,45), 작은아들 큰아들 가리지 않고 모두를 품에 받아들이시는 하느님처럼 자비로울 수 있습니다.

5

우리는 이 이야기에서 '다시'(그의 손이 '다시' 성하여졌다)라는 말과 "일어나라!"[96]라는 예수님의 명령을 눈여겨볼 필요가 있습니다. '다시'라는 말은 그가 처음부터 손이 오그라든 병을 앓았던 것이 아님을 시

---

96) '일어나다ἐγείρω'에 대해서 마르 1,29-31; 마르 12,18-27,마르 16,9 참조.

사합니다. 무엇이 그에게 오그라든 삶을 살게 하였을까 묻게 합니다. 예수님께서 그의 인생을 오그라들게 한 온갖 사슬을 풀어 다시 일어나 생의 한복판으로 나오게 하십니다. "일어나 가운데로 나와라."

그는 "일어나라"라는 예수님의 명령을 받고 사람들 가운데로 나옵니다. 주님의 명령으로 오그라든 삶, 죽은 삶에서 다시 일어나 살게 된 것입니다. 그는 이제 하느님께서 자기를 창조하실 때 불어넣어 주신 하느님의 생명을 느끼며 '일어나 새 인생을 살게 될 것입니다. '죽은 삶'에서 다시 '일어난 삶', 부활의 삶을 살게 될 것입니다. 안식일은 사람을 성하게 하고 하느님의 숨을 쉬게 합니다. 한쪽 손이 오그라든 사람을 고쳐 주신 날이 안식일이었다는 것은 그 자체로 상징적입니다. 그 병은 하느님의 쉼을 통해 고쳐진다는 말이기도 합니다. 하느님의 쉼은 창조하시는 쉼이기 때문입니다. 안식일은 단지 일을 해서는 안 된다는 인간의 법칙에 따라 쉬어야 하는 날이 아니라 하느님의 쉼을 체험하며 하느님의 쉼에 드는 날입니다. 하느님의 쉼의 경지에 들때 우리는 온 피조물에서 기쁨과 즐거움을 느낄 수 있으며 온 피조물을 향하여 손을 뻗을 수 있습니다.

교부들은 예수님께서 분노하시고 슬퍼하신 일을 그분은 하느님의 아들이신데도 불구하고 인간과 같은 감정을 가지셨다는 차원에서 이해하고자 합니다. 그분이 하느님의 아들이라는 것이 전제되어 있습니다. 우리가, 또 그들이 그분을 하느님의 아들로 보지 못하는 것은 그분과 같은 느낌이 없고, 나아가 자기 자신이, 또 일상에서 만나는 사람들이 하느님의 자녀라는 것을 느끼지 못하기 때문입니다. 그분의 감정은 우리의 감정이어야 합니다. 그분처럼 감탄하고 기뻐하고, 그분처럼 화내고 슬퍼하고, 그분처럼 허기를 느끼고 동정하는 마음을 가질 때 우리는 하느님 나라의 복음을 깨닫게 될 것입니다.

6

"손을 뻗어라."라는 그분의 명령은 손이 오그라든 사람만을 염두에 두신 명령이 아니라 그분께서 노기를 띠시고 당신을 고발하려고 지켜보는 완고한 사람들을 둘러보신 것으로 미루어 보아 거기 있던 모든 사람을 향한 명령이기도 합니다. "완고한 마음을 열어라. 마음이 오그라든 사람들아, 손을 뻗어라. 눈먼 이가 보고 절름발이가 걸을 수 있게 손을 내밀어라. 다시 일어나 살게 된 그들이 너의 열린 마음을 느끼며 놀라게 하라." 그러나 바리사이들은 그러지 않았습니다. 손이 오그라든 사람이 하느님의 나라를 체험하며 손이 성하여지는 동안 끝내 손을 뻗을 수 없었던 그들은 오그라든 마음으로 나가서 곧바로 헤로데 당원들과 더불어 어떻게 예수님을 없앨까 모의합니다. 안식일에 안식하는 마음을 얻지 못한다면 그 마음은 병든 것입니다. 병든 마음이 안식일의 주인이신 그분을 어떻게 없앨까 모의합니다.

언제 우리의 오그라든 마음이 펴질 수 있을까요? 바리사이들은 끝내 예수님께서 하시는 일에서 예수님의 선하신 마음, 자비로우신 마음, 살리시는 마음을 보지 못합니다. 그들은 안식일의 중요성을 강조하면서 정작 안식일의 하느님께서 창조의 하느님이시며 인간을 위한 자비의 하느님이시라는 것을 모릅니다. 오그라든 손 때문에 고생하는 병자의 마음은 물론이고, 손을 펴고 기뻐할 그의 마음도 헤아리지 못합니다. 그들의 머리에는 오로지 안식일에 대한 준법뿐입니다. 그리하여 그들은 안식일이기에 병을 고치는 일도 해서는 안 된다는 완고한 시선으로 그분을 지켜봅니다.

자비롭지 못한 그 지켜봄은 무시무시한 폭력을 내포하고 있습니다. 자기와 노선이 같지 않은 사람을 적대시하고, 압력을 가해서라도 그가 선택한 것을 포기시키려 들 것입니다. 폭력은 너를 너이게 하고, 나를 나이에 하는 존경과 사랑의 거리를 파괴하며, 상대의 존재 자체를 부정합니다. 인간은 골리앗처럼 노골적으로 무시무시한 힘과 칼과 창을 내세우지 않고서도 교묘히 폭력을 행사할 줄 압니다. 웃으면서 좋은 말로 상처를 줄 수도 있고, 사랑한다고 말하면서도 폭력을 가할 수도 있습니다. 신의 이름으로 위협할 수도 있고, 거룩함의 이름으로 사람을 속되게 할 수도 있습니다.

예수님께서는 사람을 고쳐 주시고 살리시는 일을 하셨지만 바리사이나 율법 학자들은 자기들처럼 행동하지 않으시는 예수님을 없앨 방도를 찾습니다. 끝내 예수님은 그들의 폭력에 의해 돌아가십니다. 하지만 폭력을 행사한 그들은 폭력의 굴레를 벗어나지 못하고 끝내 자기들의 목숨을 구하지 못합니다. 예수님 시대의 대부분 소외당하는 자들이 거의 이런 폭력의 희생자였습니다. 병자들은 병자라는 이유로, 가난한 사람은 가난하다는 이유로, 약자는 힘이 없다는 이유로 사회로부터 종교로부터 고립되는 폭력을 당했습니다. 앞을 못 보고 걷지 못하고 말하지 못하고 듣지 못하는 것만으로도 오그라든 삶을 사는데 사람들은 그런 그들을 조상의 이름으로 하느님의 이름으로 죄인 취급했습니다. 언제 우리는 그분처럼 "일어나 가운데로 나와라."

라는 말로써 그들을 우리의 삶 한복판으로 초대할 수 있을까요? 언제 우리는 그들의 뻗은 손을 잡고 함께 기뻐할 수 있을까요?

카. 예수님의 거리 두기

예수님께서 제자들과 함께 호숫가로 물러가셨다. 그러자 갈릴래아에서 큰 무리가 따라왔다. 또 유다와 예루살렘, 이두매아와 요르단 건너편, 그리고 티로와 시돈 근처에서도 그분께서 하시는 일을 전해 듣고 큰 무리가 그분께 몰려왔다. 예수님께서는 군중이 당신을 밀쳐 대는 일이 일어나지 않게 하시려고, 당신께서 타실 거룻배 한 척을 마련하라고 제자들에게 이르셨다. 그분께서 많은 사람의 병을 고쳐 주셨으므로, 병고에 시달리는 이들은 누구나 그분에게 손을 대려고 밀려들었기 때문이다. 또 더러운 영들은 그분을 보기만 하면 그 앞에 엎드려, "당신은 하느님의 아드님이십니다!" 하고 소리 질렀다. 그러나 예수님께서는 그들에게 당신을 사람들에게 알리지 말라고 엄하게 이르곤 하셨다(마르 3,7-12).

1

예수님께서 안식일에 회당에 들러 손이 오그라든 사람을 고쳐 주신 일로 바리사이들은 예수님을 없앨 모의를 합니다(마르 3,6). 예수님께서 중풍 병자에게 "너는 죄를 용서받았다." 하고 말씀하시고(마르 2,6) 죄인과 세리들과 함께 음식을 잡수시는 것을 보고 못마땅하게 여겨오던 그들이었습니다. 손이 오그라든 든 이를 그것도 안식일에 고쳐 주시는 것을 보고 예수님을 없애기로 작정한 것입니다. 하지만 그들이 예수님을 없애려 하는 이유가 그분께서 하느님만이 하실 수 있는 용서를 하시고(마르 2,1-12), 안식일의 주인은 하느님이신데 당신 자신이 안식일의 주인이라며 안식일 규정을 어기며 손이 오그라든 사람을 고쳐 주시는 '일'을 하셨기 때문일까요? 하느님을 모독하였다는 그런 신학적 이유로 그분을 없애기로 작정한 것일까요?

마르코는 그들이 나가서 헤로데 당원들과 더불어 모의했다고 전합니다. 헤로데 당원들은 정치 세력입니다.[97] 그들이 이들 정치 세력과 함께 모의하였다면 단순히 신학적(종교적) 문제로 예수님을 없애려고 한 것이 아닙니다. 그들이 신학적으로 인격이 형성되었다면 하느님이 안식일의 주인이라는 것이 무슨 말인지 깨치려고 노력하였을 것입니다.[98] 그들에게 예수님의 언행은 그들의 권위에 대한 도전이며 그들의 이권을 침해하는 눈엣가시 같은 것이었습니다(마르 11,15-18.27-28). 그들이 내세우는 명분은 신학적이고 종교적이지만 마음속에는 순수성을 잃은 타락한 종교인의 음흉한 위선이 깊이 자리하고 있는 것입니다. 마태오는 "예수님께서는 그 일을 아시고 그곳에서 물러가셨다."(마태 12,15)라고 전합니다. 마르코는 제자들과 함께 호숫가로 물러가셨다고 전합니다(마르 3,7).

---

97) 나중에 그들은 예수님을 정치인 빌라도 앞에 세웁니다.
98) 그들은 예수님이 안식일 계명을 깨며 하느님을 모독했다고 하지만 그것은 그분도 그분의 복음도 모르는 무지에서 나온 주장입니다. 그들은 예수님을 알려고도 그분의 복음을 깨치려고도 하지 않습니다.

2

예수님께서 호숫가로 물러나시자 군중이 그분 뒤를 떼를 지어 따라 갑니다. 유다와 예루살렘뿐 아니라 요르단 건너편 이민족의 땅에서도 큰 무리가 몰려왔습니다. 마르코는 예수님께 몰려든 이들은 그분께서 하시는 일을 전해 들은 사람들이라며 예수님을 없애려고 모의하던 바리사이 무리와 구분합니다. 그분을 없애려고 하는 바리사이 무리와 그분을 따르는 세력 없는 군중이 대조를 이룹니다. 하느님을 안다는 사람은 하느님의 이름으로 그분을 죽이려고 하고 하느님을 모르는 철부지들은 그분을 따릅니다. 그분께 몰려든 사람들은 예수님에게서 기쁨을 발견한 사람들의 말을 전해 들은 사람들입니다. 그들은 무리를 지어 그분께 몰려와서 그분에게 손을 대려고 밀려듭니다.

그런데 이해할 수 없는 일이 일어납니다. 이 이야기는 마르코 복음에만 나오는데, 예수님께서 사람들이 당신을 밀쳐 대는 일이 일어나지 않도록 제자들에게 거룻배 한 척을 마련하라고 이르신 것입니다. 조금 전까지만 하더라도 그분은 하느님 나라의 복음을 선포하시면서 앓는 이들에게 다가가서서 손을 내밀어 어루만지며 그들을 일으켜 세우셨습니다. 많이 가지고 높은 자리에 올랐어도 인생이 기쁘지 않다면 가난하고 병들고 못난 사람들을 손이 닿지 아니하는 곳으로 밀어내기 때문이라고, 마음에 들지 않는 사람들이 가까이 다가오지 못하도록 문턱을 높여 가로막기 때문이라고 가르치시면서 누구도 가리지 않고 만나시고 누구에게나 다가가서서 손을 내밀어 일으켜 세우시는 일을 몸소 보여 주셨습니다. 그런데 왜 갑자기 거룻배를 마련하라고 하시는 것일까요?

우리는 복음서 전체에 걸쳐 예수님께서 가시는 곳마다 많은 군중이 모여든 것을 압니다. 많은 군중이 그분을 따르며 밀쳐 대는 북새통 중에도 예수님 뒤로 다가가 그분의 옷에 손을 댄 열두 해 동안이나 하혈하는 여자의 이야기도 알고 있습니다(마르 5,25-34). 그때는 왜 그들을 물리치지 않으셨을까요? 모여드는 군중 때문이라면 장소를 좀 더 넓은 곳으로 옮기든지 군중들이 좀 더 촘촘히 당신 가까이 모이도록 하실 수도 있지 않습니까?

3

복음사가는 예수님께서 거리를 두고자 하신 세 가지 이유를 댑니다. 첫째 "그분께서 많은 사람의 병을 고쳐 주셨으므로, 병고에 시달리는 이들은 누구나 그분에게 손을 대려고 밀려들었기 때문"이고, 둘째 "더러운 영들은 그분을 보기만 하면 그 앞에 엎드려, '당신은 하느님의 아드님이십니다!' 하고 소리 지르기 때문"이라는 것입니다. 그런데 이게 그들과 거리를 두는 이유가 됩니까? 그럴수록 더 다가가는 모습을 보여 주셔야 하는 것 아닙니까? 어떻게 거리 두기를 하면서 사람들에게 다가갈 수 있을까요?

두 번째 이유는 한편으로는 조금은 수긍할 수 있을 것 같기도 합니다. 더러운 영들이 그분을 보기만 하면 그 앞에 엎드려, "당신은 하느님의 아드님이십니다!" 하고 소리를 질러대니 이 소리로부터 거리를 두시고자 하시는 것입니다. 더러운 영이 든 사람이 예수님을 알아보고 "당신은 하느님의 아드님이십니다!" 하고 소리를 지른다는 것은 놀라운 일입니다. 이 외침은—뒤에 보겠습니다만—"너희는 나를 누구라고 하느냐?"라는 질문에 "스승님은 그리스도이십니다!"(마르 8,29) 하고 고백한 베드로를 연상시킵니다. 예수님은 옳게 고백한 베드로에게 "사탄아!" 하며 꾸짖으셨습니다(마르 8,33). "하느님의 일은 생각하지 않고 사람의 일만 생각"(마르 8,33)한다는 것이 그 이유입니다. 사람들은 고백하면서도 사탄의 마음을 가질 수 있고, 고백하면서도 언제라도 그분을 죽이라고 소리치며 삿대질할 수도 있습니다. 예수님은 이런 이간질하는 사탄의 마음에서 거리를 두게 하시는 것입니다.

그들은 '자기'의 욕망이 채워지기를 바라며 예수님께 손을 뻗습니다. 다른 손이 그분의 몸에 닿기 전에 자기 손이 먼저 닿아야 한다고 다른 손들을 물리치면서 더 힘차게 손을 내뻗을지도 모릅니다. 예수님은 오로지 자기만을 위하여 뻗는 그런 자기중심적인 손을 멀리하십니다. 그분은 당신께 손을 대려고 내미는 손들이 다른 이들을 위하여 내미는 자비로운 손이기를 바라십니다. 오로지 자기 자신만의 건강과 행복을 바라며 그분을 만지려는 마음으로는 행복을 찾을 수 없습니다. 그분의 가르침은 나의 이기적인 생각에 거리를 두게 합니다.

이로써 셋째 이유가 밝혀집니다. 예수님께서 그들에게 당신을 사람들에게 알리지 말라고 엄하게 이르신 것과 같은 맥락에서 생각할 수 있습니다. 예수님께서 선포하신 복음은 온 세상이 알아야 할 내용입니다. 그런데 아무에게도 말하지 말라고 하십니다. 왜 그러셨을까요?[99] 사람들은 예수님을 '병을 고쳐 주시는 분' 정도로 여기며 무리를 지어 그분을 쫓고 있지만, 하느님의 아들 그리스도는 그런 기적을 일으키는 존재가 아닙니다. 예수님은 이런 우리의 생각을 멀리하게 하십니다.

예수님은 군중이 귀찮아서 또는 무서워서 거리 두기를 하신 것이 아닙니다. 사람들이 당신을 향하여 뻗는 손은 질병을 앓는 이들에게 뻗으신 당신의 손과는 너무도 다르기 때문입니다. 예수님은 자기만의 행복과 평화를 생각하며 뻗는 이기적이고 자기중심적인 손 뻗음에 대해 거리 두기를 하십니다. 거리를 둘 때 우리는 그분이 하느님의 아들 그리스도이심을 깨닫게 될 것입니다. "너희들이 내게 뻗는 그런 이기적이고 자기중심적인 손길로는 설령 병이 나았다 해도 너의 존재는 또 다른 큰 병에 시달리게 될 것이다."

예수님은 자기만을 생각하는 우리의 죄스러운 사고로부터 거리를 두도록 하십니다. 우리는 말과 손이 너무 빨리 나갑니다. 어쩌다가 가난한 이에게 손을 내밀며 다가간다고 하더라도 가난한 사람을 위해서가 아니라 나를 위한 것일 때가 많습니다. 남에게 보일 목적으로 손을 내미는 것입니다. 예수님께 손을 내밀기 위해서는 이런 마음과는 거리를 두어야 합니다. 예수님이 그리스도라고 고백하는 이유가 자기만의 구원을 위한 것이라면 그런 고백과는 거리를 두어야 합니다. 우리의 고백이 진심이라면 나만을 위한 고백에서 거리를 두어야 합니다. 침묵의 경지에 들 때 우리는 마음으로 사람들에게 다가가 손을

---

99) 마르 8,27-33 참조.

내밀며 그들을 일으켜 세울 수 있을 것입니다. 예수님께서 거룻배를 타고 가르치신 것은 그분의 침묵에서 나온 행위입니다.[100] 침묵의 예수님께서 당신을 보기만 하면 앞에 엎드려, "당신은 하느님의 아드님이십니다!" 하고 소리 지르는 더러운 영들에게, "스승님은 그리스도이십니다!" 하고 고백하는 당신의 제자에게(마르 8,30; 9,9) 그리고 병자를 고쳐 주시고 나서 치유된 병자에게(마르 1,44; 5,43; 7,36; 8,26) 아무에게도 말하지 말라고 명령하십니다.

4

군중과 거리를 두기 위하여 제자들이 마련한 거룻배에 오르신 예수님께서 이후 무엇을 하셨을까요? 군중이 다 흩어질 때까지 기다리셨을까요? 그러고 나서 배에서 내려 산에 가셔서 열두 사도를 세우셨을까요(마르 3,13-19)? 복음사가는 이를 언급하지 않지만, 배에 오르신 그분은 여느 때처럼 군중을 가르치셨을 것이라고 상상할 수 있습니다(마르 4,1-2; 루카 5,3). 예수님께서 배에 올라앉아 가르치시는 행위는 그 자체로 상징적입니다. 배에서 가르치시는 예수님과 뭍에서 경청하는 사람들 사이의 거리는 그분의 가르침과 그들이 알고 있는 지식 사이에 거리를 느끼게 합니다.

그분의 가르침은 '우리가 있는 곳'과 거리를 두지 않고서는 받아들

---

100) 마태오는 여기서 '침묵하는 이의 모범'으로 이사야서에 나오는 주님의 종 이야기를 합니다. 그는 하느님께서 선택하신 하느님의 종, 하느님께서 사랑하는 이, 그분 마음에 드는 이입니다. 그는 "다투지도 않고 소리치지도 않으리니 거리에서 아무도 그의 소리를 듣지" 못합니다(마태 12,18-19). 아무 소리 내지 않는 하느님의 종이 "올바름을 승리로 이끌 때까지 부러진 갈대를 꺾지 않고 연기 나는 심지를 끄지 않으리니 민족들이 그의 이름에 희망을" 겁니다(마태 12,20-21).

일 수 없습니다. 호숫가는 물건을 사고파는 장이 서는 곳이고, 친구뿐 아니라 낯선 사람도, 좋은 사람뿐 아니라 밉고 싫은 사람도 섞여 사는 곳이며, 온갖 부류의 사람들이 분주하게 일상을 살아가는 삶의 현장입니다. 물건을 사고팔고 장가가고 시집가고 울고 웃고 떠드는 소리에 파묻혀 천국을 잘 체험하지 못하는 곳이기도 합니다. 성전에 가서는 기도하고 호숫가에서는 사고파는 일에 열중하는 이중적인 마음으로는 가까이 계시는 하느님을 체험할 수 없습니다. 세상과 거리를 둔 거룻배에서, 세상의 온갖 시끄러운 소리 너머에서 복음을 선포하시는 그분의 음성이 울려 퍼집니다. 세상의 온갖 탐욕스러운 소리를 잠재우는 복음이 울려 퍼집니다.

5

예수님께서 호숫가에 있는 거룻배에 올라앉으시어 하느님 나라의 복음을 선포하신다면 천국과 이 세상의 거리를 상징적으로 보여 주시는 것입니다. 천국이 이미 우리 가운데 와 있다면 우리가 사는 세상과 천국 사이에는 어떤 거리도 있을 수 없습니다. 하지만 이미 와 있는 천국을 느끼지 못한다면 우리는 천국과 거리를 두고 살아가고 있는 것입니다. 있을 수 없는 거리를 만들면서 천국의 행복을 죽음 이후로 미루고 거리를 만들며 살아가는 것입니다.

거룻배에 오르신 예수님은 이런 생각에서 거리를 두게 하십니다. 천국은 우리의 평소 생각과 거리를 두지 않고서는 들어갈 수 없는 경지입니다. 일상에 찌든 언어를 침묵시키는 경지에 이른 자만이 복음을 깨달을 수 있을 것입니다. 그분께서 거룻배에 올라앉으셔서 당신을 쫓는 군중과 일정한 거리를 두고 복음을 선포하셨다는 것은 복음을 깨닫기가 쉽지 않다는 것을 상징적으로 암시합니다. 그분의 복음을 받아들이기 위해서 세상과 세상일을 쫓는 마음과 거리를 둘 수 있어야 합니다. 기존의 그릇된 사고와 거리를 두어야 합니다. 자기 자신만을 위해 하느님을 찾고 기도하는 마음에 거리를 두어야 합니다. 상투적이고 습관적인 신앙고백에 거리를 두어야 합니다.

예수님의 관심은 오로지 인류가 복음을 깨닫고 자기 자신과 세상을 하느님의 복음으로 받아들이고, 그렇게 자기 자신과 세상을 복음으로 받아들이며 살게 하시는 것입니다. 지금 우리가 발 딛고 사는 이 세상에 하느님의 나라가 와 있음을 보고, 그 안에 사는 모든 사람이 서로를 하느님 대하듯 하며 살게 하시는 것입니다.

21세기에 사는 우리는 그분의 복음을 들어서 천국이 이미 우리가 사는 세상에 와 있다는 것을 압니다. 하지만 여전히 천국을 이 세상을 떠나서야 가게 되는 나라인 것처럼 생각하며 힘들게 살아갑니다. 듣고 싶은 것만 듣고 하고 싶은 말만 하는 습성에서 벗어나기가 쉽지 않은 것입니다. 그렇다고, 지금 당장 깨닫지 못한다고 실망할 필요는 없습니다. 흔들리는 배를 타고 예수님께서 믿음과 용기를 북돋워 주십니다. "배가 흔들린다고 걱정하지 마라. 너희가 타고 있는 인생이라는 배에는 하느님께서 함께 타고 계신다. 믿어라. 걱정하지 마라. 너희는 그렇게 살 수 있다."

예수님께서 거룻배를 타신 행위는 하느님의 복음을 선포하시고자 갈릴래아에 가신 행위(마르 1,14)와 다르지 않습니다. 배에서 가르치시는 그분의 복음은 이상향을 향한 꿈같은 이야기가 아니라 세상 안으로 눈을 돌리게 하는 현실적인 기쁜 소식입니다. 그분의 가르침을 들으면서 우리는 각자 거룻배를 마련하여 거기에 도달하도록 해야 합니다.

6.
예수님께서 열둘을 세우시고
그들을 사도라 이름하시다

예수님께서 산에 올라가신 다음, 당신께서 원하시는 이들을 가까이 부르시니 그들이 그분께 나아왔다. 그분께서는 열둘을 세우시고 그들을 사도라 이름하셨다. 그들을 당신과 함께 지내게 하시고, 그들을 파견하시어 복음을 선포하게 하시며, 마귀들을 쫓아내는 권한을 가지게 하시려는 것이었다. 이렇게 예수님께서 열둘을 세우셨는데, 그들은 베드로라는 이름을 붙여 주신 시몬, '천둥의 아들들'이라는 뜻으로 보아네르게스라는 이름을 붙여 주신 제베대오의 아들 야고보와 그의 동생 요한, 그리고 안드레아, 필립보, 바르톨로메오, 마태오, 토마스, 알패오의 아들 야고보, 타대오, 열혈당원 시몬, 또 예수님을 팔아넘긴 유다 이스카리옷이다(마르 3,13-19).

가. 파견하시기 위하여 부르시다

1

예수님께서 열둘을 부르시어 그들을 사도라 이름하시고(마르 3,13-19) 그들에게 복음을 선포하고 마귀들을 쫓아내는 권한을 주시어 파견하시고(마르 6,7-13) 그들이 돌아와서 한 일을 보고하는 것(마르 6,30-34)을 한 묶음으로 묵상할 수 있을 것입니다.

예수님께서 산에 올라가신 다음 당신이 원하시는 이들을 가까이 부르시고 그들을 사도라고 이름하시며 세상에 파견하십니다. 예수님께서 제자들을 부르신 것은 파견하시기 위해서이고, 파견하시는 것은 당신께서 선포하기 시작하신 복음을 계속 선포하도록 하시기 위해서입니다. 병자를 낫게 하고 더러운 영을 쫓아내는 것은 복음 선포의 내용입니다.

그들을 사도라고 이름하신 데서 그분의 결의와 목적의식을 강하게 느낍니다. 사도란 그리스어로 아포스톨로스ἀπόστολος인데, '파견된 자', '보내진 자'라는 뜻입니다. 그분께서 열둘을 세우시고 사도라 하셨다면 세상에 '보내기' 위해서입니다. 파견된 자는 자기 존재로 자기를 파견하신 분의 뜻을 세상에 드러내 보여야 합니다. 자기의 존재로 스승의 가르침을 전달하여 세상이 자기를 통하여 스승을 알고 느끼며 살도록 해 주어야 합니다.

2

마르코는 부르심(3,13-19)과 파견(6,7-13) 사이에 예수님께서 복음을 선포하시며 겪으신 여러 사건을 보도합니다(마르 3,20-6,6). 제자들은 파견되기까지 그분과 함께 지내며 그분의 복음적 삶을 보고 들으며 익히게 될 것입니다. 게라사에서처럼 예수님께 떠나 주십사고 요청하는 지역주민들도 보고, 나자렛에서처럼 고향 사람들에게 무시당하시는 모습도 보고, 바리사이나 율법 학자들처럼 대놓고 그분께 적대감을 드러내는 장면도 목격하면서 그리스도가 누구신지, 복음의 삶이 어떤 것인지 더욱 실감하게 될 것입니다.

그들이 세상에 선포해야 할 복음은 예수님과 함께 지내면서 보고 듣고 익힌 예수님의 '함께하시는 삶'입니다. 그분 곁에서 그분의 '함께하시는 삶'을 익히어 그분께서 하신 일을 그대로 세상에 전해야 합니다. 그분의 복음적 삶을 그들의 '함께함'으로 보여 주어야 하며, '세상 사람들과 함께함'으로써 실천해야 합니다. 그들의 '함께함'을 통해 '스승의 함께하심', '하느님의 함께하심'을 보여 주어야 합니다. 모든 사람이 하느님의 전부가, 하느님의 생명이 전달된 존재라는 것을 알려야 합니다. 그분처럼 자기의 말과 행동과 인품에서 하느님의 나라가 풍기도록 해야 합니다. 보내진 자가 보내진 곳에서 자기를 보내신 분을 느끼게 해 주지 못한다면 그는 파견의 사명에 충실하지 못한 것입니다.

3

제자들은 아직 그 단계에 이르지 못했습니다. 복음을 들으면서도 듣지 못하고 보면서도 보지 못하는 미숙한 수준에 머물러 있습니다. 예수님께서 그런 그들을 당신 곁에 부르시어 당신의 삶을 배우게 하십니다. 그리고 당신과 함께 생활하면서 익힌 모든 것을 행할 수 있도록 권한을 주십니다. 그들이 병자를 낫게 하고 마귀들을 쫓아내는 권한을 받았다는 것은 그들의 행위가 그들 자신의 힘이나 능력이 아니라 예수님께 위임받은 것임을 말해 줍니다. 사도행전은 주님의 이름으로 복음을 선포하는 사도들의 모습을 보여 줍니다. 베드로는 모태에서부터 불구자였던 사람에게 "나는 은도 금도 없습니다. 나자렛 사람 예수 그리스도의 이름으로 말합니다. 일어나 걸으시오." 하고 말하며 그를 고쳐 줍니다(사도 3,1-10). 하느님 나라의 복음은 입으로만 선포되는 것이 아닙니다. 전권을 받은 그들은 '주님과 함께하는 삶'으로 예수님의 '함께하는 삶'(현존)을 증명해 보여야 합니다.

4

예수님께서 복음 선포의 임무를 맡기시려고 원하시는 이들을 부르시고 그중 열둘을 사도로 세우신 곳은 산입니다.[101] 일상에서 벗어난 산은 인간에게 귀를 기울이게 합니다. 모세가 하느님의 음성을 듣고

---

101) 루카는 예수님께서 기도하시려고 산으로 나가시어, 밤을 새워 기도하시고 날이 새자 제자들을 부르셨다고 전합니다. 기도하는 마음으로 사도들을 뽑으신 것입니다(루카 6,12-13).

야훼 하느님을 체험한 곳도 산이었고, 이스라엘을 광야에서 이끌 때 십계명을 받은 곳도 산이었습니다. 산 아래 백성들이 불평하는 소리와 금송아지를 만들어 예배하며 고약하게 구는 소리를 듣고 분노하시는 야훼께 재앙을 거둬 달라고 애원한 곳도 산이었습니다. 야훼께서 모세의 애원을 들으시고 재앙을 거둬들이신 곳도 산입니다. 예수님은 산에 오르시기 조금 전에 귀를 가지고도 듣지 못하는 인간들을 안타깝게 여기셨습니다. 그분을 듣지 않고서는 말씀을 전할 수도 마귀를 쫓아낼 수도 없습니다.

예수님께서 제자들을 산으로 부르신다면 고요 속에 당신을 듣고 산 아래 일상의 소리를 듣게 하시려는 것입니다. 산으로 부르셨다는 것은 그때까지 그들이 산 아래 있었다는 것을 암시합니다. 인간들은 산 아래에서 생로병사와 희로애락과 온갖 길흉화복을 겪으면서 먼 산 높은 곳에 걸려 있는 행복을 그리워하면서 살아갑니다. 예수님은 그런 그들을(우리를) 데리고 산에 오르십니다.

변모 때도 예수님은 제자들을 데리고 높은 산으로 올라가십니다. 산 아래에서 펼쳐지는 고통스러운 삶과 동떨어진 곳에서 산 아래를 내려다보며 역시 산 위 공기가 좋다는 것을 즐기기 위해서가 아닙니다. 힘들고 고통스러운 세상이지만 멀리서 바라보면 아련하고 평화롭습니다. 높은 산에 오른 사람이 더 멀리 더 깊이 굽어볼 수 있습니다. 높은 산은 세상을 아름답게 창조하신 하느님의 사랑을 느끼게 합니다. 하느님께서 상주하시는 세상, 하느님의 생명이 전달된 땅에 살면서 느끼지 못했던 무감각을 산 위에서 산 아래를 바라보며 깨닫습니다. 하느님처럼 사랑스러운 눈을 가질 수 있을 것 같습니다. 용서하지 못할 사람, 화해하지 못할 사람, 사랑하지 못할 사람들의 정체가 흐려지면서 모든 사람을 하느님 대하듯 하며 살아야겠다는 결심도 하게 됩니다. 산에 오르신 예수님은 당신께서 선포하신 복음을 제자들에게 느끼게 해 주십니다. 저 못난 사람들, 저 마음에 들지 않는 사람들 안에도 하느님은 와 계십니다. 제자들은 이 느낌을 간직하고 산 아래로 내려가서 다른 사람들도 그 느낌을 가질 수 있도록 해야 합니다.

산에 오르시는 그분의 마음을 느낄 때 복음 선포의 사명을 사랑으로 실천할 수 있을 것입니다. 예수님께서 복음을 선포하신 이유는 세상 사람들이 서로를 복음으로 대하며 세상을 복음으로 살아가게 하시기 위해서입니다. 세상에 복음을 선포하신 예수님은 하느님을 복음으로 만나셨고, 세상을 복음으로 체험하셨습니다. 제자들은 예수님을 통해서 세상에서 복음을 느끼며 자기의 몸으로 세상에 복음을 느끼게 해야 합니다. 자기 존재로 세상에 그들의 손이 닿지 아니하는 것(곳)이 없다는 것을 보여 주어야 합니다. 마귀를 쫓아내고 세상 사람들이 서로를 복음으로 대하며 살도록 해야 합니다. 믿는 자만이 모든 것에 손을 대고 잡아 일으켜 세울 수 있습니다. 믿지 않는 자는 남을 일으키지 못합니다. 그들 눈에는 병자와 허약한 이는 마귀 들린 자로서 자기 손 밖으로 밀어내야 할 존재로만 보이기 때문입니다. 루카도 산 이야기를 하는데 산의 분위기가 마르코와는 사뭇 다릅니다. 루카는 그분께서 기도하시기 위해서 산에 오르셨다고 전합니다. 산에서 밤을 새워 기도하신 다음, 날이 새자 제자들을 부르시어 그들 중 열둘을 뽑아 사도라 부르십니다(루카 6,12-13). 제자들은 산에서 기도하시는 그분의 모습에서 자기들을 불러 사도라 이름하시며 세상에 보내고자 하시는 그분의 마음을 느끼게 될 것입니다.

5

예수님께서 열두 제자를 뽑아 그들을 사도라 하신 것을 예수님께서 열둘에게만 특별한 관심이나 사랑을 보이신 것으로 오해해서는 안 됩니다. 그 열둘이 다른 사람보다 당신을 더 잘 따랐거나 더 능력이 월등하거나 더 믿음직해서 뽑으신 것은 아닐 것입니다. 우리는 열둘 중에 예수님을 팔아먹은 유다도 있고, 예수님을 모른다고 부인한 베드로도 있고, 무엇보다 예수님께서 붙잡히셨을 때 하나같이 그분을 버리고 달아났던 인물들이라는 것을 잘 알고 있습니다. 예수님께서 열둘을 세우신 것은 이스라엘의 열두 지파를 상징합니다. 하느님께서 이스라엘을 선택하신 것은 그들을 다른 민족보다 더 사랑하셨기 때문이라기보다 그들을 통해 다른 민족들을 부르시기 위해서였습니다.

베드로는 나중에 누구보다 이 사명을 깊이 성찰하여 깨닫게 됩니다. 베드로는 이스라엘의 원로들에게 "하느님께서 일찍이 여러분 가운데에서 나를 뽑으신 사실을 여러분은 알고 있습니다."(사도 15,7)라고 말하면서 "다른 민족들도 내 입을 통하여 복음의 말씀을 들어 믿게 하시려고" 뽑으신 것이라고 말합니다. 자기가 특별해서 뽑힌 것이 아니라는 것입니다. 이스라엘 백성을 대표하는 열둘의 사명도 하느님은 모든 이에게 성령을 주시어 그들을 인정해 주셨다는 사실을 모든 백성에게 알리는 것입니다.

예수님께서 왜 열둘을 뽑아 사도라고 하셨는지 마음에 새긴 베드로 사도는 "그들(다른 민족들)의 믿음으로 그들의 마음을 정화하시어, 우리와 그들 사이에 아무런 차별도 두지" 않으셨다고까지 말합니다. 모든 민족이 복음을 듣도록 창조되었다는 것을 알리고자 복음을 전하는 것입니다. 복음을 먼저 받아들인 것이, 또 복음을 선포하는 것이 자랑거리가 될 수 없습니다. 바오로 사도는 말합니다. "내가 복음을 선포한다고 해서 그것이 나에게 자랑거리가 되지는 않습니다. 나로서는 어찌할 수 없는 의무이기 때문입니다. 내가 복음을 선포하지 않는다면 나는 참으로 불행할 것입니다."(1코린 9,16) 우리는 어떻습니까? 우리는 이를 성찰합니까(사도 15,7-12 참조)?

나. 그분께서 원하시는 사람

1

예수님께서 산에 올라 당신께서 원하시는 이들을 가까이 부르신 다음, 그 중 열둘을 세워 사도라 이름하십니다(마르 3,13-19). 가까이 부르심을 받은 열두 제자들은 모두 갈릴래아 사람들입니다. 갈릴래아 출신들은 빌라도가 예루살렘의 빠스카 축제 동안 감시를 게을리하지 않을 정도로 정치적 기질이 강한 데다가 권력과 영광에 대한 집착도 대단해서 수난과 고통을 받아들이라는 예수님의 말씀을 감당하기 쉽지 않았을 것입니다. 그런데도 그들이 예수님을 따랐던 것은 그분의 권능과 영광에 거는 기대가 더 크게 작용하였기 때문일 것입니다.

'당신께서 원하시는 이들' 중에 예수님께서 게파(베드로)라는 이름을 붙여 주신 시몬은 한때 열혈당원이었습니다. 그 외에 "보아네르게스 (히브리어 보네레게스, '천둥의 아들들')"이라 불리는 야고보와 그의 동생 요한이 있습니다. 당신을 팔아넘긴 유다 이스카리옷도 예수님께서 마음에 두고 산으로 부르신 인물입니다. "차라리 세상에 태어나지 않았다면 더 좋았을 것을" 하고 가슴 아파하신 유다 이스카리옷, 다른 사람은 몰라도 자기만은 당신을 배반하지 않을 것이라고 장담하던 베드로, 이들이 과연 그분께서 마음에 두신 그 사람들이 맞는가요?

예수님께서 특출한 것 없는 어부들이나 당신을 팔아넘긴 유다[102]나 사람들이 가까이하기를 꺼리는 세리 마태오를 '당신께서 원하시는 이들'이라며 제자로 부르셨다면, 모든 사람이 당신께서 원하시는 사람들이라는 것을 시사합니다. 이 말은 세상에는 그분께서 원하시지 않은 사람이 없다는 것을 뜻합니다. 세상에 파견될 제자들은 그분과 함께 지내면서 그분의 이 마음을 익히도록 해야 합니다. 그들은 세상 모든 이가 '그분께서 원하시는 사람들'이라는 것을 세상에 선포해야 합니다. 이를 알리는 것이 사도의 사명입니다. 세상 모든 사람이 '그분께서 원하시는 이들'이라는 것을 자기들의 몸으로 보여 주어야 합니다. 주님은 그들이 이 일을 하도록 당신 가까이 불러 당신과 함께 지내게 하십니다.

---

102) 이스카리옷이라는 이름의 뜻은 '자객'(열혈당원), '거짓말쟁이', '넘겨준 사람'(정양모)으로 풀이할 수 있으나 이런 풀이는 유다가 예수님을 배반한 이후 주어진 것으로 봐야 할 것입니다.

2

사도는 예수님께서 원하시는 사람입니다. 사도는 자기가 주님께서 원하시는 존재라는 것을 알기에 자기가 약한 존재라는 것을, 약함이 자기의 강점임을(2코린 12,10 참조) 겸손하게 받아들입니다. 야훼께서 위엄 가운데 모세에게 나타나셔서 소명을 주시자 모세는 두려워 떨며 자기의 나약함을 고백합니다. "제가 무엇이라고 감히 파라오에게 가서, 이스라엘 자손들을 이집트에서 이끌어 낼 수 있겠습니까?"(탈출 3,11) 젊은 예레미야도 야훼의 말씀이 내리자 아룁니다. "아, 주 하느님 저는 아이라서 말할 줄 모릅니다."(예레 1,6) 사도직은 인간이 자기의 똑똑함으로 얻는 것이 아니라 부르심을 통해 주어지는 것입니다(히브 5,4). 이 부르심 때문에 사도는 신자들 위에 군림하거나 특권을 가지고 신자들에게 다가가는 존재일 수 없습니다.

제자들에게 복음 선포라는 사명이 주어진다면 그들의 약함이 강점이기 때문입니다. 그들은 자기를 보내신 분의 뜻을 전해야 하기에 자기의 뜻을 강하게 내세울 때 파견의 임무를 거스르게 됩니다. 그들은 자기를 특별한 존재로 내세우기보다 능력 없음을, 자기 힘으로는 아무것도 할 수 없음을 고백하며, 나 같은 사람도 주님께서 원하신 존재로구나, 나 같은 사람에게도 주님의 일을 맡겨 주셨구나, 하는 자세로 임해야 합니다.

사도는 자기의 부르심을 통해 온 인류가 부르심을 받았다는 사실을 알게 해야 합니다. 부르심은 온 인류에 대한 하느님의 보편적 구원 의지요 보편적 사랑의 표시입니다. 부르심 받은 제자라면 자기 몸으로 하느님께서 모든 인간을 사랑하시고 모든 인간의 구원을 바라신다(1티모 2,4)는 것을 보일 수 있어야 합니다. 하느님께서 이스라엘을 선택하신 것은 이스라엘이 잘나서가 아닙니다. 아브라함을 부르신 것도 그가 잘나서가 아닙니다. 하느님께서 아브라함을 부르신 것은 타향으로 보내시기 위해서입니다. 아브라함은 타향에 가서 그곳 사람에게 하느님의 부르심을 체험하게 하고 하느님을 섬기도록 할 것입니다.

다. 그들을 당신과 함께 지내게 하시려고

1

예수님께서 당신이 원하시는 이들을 가까이 부르신 것은 그들이 당신과 함께 지내게 하시기 위해서입니다. 마르코는 여기서 예수님께서 그들이 당신과 함께 지내게 하셨다는 말만 할 뿐 그들이 그분과 함께 어떻게 지냈는지는 구체적으로 이야기하지 않습니다. 그분과 함께 먹고 마시고 자고 일하면서 사람을 만나고 복음을 전하시는 그분의 일상을 체험했으리라고 짐작할 수 있습니다. 예수님께서 "지팡이 외에는 아무것도, 빵도 여행 보따리도 전대에 돈도 가져가지 말라."(마르 6,8-9) 하고 이르신 데서 그분의 삶이 잘 드러납니다.

제자들은 스승과 함께 지내면서 그분의 생활 습성과 그분의 인생을 그들 몸으로 답습하며 하느님 나라의 가까움을 체험하고 몸으로 익혀야 합니다. 그분께서 어떻게 하느님과 함께하시는지, 어떻게 백성들과 함께하시는지, 어떻게 가난한 이들과 버림받고 소외당하는 이들과 병자들과 죄인들에게 다가가시어 손을 내밀고 어루만지고 병을 고쳐 주시는지, 어떻게 '함께하는 삶'을 사시는지 잘 보고 마음에 담아 실천해야 합니다.

그들은 이미 스승께서 열병 앓는 베드로의 장모를 어떻게 대하시는지 보았고, 나병 환자 중풍 병자 손이 오그라든 사람을 고쳐 주시는 것도 보았습니다. 그분과 함께 지내면서 그분이 '하느님과 함께하시는 분'이며 하느님께서 '그분과 함께하신다'는 것을 체험하였을 뿐만 아니라 하느님께서 그분과 함께 온 세상과 함께하시는 분임을 확신하였습니다. 그들은 그렇게 체험한 하느님의 함께하심과 하느님과 함께하시는 그분의 삶을 자신들의 삶으로 더욱 소화하면서 세상에 선포해야 합니다.

2

제자는 스승과 함께하는 사람입니다. 그분과 함께 다니는 사람입니다. 마르티니 추기경이 말하듯이 "(함께) 있다stare는 것은 예수님께서 사람을 부르시는 첫째 목적이다…. 항구적으로 그분과 함께 있기 위하여 (그들을 뽑으신 것이다). 그러니까 그분의 제자가 되라고, 그분을 모셔 들이라고, 그분께 복종하라고 부름 받은 것이 아니다. 몸으로 그분과 함께 있음이 부르심과 선택의 목적임을 극구 강조한 셈이다."[103]

제자들은 예수님과 함께 지내면서 바리사이와 율법 학자들이 그분을 어떻게 대하는지도 보게 될 것입니다. 적대행위와 논쟁과 시비에 둘러싸여 고통당하는 범상치 않은 그분의 삶을 보게 될 것입니다. 하느님의 나라가 가까이 왔다는 것을 이론적으로 입으로만 선포하는 것이 아니라 그들의 온몸으로 선포해야 합니다. 예수님께서 그들을 가까이 부르신 것은 부하를 거느린 두목처럼 세를 과시하기 위해서가 아닙니다. 당신처럼 먹고 마시고 자고 일하는 것을 익혀 드디어는 당신처럼 먹고 마시고 자고 일하고 생각하도록 하시려는 것입니다. 제자들이 보고 익힌 스승의 모습은 그들이 자신의 몸으로 세상에 느끼게 해 주어야 할 모습입니다. 그분의 복음적 삶을 체험하면서 그들도 자신들의 삶을 복음의 삶으로 변화시켜야 합니다. 그분처럼 복음이 되어 세상을 살도록 해야 합니다.

3

제자는 스승의 가르침을 스승의 삶을 통하여 배웁니다. 제자에게 스승은 머리에 지식만을 담아 주는 자가 아닙니다. 스승은 존재 자체로 가르침입니다. 스승의 일거수일투족은 그대로 제자들이 따라 걸어야 할 길이 됩니다. 제자를 보면 스승을 알 수 있습니다. 제자는 스승의 가르침과 삶에서 배운 것을 자기의 몸으로 세상에 전달하는 자

---

103) 마르티니, 60-61.

이기 때문입니다. 제자는 스승의 삶을 세상에 풍기며 사는 자입니다. 사람들은 제자들의 가르침과 그들의 삶에서 스승의 가르침과 삶을 느낍니다. 예수님께서 제자들을 불러 모으신 것은 그들을 통하여 당신의 삶을 세상에 전하고 느끼게 하시기 위해서입니다.

마르티니 추기경의 다음 말은 오늘날 성직자 수도자들이 마음에 새겨야 할 것입니다. "예수님께서 그들을 당신의 제자로 느끼고 있었다. 또한 그들은 친구처럼 예수님과 함께 지내게 된다. 베드로 사도는 예수님께서 그를 부르신 것은 다만 어떤 책무만을 맡기기 위한 것이 아니라는 것을 느꼈다. 예수님께서는 그들을 당신 삶의 가까이에서 참여토록 부르신 것이다. 그들에게 진정한 우정과 나눔과 가정적인 사랑을 제시하셨다."[104] "예수님께서는 열두 사도를 부르심과 함께 새로운 관계를 제시하신다. 모두 당신과 같은 존재가 되기를 가르치시면서 그들에게 신뢰와 믿을 수 있는 신빙성의 관계를 제시하신 것이다."[105]

라. 복음을 선포하고 마귀들을 쫓아내는 권한

마르코 복음은 "그들을 당신과 함께 지내게 하시고"에 이어 "그들을 파견하시어 복음을 선포하게 하시며, 마귀들을 쫓아내는 권한을

---

104)   마르티니, 48
105)   마르티니, 48

가지게" 하시려고 제자들을 불렀다고 서술합니다. 예수님께서 제자들을 불러 모으신 이유는 제자들을 세상에 파견하시어 당신이 세상에 선포하신 복음과 마귀를 쫓아내는 일을 계속하도록 하시기 위해서입니다. 복음 선포와 치유와 구마는 당신만이 아니라 제자들도 해야 할 일이며, 나아가 온 세상 사람들이 해야 할 일입니다. 우리가 그리스도인이 된 것은 예수님처럼 복음을 선포하고 앓는 사람들을 치유하고 마귀를 쫓아내기 위해서입니다. 복음 선포와 구마는 오직 예수님 방식으로만 해야 합니다.[106]

마귀들을 쫓아낸다는 것은 무슨 말입니까? 그 옛날 아담과 하와가 하느님의 명을 거슬러 사과를 따 먹게 한 것이 마귀입니다. 하느님과 인간을, 인간과 인간(아담과 하와, 카인과 아벨)을 좋은 말로 이간질하는 것이 마귀입니다. 하느님은 인간의 손이 닿는 곳에 계시며 언제나 당신의 손을 내밀어 인간을 어루만지시며, "나는 너희의 하느님이고, 너희는 나의 백성"이라는 약속에 충실하신데, 인간을 떠나신 적이 없이 인간과 함께하시는데, 마귀는 하느님께서 정말 나와 함께 계시는지, 하느님께서 나를 벌하신 것은 아닌지 의심하고 불신하게 합니다. 마귀는 하느님과 인간 사이를 이간질하며 하느님을 인간의 손이 닿지 아니하는 곳에 계시거나 한 것처럼 손을 내밀지 못하게 방해하고, 이웃을 내 손이 닿지 아니하는 곳으로 밀어내게 합니다. 하느님을 배신하고 서로 시기하고 미워하며 싸우고 상처 입게 만듭니다. 하느님을 잘못 알게 합니다.

---

106) 예수님의 이름으로 복음을 선포한다고 하면서 예수님의 복음이 아닌 것을 선포하고 예수님의 이름으로 마귀를 쫓아낸다고 하면서 이상한 짓을 해서는 안 됩니다.

카인이 아벨을 죽인 것은 아벨을 자기의 손이 영원히 닿지 아니하는 곳으로 밀어낸 행위입니다. 마귀를 쫓아낸다는 것은 하느님과 인간을 자기의 손이 닿지 아니하는 무덤으로 밀어내는 행위를 극복하는 것입니다. '하느님의 함께하시는 삶' 속으로 살아나는 것입니다. 다윗이 자기를 죽이려고 추격해 오는 사울을 죽일 기회가 생겼을 때 마귀는 "저자가 너를 죽이려 하던 자다. 그러니 살려두지 마라." 하고 부추기지만, 다윗은 그를 '주님의 기름 부음 받은 이'로 보며 살려 줍니다(1사무 24,3-21). 다윗은 마귀를 쫓아내며 주님의 가까움을 체험한 사람입니다.

마귀의 몹쓸 짓에는 돈과 힘이 작용합니다. 마귀는 돈과 힘을 앞세워 인간들이 서로 물고 뜯고 상처 주는 짓을 계속하도록 인간을 꾑니다. 네가 사과를 먹으면 하느님처럼 될 것이라고 한 것은 네가 사과를 따 먹으면 모든 것을 마음대로 할 수 있는 전능한 힘을 얻게 될 것이라고 부추기는 것입니다. 아담은 이 꾐에 넘어갔습니다. 힘의 논리에 넘어간 것입니다. 하느님은 힘의 논리에 따라 움직이시는 분이 아닙니다.

예수님께서 제자들에게 마귀를 쫓아내는 권한을 주셨다는 것은 돈과 함께하고 힘과 함께하는 삶에서 인간을 해방시켜 복음적으로 살도록, 즉 하느님과 함께하고 이웃과 함께하는 삶을 살도록 하는 권한을 주신 것입니다. "아무도 두 주인을 섬길 수 없다. (…) 하느님과 재물을 함께 섬길 수 없다."(마태 6,24) 제자들이 해야 할 일은 함께하는 삶을 선포하는 것입니다. 돈과 힘으로부터 자유로운 자만이 할 수 있을 것입니다. 교회가 복음을 선포하기 위해서는 돈과 힘으로부터 자유로워야 할 것입니다.

마. 미친 예수님과 베엘제불

예수님께서 집으로 가셨다. 그러자 군중이 다시 모여들어 예수님의 일행은 음식을 들 수조차 없었다. 그런데 예수님의 친척들이 소문을 듣고 그분을 붙잡으러 나섰다. 그들은 예수님께서 미쳤다고 생각하였던 것이다. 한편 예루살렘에서 내려온 율법 학자들이, "그는 베엘제불이 들렸다."고도 하고, "그는 마귀 우두머리의 힘을 빌려 마귀들을 쫓아낸다."고도 하였다. 그래서 예수님께서는 그들을 부르셔서 비유를 들어 말씀하셨다. "어떻게 사탄이 사탄을 쫓아낼 수 있느냐? 한 나라가 갈라서면 그 나라는 버티어 내지 못한다. 한 집안이 갈라서면 그 집안은 버티어 내지 못할 것이다. 사탄도 자신을 거슬러 일어나 갈라서면 버티어 내지 못하고 끝장이 난다. 먼저 힘센 자를 묶어 놓지 않고서는, 아무도 그 힘센 자의 집에 들어가 재물을 털 수 없다. 묶어 놓은 뒤에야 그 집을 털 수 있다. 내가 진실로 너희에게 말한다. 사람들이 짓는 모든 죄와 그들이 신성을 모독하는 어떠한 말도 용서받을 것이다. 그러나 성령을 모독하는 자는 영원히 용서를 받지 못하고 영원한 죄에 매이게 된다." 이 말씀을 하신 것은 사람들이 "그는 더러운 영이 들렸다."고 말하였기 때문이다(마르 3,20-30).

1

예수님께서 집으로 가셨는데[107] 군중이 모여들어 예수님 일행은 음식을 들 수조차 없었습니다. 그분이 미쳤다는 소문이 파다하게 퍼져나가고 그분의 친척들은 걱정이 되어 그분을 붙잡으러 왔습니다(마르 3,21). 예수님의 어머니와 형제들도 왔습니다(마르 3,31). 예수님의 어떤 면이 그들에게 미친 사람으로 보였을까요? 그런 소문을 낸 사람은 누구일까요? 이 소문을 접한 예수님의 마음은 어떠했으며 어머니의 마음은 또 어떠했을까요?

우리는 예수님께서 하신 말씀과 행동에서 미친 모습을 많이 보게 될 것입니다. 자신을 정상이라고 생각하는 사람들의 눈에 그분은 미친 사람입니다. 미치지 않고서야 어떻게 하느님의 나라가 우리들의 손이 닿은 곳에 와 있다고 선포할 수 있겠습니까? 미치지 않고서야 어떻게 가난한 자는 행복하다고 말할 수 있으며, 나병 환자에게 다가가 손을 내밀고 어루만질 수 있으며, 소외된 이들에게 마음을 줄 수 있으며, 죄인인 여자가 눈물로 당신의 발을 닦도록 내버려 둘 수 있겠습니까? 미치지 않고서야 어떻게 제자들의 발을 씻어 줄 수 있으며, 자신의 몸을 쪼개어 다른 사람의 먹이로 내놓을 수 있으며, 한 알의 밀알처럼 땅에 떨어져 죽을 수 있겠습니까(요한 12,24)? 미치지 않고서야 어떻게 구유에 태어난 아기, 십자가에 처형당한 인간의 아들이 전능하신 천지의 창조주 하느님이실 수 있겠습니까? 미치지 않고서야 어떻게 자기를 하느님의 아들 그리스도라 말할 수 있으며, 우리에게 하느님을 아버지라 부르라 하실 수 있겠습니까?

---

107)   학자들은 베드로의 집으로 추정합니다.

제2장 복음의 실천: 모든 이 안에 천국이

미쳐야 가난한 사람이나 병약한 사람의 친구가 될 수 있고, 미쳐야 죄인이나 세리와 함께 먹고 마실 수 있고, 미쳐야 마구간에 태어나고 십자가에 달리어 죽을 수 있습니다. 그리고 그분을 만날 수 있습니다. 미친 사람만이 구유에 누운 불쌍한 아기에서 구세주를 보고 십자가에서 그분을 만날 수 있습니다. 그분처럼 미칠 수 없었던 제자들은 그분을 버리고 도망쳤었습니다.

오늘날 그리스도인의 문제는 미치지 않으려고 하는 데 있습니다. 잘못 미치는 데 있습니다. 그리스도를 전한다고 하면서 그분처럼 미치려 하지 않는 것입니다. 하느님의 나라가 가까이 왔다는 복음을 외치고 돌아다니면서도 천국을 손이 닿지 아니하는 곳으로 밀쳐 내고, 가난한 자는 행복하다고 외치면서도 가난한 자가 되려 하지 않는 것입니다. 고통받는 이들에게 다가가 손을 내밀지 못합니다. 그분의 몸을 영하면서도 자기 자신의 안위安慰만을 생각합니다. 다른 이를 위하여 십자가에 올라가 죽는다는 것은 상상조차 하기 싫은 일입니다. 미쳐서는 사람대접을 받으며 살 수 없습니다. 그랬다간 세상 물정 모르는 바보 얼간이 취급을 받습니다. 십자가에 자기 몸을 내놓는 미친 짓은 그분 한 분이면 족하다고 생각하는 것입니다.

2

마르코는 예수님과 논쟁하는 상대로 율법 학자를 등장시키고 마태오는 바리사이를 등장시킵니다. 이들은 예수님을 마귀 들린 사람으로 간주하고 시비를 겁니다. 군중이 무리 지어 그분께로 모여드는 것을 바라보는 그들의 시선은 곱지 않습니다. 예수님을 "베엘제불이 들렸다."라고도 하고, "마귀 우두머리의 힘을 빌려 마귀들을 쫓아낸다."라고 헛소문을 퍼뜨립니다.[108]

예수님께서 그들에게 말씀하십니다. "한 나라가 갈라서면 그 나라는 버티어 내지 못한다. 한 집안이 갈라서면 그 집안은 버티어 내지 못할 것이다."(마르 3,24-25) 그리고 그들의 말을 받아 사탄[109]을 비유로 말씀하십니다. "사탄도 자신을 거슬러 일어나 갈라서면 버티어 내지 못하고 끝장이 난다."(마르 3,26) 마태오는 이렇게 표현합니다. "사탄이 사탄을 내쫓으면 서로 갈라선 것이다. 그러면 사탄의 나라가 어떻게 버티어 내겠느냐?"(마태 12,26)

이로써 예수님은 그들이 스스로 궁지에 몰리게 하십니다. 그들은 사탄을 싫어합니다. 그렇다면 어떤 방식으로든 사탄을 쫓아내신 예수님을 반겨야 하는 것 아닙니까? 그런데 그들은 오히려 예수님을 비난하며 딴소리를 합니다. 예수님께서 그들의 이 잘못을 지적하십니다. 마태오와 루카는 여기에 예수님의 비판을 하나 더 기록합니다. "내가 만일 베엘제불의 힘을 빌려 마귀들을 쫓아낸다면, 너희의 제자들은 누구의 힘을 빌려 마귀들을 쫓아낸다는 말이냐?"(마태 12,27; 루카 11,19) "나의 효력이 마귀에게서 나온 것이라면 나를 비난하는 너희

---

108) 마태오 복음에는 예수님께서 마귀 들려 눈이 멀고 말을 못 하는 사람을 고쳐 주시자 군중이 겁에 질려 "저분이 혹시 다윗의 자손이 아니신가?"라고 말하고, 이 말을 들은 바리사이들이 "저자는 마귀 우두머리 베엘제불의 힘을 빌리지 않고서는 마귀들을 쫓아내지 못한다."(마태 12,22-24)라고 말합니다. 루카 복음에서는 예수님께서 벙어리 마귀를 쫓아내시자 그들 가운데 몇 사람이 "저자는 마귀 우두머리 베엘제불의 힘을 빌려 마귀들을 쫓아낸다."(루카 11,15)라고 말합니다. 베엘제불은 바알과 제불의 합성어로 '집주인'(마태 10,25)이라는 뜻으로 이교도 신들 가운데 하나입니다. "더러운 영"(30절)으로 불린 것으로 보아 여러 귀신 중의 하나입니다.

109) 마르 1,12-13 사탄의 유혹 참조.

의 효력은 어디서 나오는 것이냐?"는 것입니다. "예수님은 자신을 비난하는 사람들에게 그들의 비난을 되돌려 주고 있다. 그들도 바로 '사탄을 통해서' 쫓아내고 있기 때문이다."[110]

예수님의 반론은 그들을 비난하시기 위한 것이 아니라 그들이 발견하지 못한 하느님의 나라를 느끼게 해 주시려는 것입니다. 이를 깨닫기 위해서 우리는 예수님의 다음 말씀을 깊이 생각해 봐야 합니다. "먼저 힘센 자를 묶어 놓지 않고서는, 아무도 그 힘센 자의 집에 들어가 재물을 털 수 없다. 묶어 놓은 뒤에야 그 집을 털 수 있다."(마르 3,27) 여기서 힘센 자는 누구이며 그를 묶을 그보다 더 힘센 자는 누구입니까? 하느님은 아닙니다. 하느님은 힘의 논리를 부정하시는 분이십니다. 하느님은 폭력을 사용하는 도둑이나 강도가 아닙니다.

그런데 그들은—대부분 사람은, 현대에 사는 우리들도—하느님을 힘의 논리로 이해하려 듭니다. 하느님의 이름을 부르면서도 폭력의 고리에 묶입니다. 폭력으로 폭력을 추방하는 것은 또 다른 폭력을 부르게 됩니다. 결국 마귀에 씐 사람이 됩니다. 예수님은 사탄을 없애는 것이 무엇인지를 말씀하시는 동시에 사탄을 부추겨서 그에게 힘을 행사하게 하는 것이 무엇인지도 말씀하십니다. 인류의 미래는 폭력을 모르는 하느님에게 달려 있습니다. 폭력은 폭력을 몰아낼 수 없습니다. 더한 폭력을 낳을 뿐입니다. 그 나라는 버티지 못하고 끝장을 맞이할 것입니다.

---

110)   지라르 319. 아래 괄호 속 숫자 이 책의 페이지.

3

마태오와 루카는 여기에 하느님의 영을 이야기합니다. 예수님은 당신이 하느님의 영으로 마귀를 쫓아낸다고 하시면서 당신과 함께 하느님의 나라가 가까이 왔다고 선언하십니다. 하느님의 영은 사탄의 반대편에 있는 다른 힘, 강한 힘에 더 강한 힘으로 대응하는 또 다른 힘이 아닙니다. "내가 하느님의 영으로 마귀들을 쫓아내는 것이면, 하느님의 나라가 이미 너희에게 와 있는 것이다."(마태 12,28; 루카 11,20) 하느님의 나라는 힘의 원칙 위에 세워진 세상의 나라와는 다른 나라입니다. 성령의 작용은 인간의 습관적인 언어로는 알아들을 수 없습니다. 예수님께서 비유로 말씀하시는 이유입니다(마르 3,23). 비유는 사람들이 쉽게 알아듣도록 하는 장치라기보다 오히려 우리를 하느님 나라의 신비로 안내하기 위한 언어입니다.[111]

하느님의 나라는 인간의 머리(지식, 상식)로는 알아들을 수 없습니다. 하느님의 나라를 알기 위해서는 생각의 전환(회개)이 요구되며, 그런 의미에서 예수님의 참 제자가 되어야만 합니다. 자기의 온몸을 희생 제물로 바칠 수 있을 때라야 하느님 나라의 신비를 알아들을 수 있습니다. 자신을 성령의 힘에 맡기지 못하여 자신의 몸을 희생 제물로 내놓지 못하는 자는 알아들을 수 없습니다.[112] 사람들은 그분이 악의 세력마저 굴복시키는 기적들을 보면서도 그분을 알아보지 못합니다. 벙어리가 말하고 귀머거리가 듣고 절름거리는 사람이 똑바로

---

111) 하느님 나라의 비유(마르 4,2-20) 참조.
112) 지라르 332-333 참조.

걸어가는 것을 보면서도 하느님의 사랑을 느끼지 못합니다. 그분을 직접 보고 들으면서도 하느님의 나라가 가까이 왔다는 것을 깨닫지 못합니다. 하느님의 사랑을 느끼지 못하는 것입니다. 자신들의 생각에만 의존하고 있기 때문입니다.

4

"내가 진실로 너희에게 말한다. 사람들이 짓는 모든 죄와 그들이 신성을 모독하는 어떠한 말도 용서받을 것이다. 그러나 성령을 모독하는 자는 영원히 용서를 받지 못하고 영원한 죄에 매이게 된다."(마르 3,28-29) 예수님의 이 말씀은 비유라는 말의 뜻을 깨칠 때 알아들을 수 있습니다. '진실로'는 '아멘'입니다. 유다인들은 남의 말에 동의한다는 뜻으로 이 단어를 사용하는데 예수님께서도 이 어법을 자주 사용하셨습니다. 당신의 말씀이 참되다는 것을 강조하시는 것입니다. 용서를 이야기하시는 예수님에게서 그분의 간절한 마음을 느낍니다. 자기를 희생 제물로 내놓지 않는 곳에는 용서가 이루어질 수 없습니다.

우리는 종종 용서하고 싶어도, 상대가 청하지 않아서 용서하지 못하겠다고 말합니다. 청하지도 않는 용서를 어떻게 하겠느냐는 것입니다. 용서를 청하지 않는다는 것은 용서받을 마음이 없는 것이고, 용서받을 마음이 없는 사람은 용서해 줄 수 없다는 것입니다. 청하지 않아 용서할 수 없다는 말에는 상대를 용서받을 수 없는 사람으로 만들며 자신을 용서할 수 있는 그릇으로 위장하는 간교함이 숨어 있습니다. 스스로 폭력의 쇠사슬에 묶이는 것과 다를 바 없습니다.

상대가 자신의 잘못을 인정하고 뉘우치면 용서하겠다는 마음으로는 진정한 용서가 이루어질 수 없습니다. 참된 용서는 이런 힘의 논리를 벗어난 곳에서 일어납니다. 만약에 상대가 내 힘에 눌려 용서를 청하고 내가 이를 받아들여 그를 용서한다고 말했다 해도 그것은 용서가 아닙니다. 그들은 감동 없이 무의미한 용서라는 말만 교환했을 뿐입니다. 용서의 주체는 내가 아니라 하느님입니다. 하느님의 용서는 무조건입니다. "용서를 빌어라, 그러면 용서하겠다."라고 말하는 것은 하느님을 폭력을 행사하시는 존재로 만드는 것과 다를 바가 없습니다. 예수님은 지상에서의 마지막 순간에 당신을 십자가에 붙인 사람들을 용서해 달라고 아버지 하느님께 청하셨습니다. "아버지, 저들을 용서해 주십시오. 저들은 자기들이 무슨 일을 하는지 모릅니다." 용서를 청하지 않는데도 그들을 용서해 달라고 비신 것입니다.

우리는 주님의 기도에서 "저희에게 잘못한 이를 저희가 용서하오니 저희 죄를 용서하시고…"라고 기도합니다. 자칫 잘못 들으면 내가 나에게 잘못한 사람을 용서하니까 하느님께서도 나를 용서하셔야 한다고 은근히 하느님을 압박하는 기도처럼 들립니다. "네가 용서했으니 나도 용서한다.", "네가 용서를 청하지 않으면 나도 용서하지 않겠다.", "네가 용서를 청하니 내가 용서할게."라는 논리는 예수님의 복음에 맞지 않습니다. 주님께서는 우리가 서로 용서하지 않으면 하느님께서도 용서하지 않으신다는 뜻으로 이 기도를 가르쳐 주신 것이 아닙니다. 오히려 우리가 서로 용서하지 않으면 하느님께서도 어쩔 수 없다는 뜻이 이 기도문에 내포되어 있습니다. 용서는 모든 폭력의 사슬을 끊고 새로 태어나게 합니다. 여기에 성령에 관한 이야기가 나옵니다.

5

성령은 인간적인 힘의 논리를 완전히 뛰어넘습니다. 용서는 인간의
머리로서는 행할 수 없는 은총의 영역입니다. 예수님께서 "성령을 모
독하는 자는 영원히 용서를 받지 못하고 영원한 죄에 매이게 된다."라
고 하신다면 이런 뜻에서입니다. 성령을 모독하는 자는 성령을 부정
하고 자기 힘으로 용서할 수 있다고 착각하는 사람입니다. 스스로 하
느님의 나라를 부정하는 셈이 됩니다.[113]

---

113) 요한 복음에서 예수님께서 제자들과 영원한 작별을 앞두고 제자들에게 하신 말씀은 성령을 모독하는
      자를 이해하는 데 도움이 될 것입니다. "보호자께서 오시면 죄와 의로움과 심판에 관한 세상의 그릇된
      생각을 밝히실 것이다. 그들이 죄에 관하여 잘못 생각하는 것은 나를 믿지 않기 때문이고, 그들이 의로
      움에 관하여 잘못 생각하는 것은 내가 아버지께 가고 너희가 더이상 나를 보지 못할 것이기 때문이며,
      그들이 심판에 관하여 잘못 생각하는 것은 이 세상의 우두머리가 이미 심판을 받았기 때문이다."(요한
      16,8-11) 이 말씀을 하시기 전에 예수님께서는 당신이 떠나시는 것이 제자들에게 이롭다고 말씀하셨습
      니다. "내가 떠나는 것이 너희에게 이롭다. 내가 떠나지 않으면 보호자께서 너희에게 오지 않으신다.
      그러나 내가 가면 그분을 너희에게 보내겠다."(요한 16,7) 여기서 떠난다는 것은 단순히 이승을 하직하
      는 죽음을 의미하는 것이 아니라, 폭력 아래 있는 세상을 떠난다는 것을 말합니다. 폭력을 피해 달아
      나는 것이 아니라 폭력에 대한 승리를 암시합니다. 그리스도의 수난과 죽음은 사탄의 폭력의 공허함
      을 고발하며 폭력에 대한 승리를 시위합니다. 세상은 예수님을 믿는다고 하면서도 예수님을 제대로 믿
      지 못하고, 예수님의 복음에도 불구하고 힘의 논리에 젖어 예수님의 복음까지 힘의 논리로 해석하는
      데 익숙합니다. 이런 세상에 성령이 해야 할 일은 예수님의 일을 상기시키는 것입니다. 예수님은 세상
      을 떠나기 전 다른 성령을 약속하며 성령께서 제자들과 함께 머무르실 것이라고 말씀하십니다. "내가
      아버지께 청하면, 아버지께서는 다른 보호자를 너희에게 보내시어, 영원히 너희와 함께 있도록 하실
      것이다. 그분은 진리의 영이다. 세상은 그분을 보지도 못하고 알지도 못하기 때문에 그분을 받아들
      이지 못하지만, 너희는 그분을 알고 있다. 그분께서 너희와 함께 머무르시고 너희 안에 계시기 때문이
      다."(요한 14,16-17) 성령께서 제자들과 함께 있기에 제자들은 이제 사람들에게 끌려가도 무슨 말을 할
      지 걱정하지 않아도 됩니다(요한 16,13-14). 그들은 용서의 인간으로 태어납니다.

바. 누가 내 어머니고 내 형제들이냐?
우리가 그리스도의 어머니요 하느님의 어머니다

> 그때에 예수님의 어머니와 형제들이 왔다. 그들은 밖에 서서 사람을 보내어
> 예수님을 불렀다. 그분 둘레에는 군중이 앉아 있었는데, 사람들이 예수님께 "보
> 십시오, 스승님의 어머님과 형제들과 누이들이 밖에서 스승님을 찾고 계십니
> 다." 하고 말하였다. 그러자 예수님께서 그들에게, "누가 내 어머니고 내 형제들
> 이냐?" 하고 반문하셨다. 그리고 당신 주위에 앉은 사람들을 둘러보시며 이르셨
> 다. "이들이 내 어머니고 내 형제들이다. 하느님의 뜻을 실행하는 사람이 바로
> 내 형제요 누이요 어머니다."(마르 3,31-35)

1

예수님의 어머니와 형제들이 찾아와 밖에 서서 사람을 보내어 예수
님을 부릅니다. 예수님 둘레에 앉아 있는 군중 때문에 예수님께 가까
이 다가갈 수 없어(루카 8,19 참조) 사람을 보내어 불러내고자 한 것입
니다. 그분 둘레에 군중이 둘러앉았다는 걸 보면 예수님은 그들에게
복음을 선포하고 계셨을 것입니다. 앞서 예수님은 많은 병자를 고쳐
주셨습니다. 이 소문이 널리 퍼졌을 것이고, 그분의 힘에 이끌려 사
람들이 모여들었을 것입니다. 그 자리에 예수님의 어머니와 형제들이
예수님이 미쳤다는 항간의 소문을 듣고 걱정되어 붙잡으러 온 것입니

다(마르 3,21).[114]

사람들로부터 어머니와 형제들이 찾아왔다는 전갈을 받은 예수님은 뜻밖에도 "누가 내 어머니고 내 형제들이냐?"라고 반문하시며, 당신 주위에 앉은 "이들이 내 어머니고 내 형제들이다."라고 말씀하십니다. 항간에 떠도는 소문만 듣고 찾아온 어머니와 형제들에 대해 불쾌한 감정을 드러내신 것처럼 들리기도 합니다. "여기 모인 여러분이 내 어머니요 형제다. 하느님의 뜻을 실행하는 사람이 바로 내 형제요 누이요 어머니다."라는 말씀은 마리아가 하느님의 어머니라고 믿는 그리스도인에게도 더없이 큰 충격입니다. 어떻게 군중 앞에서 하느님의 아들이라는 분이 당신의 어머니, 하느님의 어머니에게 상식을 초월하는 그런 무례한 말씀을 하실 수 있는 것입니까?

마태오는 예수님께서 군중에 섞여 있는 당신의 제자들을 가리키시며(마태 12,49) 이 말씀을 하셨다고 하지만, 마르코는 예수님께서 "당신 주위에 앉은 사람들을 둘러보시며"(마르 3,34) 이 말씀을 하셨다고 범위를 넓혀 말합니다. 어떤 성서학자는 마르코가 "이들"이라고 한 것을 예수님의 제자들이라고 해석하기도 하지만, 예수님께서 눈으로는 "당신 주위에 앉은 사람들을 둘러보시고" 손가락으로는 자기 제자들을 가리키며 이 말씀을 하셨다는 것은 상상하기 어려운 일입니다. 우리는 마르코가 서술한 대로 예수님께서 당신 제자들만이 아니라 거기 모인 모든 사람을 가리켜 이 말씀을 하신 것으로 알아들을 필요가 있습니다.

---

114) 성서학자들은 예수님의 어머니 마리아와 친척들이 예수님을 정말로 정신병자로 단정하고 찾아왔을 것으로 추정합니다.

2

학자들은 예수님께서 "이들이 내 어머니고 내 형제들"이라고 하신 말씀을 혈연으로 맺어진 가족관계를 벗어나 예수님을 중심으로 한 영적 가족을 구상하며 하신 말씀이라고 해석합니다. 예수님께서 제자들을 부르신 것을 영적인 새 가정을 꿈꾸며 그들의 육적인 가정에서 불러내어 당신을 따르게 하신 것이라는 해석입니다.[115] 그러나 이 말씀을 "여러분은 나를 낳은 어머니는 아니지만, 영적으로는 나의 어머니입니다."라는 뜻으로 예의 바르고 친절하게 사람을 대하는 말씀으로 넘기기에는 너무 의미심장합니다.

이 말씀에는 마르코가 복음을 통해 줄곧 견지한 마르코 신학의 핵심이 감추어 있습니다. 예수님은 실제로 거기 모인 사람들을 당신의 어머니요 형제들로 받아들이셨습니다. 이를 우리는 예수님께서 당신을 '사람의 아들'이라 칭하시며 '하느님의 아들'로 설명하신 것과 같은 맥락에서 알아들을 수 있습니다. 예수님이 하느님의 아들이신 것은 영적인 의미에서 그러한 것이 아닙니다. 예수님은 혈연으로는 사람의 아들이고 영적으로는 하느님의 아들이신 두 얼굴을 지니신 분이 아닙니다.

그분께서 제자들에게 '사람의 아들'이 누구냐 하고 물으시며 '하느님

---

115) 마르코 복음 3장 34절의 말씀은 우선 제자들을 두고 하신 것으로 사실 예수님께서는 제자들에게 가족을 멀리할 것을 여러 번 촉구하셨다. 결혼생활을 하지 말고(마태 19,12) 당신보다 가족을 앞세우지 말며(마태 10,37) 아버지 장례에도 참석하지 말고(마태 8,21-22), 식구들에게 작별 인사하러 가지도 말라고 하셨다(루카 9,61-62). 그리고 제자들은 그런 요구를 따랐다(마르 10,28-30). 그리하여 예수님을 중심으로 영적 가족을 형성했다. 제자들은 영적 가족의 일원이 되기 위해 자기 가족을 떠나 예수를 따라야만 했다. 그런데 35절에는 그렇게까지 할 필요는 없고 다만 '하느님의 뜻을 행하면' 된다고 한다(마태7,21; 마르 14,36). ─ 『마르코 복음서』, 정양모

의 아들'로 풀이하셨다면, 그분은 사람의 아들로서 하느님의 아들이시라는 것을 말씀하시기 위해서입니다. 나아가 당신만이 아니라 모든 사람의 아들딸들이 하느님의 아들딸 그리스도라고 믿게 하여 하느님의 아들딸로 살게 하시려는 것이었습니다(마르 8,27-33). 모든 사람이 하느님의 아들딸인 것은 영적 의미에서 그러한 것이 아니라 그들은 사람의 아들딸로서 실제로 하느님의 아들딸입니다. 예수님께서 우리에게 하느님을 아버지라고 부르게 하신 것은 영적 의미에서만 그런 것이 아닌 것과 같습니다. 하느님은 실제로 우리 사람의 아버지이십니다. 그분은 말씀하십니다. "이 세상 누구도 아버지라고 부르지 마라. 너희의 아버지는 오직 한 분, 하늘에 계신 그분뿐이시다."(마태 23,9)라고. 예수님은 실제로 그들을 그렇게 당신의 어머니요 형제로 만나셨습니다.

3

"이들이 내 어머니"라는 예수님의 말씀은 그분께서 선포하신 복음에 근거한 깊은 신학적 성찰에서 나온 것입니다. 거기에는 예수님의 어머니뻘 되는 사람만 와 있었던 것이 아닙니다. 당신의 가르침을 듣고자 모인 무리 가운데는 당신보다 어린 사람도 있었을 것이고, 사회로부터 버림받는 사람, 존경받지 못하는 사람, 가난하고 병들고 힘없는 사람, 당신에게 호의적인 사람만이 아니라 꼬투리 잡으려 지켜보는 율법 학자, 바리사이도 와 있었습니다. 예수님은 이들 모두를 두고 당신의 어머니라 하신 것입니다. 단순히 호감을 얻고자 하신 말씀이 아닙니다. 수사학적인 표현이 아닙니다. 하느님의 아들이기에 하실 수 있는 예수님의 신학적 성찰입니다.

예수님은 하느님의 나라가 가까이 왔다는 복음을 선포하시면서 하느님께서 모든 인간 안에 살아 계신다고 선포하셨습니다. 하느님은 인간을 진흙으로 지으시면서, 그 안에 당신의 전부를, 당신의 생명을 불어넣으시어 하느님의 숨을 쉬는 신적 존재로 살도록 하셨습니다. 우리 안에 하느님이 살아 계신다는 것은 우리가 하느님의 생명을 잉태한 존재라는 것을 말합니다. 사멸할 육체를 가진 연약한 존재지만 하느님을 잉태한 존재로, 하느님의 어머니로 창조된 것입니다. 하느님께서는 인간을 지으시며 그 안에 스스로 잉태되시어 인간을 당신의 어머니로 삼으신 것입니다. 모든 인간이 하느님의 생명을 잉태한 하느님의 어머니입니다. 개신교 신학자 틸리히는 우리를 창조하신 하느님은 우리의 아버지이시며 그리스도를 통해서 우리 안에서 아기라고, 그렇기에 이 세상의 어린이 이상이며 이 세상의 아버지 이상의 분이라고 말합니다.[116)]

예수님은 하느님 나라의 복음을 선포하시면서 인간을 하느님 나라의 행복을 선사하는 존재로, 하느님의 생명을 느끼게 하는 어머니로 만나셨습니다. 그분은 물으십니다. "하느님 나라의 행복을 누리며 살고 싶은가? 이 세상 밖에 어디엔가 있는 행복의 나라를 상상하지 말고 여러분 주위에서 만나는 모든 이를 나의 어머니로, 하느님의 어머니로 대하여라." 인간이 하느님의 어머니라는 말은 단순한 수사학적인 표현이 아닌 신학적 성찰에서 나온 말입니다.

---

116) 틸리히, 168.

4

하느님께서 비천한 인간의 몸 안에 잉태되어 있다는 복음을 가장 먼저 받아들이신 분이 마리아입니다. 천사가 마리아에게 나타나서 "주님께서 너와 함께 계신다."라고 알렸을 때 마리아는 "저는 주님의 종입니다. 말씀하신 대로 저에게 이루어지기를 바랍니다" 하고 하느님 아들의 잉태를 받아들입니다(루카 1,26-38). 당신이 하느님의 아들을 잉태한 하느님의 어머니임을 온몸으로 느끼며 받아들이신 것입니다.

교회가 마리아를 하느님의 어머니라고 반포하였다면 인간이 하느님을 잉태하고 있는 하느님의 어머니라는 신비는 인간의 상상이나 이론이 아니라 실제로 그러하다고 반포한 것입니다. 마리아만이 아니라 모든 인간이 하느님의 생명을 잉태하고 있는 하느님의 어머니입니다. "우리가 하느님한테서 태어났듯이 하느님은 우리한테서 태어나기를 원하신다."[117] 그리스도인이 된다는 것은 하느님의 어머니가 되는 것이다.[118]

5

문제는, 대부분 사람이 우리 태중에 하느님의 씨앗이 뿌려져 자라고 있다는 복음을 들으면서도 이 씨앗을 자기 몸으로 느끼지 못하고 살아가고 있다는 것입니다. 이를 느끼지 못하는 것은 우리의 몸과 마

---

117) 젠델, 254.
118) 젠델, 256 참조.

음에 때가 묻었기 때문입니다. 순결하지 못하고 동정이지 못하기 때문입니다. 마리아가 하느님의 어머니이심을 받아들일 수 있었던 것은 동정녀이셨기 때문입니다(루카 1,35). 동정녀만이 자기 몸 안에 잉태되신 하느님을 느끼고 자기가 하느님의 어머니라는 것을 알고 사람들을 하느님의 아들딸과 하느님의 어머니로 만날 수 있을 것입니다.[119] 베드로가 "주님은 하느님의 아들이십니다." 하고 고백하면서도 그분을 만나지 못한 것은 "하느님의 일은 생각하지 않고 사람의 일만 생각"(마르 8,33)하는 때가 묻었기 때문입니다. 동정이지 못했기 때문입니다.

교회가 마리아를 하느님의 어머니라고 고백하면서 동정 잉태를 믿는다고 고백한다면, 마리아에게 일어난 일이 우리 몸에 일어나기를 바라기 때문입니다. 우리는 마리아처럼 하느님의 어머니로서 우리 안에 잉태된 하느님을 세상에 탄생시켜야 합니다. 우리 몸 안에 잉태된 하느님을 체험하는 것은 우리 일생의 과제요 희망입니다. 그러기 위해 마리아처럼 우리의 몸을 동정의 몸으로 만들어야 합니다. 동정녀만이 하느님의 아들을 세상에 탄생시킬 수 있습니다. 평생 동정녀 마리아는 우리 인류가 처음부터 하느님의 어머니로 창조되었다는 것을 일깨우며 그 신비로 우리를 안내합니다.

6

예수님은 우리가 지금 알고 있는 '하느님의 어머니'라는 용어를 모

---

119) 우리는 여기서 동정녀 개념은 어머니가 되기 전의 처녀 상태를 말하는 것이 아니라 반드시 어머니와 함께 사용된다는 것을 알아야 합니다.

르셨을 것입니다. 교회가 당신의 어머니를 '하느님의 어머니'라고 부르게 되리라고는 상상도 하지 못하셨을 것입니다. 마리아에게도 마찬가지입니다. 당신이 예수님의 어머니라는 이유로 하느님의 어머니로 불릴 것이라고는 상상하지 못하셨을 것입니다. 그렇다고 모든 인간 안에 하느님 나라의 씨앗이 뿌려졌다는 복음을 선포하신 예수님께서 모든 이들을 하느님을 잉태하고 있는 하느님의 어머니와 같은 존재로 대하셨다는 것을 부정해서는 안 될 것입니다. 예수님께서 모든 인간을 하느님의 어머니라고 부르지 않으셨다고 해도 군중을 둘러보시며 "이들이 내 어머니다." 하셨을 때 그들을 그리스도의 어머니요 하느님의 어머니로 대하신 것입니다.[120]

예수님께서 십자가에서 돌아가시기 전에 십자가 아래 울고 계신 어머니와 그 곁에 선 사랑하시는 제자를 보시고, 어머니에게 "이 사람이 어머니의 아들입니다."라고 말씀하시고, 이어서 제자에게 "이분이 네 어머니시다."(요한 19,26-27)라고 하신 말씀에서 교회가 마리아를 하

---

120) 마리아를 하느님의 어머니로 믿고 있는 우리에게 '우리가 하느님의 어머니'라 것은 혼란스러울 수 있습니다. 하지만 교의는 발전합니다(칼 라너). 동정녀 마리아에게 '하느님의 어머니'라는 칭호를 부여한 것은 에페소 공의회(431년)였습니다. 325년 니케아 공의회는 예수님이 성부와 본질이 동일하다(호모우시오스ὁμοούσιος)고 선언했지만, 예수님의 신성과 인성을 두고 벌어진 논쟁은 계속되었습니다. 에페소 공의회는 이 논쟁을 잠재우고자 열렸는데 정작 공의회에서 논쟁의 초점이 된 것은 마리아가 하느님의 어머니라 불리는 것이었습니다. 이 논쟁은 네스토리우스(381~451년)가 예수님의 인성을 강조하면서 마리아는 인간 예수의 어머니로서 그리스도의 어머니(크리스토토코스Χριστοτόκος)로 불릴 수는 있어도 하느님의 어머니(테오토코스Θεοτόκος)가 될 수는 없다고 주장한 데서 불이 붙었습니다. 에페소 공의회는 예수님을 하느님의 인격과 특별한 관계를 지닌 인간 인격으로서만 이해하려는 네스토리우스를 단죄하고 마리아가 하느님의 어머니라고 반포하였습니다. 마리아가 하느님의 어머니라는 것을 부정하는 것은, 곧 마리아가 인간 예수님만의 어머니라고 주장하는 것은 예수님이 신성과 인성을 지닌 한 위격이라는 것을 부정하는 것이 됩니다. 예수님의 어머니 마리아는 "사람이 되신 하느님의 영원한 아들, 바로 하느님이신 그 아들의 어머니이기 때문에, 참으로 '하느님의 어머니'"(가톨릭 교리서 509항)입니다. 마리아가 하느님의 어머니이신 것은 신론의 관점에서 이해할 수 있습니다. 하느님은 삼위일체이십니다. 성부만의 하느님이나 성자만의 하느님 또는 성령만의 하느님은 있을 수 없습니다. 마리아가 하느님의 어머니라는 것을 성자만의 어머니로 생각한다면 삼위일체 하느님을 오해하는 셈이 됩니다. 마리아는 삼위일체이신 하느님의 어머니이십니다. 여기에 어떻게 인간이 자기를 창조하신 하느님의 어머니가 될 수 있는가 하는 물음이 생길 수 있습니다. 예수님의 복음이 답을 줍니다. 복음에 의하면 세상을 창조하신 하느님은 당신의 피조물 안에 당신의 전부를 전달하시며 들어와 계십니다. 모든 인간은 삼위일체 하느님을 잉태하고 있는 존재입니다.

느님의 어머니로 선포하게 된 근본을 찾을 수 있을 것입니다. 제자들은 그분의 어머니를 하느님의 어머니로 모신 것입니다.

예수님께서 지금 우리가 알고 있는 동정 잉태라는 신학 용어를 모르셨다고 해서 당신께서 성령으로 말미암아 마리아에게서 태어나셨다는 사실까지 부정하신 것으로 생각한다면, 신학적으로 오류를 범하는 것입니다. 동정 잉태는 그분이 성령의 궁전에서 태어나신 성령의 인간임을 말해 줍니다. 그분에게 당신의 어머니 마리아는 하느님을 잉태하신 분입니다. 교회가 마리아를 '하느님의 어머니'로 선언한 것은 마리아가 동정녀이기 때문입니다. 우리는 이 사실을 잊지 말아야 합니다. 이는 '어머니'와 '동정 잉태'가 생물학적인 개념이 아님을 말해 줍니다. 하느님의 어머니 호칭은 혈연관계나 영적 관계로 설명될 수 있는 것이 아닙니다. 그분은 우리 주 예수 그리스도께서 성령으로 인하여 동정 마리아께 잉태되어 나셨다는 믿음을 고백하게 하셨습니다.

7

"누가 내 어머니고 내 형제들이냐?"라는 질문은 우리에게 이렇게 묻습니다. "너희에게 어머니는 누구이고 형제는 누구인가? 너희는 서로를 어머니요 형제로 대하고 있는가? 나의 어머니, 나의 형제, 나의 핏줄, 내 민족에 대한 집착으로 다른 어머니, 다른 형제, 다른 핏줄, 다른 민족에 대해 배타적인 것은 아닌가? 어머니는 본래 내 자식 남의 자식 가리지 않고 모든 자식을 품어 주는 사랑의 존재가 아니더냐?" 예수님은 "이들이 내 어머니고 내 형제들이다."라고 하시며 그들에게서 당신을 보게 하십니다. 그분은 우리를 당신의 어머니요 형제로 받아들이시는데 우리가 서로를 그렇게 대하지 못한다면 우리는 서로에게서 예수님을 보지 못하기 때문입니다. "누가 내 어머니고 내 형제들이냐?" 예수님의 반문은 어머니와 형제들과의 관계를 부정하고자 하신 말씀이 아닙니다.

루카 복음에서 예수님께서는 "누구든지 나에게 오면서 자기 아버지와 어머니, 아내와 자녀, 형제와 자매, 심지어 자기 목숨까지 미워하지 않으면, 내 제자가 될 수 없다."(루카 14,26)라고 말씀하십니다. 예수님의 제자가 되기 위해서는 자기 부모 형제 친척 심지어는 자기 목숨까지 미워해야 한다는 것은 그 누구도 그리스도보다 더 섬김을 받을 수 없다는 것을 말합니다. 모든 이에게서 그리스도를 볼 수 있을 때 형제를 형제로 아버지와 어머니를 아버지와 어머니로 만날 수 있다는 말씀입니다. 그리스도를 사랑한다면서 이웃을 그리스도의 형제요 자매로, 그리스도의 어머니로 대하지 못한다면, 그리스도를 속이는 것입니다. "누가 내 어머니고 내 형제들이냐?"라는 질문은 "여기 있는 이들이 너희 눈에 그리스도의 어머니로, 그리스도의 형제로 보이느냐?"라는 질문과 다르지 않습니다. 우리가 일상에서 만나는 사람이 그리스도의 형제자매요 그리스도의 어머니며 하느님의 어머니입니다. 그런 느낌이 옵니까?

살다 보면 부모와 자식이 남편과 아내가 서로 십자가가 되고, 형제와 친척이, 이웃과 조국이, 가난과 병고가, 심지어는 교회나 하느님도 십자가가 될 때가 있습니다. 하지만 우리는 일상의 크고 작은 경험을 통해 이 많은 십자가를 내 어깨에서 치워 버리는 것만이 나를 행복하게 하는 것이 아니라는 것을 또한 잘 알고 있습니다. 오히려 내 어깨에 지워진 십자가 때문에 기도하고, 하고 싶지 않은 일도 기꺼이 하며, 분노하다가도 인내하고 용서하고 화해하며 삽니다. 십자가는 내게 희생이 사랑의 원천이라는 것을 깨우쳐 주는 선물입니다. 십자가는 나를 사랑의 존재로 키워 주고, 겸손하게 하고, 없는 이들에게 자비를 베풀게 하면서 그것이 삶이라는 것을 깨닫게 해 줍니다. 십자가를 내 어깨에서 내려놓으려고 몸부림칠 때, 나는 희생도 용서도 화해도 모르는 비정한 인간이 되고, 사랑하지도 사랑받지도 못하는 돌같이 차가운 존재가 되고 말 것입니다. 그리스도인은 남의 행복을 위하여 자기 십자가를 지는 사람입니다.

아우구스티누스 성인은 마리아는 "하느님의 뜻을 실행하는 분"이셨기에, 마리아에게는 "그리스도의 어머니가 되신 것보다 그리스도의 제자가 되신 것은 더 큰 영예이고 더 큰 행복이었다."[121]라고 말합니다. 마리아가 예수님의 제자라는 것은 예수님께서 가르치고 계실 때에 군중 속에서 어떤 여자가 "선생님을 배었던 모태와 선생님께 젖을 먹인 가슴은 행복합니다." 하고 말하자 예수님께서 "하느님의 말씀을 듣고 지키는 이들이 오히려 행복하다."(루카 11,27.28)라고 하신 말씀에서 잘 드러납니다. 하느님의 말씀을 듣고 그것을 지키는 행복한 제자가 하느님의 어머니입니다.

---

121)　Sermo 25,7-8: PL 46,937-938.

7.
보고 또 보아도 알아보지 못하고
듣고 또 들어도 깨닫지 못하고

가. 씨 뿌리는 사람의 비유

예수님께서 다시 호숫가에서 가르치기 시작하셨다. 너무 많은 군중이 모여들어, 그분께서는 호수에 있는 배에 올라앉으시고 군중은 모두 호숫가 뭍에 그대로 있었다. 예수님께서 그들에게 많은 것을 비유로 가르치셨다. 그렇게 가르치시면서 말씀하셨다. "자, 들어 보아라. 씨 뿌리는 사람이 씨를 뿌리러 나갔다. 그가 씨를 뿌리는데, 어떤 것은 길에 떨어져 새들이 와서 먹어 버렸다. 어떤 것은 흙이 많지 않은 돌밭에 떨어졌다. 흙이 깊지 않아 싹은 곧 돋아났지만, 해가 솟아오르자 타고 말았다. 뿌리가 없어서 말라 버린 것이다. 또 어떤 것은 가시덤불 속에 떨어졌는데, 가시덤불이 자라면서 숨을 막아버려 열매를 맺지 못하였다. 그러나 어떤 것들은 좋은 땅에 떨어져, 싹이 나고 자라서 열매를 맺었다. 그리하여 어떤 것은 서른 배, 어떤 것은 예순 배, 어떤 것은 백 배의 열매를 맺었다." 예수님께서는 이어서 말씀하셨다. "들을 귀 있는 사람은 들어라."

예수님께서 혼자 계실 때, 그분 둘레에 있던 이들이 열두 제자와 함께 와서 비유들의 뜻을 물었다. 예수님께서 그들에게 대답하셨다. "너희에게는 하느님 나라의 신비가 주어졌지만, 저 바깥 사람들에게는 모든 것이 그저 비유로만 다가 간다. '보고 또 보아도 알아보지 못하고 듣고 또 들어도 깨닫지 못하여 저들이 돌아와 용서받는 일이 없게 하려는 것이다.'"

예수님께서 또 그들에게 말씀하셨다. "너희는 이 비유를 알아듣지 못하겠느냐? 그러면서 어떻게 모든 비유를 깨달을 수 있겠느냐? 씨 뿌리는 사람은 실상 말씀을 뿌리는 것이다. 말씀이 길에 뿌려지는 것은 이러한 사람들을 두고 하는 말이다. 그들이 말씀을 들으면 곧바로 사탄이 와서 그들 안에 뿌려진 말씀을 앗아 가 버린다. 그리고 말씀이 돌밭에 뿌려지는 것은 이러한 사람들이다. 그들은 말씀을 들으면 곧 기쁘게 받는다. 그러나 그들에게 뿌리가 없어서 오래 가지 못한다. 그래서 말씀 때문에 환난이나 박해가 일어나면 곧 걸려 넘어지고 만다. 말씀이 가시덤불 속에 뿌려지는 것은 또 다른 사람들이다. 이들은 말씀을 듣기는 하지만, 세상 걱정과 재물의 유혹과 그 밖의 여러 가지 욕심이 들어가, 그 말씀의 숨을 막아 버려 열매를 맺지 못한다. 그러나 말씀이 좋은 땅에 뿌려진 것은 이러한 사람들이다. 그들은 말씀을 듣고 받아들여, 어떤 이는 서른 배, 어떤 이는 예순 배, 어떤 이는 백 배의 열매를 맺는다."(마르 4,1-20)

1

사람들이 하도 많이 모여들어 예수님께서 배에 올라앉아 많은 것을 비유로 가르치십니다.[122] '비유'는 그리스어로 '파라볼레'παραβολή인데 '곁에 놓는 것', 곁에 놓아 서로 비교하는 것입니다. 예수님은 복음

---

122) 배를 타고 가르치시는 이유에 대하여 마르 3,7-12 참조.

을 깨우치시려 우리에게 일상뿐 아니라 자연에 귀를 기울이게 하십니다. 자연은 세상을 있는 그대로 비추어 주는 거울과 같습니다. 자연에 가까울수록 우리는 그분의 복음을 더욱 깊이 깨닫게 될 것입니다. 하느님 나라의 복음을 깨치고자 한다면 일상을 들여다보십시오. 자연을 바라보십시오. 그 안에서 씨앗이 어떻게 움트고 자라는지, 새들이 어떻게 나는지, 사람들이 어떻게 만나는지 그 마음을 들여다보도록 하십시오. 천국이 그 안에 감추어 있습니다.

하느님의 말씀은 여기나 저기, 어떤 특정 공간에서 들려오는 소리가 아닙니다. 귀를 기울이면 어디서든 들을 수 있습니다. 우리가 하느님을 체험하지 못하는 근본 이유는 일상과 자연과 세상에 귀를 기울이지 못하기 때문입니다. 보는 눈과 듣는 귀를 엉뚱한 곳으로 향하기에 보면서도 보지 못하고 들으면서도 듣지 못하는 것입니다. 예수님께서 바리사이와 율법 학자들을 대놓고 "그들은 눈먼 이들의 눈먼 인도자다."(마태 15,14)라고 말씀하십니다. 사실 우리는 예수님의 말씀을 듣기는 하지만 주변에서 만나는 가난한 사람, 힘없는 사람에게 마음을 주지 못합니다. 온갖 핑계를 대며 그들과 나 사이에 담을 쌓고, 귀를 막고, 눈을 감습니다.

2

예수님께서 씨 뿌리는 사람의 비유(마르 4,1-9)를 들려주시고는 비유로 말씀하시는 이유를 밝히시고(마르 4,10-11), 비유를 설명해 주십니다(마르 4,13-20). 이 비유의 핵심은 하느님의 씨앗이 우리 안에 뿌려져 우리 안에 자라고 있다는 것입니다. 눈에 보이는 모든 것 안에 하느님 나라의 씨앗이 뿌려져 있고, 만나는 모든 것(사람)이 하느님의 나라를 보여 주며, 귀에 들리는 모든 소리가 천지를 창조하신 하느님의 음성을 들려준다는 것입니다.

씨 뿌리는 사람은 복음을 선포하시는 예수님입니다. 씨는 하느님의 말씀이고 땅은 나와 너 우리가 일상에서 만나는 모든 사람이며 우리가 사는 세상입니다. 나와 너 우리가 사는 세상이 하느님의 말씀이 뿌려진 땅입니다. 하느님의 말씀이 뿌려진 우리의 몸은 하느님의 음성을 들려주고, 하느님의 현존을 알려 줍니다. 우리는 우리의 몸으로 세상에 하느님의 말씀을 들려주어야 합니다. 일상에서 만나는 모든 사람에게서, 우리가 보고 듣는 우주 만물에서 하느님의 음성을 듣고 하느님의 현존을 느껴야 합니다. 온 세상이 하느님의 말씀을 들려주고 있습니다.

제자들은(우리는) 그분 말씀을 들을 때는 공감하지만 실제로는 자기 안에 뿌려진 씨앗의 자람을 피부로 느끼지 못합니다. 하느님께서 창조하신 세상에서 하느님의 음성을 듣지 못하는 것입니다. 하느님의 말씀이 사람이 되셨다고 고백하면서도 사람들에게서 하느님의 말씀을 듣지 못하는 것입니다. 복음을 전하시는 예수님의 마음이 답답하십니다. 답답하신 마음을 씨 뿌리는 사람의 비유에 담아 토로하십니다. 정양모 신부는 이를 예수님의 활약상과 관련하여 설명합니다.

예수님은 "27년경부터 활약하셨는데 초기에는 인기가 날로 높아갔다. 그러나 30년경 말기에는 인기가 떨어져 예루살렘으로 올라가실 때에는 고작 열두 제자와 몇몇 부인들만 그분을 따라갔다. 예수님께서는 당신의 인기가 하락에 하락을 거듭할 때 씨 뿌리는 사람의 비유를 발설하신 것 같다. 아마도 누군가가 예수님께 다 집어치우고 고향, 친척, 전직으로 되돌아가는 것이 좋겠다고 종용했으리라. 그러나 예수님께서는 파종하는 농부를 가리키면서 이렇게 말씀하셨을 것이다. '저 밭에서 씨 뿌리는 농부를 보시오. 지름길이 나 있고 토심은 얕으며 잡초가 무성한 밭에다 씨를 뿌려 봐야 결실이 없을 것이니 차라리 파종을 그만두는 게 좋으리라고 당신은 속단할지 모르지만, 저 농부는 달리 생각한다. 그는 유실되는 씨도 많지만 삼십 배, 육십 배, 백 배의 결실을 내는 씨도 있다는 것을 잘 알고 있기에 다가오는 오뉴월의 풍작을 꿈꾸면서 씨를 뿌리는 것이다. 나 역시 오늘날 실패에 실패를 거듭하고 있다만 내게도 꿈은 있다. 사실 나는 다가오는 하느님의 나라에, 곧 하느님께 엄청난 기대를 걸고 살아간다. 그러므로 내 활동을 중단할 생각은 추호도 없다!', "오늘의 연속적인 실패 가운데서도 내일의 대성공을 기대하는 예수님의 모습이 돋보인다."

비유를 알아듣지 못하는 제자들을 답답해하시는 예수님의 심정은 초대 교회의 심정이기도 합니다. 예수님의 유언에 따라 초대 교회는 복음 선포에 심혈을 기울였습니다. 그런데 실패의 연속이었습니다. 신자들은 복음을 얼른 깨닫지 못했습니다. 이런 상황에서 초대 교회는 복음에 대한 사람들의 무지와 몰이해를 해소하기 위해 예수님께서 들려주신 '씨 뿌리는 사람의 비유'를 들려줍니다. 하느님의 나라를 전하는 제자들을 격려하며 용기를 주고자 한 교회의 모습을 볼 수 있습니다.

3

그런데 예수님은 왜 씨를 서른 배, 예순 배, 백 배의 열매를 맺을 수 있는 좋은 땅을 골라 뿌리지 않으시고 새들이 와서 쪼아 먹을 수도 있는 길에, 흙이 많지 않아 뿌리가 곧 말라 버릴 수도 있는 돌밭에, 숨을 막아 버릴 것 같은 가시덤불 속에도 뿌리셨을까요? 그러면서 열매를 맺지 못한다고 땅을 탓하시는 것일까요?

여기에 우리가 지나치지 말아야 할 진리가 감추어 있습니다. 인간이라면 좋은 씨를 사람들이 밟고 지나가는 길이나 돌밭 또는 가시덤불에 뿌리지 않을 것입니다. 좋은 땅만 골라 씨를 뿌리면서 그 좋은 땅에만, 선한 사람에게만 하느님이 계신다고 생각할 것입니다.

그러나 하느님 생각은 다릅니다. 하느님의 씨앗이 뿌려지지 않은 땅이란 없습니다. 어떤 척박한 땅에도 하느님 복음의 씨앗이 뿌려져 있습니다. 새들이 날아와서 쪼아 먹는 길에도 해가 솟아오르면 타버리는 돌밭에도 숨이 막혀 열매를 맺지 못하는 가시덤불 속에도 하느님 나라의 씨앗이 뿌려져 있습니다. 하느님 나라의 씨앗은 믿든 안 믿든, 독실하든 독실하지 않든, 착하든 악하든, 성인이든 죄인이든 모든 이 안에 뿌려져 있습니다. 우리가 하느님 나라를 체험하지 못할 곳은 없습니다. 하느님의 다스림을 체험하지 못하게 하는 사람은 하나도 없습니다. 모든 사람이 나에게 하느님 나라를 체험하게 해 줍니다. 나에게 일어나는 모든 일이 하느님을 체험하게 해 줍니다.

그런데 우리는 나에게 좋지 않은 일이 생기면 하느님이 계시지 않는 것처럼, 하느님이 나를 버리신 것처럼 생각할 때가 많습니다. 하느님께서 존재하시지 않는 땅이 있는 것처럼 땅을 구분하면서 나쁜 땅 몹쓸 땅을 만들어 냅니다. 사탄의 장난 때문에, 환난이나 박해 때문에, 세상 걱정과 욕심 때문에 모든 땅에 하느님의 씨앗이 뿌려져 자라고 있다는 사실을 보지 못하는 것입니다.

예수님께서 비유를 말씀하시기 전에 "자, 들어 보아라."(4,3) 하시고, 말씀을 마치시며 "들을 귀 있는 사람은 들어라."(4,9)라고 하신 이유입니다. 귀를 기울이지 않기에, 씨를 뿌리는 예수님의 말씀에 귀를 기울이지 않기에 비유마저 알아듣지 못하는 것입니다. 예수님께서 복음을 선포하시며 "자, 들어 보아라."(마르 4,3) "들어라."(마르 4,9. 4,23. 7,16) 하신다면 귀를 기울이지 않고서는 하느님 나라의 복음을 깨달을 수 없기 때문입니다. "들을 귀 있는 사람은 들어라." 하신 것은 "귀를 막고 있으니 못 알아듣지, 귀 좀 열고 들어 봐라." 하시는 것 같습니다.

4

예수님께서 혼자 계실 때, 사람들이 열두 제자와 함께 와서 비유의 뜻을 묻습니다. 그런데 예수님의 답변이 또한 우리를 어리둥절하게 합니다. "보고 또 보아도 알아보지 못하고 듣고 또 들어도 깨닫지 못하여 저들이 돌아와 용서받는 일이 없게 하려는 것이다."(마르 4,12)라고 대답하신 것입니다. 비유의 뜻을 묻는 이들에게 이게 무슨 말씀인가요? 설마 알아듣지 못하게 하시려고 비유로 말씀하셨다는 것인가요? 마르코는 33절 이하에서 정반대로 이야기합니다. 예수님께서는 "그들이 알아들을 수 있을 정도로, 이처럼 많은 비유로 말씀을 하셨다. 비유를 들지 않고는 그들에게 말씀하지 않으셨다."(마르 4,33-34) 하고 말입니다. 그 전에 예수님께서 "하느님의 나라를 무엇에 비길까? 무슨 비유로 그것을 나타낼까?"(마르 4,30) 하고 고심하시면서 겨자씨 비유를 들려주셨습니다. 어찌해서라도 복음을 깨닫게 하시려고 비유로 말씀하시는 그분의 마음을 느낄 수 있었습니다. 당신 말씀을 제대로 알아듣지 못하는 우리를 향하여 천국을 느끼게 하시려 애쓰는 모습입니다. "너희에게는 하느님 나라의 신비가 주어졌지만, 저 바깥 사람들에게는 모든 것이 그저 비유로만 다가간다."(마르 4,11)[123]

5

예수님께서 보고 또 보아도 알아보지 못하고 듣고 또 들어도 깨닫지 못한다고 말씀하시는 까닭은 하느님의 나라는 신비이기 때문입니다. 인간의 언어 자체가 하느님의 나라를 설명하는 데 한계가 있다는 말도 되지만 하느님의 나라는 인간의 언어로는 설명할 수 없는 신비 자체라는 말도 됩니다. 온 우주를 창조하신 전능하신 하느님께서 보잘것없는 인간 안에 현존하신다는 진리를 어떤 인간의 언어로 설명할 수 있겠습니까? 인간 언어의 한계에도 불구하고 인간의 언어로 하느님의 신비를 밝히려다 그 불가능성을 알게 된 이사야는 외칩니다. "큰일났구나. 나는 이제 망했다. 나는 입술이 더러운 사람이다. 입술

---

123) 마태오는 이 대목을 실감나게 전합니다. "너희에게는 하늘나라의 신비를 아는 것이 허락되었지만, 저 사람들에게는 허락되지 않았다. 내가 저 사람들에게 비유로 말하는 이유는 저들이 보아도 보지 못하고 들어도 듣지 못하고 깨닫지 못하기 때문이다."(마태 13,11.13) 깨닫게 하시려고 비유로 말씀하셨다는 것입니다.

이 더러운 백성 가운데 살면서 임금이신 만군의 주님을 내 눈으로 뵙다니!"(이사 6,5) "우리가 깨우침을 얻는 순간에 할 수 있는 것이라곤 바라보고 다시 보며, 경탄하고 경이로움을 느끼는 것뿐이다. 우리는 절대로 하느님을 포괄적으로 이해하거나 망라할 수 없다."[124]

예수님은 하느님의 나라를 인간의 언어와 이론으로 미리 그려놓고 설명하지 않으셨습니다. 그 나라는 "있다, 없다.", "여기 있다, 저기 있다."라고 말할 수 있는 나라가 아니기에 어떤 언어로도 설명이 안 되는 나라입니다. 여기 있다 저기 있다는 말은 여기 있으면 저기 없고 저기 있으면 여기 없다는 것을 암시합니다. 하느님의 나라는 그런 일정한 영역을 차지한 공간이 아닙니다. 하느님의 나라는 손만 내밀면 언제 어디서든 체험할 수 있는 나라입니다. 하느님 나라가 우리의 손이 닿는 곳에 와 있다는 것이 신비입니다. 힘없고 보잘것없고 깨지기 쉬운 질그릇 같은 인간의 마음 안에, 아픔과 슬픔, 고통과 불행으로 얼룩진 인간의 역사 안에 우주 만물을 창조하신 그 크고 완전하신 하느님께서 들어와 계신다는 것이 신비입니다. 이것을 어떤 인간의 언어로 설명할 수 있겠습니까? 이 놀라운 신비는 인간이 자기의 언어를 침묵시킬 때, 귀를 기울여 들을 때, 들을 수 있는 경지입니다.

6

예수님은 우리를 침묵으로 안내하여 하느님 나라의 경지에 귀를 기

---

124) 케이시 123.

울이게 하십니다. "자, 들어 보아라.", "하느님의 나라가 우리 손이 닿는 곳에 와 있다."라는 문장은 누구나 알아들을 수 있을 만큼 간결합니다. 이 간결한 복음에 내포된 신비를 깨닫기 위해서는 '하느님'이니, '나라'니 하는 인간이 사용한 언어를 초월해야 합니다. 이 신비가 선포된 지 수천 년이 흘렀지만 이를 깨닫지 못한 것은 이 언어에 머물러 있기 때문입니다. 하느님의 나라를 자기의 언어로 편의대로 해석하면서 그분의 나라로부터 멀어지는 것입니다. 이런 뜻에서 하느님의 나라는 '유비적'으로 알아들을 수 있습니다. 일정한 실체를 파악하기 위해서 어떤 개념의 도움이 필요한 것은 불가피한 일이긴 하지만, 동시에 그 개념의 철회도 이루어져야 합니다. 자기가 사용한 언어를 철회할 때 이 신비를 느낄 수 있을 것입니다.[125]

예수님께서 비유를 통해(이용하여) 말씀하시는 것은 하느님 나라의 복음을 단순히 알아듣기 쉽게 이해시키기 위해서가 아닙니다. 오히려 하느님 나라의 신비는 그 어떤 인간의 언어로도 설명할 수 없다고 역설하시는 것입니다. 그분은 비유를 통하여 어떤 인간의 언어로도 설명할 수 없는 복음의 경지로 사람들을 안내하고자 하십니다. 언어를 초월한 이 신비로, 말로서 말을 침묵시키며 천국의 경지로 우리를 안내하십니다. "보고 또 보아도 알아보지 못하고 듣고 또 들어도 깨닫지 못한다."라고 하신 이유입니다.

마태오 복음에서는 "저 백성이 마음은 무디고 귀로는 제대로 듣지

---

125) 예컨대 우리말 '하느님'은 그리스어로는 '테오스Theos', 라틴어로는 '데우스Deus', 영어로는 '갓God' 입니다. '하느님'은 '하늘'과 '님'의 복합어입니다. '하늘'과 '님'이라는 개념에 붙들려서는 '테오스'를 이해할 수 없습니다. 하늘과 님, 신, 하느님, 테오스 등의 언어를 철회할 때 우리는 테오스의 경지에 이르게될 것입니다. 신은 인간의 언어로 발설할 수 없는 그 이상의 존재이기 때문입니다.

못하며 눈은 감았기 때문이다. 이는 그들이 눈으로 보고 귀로 듣고 마음으로 깨닫고서는 돌아와 내가 그들을 고쳐 주는 일이 없게 하려는 것이다."(마태 13,15)라고 하시면서 "그러나 너희의 눈은 볼 수 있으니 행복하고, 너희의 귀는 들을 수 있으니 행복하다."(마태 13,16) 하고 말씀하십니다. 다른 사람은 몰라도 제자들은 신비를 보고 들을 수 있게 되었다는, 그들에게는 신비가 벗겨졌다는 의미가 아니라 어떤 인간의 언어로도 설명할 수 없는 보지도 듣지도 못하는 신비의 영역에 들게 되었다는 뜻입니다. 이 신비에 든 자는 행복하다고 말씀하시는 것입니다.

예수님의 이 말씀을 육안으로 보지 못하던 것을 보게 되고 귀로 듣지 못하던 것을 듣게 되었다는 정도로 해석해서는 안 될 것입니다. 볼 수 없는 신비의 영역, 아무도 듣지 못한 신비에 들게 하시려고 이 말씀을 하신 것입니다. "너희는 이 비유를 알아듣지 못하겠느냐? 그러면서 어떻게 모든 비유를 깨달을 수 있겠느냐?"라고 말씀하시는 것은 당신을 이해하지 못하는 우리의 미숙함이 답답해서 해서가 아니라 자신을 신비로 안내하도록 내버려 두지 못하고 자기 머리(이해)에 자신을 맡기는 인간들의 아집이 답답해서 하신 말씀입니다.

7

인생은 신비입니다. 종교의 사명은 신비를 해석하여 밝히는 것이 아닙니다. 신비의 베일을 벗기는 것이 아니라(밝혀진다면 더 이상 신비가 아닙니다.) 신비로 안내하여 그 경지에서 인생을 관조하며 살게 하는 것입니다.

예수님은 비유를 통하여 제자들을 이 신비로 안내하고자 하셨습니다. 모든 사람은 볼 눈을 가지고 태어났으며, 모든 사람이 신비에 들 수 있다고 믿음을 북돋아 주시는 것입니다. 비유는 보지 못하는 눈을 열고, 듣지 못하는 귀를 열게 함으로써 인간은 본래 이 신비 속에 살고 있음을 깨닫게 해 줍니다. 예수님께서 비유로 말씀하시는 이유는 인간의 머리로 깨달을 수 없는 신비의 경지로 인간을 안내하시기 위해서입니다.

이런 면에서 비유의 언어는 대단히 역설적입니다. 귀를 열어 만물을 듣고, 눈을 열어 만물을 바라보며, 자신을 신비로 안내하게 합니다. 우주를 창조하신 하느님께서 당신의 피조물인 하찮은 겨자씨 안에 자신의 신성을 조금도 파괴하지 않고 들어와 계신다는 것, 하느님의 말씀이 신성을 손상하지 않고 마리아 안에서 사람이 되셨다는 것, 구유에 태어나시고 십자가에 달리셨다는 것은 그 어떤 인간의 언어로도 설명할 수 없는 역설이며 신비입니다. 온 만물에 귀를 기울이십시오. 미물인 씨앗에도 귀를 기울이십시오. 스치는 바람 소리에도 귀를 기울이고, 들리지 않는 소리에도 귀를 기울이고, 보이지 않는 모든 것의 마음에도 귀를 기울여보십시오. 듣고 싶은 것만을 들으려고 하지 말고, 보고 싶은 것만을 보려고 하지 말고, 있는 그대로의 만물을 있는 그대로 바라보도록 하십시오. 사고파는 일에 열중하느라 보지 못하던 눈을 뜨고 욕망을 좇느라 듣지 못하던 귀를 열고 사물의 마음에 귀를 기울일 때, 우리는 그 안에 뿌려져 자라고 있는 하느님의 나라를 보게 될 것입니다. 하느님을 만나게 될 것입니다.

예수님께서는 귀 기울이라고 하시면서 동시에 보지 못하면서 본다고 말하고 듣지 못하면서 듣는다고 말하는 위선을 경계하십니다. 이런 태도는 자신을 신비로 안내하기는커녕 오히려 그 길을 막는 것이기 때문입니다. 보아도 보지 못하고, 그러면서도 본다고 생각하는 이들, 들어도 듣지 못하고, 그러면서도 듣는다고 생각하는 이들은 자신을 신비에 맡기지 못할 뿐만 아니라 하느님을 우상이듯 숭배하게 됩니다. 예수님께서 '보아도 보지 못하는 자들'이라고 하시는 것은 남을 비판하기 위해서가 아니라 '보아도 보지 못하는 자신'을 성찰하게 하시기 위해서입니다. 베드로가 부활하신 주님께 사랑을 고백하고, 토마스가 "나의 주님 나의 하느님" 하고 고백할 수 있었던 것은 '보아도 보지 못하는 자신'을 드디어 들여다보게 되었기 때문입니다.

8

일상에서 만나는 사람은 모두 우리에게 복음을 느끼게 해 주는 존재들입니다. 하늘나라의 보물은 온갖 잡초로 덮인 이 세상 안에, 질그릇 같은 인간 안에 감추어 있습니다. 하느님은 의인뿐 아니라 죄인들 안에도 당신의 존재를 숨기고 계십니다. 우리는 "모든 인간의 삶에서 하느님을 찾을 수 있고 찾아야 한다. 어떤 사람의 삶이 가시와 잡초로 가득한 토양이라 할지라도 언제나 좋은 씨앗이 자라날 수 있는 자리는 있다. 하느님을 신뢰할 필요가 있다."[126] 하느님의 나라가 가까

---

126) 『나의 문은 항상 열려 있습니다』, 156.

이 왔다는 복음을 몰라도, 또 복음이 무엇인지 이론적으로 설명할 수 없어도 그들 안에 하느님의 씨앗이 뿌려져 있습니다. 복음을 모른다고, 무식하다고, 가난하다고 힘이 없다고 무시하지 말아야 합니다. 그들의 마음을 들여다보도록 해야 합니다. 땅과 그 위에 사는 동식물과 세상과 그 안에 존재하는 모든 생명체의 마음을 들여다보도록 해야 합니다.

우리는 마음을 들여다보는 일에 소홀합니다. 마음을 열지 못합니다. 예수님께서 그런 우리를 길바닥 같고 돌밭 같고 가시덤불 같다고 하십니다. 하느님 나라의 씨앗이 모든 이 안에 뿌려져 자라고 있는데 이 사람의 소리를 듣지 못하는 것은 우리의 마음이 딱딱한 길바닥 같고 굳은 돌 같고, 우리의 생각이 가시덤불처럼 가시가 돋아 있기 때문입니다. 말씀을 듣지만, 그 씨앗이 뿌리를 내리기 전에 사탄이 와서 먹어 버리니 하느님의 말씀이 몸속으로 스며들 여지가 없습니다(길바닥). 말씀을 듣지만, 뿌리를 내리지 못하여 환난이나 박해가 일어나면 걸려 넘어지고(돌밭), 듣지만 세상 걱정과 재물의 유혹과 갖가지 욕심에 마음을 빼앗겨 말씀의 숨을 막아 말씀이 내면으로 스며들지 못합니다(가시덤불). 돌 같이 굳은 마음, 가시밭같이 거칠고 비뚤어진 마음이 들음을 방해합니다. 돌같이 차갑고 굳은 마음을 부드럽게 하고 가시 돋은 마음에 가시를 뽑아버리면 모든 이 안에 하느님 나라의 씨앗이 자라고 있음을 느끼게 될 것입니다.

이 비유의 핵심은 "어떤 것은 서른 배, 어떤 것은 예순 배, 어떤 것은 백 배의 열매를 맺었다."라는 말씀에 이어 "들을 귀 있는 사람은 들어라."라고 하신 말씀에 있습니다. 예수님은 깨닫지 못하는 우리를 탓하시기 전에 모든 인간은 서른 배 예순 배 백 배의 열매를 맺을 수 있는 소질을 지니고 태어났음을 인식시키며 용기와 희망을 불러일으키시려 이 비유를 말씀하신 것입니다. "들을 귀가 있는 사람은 들어라." 하시는 그분의 음성에서, "너희는 이 비유를 알아듣지 못하겠느냐?"(13절) "너희는 새겨들어라."(24절) 하시는 그분의 간절한 목소리에서, 복음을 전달하시기 위해 애쓰시는 그분의 강한 의지를 느낍니다.

모든 인간은 자기 안에 뿌려진 씨앗의 소리를 들을 수 있는 귀를 가지고 있습니다. 그분께서 우리의 귀와 마음을 열어 주시기 위해 이 비유를 들려주시는 것입니다.

나. 등불의 비유

예수님께서 또 그들에게 말씀하셨다. "누가 등불을 가져다가 함지 속이나 침상 밑에 놓겠느냐? 등경 위에 놓지 않느냐? 숨겨진 것도 드러나기 마련이고 감추어진 것도 드러나게 되어 있다. 누구든지 들을 귀가 있거든 들어라."(마르 4,21-23)

1

예수님께서 당신의 복음을 깨닫지 못하는 사람들을 씨 뿌리는 사람의 비유로 말씀하신 데에 이어 등불을 함지 속이나 침상 밑에 놓아두는 사람에 비유하여 말씀하십니다(마르 4,21-25). 등불의 일반론을 말씀하시는 것이 아닙니다. 등불을 켜서 그릇으로 덮거나 침상 밑에 놓지 않는다는 것은 상식입니다. 등불을 켜서 등경 위에 놓고 들어오는 이들이 넘어지지 않게 앞을 밝힌다는 것을 모르는 사람은 없습니다. 예수님은 지금 이런 상식이나 등불의 성질에 관해 말씀하시는 것이 아닙니다.

예수님은 사람들이 하느님 나라의 복음을 깨닫지 못하는 것은 예수님의 말씀을 자기 생각의 함지 속에 담아 두기 때문이라는 것을 말씀하고자 하십니다. 자기 생각의 틀 속에서 하느님 나라의 복음을 알아들으려 하고, 선입견으로 사람을 대하고, 고정관념에 갇히어 사물을 대하기 때문입니다.

예수님께서 이 비유를 들려주시는 직접적인 배경은 당신에게 등을 돌리는 사람들이 차츰 많아질 즈음입니다. 바리사이들도 "헤로데 당원들과 더불어 예수님을 어떻게 없앨까 모의를"(마르 3,6) 하던 때였습니다. 이런 상황에서 예수님은 "등불은 숨겨둘 것이 아니라 등경 위에 놓아 빛을 내게 해야 하는 것처럼, 당신은 잠적할 생각이 조금도 없고 드러나게 활약하시겠다는 결의"(정양모)를 표하신 것입니다.

당신을 좋아하는 사람들만이 아니라 당신을 미워하고 해치려는 사람들까지 포함한 모든 이를 위해서 기꺼이 등불이기를 바라시는 그분의 마음을 느낄 수 있습니다. 당신이 바로 등불이고, 그 등불은 덮어둘 수 없다는 것은 하느님 나라의 성격이기도 합니다. 하느님의 나라는 세상의 그 어떤 것으로도 덮을 수 없습니다.

예수님은 등불의 비유로 당신과 하느님의 마음을 느끼게 해 주십니다. 우리는 눈에 보이는 현상에 얽매여 실망하거나 좌절하기보다 그 안에서 빛나는 하느님의 말씀을 듣도록 해야 합니다. 그분의 말씀은 세상의 어떤 것으로도 덮을 수 없습니다. 들을 귀 있는 자는 들어라. "숨겨진 것도 드러나기 마련이고 감추어진 것도 드러나게 되어 있다."

2

우리는 여기서 예수님께서 군중에게 말씀하고 계시다는 사실에 주목할 필요가 있습니다. 군중에게 등불 이야기를 하십니다. 그분의 말씀에 귀를 기울여 듣는 사람이라면 그것이 자기 자신들에 관한 이야기라는 것을 알아챘을 것입니다.[127] 예수님은 당신의 말씀을 듣는 군중을 세상을 밝히는 등불로 대하고 계십니다. "군중 여러분, 여러분 한 사람 한 사람이 등불입니다." 단순한 수사학적 표현이 아닙니다. 예수님의 진심입니다. "너희는 길을 밝히는 등불이다. 길을 밝히는 빛이 너희들 안에 숨겨져 있다. 누가 등불을 켜서 함지 속이나 침상 밑에 놓겠느냐?" 자기가 등불임을 깨닫고 세상을 밝히는 일에 소홀하지 말라는 말씀입니다. 거꾸로 말하자면 자기가 등불인데도 이를 깨닫지 못하여 빛을 밝히지 못하는 존재가 되어서는 안 된다는 말씀입니다.

예수님께서 보시기에 우리는 모두 자기 자신이 아니라 다른 사람의 길을 밝히기 위해 존재합니다. 다른 이의 행복을 위하여 존재합니다. 부모가 자기 자신이 아닌 자식을 위하여, 아내가 또 남편이 자기 자신이 아니라 서로를 위하여 존재하는 것처럼 우리는 그렇게 서로를

---

127)   이는 앞의 씨 뿌리는 사람의 비유에서도 마찬가지입니다.

위한 존재로 존재합니다. 우리의 몸에서 발하는 빛은 나를 넘어 모두를 위하여 있습니다. 그 빛을 혼자만 소유하려고, 또는 혼자만 밝히려고 그릇으로 덮거나 빛이 새어 나가지 못하게 침상 밑에 놓는 것은 어리석은 일입니다. 그런 사람도 없겠지만 그것은 불가능한 일입니다. 자기에게서 발하는 빛을 온갖 언어와 생각과 욕심으로 덮지 마십시오. 덮는다고 덮어지겠습니까? 하느님의 생명이 우리의 욕심으로 덮는다고 사라지겠습니까?

그 빛은 우리의 마음속 깊은 곳에 와 있는 하느님의 나라에서 발하는 빛입니다. 내 몸에서 발하는 빛의 근원은 내 마음속 깊은 곳에 와 있는 하느님 나라에서 발하는 빛입니다. 우리가 그 빛을 잘 느끼지 못하는 까닭은 심지가 너무 깊이 감추어져 있기 때문입니다. 하지만 이 썩어 없어질 육체를 가진 인간이 하느님의 영원한 생명의 빛을 발하며 다른 사람이 길을 잘 갈 수 있도록 빛을 밝힌다는 것, 신비스럽지 않습니까? 우리는 등불입니다.

다. 새겨들어라

예수님께서 다시 그들에게 말씀하셨다. "너희는 새겨들어라. 너희가 되어서 주는 만큼 되어서 받고 거기에 더 보태어 받을 것이다. 정녕 가진 자는 더 받고 가진 것 없는 자는 가진 것마저 빼앗길 것이다."(마르 4,24-25)

예수님께서 씨 뿌리는 사람과 등불의 비유를 들려주신 다음 "새겨 들어라." 하고 주의를 집중하게 하신 다음, "너희가 되어서 주는 만큼 되어서 받고 거기에 더 보태어 받을 것이다. 정녕 가진 자는 더 받고 가진 것 없는 자는 가진 것마저 빼앗길 것이다." 하고 말씀하십니다. 우리는 이 이야기를 '받는 것'에 방점을 찍으며 읽어서는 안 됩니다. 주는 것은 주는 만큼 아니 주는 것에 보태어 더 많은 것을 받기 위해서가 아닙니다. 받지 못할 것을 알면 주지 않겠다는 것은 '주는 것'의 의미를 퇴색시킵니다. 여기서 강조점은 받는 것이 아니라 주는 것에 있습니다. 받는 것만을 좋아하고, 받는 것에만 익숙하다 보면 인생을 등불처럼 비출 수 없습니다. 인생은 주는 것을 통해 완성됩니다.

인간은 근본적으로 '주는 존재'입니다. "가진 자는 더 받고 가진 것 없는 자는 가진 것마저 빼앗길 것이다."(마르 4,25) 라는 말씀은 다 준 자가 다 가진 자라는 것을 말합니다. 가진 자는 무엇을 가졌고, 더 받는 것은 무엇이며, 빼앗길 것은 무엇이겠습니까? 소유를 이야기하는 것이 아님이 분명합니다. 가진 자라는 말 대신에 '헤아려 듣는 자', '깨우친 자'라는 말을 대입하여 생각해 볼 수도 있을 것입니다. 깨친 자는 더 깨쳐 하느님의 빛을 발하는 삶을 살고 깨치지 못한 자는 자기만을 위하여 살다가 꺼져 버리고 말 것입니다.

우리가 하느님의 나라를 느끼지 못하는 것은 주지 않고 받으려는 마음이 크게 작용하기 때문입니다. 받으려고만 하는 마음으로는 하느님의 마음을 얻을 수 없습니다. 사고의 함지를 열고 관습의 침상에서 일어나 나눌 수 있을 때 모든 이 안에 하느님 나라의 씨앗이 자라는 소리를 들으며 하느님에 대한 사랑을 느끼게 될 것입니다. 부모는 자식에게 받을 것을 생각하지 않고 주는 마음으로 대합니다. 주는 마음이 자식의 마음속 깊은 곳까지 내려가 자식의 길을 비춥니다. 예수님은 이 비유를 통해 이렇게 말씀하시는 것 같습니다. "너희는 받기만 하는 존재가 아니라 줄 수 있는 존재다. 너희는 마음을 열고 귀를 열어 사람들의 마음속 깊은 곳에서 자라고 있는 하느님 나라의 씨앗이 자라는 소리를 들을 수 있는 존재다. 너희는 관습에 묶이어 마음을 닫고 사는 옹졸한 존재가 아니다."

2

예수님께서 들려주시는 비유에서 인간을 끝까지 신뢰하시는 그분의 마음을 봅니다. "들을 귀가 있거든 들어라."(마르 4,23) 또는 "새겨들어라."(마르 4,24) 하시는 예수님의 말씀은 원천적으로 우리는 들을 수 있는 귀를 가졌음을 상기시키며 믿음과 희망을 버리지 않게 하십니다. 그분은 우리 마음 밑바닥에서 잠자고 있는 이웃과 세상에 대한 신뢰를 일깨우시며 용기와 위로와 희망을 주십니다. 우리가 당장은 우리 마음속 깊은 곳에 감추어진 하느님 나라의 씨앗을 느끼지 못한다 해도 그 씨앗은—우리의 앎을 벗어나—자라고 있기에 우리는 언젠가는 그 씨앗이 자라는 소리를 들을 수 있을 것입니다.

지금은 등불을 등경 위에 놓지 못하고 있지만, 언젠가 그리스도의 등불이 우리를 통해 온 세상을 비출 것입니다. 지금은 받는 것에 마음을 빼앗겨 이웃을 보지 못하지만 언젠가는 주는 존재가 되어 세상을 밝힐 것입니다. 인간에 대한 그분의 무한 신뢰를 보게 됩니다. 그분께서 선포하신 복음의 힘입니다.

라. 하느님 나라의 비유

천국은 저절로 자라는 씨앗과 같다

> 예수님께서 군중에게 말씀하셨다. "하느님의 나라는 이와 같다. 어떤 사람이 땅에 씨를 뿌려 놓으면, 밤에 자고 낮에 일어나고 하는 사이에 씨는 싹이 터서 자라는데, 그 사람은 어떻게 그리되는지 모른다. 땅이 저절로 열매를 맺게 하는데, 처음에는 줄기가, 다음에는 이삭이 나오고 그다음에는 이삭에 낟알이 영근다. 곡식이 익으면 그 사람은 곧 낫을 댄다. 수확 때가 되었기 때문이다."(마르 4,26-29)

1

예수님께서 하느님의 나라에 관해 여러 비유로 말씀하시면서 "하느님의 나라는 A와 같다."(마르 4,26)라는 표현을 즐겨 사용하시는데 여기서 A는 우리가 일상에서 만날 수 있는 사람이나 사건입니다. "하느님의 나라는 A와 같다."라는 표현은 마태오 복음에서 다양하게 전해지지만[128] 마르코 복음은 하느님의 나라에 대해서 저절로 자라는 씨앗의 비유(마르 4,26-29)와 겨자씨의 비유(마르 4,30-32) 단 두 개만 전합니다.

예수님께서 드신 비유들이 하느님의 나라와 무슨 관계가 있는지 언뜻 알아듣기가 쉽지 않습니다.[129] 어떤 사람이 땅에 뿌린 씨가 자라 낟알이 영글면 낫을 대어 거두어들인다는 것이 천국과 무슨 관계가 있는 것입니까? 분명한 것은 이 말씀이 하느님의 나라에 관한 말씀이라는 것입니다. 씨를 뿌리면 사람이 밤에 자고 낮에 일어나고 하는 사이에 싹이 터서 자라납니다. 처음에는 줄기가, 다음에는 이삭이 나오고 그다음에는 이삭에 낟알이 영근다는 모두가 다 알고 있는 상식을 이야기하시는 것이 아닙니다. 이어지는 겨자씨 비유도 마찬가지입니다. 세상의 어떤 씨보다도 작은 씨가 땅에 뿌려지면 나중에 하늘의 새들이 날아와 깃들일 만큼 크게 되는 씨에 관한 일반적인 이야기를

---

128) 하늘 나라는 "자기 밭에 좋은 씨를 뿌리는 사람에 비길 수 있다."(마태 13,24) "겨자씨와 같다."(마태 13,31) "누룩과 같다."(마태 13,33) "밭에 숨겨진 보물과 같다."(마태 13,44) "바다에 던져 온갖 종류의 고기를 모아들인 그물과 같다."(마태 13,47) "자기 종들과 셈을 하려는 어떤 임금에게 비길 수 있다."(마태 18,23) "자기 아들의 혼인 잔치를 베푼 어떤 임금에게 비길 수 있다."(마태 22,2) "저마다 등을 들고 신랑을 맞으러 나간 열 처녀에 비길 수 있다."(마태 25,1) "어떤 사람이 여행을 떠나면서 종들을 불러 재산을 맡기는 것과 같다."(마태 25,14) 이들 비유에서 분명한 것은 씨 뿌리는 사람, 겨자씨, 누룩, 보물, 상인, 그물, 임금, 밭 임자, 열 처녀를 지나쳐서는 천국의 경지에 들 수 없다는 것입니다. 비유는 사고의 전환을 요구하며 사고를 전환한 자만이 천국의 기쁨을 누릴 수 있습니다. 예수님께서 "하늘나라는 밭에 숨겨진 보물과 같다."(마태 13,44)라고 하시면서 보물을 차지하기 위해서는 가진 것을 다 팔아 그 밭을 사야 한다고 말씀하십니다. 보물을 얻기 위해서는 보물이 묻힌 밭을 사야 하고 자기 존재까지 팔아야 한다는 것입니다. 가진 것에 집착하거나 밭이 더럽다고 피하는 사람은 하느님 나라를 체험할 수 없다는 것입니다. 일상에서 만나는 모든 사람을, 집과 세상과 온 우주를 소유 개념이 아닌 보물로 받아들일 수 있을 때, 보잘것없는 작은 겨자씨에서 온갖 새들이 와 지저귀는 큰 보물을 볼 수 있을 때, 그들을 위하여 자기 몸을 내어놓을 수 있을 때 천국의 행복을 누릴 수 있다는 것입니다. 예수님께서는 "하늘나라는 좋은 진주를 찾는 상인과 같다."(마태 13,45)라고 말씀하시면서 천국은 사람(상인)이라고 말씀하십니다. 우리가 사는 현실과 그 안에서 일상을 살아가는 인간 안에 천국이 감추어 있습니다. 그들을 위하여 자신을 내어놓는 자가 천국을 체험할 수 있습니다. 예수님은 천국을 "온갖 종류의 고기를 모아들인 그물과 같다."(마태 13,47)라고 말씀하십니다. 천국에는 내가 좋아하는 사람, 내 마음에 드는 사람, 나에게 기쁨을 선사하는 사람만이 와 있는 것이 아닙니다. 크고 작은 고기, 좋고 나쁜 고기들이 다 잡혀 있습니다. 좋고 나쁜 것을 가리는 것은 주인이 알아서 할 일입니다. 모든 것을 주님께 맡길 때 천국을 체험할 수 있을 것입니다.

129) 마르 4,1-20 참조.

하시는 것이 아니라 천국에 관해서 말씀하시는 것입니다.

2

여기서 우리는 '저절로'라는 단어에 유념할 필요가 있습니다. '저절로'는 그리스어로 '아우토마토스αὐτόματος'인데 '스스로', '자동으로'라는 뜻입니다. 뿌려진 씨가 '스스로' 자란다는 것은 씨가 알아서 제힘으로 자란다는 것이 아니라, 하느님께서 자라게 하신다는 뜻으로 알아들어야 할 것입니다. 씨를 뿌려 놓으면 밤에 자고 아침에 일어나고 하는 사이에 어느새 싹을 틔우고, 줄기를 뻗고, 잎이 무성해지고, 꽃을 피우고 열매를 맺습니다. 여기에 농부가 간여할 수 있는 일은 없습니다. 그가 땅에 씨를 뿌리지만, 그가 거름을 주고 물을 주고 김을 매지만, 싹이 트고 줄기가 뻗고 잎이 무성해지고 꽃이 피고 열매를 맺는 일은 그의 능력을 벗어납니다. 그것은 하느님의 일입니다.

우리는 모든 것을 내 힘으로 하고자 할 때가 많습니다. 내 힘으로 씨앗을 키우려 하고 자라는 일까지를 내가 간섭하려 합니다. 그러나 씨앗을 뿌린 농부가 할 수 있는 일은 물을 주고 김을 매며 자라는 과정을 지켜보는 일뿐입니다. 씨를 뿌리고 물주며 돌보는 일을 통해 자신도 모르게 하느님의 일에 동참하고 있는 것입니다.

천국도 그렇습니다. 천국의 씨앗이 우리 안에 뿌려진 것은 분명하지만 우리도 모르는 사이, 자고 일어나고 또 자고 일어나고 하는 사이에 우리 안에서 저절로 자라납니다. 그 나라는 내가 자라게 하는 것이 아닙니다. 내 힘으로 쟁취할 수 있는 것도 아닙니다. 우리 안에 뿌려진 그 나라는 자연스럽게 저절로 자랍니다. 오직 인간의 힘을 내려놓고 자신과 이웃을 향해 마음을 열 때, 세상의 마음 안으로 들어갈 때 느낄 수 있을 것입니다. 임신한 여인이 배 속에서 자라는 아기를 느끼듯이 만물의 소리에 귀를 기울일 때 우리 안에서 자라는 하느님의 나라를 느낄 수 있을 것입니다.

그 씨앗은 우리 모두 안에 저절로 자라고 있습니다. 자람이 더뎌 눈에 띄지 않는다고 자라지 않는 것이 아닙니다. 힘을 내려놓고 하느님의 창조하시는 힘에 맡길 때 우리는 우리 안에 자라고 있는 천국을 체험할 수 있을 것입니다. 인내와 믿음을 가지고 물을 주며 씨앗을 '보는 눈'을 키우도록 해야 합니다. 보지만 보지 못하고 듣지만 듣지 못하는 눈과 귀를 닦아야 합니다.

하느님은 씨앗처럼 우리 안에서 당신의 사랑을 자라게 하십니다. 모든 사람이 하느님의 씨앗이 뿌려진 존재입니다. 저 못난 사람, 저 미운 사람, 저 원수 같은 사람도 그렇습니다. 씨알이 너무 잘아 눈에 보이지 않는다고 없는 것이 아닙니다. 우리는 하느님 나라의 씨앗이 뿌려진 존재로서 모든 사람에게 하느님의 나라를 보여 주고, 또 그렇게 모든 사람에게서 하느님의 나라를 볼 수 있는 존재입니다. 나를 모함하고, 상처 주고, 해코지하는 사람도 사실은 우리 안에 하느님의 사랑이 자라고 있음을 느끼게 해 주는 존재들입니다. 우리는 때때로 사랑할 수 없다고, 용서할 수 없다고, 미워할 수밖에 없다고, 지금 불행하다고 말하지만 자고 일어나고 또 자고 일어나는 사이에 우리는 행복할 수 있고 또 그렇게 사랑할 수 있습니다. 온 우주를 사랑할 수 있는 씨앗이 우리 안에 뿌려져 자라고 있기 때문입니다.

3

보잘것없는 조그만 씨앗에서 생명을 느낀다는 것은 그야말로 신비입니다. 만나는 모든 사람에게 물을 주며 귀를 기울일 때, 모든 것은 당신에게 천국입니다. 그리고 그들을 천국으로 느끼는 당신은 그들에게 천국입니다. 그들 모두가 하느님의 현존을 느끼게 해 주는 천국입니다. 우리가 천국의 삶을 깨닫지 못하는 것은 천국을 미지의 어느 곳에 널따란 평수를 차지하고 있는 공간으로 생각하기 때문입니다. "교회는 가늠할 수 없는 말씀의 자유를 받아들여야 한다. 하느님의 말씀은 우리의 속셈과 생각을 뛰어넘어 그 뜻을 이룬다."[130] 하느님 나라의 복음을 전하는 일에 인간적인 힘이 들어갈 때 우리는 복음이 아니라 자기 말을 전하는 오류를 범하게 됩니다.

천국은 겨자씨다

예수님께서 다시 말씀하셨다. "하느님의 나라를 무엇에 비길까? 무슨 비유로 그것을 나타낼까? 하느님의 나라는 겨자씨와 같다. 땅에 뿌릴 때에는 세상의 어떤 씨앗보다도 작다. 그러나 땅에 뿌려지면 자라나서 어떤 풀보다도 커지고 큰 가지들을 뻗어, 하늘의 새들이 그 그늘에 깃들일 수 있게 된다." 예수님께서는 그들이 알아들을 수 있을 정도로, 이처럼 많은 비유로 말씀을 하셨다. 비유를

---

130) 『복음의 기쁨─현대 세계의 복음 선포에 관한 교황 권고』, 22항 참조.

들지 않고는 그들에게 말씀하지 않으셨다. 그러나 당신의 제자들에게는 따로 모든 것을 풀이해 주셨다(마르 4,30-34).

1

이 비유는 겨자씨 자체에 관한 이야기가 아니라 하느님 나라에 관한 이야기입니다.[131] 여기서 우리는 겨자씨와 하느님의 나라가 무슨 연관이 있는지 깨닫도록 해야 합니다. 이 비유는 예수님의 인생 체험에서 나온 것입니다. 예수님은 보잘것없는 겨자씨에서 세상을 창조하신 하느님의 생명을 느끼셨습니다. 길바닥에 겨자씨 한 알이 떨어졌다고 상상해 보십시오. 눈에 띄지도 않을뿐더러 눈여겨볼 사람도 없을 것입니다. 아쉬워하지도 않을 것입니다.

그런데 그 씨앗이 땅에 뿌려지면 뿌리가 내리고 줄기가 나오고 나중에 셀 수 없이 많은 열매를 맺습니다. 큰 가지들을 뻗어 하늘의 새들이 그 그늘에 깃들입니다. 그 보잘것없는 작은 씨가 온갖 새들이 날아와 깃들일 수 있는 큰 나무를 품고 있습니다. 겨자씨의 비유를 통해 예수님께서 우리에게 이렇게 물으시는 것 같습니다. "보일 듯 말 듯 작은 겨자씨에 하늘의 새들이 날아와 깃들이는 큰 나무가 감추어 있다는 것이 상상이나 되는가? 그 작은 씨앗에서 큰 나무의 생명이 느껴지는가? 온갖 새들이 깃들이며 즐겁게 지저귀는 기쁨이 느껴지는가? 너희 주변에서 만나는 좁쌀같이 하찮은 사람, 세상이 멸시하고

---

131) 마르 4,26-29 참조.

소외시킨 가난하고 보잘것없는 인간들에게서 하느님의 창조하시는 영원한 사랑을 느끼는가?"

예수님은 갖가지 질병을 앓는 이들의 소리에서, 가난한 자, 소외된 자, 농부, 상인, 소작농, 죄인의 침묵에서, 어린이, 과부, 온갖 고통에 시달리는 힘없는 이들의 소리에서 하느님의 음성을 들으셨고 그들의 몸에서 하느님을 보셨습니다. 예수님께는 이들이 하느님의 생명을 느끼게 해 주는 천국이었고, 그들에게는 자기들을 천국으로 대해 주시는 예수님이 천국이었습니다. 예수님은 이 비유로 당신께서 느끼신 그들 조그마한 존재 안에 감추어 있는 하느님의 생명을 우리에게 느끼게 해 주십니다. 이들이 내게 천국을 살게 해 줍니다. 이들과 함께 있을 때 나는 천국에 있습니다. 좁쌀 같은 그들이 존재 그 자체로 우리의 인생에 기쁨과 행복을 선사하는 비결입니다. 그들을 어떻게 만나는가에 따라 우리 인생은 천국의 행복을 누릴 수도 있고 그렇지 않을 수도 있습니다.

살다 보면 하찮은 인간, 마음에 들지 않는 사람도 많이 만나고, 상처를 준 사람, 미운 사람도 숱하게 만납니다. 그 사람들 안에 우리에게 행복을 약속하신 하느님께서 숨어계십니다. "겨자씨를 보라. 그 보잘것없는 것이 하느님의 나라를 품고 있듯이 하찮은 인간이 하느님의 존재를 느끼게 해 주고 하느님의 사랑을 느끼게 해 준다. 천국의 행복을 선사한다."

천국은 "당신과 나, 약물을 복용하는 소녀, 그리고 길거리의 알코올 중독자다. 그분의 나라는 절름발이와 소경, 외로운 사람과 실업자, 부자들과 가난한 사람들이다. 모든 인종들이다. 하느님 나라는 전 세계

이다."(도허티, 34-35)

예수님은 이 세상에서 우리가 쉽게 접할 수 있는 평범한 일들을 통해 하느님의 나라 이야기를 들려주십니다. 하느님께서는 어떤 특별한 일이나 놀라운 방식으로 당신을 알리시는 것이 아니라 자연스럽고 일상적이며 소소한 일들을 통해 알게 모르게 우리 안으로 스며드십니다. 겨자씨와 같이 작은 것에서 하느님의 나라를 보기 위해서는 우리도 작은 자가 되어야 합니다. 거대하고 높고 많은 것을 추구하는 마음으로는 천국의 경지에 들 수 없습니다. 그분은 말씀하십니다. 천국을 체험하고 싶은가? 작고 낮아져라. 자신을 내려놓고 비워라. 만나는 이에게 천국이 되고, 세상에 기쁨과 행복을 전하는 몸이 될 것이다.

2

작은 것 안에서 하느님을 보는 데는 일생이 걸릴 수 있습니다. 어쩌면 대부분 사람은 일생이 다 가도록 작아지지 못합니다. 평생 천국을 그리다가 죽을 수도 있습니다. 겨자씨가 자라 큰 나무가 되고 그 그늘에 새들이 깃들이는 장면을 미리 보는 사람은 행복합니다. 보잘것없는 우리 인생에서, 생로병사가 펼쳐지는 힘들고 고된 인생에서 하느님의 생명을 느끼고 하느님의 음성을 듣는 사람은 행복합니다. 일상에서 만나는 사람들 마음 안에 하느님의 나라가 와 있다고 말하긴 쉽지만, 그들에게서 하느님의 나라를 느끼는 것은 말처럼 쉽지 않습니다. 작은 겨자씨 안에 온갖 새들이 깃들일 수 있는 가지를 품고 있다는 진리를 깨닫기가 쉽지 않기 때문입니다. 우리가 찾는 행복은 무지개처럼 고운 빛깔로 잡을 수 없는 먼 곳에 걸려 있는 것이 아니라 지금 여기 우리가 살아가고 있는 땅에 뿌리를 내리고 있습니다. 예수님은 겨자씨의 비유를 통하여 아무리 힘들고 어려운 세상이라도 행복하게 서로 사랑하면서 살 수 있다고 힘과 용기를 북돋아 주십니다. 예수님의 복음에 따라 사는 사람은 어떤 환난에서도 용기를 잃지 않고 희망을 봅니다.

겨자씨에서 온갖 새들이 와서 지저귀는 소리를 듣습니까? 만물을 창조하신 하느님께서 보시니 좋았다고 하시는 음성이 들려옵니까? 그 보잘것없는 씨앗에서 만물의 움직임, 생명의 움직임이 느껴집니까? 시인 윌리엄 블레이크가 "하나의 모래알에서 세상을 보고 들꽃 하나에서 하늘을 봅니다."라고 노래할 수 있었던 것은 "하늘나라는 겨자씨와 같다."라고 하신 예수님 말씀을 마음에 간직하고 살았기 때문이 아닐까요?

프란치스코 교황의 다음 말씀은 천국에 대한 깊은 묵상에서 나온 것임이 분명합니다. "하느님 나라의 지평에서는 무한히 작은 것이 무한히 큰 것일 수 있고 무한히 광대한 것이 하나의 새장일 수 있다.", "커다란 계획은 아주 작은 몸짓 안에서, 작은 걸음에서 실현된다.", "하느님은 작은 것 안에, 자라나고 있는 것 안에 숨어 계신다. 우리가 볼 수는 없지만."[132] "가장 큰 것에 압도당하지 않고 가장 작은 것 안에 담기기. 그것이 신적인 것이다."(이냐시오) "가장 큰 공간에도 압도당하지 않고 가장 제한된 공간에도 머물 수 있기. 큰 것과 작은 것에 대한 이 덕은 우리가 처한 위치에서 항상 지평선을 바라보게 하는 큰

---

132) 『나의 문은 항상 열려 있습니다』, 66.

도량이다. 매일의 작은 일들을 커다란 마음으로 하느님과 다른 사람들에게 열린 마음으로 하는 것이다."[133]

좁쌀 같은 사람이 하느님으로 보일 때, 나에게 상처를 주고 아픔을 주는 원수 같은 사람이 하느님으로 보일 때, 나는 천국의 경지에 있습니다. 구유와 십자가, 일상에서 만나는 수많은 사람이 나에게 천국을 체험하게 합니다. 사물의 외형만 보지 마십시오. 그 안에 세상을 창조하신 하느님께서 자리잡고 계십니다. 하느님의 전능을 체험하도록 하십시오. 씨앗은 저절로 자라납니다. 사물을 지배하려 들지 마십시오. 하느님께서 다스리시도록 내버려 주십시오. 하느님의 뜻에 따르도록 하십시오. 하느님께 맡기고 기다리는 법을 배우십시오. 천국의 행복을 느끼고 싶습니까? 작은 것을 사랑하고 드디어는 작은 존재와 하나가 되도록 하십시오. 가장 작은 것 안에 온 세상을 얻는 기쁨이 숨어 있습니다.

마. 이분이 누구시기에
바람과 호수까지 복종하는가?

그날 저녁이 되자 예수님께서 제자들에게, "호수 저쪽으로 건너가자." 하고 말씀하셨다. 그래서 그들이 군중을 남겨 둔 채, 배에 타고 계신 예수님을 그대로

---

133) 『나의 문은 항상 열려 있습니다』, 37

모시고 갔는데, 다른 배들도 그분을 뒤따랐다. 그때에 거센 돌풍이 일어 물결이 배 안으로 들이쳐서, 물이 배에 거의 가득 차게 되었다. 그런데도 예수님께서는 고물에서 베개를 베고 주무시고 계셨다. 제자들이 예수님을 깨우며, "스승님, 저희가 죽게 되었는데도 걱정되지 않으십니까?" 하고 말하였다. 그러자 예수님께서 깨어나시어 바람을 꾸짖으시고 호수더러, "잠잠해져라. 조용히 하여라!" 하시니 바람이 멎고 아주 고요해졌다. 예수님께서는 그들에게, "왜 겁을 내느냐? 아직도 믿음이 없느냐?" 하고 말씀하셨다. 그들은 큰 두려움에 사로잡혀 서로 말하였다. "도대체 이분이 누구시기에 바람과 호수까지 복종하는가?" (마르 4,35-41)

1

바람을 잠재우신 이 이야기는 호숫가에서 군중을 가르치신 다음(마르 4,1-34) 호수 건너편으로 건너가시는 중에 일어난 일입니다.[134] 때는 저녁때입니다. 거센 돌풍이 일어 물결이 배 안으로 들이칩니다. 물이 배에 거의 가득 차서 배가 가라앉게 생겼는데도 예수님은 고물에서 베개를 베고 태연히 주무시고 계십니다. 제자들이 예수님을 깨우며, "저희가 죽게 되었는데도 걱정되지 않으십니까? 어떻게 그렇게 주무시고 계십니까?"라고 하며 불안해합니다. 이런 상황에서 태연하게 주무실 수 있다는 사실이 더 놀랍습니다. 복음사가의 의도는 분명 세상이 꺼지는 한이 있어도 모든 것을 하느님께 맡기고 태연자약해야 한

---

134) 호수 건너편은 게라사인들의 지방입니다(5,1). 거기서 다시 호수를 건너와 야이로의 딸과 하혈하는 부인을 고쳐 주시고(5,21-43) 고향 마을로 가십니다(6,1 이하).

다는 정도의 메시지를 전하고자 한 것은 아닐 것입니다.

조금 전까지 예수님은 비유를 통하여 인간은 만물에서 하느님의 말씀을 들을 수 있다는 것을 깨우쳐 주셨습니다. 우리 가까이에 있는 하느님의 나라를 깨닫기 위하여 우리는 어떠한 상황에서도 귀를 기울일 수 있어야 합니다. 세상의 소리에 흔들리지 말고, 소란을 피우는 사람들의 소리까지 듣는 법을 배워야 합니다. 온갖 소음이 세상을 어지럽히고 마찰음을 내는 흔들리는 배에서도 고요히 잠자는 법을 배워야 합니다.

풍랑에 시달리는 배에서 주무시는 그분의 모습은 세상을 창조하시고 당신이 지어 내신 우주 만물에 귀 기울이며 안식하시는 하느님의 모습입니다. 이집트에서 종살이하는 당신의 백성이 울부짖는 소리에 귀를 기울이시고(탈출 3,7) 광야에서 불평하는 이스라엘의 불평을 들으시며 우리 가까이 계시는 분(탈출 16,12)의 모습입니다. 복음을 선포하기 위해서는 한적한 곳을 찾아 쉴 줄도 알아야 하지만, 어떤 풍파 속에서도 고요히 잠자는 법도 익혀야 합니다. 그분께서 태연하게 주무시는 동안 제자들은 풍랑에 마음이 흔들리며 믿음도 흔들립니다. 그들은 물이 차올라오는 배에서 고요히 잠든 그분의 모습에서 그분의 쉼을 보지 못합니다.

2

예수님께서 깨어나시어 바람을 꾸짖으시어 호수를 잠잠하게 하신 다음 우왕좌왕하는 제자들에게 "왜 겁을 내느냐? 아직도 믿음이 없느냐?" 하고 나무라십니다. "나와 함께 있는데도 불안하느냐? 나처럼 모든 것을 아버지께 맡길 수 없느냐?"라고 질책하신 것입니다. 제자들은 잠자는 그분의 모습에서 아버지께 대한 그분의 믿음을 보아야 했습니다. 태연자약한 그분의 모습은 아버지와 하나 된 모습입니다. 믿음은 하느님께서 자기 믿음의 대가로 파선을 피하게 해 주신다는 의미의 자기 확신이 아닙니다. 믿음을 가지고 파선을 맞이하는 것과 믿음 없이 파선을 맞이하는 것은 다릅니다.

믿음 속에서 하느님께 모든 것을 맡기고 죽는 것과 믿음 없이 죽는 것은 생물학적으로 볼 때는 똑같은 죽음이지만 믿는 자의 죽음과 믿지 않는 자의 죽음은 다릅니다. 남을 위하여 살다가 맞는 죽음과 자기만을 위하여 살다가 맞는 죽음은 다릅니다. 십자가의 죽음은 세상 그 어떤 죽음과도 다릅니다. 예수님은 우리에게 믿음의 경지를 열어 주십니다.

예수님은 흔들리는 배에서 이런 믿음을 보여 주십니다. 지구가 오늘 꺼지더라도 하느님께서 함께하심을 믿을 때 우리는 고요를 발견할 수 있을 것입니다. 사회에 만연한 불신은 조용한 침묵만이 고쳐 줄 수 있을 것입니다. 믿는 자는 희망을 잃지 않습니다. 희망은 이 세상의 온갖 모순과 두려움 속에서도 하느님의 뜻에 순종하는 삶을 살게 해 줍니다. 이 순종하는 삶 앞에 하늘과 땅 위와 땅 아래에 있는 자들이 다 놀라 무릎을 꿇게 됩니다(필립 2,10). 제자들은 예수님과 함께 배를 타고 있지만, 아직 예수님과 함께 있지 못합니다.

3

호수가 잠잠해지자 제자들은 더 큰 두려움에 사로잡혀 서로 말합니다. "도대체 이분이 누구시기에 바람과 호수까지 복종하는가?" 어떻게 바람과 호수가 예수님의 명령에 복종하는 일이 가능할 수 있을까요? 이 질문은 마르코가 복음서를 쓰는 내내 끊임없이 던진 질문으로서 예수님이 누군지 알게 하는 질문입니다. 예수님께서 제자들과 함께 예루살렘으로 올라가시는 길에 "너희는 나를 누구라고 하느냐?"라고 제자들에게 던진 질문이기도 합니다. 그분은 그리스도, 하느님의 아들이시기에 바람도 호수도 복종합니다. 제자들은 거센 돌풍 가운데서도 주무시고, 오히려 바람과 호수까지 잠재우시는 그분에게서 세상을 창조하신 하느님의 힘을 느끼며 두려움에 사로잡힙니다. 이 두려움은 하느님께서 인간에게 주신 자연 세계에 대한 주권(창세 1,28)을 느낀 데서 오는 것입니다.

이 주권은 예수님만이 아니라 사실 아담과 그의 후예인 모든 인간이 지니고 있는 것입니다. 하느님은 아담을 당신의 모습을 따라 지으신 후 "세상을 다스려라."(창세 1,28) 하고 말씀하시며 그 힘을 심어 주셨습니다. 아담이 벌을 받았다 해도 하느님께서 부여하신 이 주권은 여전히 사람에게 간직되어 있다는 것을 예수님께서 보여 주신 것입니다. 하느님은 당신께서 인간에게 주신 이 주권을 빼앗지 않으십니다. "비록 죄에 의하여 손상을 당했지만 하느님의 모상으로부터 유래한 인간 존엄성은 여전히 온전히 남아 있다. 우리는 물질적인 속성을 뛰어넘어 초월적인 하느님과 친교를 나누며 살도록 창조되었다."[135] 아담은 이 위임을 오해하여 하느님의 아들로 살 수 없었고 세상을 다스릴 수 없었습니다. 사람의 아들 예수님께서 당신을 하느님의 아들로 체험하심으로써 아담이 잃은 권위를 찾아 보여 주십니다.

그분은 사람의 아들로서 하느님의 아들이시기에 거센 풍랑 가운데서도 태연하게 주무실 수 있었고 바람과 호수까지 그분께 복종하였지만, 제자들은 자신이 하느님의 아들이라는 것을 몰랐기에 예수님처럼 할 수 없었고, 태초에 하느님께서 주신 자연을 다스리는 힘을 믿지 못했기에 예수님처럼 잠잘 수 없었습니다.

4

이 이야기의 초점은 풍랑을 잠재우신 예수님을 넘어 위기의 순간에 하느님께 대한 믿음을 잃고 겁에 질린 제자들에게 넘어갑니다. 그들은 풍랑을 만나자 뿌리 깊은 본능적 두려움에 사로잡혀 평정심을 잃고 아무것도 보지 못합니다. 하느님도 보이지 않습니다. 예수님께서 그렇게 많은 것을 보여 주셨는데도 그들의 믿음은 "바람에 밀려 출렁이는 바다 물결과 같이"(야고 1,6) 흔들리는 초보 단계에 머물러 있습니다.

자기가 하느님의 모습으로 지어진 하느님의 자식임을 알 때 그 몸에서 세상을 다스리는 힘을 느낄 것입니다. 이 힘으로 세상을 살기 위

---

135) 케이시 161. 아래 괄호 안 숫자는 이 책 페이지.

하여 제자들은 예수님의 잠을 배워야 합니다. 잠에서 깨어나신 예수님께서 "왜 겁을 내느냐? 아직도 믿음이 없느냐?"라며 그들의 믿음 없음을 질책하십니다. 예수님의 꾸지람을 들으며 제자들의 믿음은 불신의 벽을 허물고 천천히 발전해 갈 것입니다.

케이시는 마르코가 믿음이 없는 제자들이 예수님께 꾸지람을 들은 것만이 아니라 예수님께 애원하였다는 점을 함께 강조하며 '믿음이 없는' 제자들에게서 무엇인가 배울 것이 있다고 말합니다. "모든 것이 실패로 끝날 때에 기도로 돌아서는 자세이다. (…) 배 안에 계신 그리스도를 깨우는 것처럼 우리 마음속의 믿음을 일깨우는 일이 필요하다."(168-169) 제자들은 아직 믿음이 부족합니다. 그것이 불안과 분노와 두려움으로 나타납니다.

제자들이 느끼는 두려움에 대해 요아킴 그닐카는 다음과 같이 씁니다. "제자들은 어떤 점에서 기대에 부응하지 못했는가? 예수님께서 그들의 신뢰의 부족만을 나무라셨다고 본다면 그분의 비난이 갖는 날카로움이 충분히 드러나지 않는다. 곤경에 처한 상태에서 스승에게 도움을 요청한 그들의 행동이 옳지 않다고는 볼 수 없지 않은가! 그들의 잘못된 태도는 그들이 오직 자기들만을 생각했을 뿐 서로 간에 그리고 예수님과 함께 그 위험을 나눌 준비가 안 되어 있었던 데 있다. 이러한 상황은 예수님께서 십자가에 매달리시기 직전에 그들이 도망한 일에서 반복된다. (…) 마르코가 묘사하는 제자들의 이 잘못된 태도는 똑같은 불신앙에 빠져서는 안 된다는, 교회에게 주어지는 경고가 되고 있다. (…) 그리스도인이 나약함과 공포 때문에 예수님과 그리고 다른 제자들과 함께 위험을 무릅쓰고 또 이 위험을 나눌 준비가 안 되어 있을 때 불신앙은 시작된다. (…) 믿는 사람은 고통의 어둠에 이르기까지 예수님을 따른다. 그럴 때 그는 교회라는 공동체 내에서도 희망을 가질 수 있다."[136]

<h1 style="text-align:center">5</h1>

제자들이 주무시는 스승을 깨운 것은 단순히 죽음에 대한 공포 때문만은 아닙니다. 최악의 상황에서도 아무 일 없다는 듯 주무시는 스승에 대한 원망과 그분께서 선포하신 복음에 대한 불신도 함께 작용합니다. 그들은 잠든 예수님한테서 하느님의 현존을 느낄 수 없었습니다. "지금 배가 뒤집히게 생겼는데 하느님이 함께 계시면 무엇 합니까? 지금 내가 죽게 생겼는데 '하느님의 나라가 가까이 왔다.'라고 하는 복음이 무슨 소용이 있습니까?" 제자들의 불안에는 역설적으로 주님을 붙들기 위한 절실함이 묻어 있습니다. "하느님의 현존을 선포하시던 분이 배와 함께 가라앉아 버리면 사람들이 뭐라고 하겠습니까? 배가 가라앉으면 모든 것이 끝장입니다. 어서 일어나시어 어떻게 좀 해 보십시오." 그들은 절박한 상황에서도 그리스도에 대한 믿음을 지키고 싶은 것입니다.

1945년 나치에 의해 교수형을 받은 예수회의 독일인 델프 신부는 그의 친구에게 보낸 편지에서 이렇게 말합니다. "하느님께서는 나를 바로 이 자리에 세우셨다. 그러니 이제는 어떤 상황에 처하든 그 상

---

136) Joachim Gnilka, 『Das Evangelium nach Markus』, Band I, 196. 198, 부어스 67에서 재인용.

황을 극복해야 할 것이다. 나는 아직도 우리를 붙드시며 우리와 동행하실 그분의 손길을 굳게 믿고 있다. (…) 하느님께서는 나로 하여금 내적인 자유라는 아름다운 공간을 얻게 하셨다. 하느님의 현존은 시간이 갈수록 더 가까이 그리고 밀도 있게 드러나고 있다.", "베드로가 거센 바람과 파도를 보고 겁을 집어먹던 때와 같은 그런 시간이 다시 찾아 왔다. (…) 이제는 모든 것이 하느님의 손에 놓여 있다. (…) 그러자 그들은 (…) 서로 말했다. 도대체 이분은 누구인가? 그들은 하느님께서 바로 그들 곁에 계심을, 그분께서 당신의 모습을 드러내셨음을 경험하였다. 예수님의 존엄성이 갖는 이질성이 그들을 덮친다."[137]

바. "더러운 영아, 그 사람에게서 나가라" 하시니

그들은 호수 건너편 게라사인들의 지방으로 갔다. 예수님께서 배에서 내리시자마자, 더러운 영이 들린 사람이 무덤에서 나와 그분께 마주 왔다. 그는 무덤에서 살았는데, 어느 누구도 더 이상 그를 쇠사슬로 묶어 둘 수가 없었다. 이미 여러 번 족쇄와 쇠사슬로 묶어 두었으나, 그는 쇠사슬도 끊고 족쇄도 부수어 버려 아무도 그를 휘어잡을 수가 없었다. 그는 밤낮으로 무덤과 산에서 소리를 지르고 돌로 제 몸을 치곤 하였다. 그는 멀리서 예수님을 보고 달려와 그 앞에 엎드려 절하며, 큰 소리로 "지극히 높으신 하느님의 아들 예수님, 당신께서 저와 무

---

137) 부어스 67.

슨 상관이 있습니까? 하느님의 이름으로 당신께 말합니다. 저를 괴롭히지 말아 주십시오." 하고 외쳤다. 예수님께서 그에게 "더러운 영아, 그 사람에게서 나가라." 하고 말씀하셨기 때문이다. 예수님께서 그에게 "네 이름이 무엇이냐?" 하고 물으시자, 그가 "제 이름은 군대입니다. 저희 수가 많기 때문이다." 하고 대답하였다. 그러고 나서 예수님께 자기들을 그 지방 밖으로 쫓아내지 말아 달라고 간곡히 청하였다. 마침 그곳 산 쪽에는 놓아기르는 많은 돼지 떼가 있었다. 그래서 더러운 영들이 예수님께, "저희를 돼지들에게 보내시어 그 속으로 들어가게 해 주십시오." 하고 청하였다. 예수님께서 허락하시니 더러운 영들이 나와 돼지들 속으로 들어갔다. 그러자 이천 마리쯤 되는 돼지 떼가 호수를 향해 비탈을 내리달려, 호수에 빠져 죽고 말았다. 돼지를 치던 이들이 달아나 그 고을과 여러 촌락에 알렸다. 사람들은 무슨 일이 일어났는지 보려고 왔다. 그들은 예수님께 와서 마귀 들렸던 사람, 곧 군대라는 마귀가 들렸던 사람이 옷을 입고 제정신으로 앉아 있는 것을 보고는 그만 겁이 났다. 그 일을 본 사람들이 마귀 들렸던 이와 돼지들에게 무슨 일이 일어났는지 그들에게 이야기해 주었다. 그러자 그들은 예수님께 저희 고장에서 떠나 주십사고 청하기 시작하였다. 그리하여 예수님께서 배에 오르시자, 마귀 들렸던 이가 예수님께 같이 있게 해 주십사고 청하였다. 그러나 예수님께서는 허락하지 않으시고 그에게 말씀하셨다. "집으로 가족들에게 돌아가, 주님께서 너에게 해 주신 일과 자비를 베풀어 주신 일을 모두 알려라." 그래서 그는 물러가, 예수님께서 자기에게 해 주신 모든 일을 데카폴리스 지방에 선포하기 시작하였다. 그러자 사람들이 모두 놀랐다(마르 5,1-20).

1

이 이야기는 예수님께 더러운 영을 쫓아내시는 권능이 있다는 것을 보여 주기 위한 것이 아닙니다. 우리는 이 이야기가 우리에게 복음, 인생을 행복하게 사는 비결을 선포하고 있다는 사실을 놓쳐서는 안 됩니다. 예수님께서 호수 건너편 게라사인들의 지방에 이르러 배에서 내리시자, 더러운 영이 들린 사람이 무덤에서 나와 그분께 달려와 그 앞에 엎드려 절하며, 자기를 괴롭히지 말아 달라고 외칩니다. 더러운 영이 들린 딸을 둔 시리아 페니키아 여자의 경우, 예수님의 소문을 듣고 와서 자기 딸에게서 마귀를 쫓아내 달라고 도움을 청하고 (마르 7,25-30), 벙어리 영이 들린 아이의 아버지의 경우, 아이를 데리고 와서 가엾이 여겨 도와달라고 도움을 청하는데(마르 9,14-29), 무덤에서 나온 더러운 영이 들린 사람은 자기를 괴롭히지 말아 달라고 외칩니다.

게라사는 갈릴래아에서 멀리 떨어진 이방인의 도시로 그리스 문화의 영향을 크게 받은 요르단 유역 열 도시(데카폴리스) 가운데 하나입니다.[138] 예수님께서 배에서 내리시자 당신께 마주 오는 더러운 영이 들린 사람을 만나십니다. '더러운 영이 들린 사람'은 단순히 미치광이나 정신병자가 아니라 유다인들이 자기 민족이 아닌 사람들을 얕잡아 보고 불결하게 여긴 관습과 관련하여 이해할 수 있습니다. "유다인들이 보기에 게라사는 이방인 지역이라 불결한 곳이고, 무덤 역시

---

138) 마태오는 같은 이야기를 가까운 가다라인들의 지방이라고 고쳐 전합니다(마태 8,28).

불결한 곳이다. 그리고 불결한 돼지를 기르기 때문에 또 한 번 불결한 곳이다."(정양모) 더러운 영의 세력은 "질서와 무질서의 원칙으로 나타나는 사탄과는 달리 무질서가 횡행할 때에만 나타나고 있다."[139]

2

마르코는 더러운 영이 들린 사람이 무덤에서 살았다고 세 번이나 되풀이합니다. 루카도 "그는 오래전부터 옷을 입지 않았을 뿐만 아니라, 집에 있지 않고 무덤에서 지냈다."(루카 8,27) 하고 그의 처지를 설명합니다. 마르코가 그는 "이미 여러 번 족쇄와 쇠사슬로 묶어 두었으나, 쇠사슬도 끊고 족쇄도 부수어 버려 아무도 그를 휘어잡을 수가 없었다."(마르 5,4)라고 전하는데, 이로써 이 사람이 게라사인들과 비정상적인 관계 속에 있었음을 말해 줍니다. 지라르는 이 상황을 이렇게 설명합니다. "이 사람은 모든 쇠사슬도 부수어 버리고 모든 규칙들도 무시하고 옷도 거부하고 있으므로 가장 자유로운 사람이지만, 스스로 광기에 사로잡힌 죄수이자 악령에 사로잡힌 자이다." 이 사람은 "살아 있는 죽은 사람이다."(291) 그가 "사람 사는 동네에서 멀리 떨어진 무덤에서 살아가고 있는 것은 (…) 이 사람과 공동체 사이의 단절에 의해 빚어진 일시적인 현상이다."(291) 루카는 게라사인들이 그를 쇠사슬에 묶어 감시하려고 하였지만 그는 묶은 것을 끊고 마귀에게 몰려 광야로 나가곤 하였다고 서술합니다(루카 8,29). 그는 쇠사슬도

---

139) 지라르 288. 아래 괄호 속 숫자 이 책의 페이지.

끊고 족쇄도 부수어 버릴 만큼 난폭한 인간입니다.

그가 무덤에 살고 있다는 것은 그가 주변 사람의 폭력에 시달리고 있음을 암시합니다. 사람들은 그를 더러운 영이 들린 사람이라며 자기들이 사는 세상에 발붙여 살지 못하도록 무덤으로 쫓아낸 것입니다. 폭력에 시달리고 있는 그의 모습이 밤낮으로 무덤과 산에서 소리를 지르고 돌로 제 몸을 치는 자학적인 모습으로 그려집니다. 자학하는 그의 모습은 그를 족쇄와 쇠사슬로 묶어 폭력을 가하는 자에게 대항하는 모습입니다.

복음사가는 그에게 폭력을 행사하는 저 세력은 누구인가 하고 물으며 예수님께서 그 세력을 몰아내시어 그에게 평온을 찾아 주셨음을 선언하고자 합니다. 복음사가는 그 세력을 '더러운 영'이라고 말하고 그의 입을 통해 '군대'라고 말하게 합니다. 그는 지금 군대라는 '힘'에 시달리고 있고 이를 이기지 못하고 주변과 자신에게 폭력을 가하고 있습니다. 이 힘은 그를 무덤으로 쫓아낸 사람들, 그를 감시하는 사람들, 소위 착한 종교인들과 바리사이들과 지도층 세력이기도 합니다. 이들 세력이 그들 자신이 연출하는 폭력의 악순환 드라마를 즐기며 관전하고 있습니다. 예수님은 이 인간의 마음 안에 감추어진 더러운 영을 몰아내며 그를 해방시키십니다.

지라르는 더러운 영이 들린 사람이 "밤낮으로 무덤과 산에서 소리를 지르고 돌로 제 몸을 치곤하였다."(5절) 하는 것에 주목합니다. 그는 왜 자기의 몸을 돌로 치며 자학할까요? 지라르는 더러운 영이 들린 사람은 자기를 묶어두려는 사람들에 의해 쫓기고 있다고 생각합니다. 사람들이 던지는 돌을 피하여 마을에서 벗어나 무덤 사이에 살게 된 그가 지금 자기 몸을 돌로 치고 있다면, 자기 자신이 아니라 자기를 괴롭히는 대상을 치고 있다는 것입니다. 화가 난 사람이 자기 머리를 쥐어박는 행위가 겉으로 볼 땐 자기를 학대하는 것처럼 비치지만 실제로는 자기보다 센 힘에 저항할 힘이 없으므로 자기 자신을 치며 분노를 표출하는 행위와 같다는 것입니다. 게라사인들은 악령 들린 사람에게 돌을 던지고 악령은 이 사람에게 스스로를 돌로 치도록 합니다. 더러운 영이 들린 사람이 자기 몸을 돌로 치면서 게라사인들에게 이렇게 외치고 있다는 것입니다. "당신들은 나를 당신들이 원하는 것처럼 그렇게 대할 필요는 없어요. 나에게 돌을 던질 필요가 없다는 말입니다. 당신들의 판결을 내 스스로 집행하지요. 내가 행하는 처벌은 당신들이 하는 처벌보다 훨씬 더 끔찍해요."(294) 더러운 영이 들린 사람은 자기에게 돌을 던지는 사람을 그대로 모방하고 있습니다.

3

밤낮없이 무덤에서 살던 그가 무덤에서 나와 예수님께 달려와 엎드려 절하며 자기를 괴롭히지 말아 달라고 외칩니다. 폭행을 당하고 있는 그에게는 모든 사람이 자기에게 폭행을 가하려는 사람처럼 보입니다. 모든 사람이 자기를 괴롭히고 족쇄를 채우고 쇠사슬로 묶어두고 무덤으로 내모는 존재처럼 보입니다. 예수님도 예외가 아닙니다. 그의 눈에는 예수님도 구원자가 아니라 폭력을 가하는 무리 중의 한 사람으로 보입니다. 그는 예수님께 하느님 이름으로 자기를 괴롭히지 말아 달라고 외칩니다. 예수님께서 카파르나움에 가셨을 때 회당에서 더러운 영이 들린 사람을 고쳐 주셨을 때 그 사람은 예수님을 보자 큰 소리로 외쳤습니다. "저는 당신이 누구신지 압니다. 당신은 하느님의 거룩하신 분이십니다."(마르 1,23-27) 그런데 게라사인들의 지방에서 달려 온 군대라는 더러운 영이 들린 사람은 예수님을 아예 알고자 하지도 않고 자기를 괴롭히지 말아 달라고 자기 소리만 외쳐 댑니다. 사람들은 그런 그를 무덤으로 쫓아낼 생각을 하지만, 예수님은 그가 폭력에 시달리고 있는 것을 보십니다.

예수님은 그의 이름을 물으며 폭력에서 그를 해방시켜 주십니다. 예수님께서 더러운 영에게 그에게서 나가라고 명령하신다면 비폭력으로 폭력의 고리를 끊어 주신 것입니다. 폭력의 고리는 폭력으로 끊어지지 않습니다. 여기서 우리는 예수님께서 폭력에 시달리는 '더러운 영이 들린 사람'이 아니라 폭력의 원천인 '더러운 영'에게 명령하고 계시다는 사실을 주목하게 됩니다. "네 이름이 무엇이냐?" 라는 예수님의 물음에 더러운 영은 "제 이름은 군대입니다. 저희 수가 많기 때문입니다." 하고 대답합니다. 루카는 "군대입니다."라고 대답하게 하고는 "그에게 많은 마귀가 들어가 있었기 때문이다." 하고 그의 대답을 해설합니다(루카 8,30).

우리말로 군대로 번역된 레기온은 "육천 명 단위의 로마군 부대"를 가리키는데[140] "군인들의 복수성, 적의에 찬 무리, 점령군, 로마인 정복자들, 그리고 아마 그리스도를 십자가에 못 박았던 사람들"[141]이 암

---

140) 200주년 성서는 이 단어를 '대부대'로 번역했습니다.
141) 장 스타로벵스키, 지라르 299에서 인용. 아래 괄호 안 숫자는 이 책 페이지.

시되어 있습니다. 더러운 영이 들린 사람에게는 "호전적인 로마군 부대와 같은 귀신들이 무수히 달라붙었다는" 것입니다(정양모). 예수님 주위에는 항상 이런 무리들이 있었습니다. "게라사에는 악령의 무리 뿐만 아니라 돼지 떼의 무리가 있고 또 도시와 촌락에서 몰려든 게라사인들이 무리를 이루고 있다."(300)

4

더러운 영들은 자기 이름을 밝히면서 지방 밖으로 쫓아내지 말고 산에 놓아 기르는 많은 돼지 떼 속으로 들어가게 해 달라고 청합니다. 돼지 떼가 이천 마리나 되는 것으로 보아 돼지를 치던 이는 힘 있는 부자였을 수 있습니다. 그 고을과 여러 촌락에서 무슨 일이 일어났는지 보려고 온 사람들도 이 사람에게 폭행을 가하며 무덤으로 쫓아낸 사람들일 수 있습니다. 그러나 그들은 자기들이 이 사람에게 폭행을 가한 자라는 사실을 인정하려 하지 않습니다. 오히려 이 사람을 구해 주신 예수님께 폭행을 가하려고 합니다. 마귀 들렸던 사람이 옷을 입고 제정신으로 앉아 있는 것을 보고는 그만 겁을 먹으며 예수님께 자기들 고장에서 떠나 주십사고 청하는 것입니다. 그 사람에게서 쫓겨난 더러운 영이 예수님께 자기들을 쫓아내지 말아 달라고 청하고 이를 본 게라사인들이 예수님께서 그곳을 빨리 떠나달라고 청하는 것은 결국 폭력의 고리를 끊지 못하고 있는 상황을 말해 줍니다. 그들이 보는 앞에서 더러운 영이 물에 빠졌다는 것은 폭행의 끝을 의미합니다. 그러나 그들은 폭행의 고리를 끊지 못합니다.

보통의 경우 악령 들린 사람의 치유는 그 한 사람에 국한될 뿐 악의 체계는 그대로 남아 있습니다. 그런데 예수님은 군대라는 악령이 들린 사람을 치유하시면서 악령이 원하는 대로 돼지 안으로 들어가게 하시고는 돼지 떼를 익사하게 하심으로써 악의 체계를 완전히 와해시키십니다. 예수님 앞에서 악령들이 결정적인 파멸을 맞이한 것입니다.

지라르는 여기서 복음사가가 무대를 산위 비탈(절벽)에 설정한 것에서 돌을 던지는 행위와 유사점을 봅니다(308 이하 참조). 돌을 던지는 장면은 성경의 여러 군데에 나옵니다. 간음한 여자도 돌에 맞을 뻔했고 스테파노도 돌에 맞아 죽었습니다. 예수님도 돌에 맞을 뻔하셨습니다(요한 10,31). 그런 그들이니 화가 나면 얼마든지 사람을 벼랑 아래로 밀어 버릴 수도 있습니다. "회당에 있던 모든 사람은 이 말씀을 듣고 화가 잔뜩 났다. 그래서 그들은 들고일어나 예수님을 고을 밖으로 내몰았다. 그 고을은 산 위에 지어져 있었는데, 그들은 예수님을 그 벼랑까지 끌고 가 거기에서 떨어뜨리려고 하였다."(루카 4,28-29) 복음사가들에게는 예수님께 돌을 던지는 것이나 벼랑에서 밀어 버리려 하는 것이나 십자가형은 근원적으로 같은 것입니다.

5

지라르는 벼랑 위에 있는 것은 더러운 영이 들린 사람이 아니라 더러운 영들이 들어간 돼지들이라는 것에 주목합니다. 돼지는 물에 빠지고 영이 들린 사람은 구원됩니다(309). 이것은 더러운 영이 들린 사람에게 폭력을 행사한 게라사인들도 폭행을 당하고 있다는 것을 극적으로 묘사하고 있는 것입니다. 이들은 스스로 자신의 몸을 돌로 치지는 않지만, 벼랑에서 떨어지는 사람은 악령으로 시달리는 사람이 아니라 그를 괴롭히는 폭력, "집정관 나리들, 덕망 있는 관리, 장엄한 법관, 유태의 총독과 그리고 이 밖에 또 '로마의 원로원'에 속하는 사람들"입니다. 이들은 모두 심연에 빠져 사라지고, 그들이 돌로 친 그 사람이 "옷을 바로 입고 멀쩡한 정신으로"(마르 5,15) 이 놀라운 낙하 광경을 바라보고 있습니다(314-315).

물론 산 위에 있는 사람 '모두'가 그를 괴롭히지는 않았을 것입니다. 주동하는 돼지 한 마리가 비탈을 향하여 달리니 나머지가 떼를 지어 같은 행동을 보입니다. 지라르는 이 행위를 "부화뇌동하는 정신", "모방을 거역할 수 없는 성향"이라 합니다. "아무리 사소한 것이라 하더라도, 모방적으로 부추기면 우리는 밀집해 있는 무리들을 완전히 뒤흔들어 놓을 수 있다. (…) 이 돼지들은 모두 이미 균형을 잃고서 스캔들에 걸려 있거나 심지어는 더 '근본적인' 균형을 잃고서 전기에 감전되어 있다. 그래서 그들은 모두 은연중에 좋은 자세를 취하려고 애를 쓰고 있지만, 그들이 취하는 자세는 균형을 '되찾을 수 없는' 자세일 뿐이다. 그들은 '대담한 선구자'의 뒤를 쫓아 바다로 뛰어들게 된다. (…) 자살하는 악령들은 별다른 명분 없이도 바다에 뛰어들 수 있는 부화뇌동하는 자들이다."(315-316)

6

하느님의 나라 복음은 어떤 폭력도 거부합니다. 폭력의 모방까지도 거부합니다. 예수님은 그를 폭력의 세상 밖으로 끌어내지 않으십니다. 우리는 구원을 마치 죄 많은 세상에서 벗어나는 것으로 생각하지만 세상은 우리가 벗어나야 할 곳이 아닙니다. 세상이 불공평하고 불합리해 보여도, 실제로 세상이 나에게 불행을 안겨 준다 해도, 세상은 하느님께서 본래 아름답게 창조하신 아름다운 창조물입니다. 예수님은 더러운 영이 들린 사람을 폭력이 세도를 부리는 세상의 바깥으로 끌어내지 않으시고 오히려 세상 안에 삼투된 폭력을 그에게서 몰아내십니다. "더러운 영아, 그 사람에게서 나가라."

우리는 세상살이가 고달프고 힘들 때면 세상 바깥 어딘가에 아픔도 슬픔도, 고통도 불행도 없는 환상적인 유토피아가 있을 것을 기대하며 이 괴로운 세상을 벗어나고 싶어 합니다. 우리는 이런 생각을 우리 존재 밖으로 몰아내야 합니다. 이 세상을 벗어나야 할 죄 많은 곳으로 여기는 사고를, 부와 힘과 쾌락에 대한 집착을, 우리 존재 밖으로 몰아내야 합니다. 그때 우리는 평화의 경지에 들 수 있을 것입니다. 복음은 기쁜 소식입니다. 진정 인생을 기쁘게 살고자 한다면 우리는 피하고 싶은 것들의 실재 안으로 들어가야 합니다. 맞아들이기는커녕 피하려고만 하는 데서 우리는 그것에 폭력을 가하게 되고 피하려는 나 자신도 피해자가 됩니다. 더러운 영을 쫓아내신 이야기에서 우리는 복음의 선포자 예수님을 만납니다. 그분의 십자가에서 인류는 비폭력의 평화를 만나게 될 것입니다.

사람들은 마귀 들렸던 사람이 옷을 갖추어 입고 제정신으로 앉아 있는 것을 보고 그만 겁을 냅니다. 옷을 입었다는 것은 인간성을 되찾았다는 말입니다. 예수님을 만나기 전 그는 옷을 벗고 있었는데 인간 대접을 받지 못했다는 말입니다. 예수님을 만남으로써 그는 "옷을 입고 제정신으로 앉아"(마르 5,15) 있습니다. "그는 다시 인간이 된"(케이시 170) 것입니다. 사람들은 자기들 고장에 발붙이지 못하도록 쫓아내어 무덤에서 살게 했던 그에게서 아직 인간을 보지 못합니다. 오히려 그를 폭력에서 해방시키고 인간성을 찾아 주신 예수님께 자기들 고장에서 떠나 주십사고 청합니다. 더러운 영들이 그 사람에게서 나와 돼지의 몸속으로 들어감으로 돼지 떼가 호수를 향해 달려 물에 빠져 죽고 말았다면 마을 사람들은 돼지 치던 사람을 고소하게 여기며 기뻐했을 법한데 오히려 예수님께 자기 고장을 떠나 달라고 청합니다. 예수님을 대하는 그들의 태도에서 우리는 여전히 폭력의 지배 아래 있음을 봅니다.

예수님은 폭력에서 해방된 그를 가족에게로 보내며 "주님께서 너에게 해 주신 일과 자비를 베풀어 주신 일을 모두 알려라."라고 말씀하십니다. 그는 예수님께서 시키시는 대로 자기에게 일어난 일을 주변에 선포하기 시작하였고 사람들은 이를 보고 놀랍니다. 그의 주변이 치유되기 시작합니다. 예수님은 더러운 영이 든 사람만이 아니라 그 주변을 치유하십니다. 그분은 세상의 구원자이십니다. "내가 하느님의 영으로 마귀들을 쫓아내는 것이면, 하느님의 나라가 이미 너희에게 와 있는 것이다."(마태 12,28)

사. 야이로의 딸과 하혈하는 여인

예수님께서 배를 타시고 다시 건너편으로 가시자 많은 군중이 그분께 모여들었다. 예수님께서 호숫가에 계시는데, 야이로라는 한 회당장이 와서 예수님을 뵙고 그분 발 앞에 엎드려, "제 어린 딸이 죽게 되었습니다. 가서서 아이에게 손을 얹으시어 그 아이가 병이 나아 다시 살게 해 주십시오." 하고 간곡히 청하였다. 그리하여 예수님께서는 그와 함께 나서시었다. 많은 군중이 그분을 따르며 밀쳐 댔다.

그 가운데에 열두 해 동안이나 하혈하는 여자가 있었다. 그 여자는 숱한 고생을 하며 많은 의사의 손에 가진 것을 모두 쏟아 부었지만, 아무 효험도 없이 상태만 더 나빠졌다. 그가 예수님의 소문을 듣고, 군중에 섞여 예수님 뒤로 가서 그분의 옷에 손을 대었다. '내가 저분의 옷에 손을 대기만 하여도 구원을 받겠지.' 하고 생각하였던 것이다. 과연 곧 출혈이 멈추고 병이 나은 것을 몸으로 느낄 수 있었다.

예수님께서는 곧 당신에게서 힘이 나간 것을 아시고 군중에게 돌아서시어, "누가 내 옷에 손을 대었느냐?" 하고 물으셨다. 그러자 제자들이 예수님께 반문하였다. "보시다시피 군중이 스승님을 밀쳐 대는데, '누가 나에게 손을 대었느냐?' 하고 물으십니까?" 그러나 예수님께서는 누가 그렇게 하였는지 보시려고 사방을 살피셨다. 그 부인은 자기에게 일어난 일을 알았기 때문에, 두려워 떨며 나와서 예수님 앞에 엎드려 사실대로 다 아뢰었다. 그러자 예수님께서 그 여자에게 이르셨다. "딸아, 네 믿음이 너를 구원하였다. 평안히 가거라. 그리고 병에서 벗어나 건강해져라."

예수님께서 아직 말씀하고 계실 때에 회당장의 집에서 사람들이 와서는, "따님이 죽었습니다. 그러니 이제 스승님을 수고롭게 할 필요가 어디 있겠습니까?"
하고 말하였다. 예수님께서는 그들이 말하는 것을 곁에서 들으시고 회당장에게
말씀하셨다. "두려워하지 말고 믿기만 하여라." 그리고 베드로와 야고보와 야고
보의 동생 요한 외에는 아무도 당신을 따라오지 못하게 하셨다. 그들이 회당장
의 집에 이르렀다.

예수님께서는 소란한 광경과 사람들이 큰 소리로 울며 탄식하는 것을 보시
고, 안으로 들어가서서 그들에게, "어찌하여 소란을 피우며 울고 있느냐? 저 아
이는 죽은 것이 아니라 자고 있다." 하고 말씀하셨다. 그들은 예수님을 비웃었다.
예수님께서는 그들을 다 내쫓으신 다음, 아이 아버지와 어머니와 당신의 일행만
데리고 아이가 있는 곳으로 들어가셨다. 그리고 아이의 손을 잡으시고 말씀하셨
다. "탈리타 쿰!" 이는 번역하면 '소녀야, 내가 너에게 말한다. 일어나라!'는 뜻이
다. 그러자 소녀가 곧바로 일어서서 걸어 다녔다. 소녀의 나이는 열두 살이었다.
사람들은 몹시 놀라 넋을 잃었다. 예수님께서는 아무에게도 이 일을 알리지 말
라고 그들에게 거듭 분부하시고 나서, 소녀에게 먹을 것을 주라고 이르셨다(마르
5,21-43).

하혈하는 여인이 그분의 옷에 손을 대었다

1

이 이야기만으로는 예수님께서 배를 타고 건너가신 곳이 어딘지 확
실하지 않지만, 마태오 복음에 의하면 예수님께서 도착하신 곳은 카

파르나움입니다(마태 9,1). 예수님께서 배를 타고 다시 호수 건너편으로 가신 것으로 보아 예수님께서는 한곳에 안주하시면서 학당을 차려놓고 사람들을 불러 복음을 선포하신 것이 아님을 알 수 있습니다. 예수님께서 건너편으로 가시자 가난한 사람, 아픈 사람, 외로운 사람, 소외된 사람, 이방인 등 많은 군중이 그분께 '모여듭니다.'

열두 살 된 회당장의 딸과 열두 해 동안 하혈로 고생하는 여인을 치유하신 이야기가 펼쳐집니다. 예수님께서 군대라는 마귀가 들렸던 사람을 고쳐 주신 이야기(마르 5,1-20)가 단순히 더러운 영을 몰아내신 이야기가 아니듯 이 이야기 또한 죽어 가던 한 회당장의 딸과 열두 해 동안이나 하혈하던 여자가 병에서 나았다는 것에만 초점을 맞추어 읽는다면 전체 맥락을 놓치게 됩니다. 치유하시는 그분의 마음과 그분의 손길에 주목해야 합니다. 그분의 손길이 하느님의 현존을 느끼게 합니다. 그리고 다시 살아나게 합니다.

하혈하는 여인과 회당장에게 예수님께서 하신 말씀 가운데 공통적인 것은 그들의 행위를 보시고 "딸아, 네 믿음이 너를 구원했다.", "두려워하지 말고 믿기만 하여라." 하고 일방적으로 말씀하신 것입니다. 소녀의 경우 사람들이 "죽었습니다." 하고 말하는데도 "믿기만 하여라." 하시며, "저 아이는 죽은 것이 아니라 자고 있다." 하셔서 사람들의 비웃음까지 삽니다. 무엇을 믿었기에 여인의 병이 나았고 죽은 소녀가 다시 살아난 것입니까? 예수님께서 무엇을 믿으라고 하신 것입니까? 죽은 자가 어떻게 믿을 수 있습니까? 여기서 우리는 믿음이 '치유되리라는 믿음', '죽지 않으리라는 믿음'이 아님을 알게 됩니다. 믿음은 오히려 죽음의 상황에서도 하느님의 현존을 믿는 것입니다.

이 두 이야기를 통하여 우리가 성찰해야 할 것은 예수님은 당신 뒤로 다가와 옷을 만지는 여인과 죽게 생긴 딸 때문에 고통당하는 회당장에게 믿음을 요구하기만 하신 것이 아니라 그들에게서 하느님께 대한 믿음을 저버리지 않고 살아가는 모습을 보셨다는 것입니다. 고통중에도 함께하시는 하느님을 향하는 믿음을 보신 것입니다.

이 이야기는 자기 행복과 구원에 초점을 맞추어 신앙하는 우리의 이기적인 마음을 치유해 줍니다. 남의 아픔과 슬픔에 연민하는 마음 없이 오로지 자기만의 행복을 위하여 하느님께 매달리는 이기적인 마음으로는 열심히 기도하여 앓던 병이 낫고 소원대로 부자가 된다고 하더라도 행복의 무지개는 여전히 도달할 수 없는 먼 산에 걸리게 될 것입니다.

야이로라는 한 회당장이 예수님을 뵙고 그분 발 앞에 엎드려 청합니다. "제 어린 딸이 죽게 되었습니다. 가셔서 아이에게 손을 얹으시어 그 아이가 병이 나아 다시 살게 해 주십시오." 그가 청하는 것은 병으로 죽어 가는 딸아이에게 손을 얹어 달라는 것입니다. 딸의 고통을 지켜보며 함께 고통을 겪는 아버지에게는 예수님이 마지막 의지요 희망입니다. 회당장이라면 어느 정도 높은 지위에 있는 사람이지만 딸을 살리고자 신분에 구애받지 않고 그분 발 앞에 엎드려 애원하는 것입니다. 죽어 가는 딸아이의 고통 앞에 모든 것을 내려놓고 그분의 손길을 간절하게 원합니다. 그분의 마음을 느끼고 싶어 합니다. 그는 예수님의 손이 닿는 곳에 생명이 일어난다는 것을 믿습니다.

예수님은 복음을 선포하시면서 사람에게 다가가 손을 내밀어 만지거나 당신에게 다가오는 병자의 손을 잡고 일으켜 세우시고, 눈먼 이를 고칠 때는 손을 잡고 마을 밖으로 나가 고쳐 주시고, 어린이들을 끌어안으시고 손을 얹어 축복해 주십니다(1,31; 1,41; 3,10; 5,23-41; 6,5.56; 7,32-35; 8,22-25; 9,27; 10,16). 아프고 약한 이에게 다가가 손을 얹는 것이 그분의 삶에서 우선하는 일입니다. 가장 작은 것에 귀를 기울이고, 가난한 이, 병든 이, 약한 이, 버림받은 이, 변두리로 내몰린 인생들과 한마음이 되는 것이 그분의 일에서 우선적 과제입니다. 그의 간곡한 청을 들으신 예수님은 즉시 그의 집으로 향하십니다. 하시던 일을 멈추시고 그와 함께 길을 나서십니다. 고통받는 이들의 눈을 들여다보며 손을 내미는 일이 우선되는 곳에 다시 일어나 사는 새 삶이 열립니다.

2

예수님께서 회당장 야이로의 집으로 향하실 때, 많은 군중이 그분을 따르며 밀쳐 대는 가운데에 열두 해 동안이나 하혈하는 여자가 그분 옷자락에 손을 대며 구원을 바랍니다. 마르코는 그 여자가 많은 의사에게 가진 것을 모두 쏟아부었지만 아무 효험도 없이 상태만 더 나빠졌고, 그렇게 열두 해 동안이나 고생하고 있는 여자라고 서술합니다. 하혈은 나병처럼 사람들의 손이 닿으면 안 되는 병입니다. 사람들은 이 병에 손이 닿으면 자기도 더러워진다고 생각했습니다. 이 병을 앓는 사람은 다른 사람이 자기 몸에 닿지 않도록 멀리 떨어져 지내야 하고, 건강한 사람들은 자기의 몸을 깨끗하게 보존하기 위해 이들에게 다가가서는 안 됩니다. 이런 백안시와 따돌림이 여자를 더욱 고통스럽게 합니다.

그런 그녀에게 예수님 이야기가 들려옵니다. 여자는 예수님의 손길을 갈망합니다. 예수님을 향하여 나아갑니다. 그런데 그분을 따르며 밀쳐 대는 사람들 때문에 접근하기가 쉽지 않습니다. 큰 소리로 손을 얹어 달라고 청할 용기도 없습니다. 군중에 섞여 그분 뒤로 가서 조심스레 그분 옷에 손을 댑니다. "저분의 옷에 손을 대기만 하여도 구원을 받겠지." 하고 생각했던 것입니다. 그렇게 생각한 까닭은 여자가 "수치스러운 병을 앓은지라 고쳐 주십사고 청하기도 어렵거니와 치유된 사실을 드러내 보일 수도 없기 때문"(정양모)이었을 것입니다.

이 이야기에서 눈여겨볼 것은 보통은 예수님께서 병자들(예컨대 나병 환자)에게 다가가시어 손을 대시었는데, 이번에는 반대로 병든 여자가 예수님께 다가가 그분의 옷에 손을 대었다는 것이고, 예수님은 당신의 옷에 손을 댄 여자에게서 믿음을 보셨다는 것입니다. 여자가 예수님의 옷에 손을 대자 출혈이 멈추고 열두 해 동안이나 앓던 병이 나았습니다. 예수님의 몸에서 마술적인 힘이 빠져나간 것입니까? 무슨 일이 일어난 것입니까?

예수님께서 여자에게 아무 말씀도 하지 않으셨고("내가 네게 무엇을 해 주기를 바라느냐?", "네 죄가 용서받았다." 등), 손을 얹어 주지도 않으셨는데도 병이 나았습니다. 오히려 예수님께서 당신에게서 병을 낫게 하는 힘이 빠져나간 것을 아시고 "누가 내 옷에 손을 대었느냐?" 하고 물으십니다. 당신의 거룩한 옷자락에 불결한 손을 댄 사람이 누구냐고 찾으시는 것처럼 보입니다. 부인은 자기 몸에 일어난 일을 알고서는 두려워 떨며 예수님 앞에 엎드려 사실대로 다 아룁니다. 허락 없이 옷에 손을 대는 범법 행위를 하였으니 용서해 달라고 했을까요?

부인의 떠는 그 모습은 예수님의 무덤을 찾아갔던 여자들이 천사로부터 그분이 "다시 살아나셨다."라는 말을 듣고 무덤에서 나와 달아나며 덜덜 떨면서 겁에 질려 두려워하는 모습을 떠올리게 합니다 (마르 16,8). 부인은 자기의 몸이 깨끗해진 것을 알고 두려워 떱니다. 자기 몸에 일으키신 구원의 일을 보고 어찌 두려움에 떨지 않을 수 있겠습니까? 두려워 떨며 엎드린 부인에게 예수님께서 "네 믿음이 너를 구원하였다. 병에서 벗어나 건강해져라." 하고 말씀하십니다. 예수님은 여자에게서 믿음을 보셨습니다. 여자는 예수님을 만나면서 야훼 하느님은 어떠한 곤경에도 우리와 함께하시는 분이라는 것을 믿게 되었을 것이고, 그 믿음이 예수님의 거룩한 옷에 손을 대도록 했을 것입니다. 사람들은 여자의 이 믿음을 알아주지 않았습니다. 오히려 병들었다는 이유로 밀어냈습니다.

3

여자가 보여 준 믿음은 "손을 대면 낫는다.", "믿으면 병이 낫는다.", "믿으면 하는 일마다 잘 된다."라는 식의 믿음과는 다릅니다. 그런 고백에는 나를 생각하는 마음만 가득할 뿐 하느님께서 함께하실 자리가 없습니다. 예수님은 당신의 옷자락에 손을 댄 부인에게서 하느님에 대한 믿음을 보신 것입니다. 예수님께서 부인의 믿음을 그대로 받아들이십니다. 부인에 대한 예수님의 믿음이 부인을 '믿음의 여인'으로 다시 살리셨고, 그 믿음이 여인을 살린 것입니다. 믿음이 없이도 이분이 유명하니까, 신통하다고 하니까, 만지면 낫는다니까, 요행을 바라며 그분께 손을 내밀고 그분을 만지려고 할 수 있습니다. 예수님을 밀쳐 대며 그분을 따르는 군중들도 분명히 그분께 손을 내밀며 그분을 만지려 하였고, 실제 많은 사람의 손이 그분 옷자락을 만졌을 것입니다. 믿음 없이도 자기의 이익을 위하여 손을 댈 수 있습니다. 하지만 예수님의 힘은 당신을 만진 사람 누구에게나 나가지 않았습니다. 수많은 사람이 그분의 옷에 손을 대었지만 열두 해 동안 하혈하던 여자가 구원을 체험하였습니다.

예수님께서 당신의 몸에서 힘이 나간 것을 느끼셨다는 것은 그 여자의 믿음으로 떠는 마음을 느끼셨다는 말입니다. 마르코가 예수님과 제자들의 반응으로 독자에게 하고픈 말도 손을 댄 사람을 찾는 것이 아니라 하혈하는 여자의 마음, 곧 두려워 떠는 여자의 믿음을 이야기하고자 하는 것입니다. 예수님은 여자의 믿음을 확인시켜 주시며 그 여자를 구해 주십니다. 여자는 예수님의 옷자락에 손을 대며 예수님의 이 마음을 느낍니다. 손을 대는 것이 죄가 아니라 손이 닿지 아니하는 곳으로 밀어내는 것이 죄이고, 손이 닿으면 안 되는 병으로 만든 그 행위가 죄입니다.

그분의 옷자락을 만지는 그의 손끝에서 구원을 갈망하는 마음이 전해지고, 그분의 옷자락에서 구원자의 마음이 전해집니다. 여자는 예수님에게서 치유의 힘, 죄를 없애시는 힘을 느끼며 구원받은 여자로 새로 납니다. 여자는 자기 몸에 일어난 일을 알고 예수님의 질문에 두려움을 느낍니다. 여자는 이미 그 전에 떨리는 마음으로 예수님에게 다가갔고, 그런 마음으로 그분의 옷에 손을 갖다 대었습니다.

그분의 옷자락에서 마음과 마음이 서로 만나고 그 만남이 치유로 나타납니다. 당신 앞에서 두려움에 떨며 사실대로 아뢰는 여자에게 예수님께서 말씀하십니다. "딸아, 네 믿음이 너를 구원하였다." 믿음으로 예수님 옷에 손을 댄 여자가 구원을 보았습니다.

우리는 어떤 마음으로 그분께 손을 내밉니까? 어떤 마음으로 그분 앞에 무릎을 꿇고 어떤 마음으로 그분의 십자가에 입을 맞춥니까? 어떤 마음으로 그분의 몸을 받아 모십니까? 나의 소원을 아뢰며 기적이 일어나기를 바라다 보니 그분의 진심을 느끼지 못하는 것은 아닙니까? 만약 나에게 저 가련한 여인이 다가온다면 나는 어떻게 대할까요? 내 옷자락을 만지도록 놔둘 수 있을까요? 예수님처럼 "네 믿음이 너를 구원하였다." 하고 말할 수 있을까요? "하느님을 믿어라. 예수님을 믿어라" 하며 다른 사람들에게 믿음을 강조할 줄은 알았지 정작 내 몸으로 믿음을 느끼게 해 주지 못하는 것은 아닙니까? 예수님은 이 말씀에 이어 "평안히 가거라. 그리고 병에서 벗어나 건강해져라." 하고 말씀하십니다(마르 4,34). 나는 그들에게 평화를 빌어 줄 수 있을까요?

4

예수님의 옷과 달리 접근을 막는 옷도 있습니다. "어떤 부자가 있었는데, 그는 자주색 옷과 고운 아마포 옷을 입고 날마다 즐겁고 호화롭게 살았다. 그의 집 대문 앞에는 라자로라는 가난한 이가 종기투성이 몸으로 누워 있었다. 그는 부자의 식탁에서 떨어지는 것으로 배를 채우기를 간절히 바랐다."(루카 16,19-21) 화려한 옷을 입은 부자 앞에 거지 라자로는 감히 접근하지 못합니다. 겨우 문간에 앉아서 식탁에서 떨어지는 부스러기라도 얻게 되기를 간절히 바랄 뿐입니다. 예수님의 옷이 사람들에게 친근감을 주어 그 옷자락이라도 만지고 싶어 사람들을 모여들게 한다면 부자의 옷은 화려한 만큼 사람들에게 거리감을 주어 사람들의 접근을 가로막습니다. 예수님의 옷이 남을 살리는 옷, 구원의 옷이라면 부자의 옷은 사람들을 멍들게 합니다. 칼과 군복으로 무장한 군사들이 "예수님을 조롱하고 나서 자주색 옷을 벗기고 그분의 겉옷을 입혔다."(마르 15,20) 그들이 예수님을 조롱하며 벗긴 자주색 옷은 우리의 옷입니다. 우리의 몸에 걸친 명예의 옷, 권력의 옷, 인기와 영광을 드러내는 옷입니다.

예수님께 손을 댄 여자의 믿음은 그분 머리에 향유를 부은 여자를 상기시킵니다. "어떤 여자가 매우 값진 향유가 든 옥합을 가지고 다가와, 식탁에 앉아 계시는 그분 머리에 향유를 부었다."(마르 14,7) 요한 복음에서는 그 여자가 "예수님의 발에 붓고 자기 머리카락으로 그 발을 닦아 드렸다."(요한 12,3)라고 합니다. 사람들은 여자가 예수님 몸에 손을 대는 것을 트집을 잡으려 했으나 예수님은 그에 아랑곳하지 않으시고 그냥 내버려 두라고 하십니다. 그분에게 만짐은 중요합니다. 만짐을 통해 복음에 대한 믿음이 전달됩니다. 예수님은 말씀으로만 복음을 선포하신 것이 아닙니다. 하느님께서 모든 이들 안에 살아 계신 것이 사실이라면 우리는 그들의 몸에서 이를 느낄 수 있어야 합니다. "하느님의 나라가 우리의 손이 닿는 곳에 와 있다."라는 그분의 복음은 손을 내밀고 만지는 일을 통하여 전해집니다.

"탈리타 쿰! 그러자 죽은 소녀가 일어서서 걸어 다녔다

1

하혈하는 여인의 일로 야이로의 집으로 향하는 예수님의 길이 지체됩니다. 야이로에게 지체되는 그 시간은 아마도 죽음의 시간이었을 것입니다. 아닌 게 아니라 아이가 죽었다는 소식이 전해집니다. 야이로는 크게 낙담했을 것입니다. 그 소식을 전하는 사람도 이제 죽은 아이에게 예수님의 손길은 소용없이 되었다고 생각하며 "이제 스승님을 수고롭게 할 필요가 어디 있겠습니까?" 하고 말합니다. 하지만 예수님은 "두려워하지 말고 믿기만 하여라." 하시며 멈췄던 걸음을 옮기십니다. 집에 이르니 사람들이 소란을 피우며 울며 탄식하고 있습니다. 예수님께서 "저 아이는 죽은 것이 아니라 자고 있다." 하시자 그들은 그분을 비웃습니다.

예수님께서 그런 그들을 밖으로 내쫓으신 다음 아이에게 다가가서서 죽은 아이의 손을 잡으시고 "탈리타 쿰"(소녀야, 일어나라) 하고 명령하십니다. 구약의 엘리야(1열왕 17,19-21)나 엘리사(2열왕 4,34-36) 그리고 신약의 베드로(사도 9,40-42)는 죽은 사람을 살리기 위해 먼저 하느님께 기도하면서 청합니다. 예수님은 그런 절차 없이 아이의 손을 잡으시고 "탈리타 쿰!", "소녀야, 일어나라(에게이레ἔγειρε)!"[142] 하고 명령하시니 하느님의 생명이 예수님의 손끝을 통하여 아이에게 전달됩니다.

---

142) '일어나다ἐγείρειν'에 대해서 마르 1,31; 2,1-12; 12,18-27, 16,9 참조.

소녀가 예수님께서 내민 손을 잡고 곧바로 일어납니다. 소란을 피우던 사람들이 보는 앞에서 소녀가 일어서서 걸어 다닙니다. 소녀는 일상으로 걸어 들어가 '일어난' 삶, 부활의 삶을 살게 될 것입니다.

"저 아이는 죽은 것이 아니라 자고 있다."라는 예수님의 말씀은 소란을 피우며 비웃던 모든 이에게 하신 말씀입니다. 그들은 소란만 피울 줄 알았지, 아이와 아이의 아버지를 위하여 자신을 내어놓는 삶을 살지 못합니다. 정작 잠자는 사람은 아이가 아니라 그들입니다(마르 14,41). 그들은 다른 사람을 위하여 자신을 내어놓는 삶을 살 준비가 되어 있지 않습니다. 예수님께서 그들을 다 내쫓으신 다음, 아이 아버지와 어머니와 당신의 일행만 데리고 아이가 있는 곳으로 들어가시어 아이를 일으켜 세우십니다.

2

소녀가 일어서서 걸어 다니는 것을 보고 넋을 잃은 사람들에게 예수님께서 아무에게도 이 일을 알리지 말라고 거듭 분부하시고 나서, 소녀에게 먹을 것을 주라고 이르십니다. 수많은 사람이 이미 모여와 이 일을 보았는데, 아무에게도 알리지 말라니 무슨 말씀입니까? 예수님께서 당신이 하느님의 아들 그리스도이심을 밝히시고 나서 그리스도가 어떤 존재인지 풀이해 주시기 전에도 제자들에게 아무에게도 말하지 말라고 엄중히 이르셨습니다(마르 8,27-33). 사람의 아들이신 당신이 하느님의 아들 그리스도시라는 것, 당신이 생명이요 부활이시라는 것, 죽을 인간이 영원한 하느님의 생명을 가지고 산다는 것을 어찌 인간의 말로 설명할 수 있겠습니까. 언어를 침묵시킬 때 우리는 진리를 깨달을 수 있을 것입니다.

사람들은 같은 말을 하면서도 죽은 말과 죽이는 말을 할 수도 있고, 산 말과 살리는 말을 할 수도 있습니다. 죽은 말을 하는 자는 남을 죽이고 산 말을 하는 사람은 남을 살립니다. 같은 "사랑한다."라는 말이라도 사랑의 사건이 일어나게 할 수도 있고 죽음의 사건을 일으킬 수도 있습니다. "나는 너를 용서한다.", "나는 하느님을 믿는다." 하고 말할 때 이 언어들은 단순히 내가 너를 사랑하고, 내가 너를 용서하고, 내가 하느님을 믿는다는 것을 알리는 정보 역할만을 하는 것이 아닙니다. 말하는 동안 실제로 사랑과 용서와 믿음의 사건이 일어납니다. 그분의 언어는 살리는 언어입니다. "탈리타 쿰!", "소녀야, 일어나라!"라는 그분의 말씀이 소녀를 일어나게 합니다. 그분은 사람들이 소란을 피우는 언어를 죽이고 일어난 소녀를 대하기를 바라십니다. 소란을 피우는 언어를 침묵시키는 자만이 소녀에게 "일어나라!" 하고 말할 수 있을 것이며, 먹을 것을 줄 수 있을 것입니다.

믿기만 하여라, 믿는 대로 되리라?

1

예수님께서 병이 낫기를 바라며 당신의 옷자락을 만진 여인에게 "딸아, 네 믿음이 너를 구원하였다. 평안히 가거라. 그리고 병에서 벗어나 건강해져라."(마르 5,34) 하고 말씀하십니다. 딸을 죽음에서 구해 달라고 간곡하게 청하는 야이로에게 딸의 죽음 소식이 전해지자 예수님께서는 "두려워하지 말고 믿기만 하여라."(마르 5,36) 하고 말씀하십니다. 자기 종을 고쳐 달라는 백인대장에게는 "가거라. 네가 믿은 대로 될 것이다."(마태 8,13) 하고 말씀하십니다. 그들은 예수님의 말씀을 믿었습니다. 예수님은 그들의 믿음을 보시고 그들을 낫게 하십니다. 그들은 무엇을 믿은 것일까요? 우리는 대뜸 그들이 병이 나을 것을 믿었다거나 그들의 병을 고쳐 주실 수 있는 예수님의 능력을 믿었다고 말할 것입니다.

예수님은 당신께 대한 그들의 '그런' 믿음을 보시고 그들의 병을 고쳐 주신 것일까요? 당신의 이름을 부르면서 자기 병이 나으라고 믿으면 병이 낫고. 물에 빠져도 가라앉지 않으리라는 믿음을 일으키면 물에 빠져들지 않게 될까요? 죽을병에 걸려도 죽지 않으리라는 믿음이 있으면 죽지 않고 부자가 되리라는 확고한 믿음만 있으면 부자가 되는 것일까요? 예수님의 이름을 부르며 이 산더러 "들러서 저 바다에 빠져라." 하면서 그리되리라 믿으면 산이 옮겨가고, 육체가 부활하리라 믿으며 그리되리라고 의심치 않으면 내 육체가 되살아나고, 나를 행복하게 해 줄 천국이 있다고 믿으면 죽어 그런 천국에 들게 될까요? 그렇게 매사 의심을 버리고 확신을 가지고 믿는다고 고백하면 믿는 대로 이루어질까요? 예수님께서 요구하시는 믿음이 그런 자기 확신일까요?

사람들은 예수님의 이름을 부르며 믿는 대로 되리라 고백하지만, 그들 머리에 예수님은 없고 오로지 자기 생각만 있습니다. "믿는 대로 되리라."라는 예수님의 말씀을 외치며 자기의 뜻이 이루어지리라는 자기 확신에 빠집니다. 그들은 자기만을 위한 자기 확신을 믿음으로 오해하는 것입니다. 그렇게 그들은 자기 최면催眠에 걸려듭니다. 구원은 '내'가 믿는 대로 주어지는 것이 아닙니다. 믿음은 자기 최면이 아닙니다. 행복은 최면상태에서 맛보는 환상이 아닙니다. 믿음은 이보다 더 심오한 차원을 우리에게 열어 줍니다. 예수님은 믿는 대로 되리라고 하시면서 우리가 최면에 걸려 인생을 헛되이 살게 하지 않으십니다.

우리는 예수님께서 "믿는 대로 되리라."라고 하시면서 뭘 믿으라고 하셨는지 알아야 합니다. 이를 알고, 그 바탕에서 믿음을 이해하도록 해야 합니다. "믿는 대로 되리라."라고 하신 이 말씀은 당신이 선포하신 하느님의 나라가 가까이 왔다는 복음에 근거한 것입니다. 몸이 아플 때, 눈앞이 깜깜할 때, 그분께서 나를 구해 주시리라 믿으며 매달리는 것은 인지상정입니다. 그러나 병 중에도, 고난 가운데도 하느님께서 함께 계신다는 믿음은 더 근원적입니다. 하느님의 나라가 우리 손이 닿는 곳에 와 있다는 것을 믿는다면, 손을 내밀어 손이 닿지 아니하는 곳(사람, 일)이 없도록 해야 할 것입니다. 이것이 믿음의 힘입니다. 이 믿음에 도달한 사람은 살아서 영원한 삶, 죽지 않는 삶을 살게 될 것입니다.

예수님께서 말씀하시는 믿음은 내가 병이 나을 것을 믿으면 믿는 대로 낫게 되리라는 자기 확신이 아닙니다. 복음에 근거하여 믿을 때 모든 것이 믿는 대로 이루어진다는 것입니다. 오직 복음에 근거하여 믿을 때 내 존재 전부를 일어나게 하는 힘을 얻게 될 것입니다. 복음에 근거한 믿음은 단순히 생로병사가 일어나는 현상을 치유하는 일을 넘어 생로병사의 현상에 매달리는 내 존재 자체를 그 심층에서 살리는 신비스러운 힘을 가지고 있습니다. 예수님은 우리에게 복음을 믿으라고 하시면서 믿는 대로 되리라는 자기 확신을 넘어 존재 깊은 곳에 숨어 있는 하느님의 뜻을 받아들이게 하십니다. 복음에 근거하여 믿음을 가질 때 우리는 자기 병이 낫기만을 바라는 이기적인 마음에서 돌아서서 주변의 아픈 사람과 함께할 수 있는 존재로 거듭나게될 것입니다. 예수님의 복음에 근거하여 천국이 내 손이 닿는 곳에와 있다는 것을 믿는다면 만나는 모든 사람을 신적인 존재로 대하며살게 될 것입니다. 이 믿음을 가지고 살 때, 우리는 모든 사람을 하느님처럼 대하며 인류 공동체를 위하여 기꺼이 자기 자신을 내놓는 삶을 살게 될 것입니다. 믿는 대로 되리라는 믿음을 가지고 사는 사람은 자기의 안일만을 위하여 살지 않기 때문입니다.

2

야이로의 딸을 소생시킨 이야기는 절망에 빠진 우리에게 절실한 교훈을 줍니다. 주님이신 예수님은 우리를 어떤 곤궁에서도 구해 주실것입니다. 깊은 수렁 속에 빠져들수록 우리는 더욱 그분의 자비에 의지하는 믿음을 가져야 합니다. 아이의 아버지에게서 그 믿음을 봅니다. 그가 만난 예수님은 죽음의 비극에서도 삶에 빛과 희망을 주시는분이십니다. 믿음이 인간을 살립니다. 믿음이 인간에게 영원한 생명을 가져다줍니다. 믿음이 있는 곳에 허무란 있을 수 없으며, 믿음이 있다면 어떠한 삶도 의미가 있습니다. 아이의 아버지는 예수님을 통해서 인간을 죽음에 버려두지 않으시고 생명으로 부르시는 산 자들의 하느님을 만났습니다. "하느님께서는 죽음을 만들지 않으셨고 산 이들의 멸망을 기뻐하지 않으신다. 하느님께서는 만물을 존재하라고 창조하셨다."(지혜 1,13-14). 그는 예수님의 말씀과 행위를 통해 산 자들의 하느님에 대한 신뢰를 확고하게 얻었습니다.

하느님께 대한 믿음은 하느님께서 세상과 인간에게 하신 일을 신뢰하는 데서 출발합니다. 세상은 하느님의 피조물이고, 세상 만물에는 하느님의 얼이 담겨 있습니다. 이는 "어떻게 그런 일이 가능한가?"라는 질문을 넘어선, 무조건 받아들일 수밖에 없는 신비입니다. 신앙은 하느님께서 하신 일을 끝까지 신뢰하는 것이고, 끝내는 그 하느님께 모든 것을 맡기는 행위입니다. 세상을 신뢰하는 일은 말처럼 쉽지 않습니다. 인생의 신비를 온전히 받아들이며 그 신비에 자기를 맡기며 산다는 것은 말처럼 쉬운 일이 아닙니다. 사랑하는 가족이 죽을병에라도 걸리면 충격과 절망은 더욱 깊어집니다. 하느님께서 정말 인간의 행복을 바라시는 분인지 회의에 빠져들기도 하고, 고통도 눈물도 없는 저세상으로 건너가 편하게 살고 싶은 그림을 그리기도 합니다.

회당장 야이로는 예수님과 하느님의 자비를 믿었습니다. 아픔이 있지만 아픔 안에 치유도 함께 있음을, 어쩔 수 없이 맞닥뜨리는 불행 가운데에도 낙원의 행복이 감추어져 있음을, 그래서 인생은 고통을 피해 달아나야 할 무엇이 아니라는 것을 믿었습니다. 이 믿음이 있었기에 그는 딸의 목숨이 촌각을 다투는 급박한 순간에도 하혈하는 여자로 인해 지체되는 시간을 견딜 수 있었습니다.

예수님은 아무리 힘들고 괴롭더라도 바로 이 세상이 하느님을 만날 수 있는 유일한 장소라는 믿음을 심어 주시기 위하여 세상에 오셨습니다. 당신의 현존을 통해 세상에서 일어나는 모든 일에는 의미가 있다는 것을 알게 해 주셨습니다. 무의미한 일로 여겨지는 고독과 고통과 죽음까지도 하느님을 발견하게 해 주는 의미 있는 일들입니다. 그분은 고통의 현실이라고 무조건 피할 것이 아니라 그럴수록 더욱 하느님께 믿음을 두고 세상을 끌어안으며 살게 하십니다. 믿음이 있는 곳에 사랑이 넘쳐납니다. 믿음이 있는 곳에 희망이 있습니다.

예수님을 만난 사람들은 온갖 장애 속에서도 하느님과 세상과 인간에 대한 신뢰를 회복하게 됩니다. 신뢰를 배우면서 위로와 희망을 얻고 서로 사랑하게 됩니다. 사람들은 예수님에게서 이 신앙과 위로와 희망과 사랑을 보았습니다. 야이로는 이 예수님을 만난 것입니다. 그는 어떠한 처지에서도 하느님을 발견하고 서로를 위로하고 기쁨을 느끼며 사랑하며 살게 됩니다. 이 이야기에서 특히 눈여겨볼 것은 아이의 믿음이 아니라(아이는 이미 죽었습니다.) 아이 아버지의 믿음을 통해서 아이가 다시 일어났다는 것입니다. 믿음은 전달됩니다.

아. 예언자는 고향에서 존경을 받지 못한다

예수님께서 그곳을 떠나 고향으로 가셨는데 제자들도 그분을 따라갔다. 안식일이 되자 예수님께서는 회당에서 가르치기 시작하셨다. 많은 이가 듣고는 놀라서 이렇게 말하였다. "저 사람이 어디서 저 모든 것을 얻었을까? 저런 지혜를 어디서 받았을까? 그의 손에서 저런 기적들이 일어나다니! 저 사람은 목수로서 마리아의 아들이며, 야고보, 요세, 유다, 시몬과 형제간이 아닌가? 그의 누이들도 우리와 함께 여기에 살고 있지 않는가?" 그러면서 그들은 그분을 못마땅하게 여겼다. 그러자 예수님께서 그들에게 이르셨다. "예언자는 어디에서나 존경받지만 고향과 친척과 집안에서만은 존경받지 못한다." 그리하여 예수님께서는 그곳에서 몇몇 병자에게 손을 얹어서 병을 고쳐 주시는 것밖에는 아무런 기적도 일으키실 수 없었다. 그리고 그들이 믿지 않는 것에 놀라셨다(마르 6,1-6).

저런 지혜를 어디서 받았을까?

1

예언자는 고향에서 존경받지 못한다는 유명한 이야기입니다. 복음 사가가 이 이야기를 하는 이유는 아무리 훌륭한 예언자라도 자기 고향과 집안에서만은 존경받지 못한다는 것을 말하고자 해서는 아닐 것입니다. 당신은 세상이 알아주는 예언자인데 고향 사람들이 이를 알아주지 않아 서운하고 언짢은 마음으로 몇몇 병자에게만 손을 얹어 주시고 홀연히 그곳을 떠나셨다는 것이 이 이야기의 핵심 주제가 아닙니다. 복음사가는 예수님께서 "예언자는 고향과 친척과 집안에서만은 존경받지 못한다."라는 말씀을 남기고 그곳을 떠나신 배경에 관심을 보입니다. 이 말씀은 고향 사람들이 당신에게 보인 반응에 대한 예수님의 반응입니다. 고향 사람들은 그분의 가르침에 놀라면서도 정작 그분의 가르침에는 관심이 없습니다. 그저 자기들이 잘 알고 있는 목수요 마리아의 아들에게서 지혜의 말씀이 나오고 그 손에서 기적들이 일어나다니 믿을 수가 없어 놀랍니다. 그들에게는 볼 눈이 없습니다.

마르코는 예수님께서 고향 회당에 가시어 가르치기 시작하셨다고 하면서(마르 6,2), 무엇을 가르치셨는지 그 내용은 언급하지 않습니다. 루카는 예수님께서 이사야서를 봉독하셨다고 전합니다(루카 4,16-21). 그분께서 봉독한 이사야서에서 '복음'이라는 말이 나옵니다. 우리말로 '기쁜 소식을 전하다'라는 세 단어로 번역된 그리스어는 '에유앙겔리조마이εὐαγγελίζομαι'라는 한 단어입니다. "복음을 전하다."라는 뜻입니다. 그분은 '늘 하시던 대로' 우리들의 손이 닿는 곳에 하느님의 나라가 와 있다는 복음을 가르치신 것입니다.[143]

2

고향 사람들이 예수님의 가르침에 놀랍니다. 출신 배경을 훤히 아는 특별하지 않은 동네 사람의 입에서 지혜의 말이 나오고 그의 손에

---

143) 공생활을 시작하신 예수님의 입에서 나온 첫 말씀이 복음 선포라는 점에서 루카와 마르코 두 복음사가는 일치합니다. 두 복음사가는 예수님께서 광야에서 마귀의 유혹을 받으신 후 갈릴래아로 가시어 하느님 나라의 복음을 선포하시면서 공생활을 시작하신 것으로 전합니다. 마르코는 예수님께서 "때가 찼다. 하느님의 나라가 가까이 왔다."라고 복음을 선포하신 사실만 언급하는데 루카는 구체적으로 갈릴래아의 나자렛의 회당이라고 장소를 밝히고 회당에 온 사람들을 대상으로 복음을 선포하셨다고 밝히며 그들의 반응까지 전합니다. 마르코가 복음을 선포하셨다는 것만을 언급한 데 반해 루카는 이 복음이 예수님을 통하여 가난한 이, 잡혀간 이, 눈먼 이, 억압받는 이에게 선포되었다고 구체적으로 전합니다(루카 4,19-20). 마르코는 예수님께서 하느님의 복음을 알리신 후 제자들을 부르시고 가난한 이, 잡혀간 이, 눈먼 이, 억압받는 이에게 다가가시는 이야기를 전합니다.

서 기적이 일어나니 믿을 수 없었던 것입니다. 하지만 예수님께서 그들에게 보이신 반응은 당신이 하느님의 아들이라는 것을 몰라 주는 것 때문만이 아닙니다.[144]

그분이 하느님의 아들이시기에 지혜와 기적의 힘이 나온다는 말은 맞으면서도 틀린 말입니다. 맞는다는 것은 그분은 하느님의 아들이시기 때문입니다. 그분이 일으키신 기적은 하느님만이 행하실 수 있는 일입니다. 틀렸다는 것은 그분은 신격화된 존재가 아니기 때문입니다. 그분이 하느님의 아들이라고 고백하면서도 우리와는 완전히 다른 존재로 신격화하는 것은 하느님의 아들이신 그분이 사람의 아들이심을 부정하는 것입니다. 예수님이 하느님의 아들이신 것은 사람의 아들이 아니시기 때문이 아닙니다. 그 반대입니다. 그분이 하느님의 아들이신 것은 우리와 똑같은 사람의 아들이시기 때문입니다. 그분은 사람의 아들로서 하느님의 복음을 전하고 하느님의 일을 하십니다.[145] 고향 사람들은 이 사실을 보지 못했던 것입니다. 베드로는 "스승님은 하느님의 아들"이라고 고백하면서도 그분이 사람의 아들이라는 것을 간과하였는데,[146] 고향 사람들은 반대로 그분에게서 사람의 아들만 보면서 하느님의 아들을 보지 못한 것입니다. 두 경우 다 사

---

144) 그들이 놀란 이유가 그분이 목수로서 마리아의 아들이기 때문이라는 사실이 우리를 놀라게 합니다. 그때 우리가 그 자리에 있었다면 그런 이유로 놀라는 그들을 탓하며, 그분이 하느님의 아들이라고 증명하고픈 생각도 들 것입니다. 그러나 정말 그럴 수 있을까요? 그들보다 우리가 그분을 더 안다고 말할 수 있을까요?

145) 그분은 당신이 하느님의 아들이라는 것을 만천하에 드러내기 위해 마을과 고을을 두루 돌아다니시며 복음을 전하고 병자를 낫게 하고 죽은 이를 살리시는 기적을 행하신 것은 아닙니다. 그분은 사람들이 그런 이유로 기적을 일으켜 당신이 메시아임을 보여 달라는 곳에서는 기적을 일으키지 않으셨습니다.

146) 마르 8,27-33 참조. 예수님께서 제자들에게 "사람들이 나를 누구라 하느냐?"라고 물으신 것은 당신이 사람의 아들로서 하느님의 아들이라는 것을 인식시키기 위해서였습니다. 예수님은 당신을 신격화하지 않으십니다. 베드로는 "스승님은 하느님의 아들"이라고 고백하면서도 그분이 사람의 아들이라는 것을 간과하였기에 예수님께서 그런 그를 하느님의 일은 생각하지 않고 사람의 일만 생각한다고 꾸짖으셨습니다.

람의 아들을 하느님의 아들로 받아들이지 못합니다.

3

그분의 지혜와 기적은 사람의 아들이 하느님의 아들임을 알고 그렇게 모든 사람을 하느님의 아들딸로 만나는 자에게서 나오는 힘입니다. 자기가 사람의 아들로서 하느님의 아들임을 아는 자는 자기의 존재로 하느님의 가까우심(현존)을 보여 주기 때문입니다. 목수의 아들이고 마리아의 아들이며 야고보, 요셉, 시몬, 유다를 형제로 둔 사람의 아들 예수님은 당신이 하느님의 아들이심을 체험하시고 인식하시며 당신의 일로 하느님의 일을 보여 주십니다(요한 14,11). 지혜와 기적은 이 사람의 아들에게서 나옵니다.

회당에 모인 고향 사람들은 이 진리를 보지 못합니다. 사람의 아들 예수님에게서 신적인 힘과 지혜가 나오는 것을 보고 놀라면서도 예수님이 목수의 아들이고 마리아의 아들이며 그분의 형제 친척들도 평소 잘 알고 있는 보통 사람들이라는 이유로 하느님의 아들을 보지 못합니다. 그분이 목수의 아들이라는 것, 그분의 어머니가 마리아라는 것만을 볼 뿐입니다. 그들은 예수님을 안다고 하지만 혈연과 지연의 관습에 막혀 그분의 참모습을 보지 못합니다. 요한 복음사가는 "그분께서 당신 땅에 오셨지만, 그분의 백성은 그분을 맞아들이지 않았다."(요한 1,11) 고 말합니다. 그들은 이웃도 그렇게 볼 것입니다. 질병 앓는 사람에게서 질병만 보고, 세리에게서 세리라는 것만 보면서 밀어내는 것입니다. 가난하고 힘없는 사람에게서 가난과 힘없는 것만 보면서 업신여기는 것입니다. 그들은 사람의 겉모양만 봅니다. 그들에 겐 사람을 하느님의 아들딸로 볼 눈이 없습니다.

아무런 기적도 일으키실 수 없었다

1

그들만이 놀란 것이 아니라 예수님께서도 당신의 가르침에 놀라는 그들을 보면서 놀라십니다. 그들은 예수님의 가르침에 놀라면서도 복음을 믿지 못합니다. 하느님의 나라가 그들 손이 닿는 가까이에 와 있다는 복음을 들으면서도, 이를 받아들이지 못합니다. 예수님은 그들을 하느님께서 당신 자신을 계시하신 존재로 대하시는데, 그들은 자신들이 하느님의 전부가 전달된 존재라는 것을 깨닫지 못합니다. 그들은 그분의 복음을 들으면서도 그분을 모릅니다. 어릴 때부터 보아 온 그분의 겉모습에 붙들려 그분을 알아보지 못합니다. 예수님은 그들이 복음을 믿지 못하는 것에 놀라십니다.

예수님께서는 고향에서 몇몇 병자에게 손을 얹어서 고쳐 주셨을 뿐 아무런 기적을 일으키지 않으시고 그곳을 떠나십니다. "아무런 기적도 일으키실 수 없었다."라는 것은 볼 눈이 없어 믿지 못하는 그들의 마음을 에둘러 표현한 것입니다. 믿음이 없어 사람의 아들에게서 하느님의 아들을 보지 못하는데, 그분께서 일으키신 기적을 보면서도 그분을 알아보지 못하는데, 어떤 기적을 일으킨들 그분을 알아보겠습니까? 이 일은 하느님이라고 억지로 시키실 수 있는 일이 아닙니다. 하느님이라고 해서 아담에게 억지로 사과를 따 먹지 못하도록 하실 수는 없는 일입니다.

그분과 그분께서 일으켜 세우신 병자에게서 하느님의 아들딸을 보는 것이 기적입니다. 언제 그들은(우리는) 모든 사람을 하느님의 아들딸로 보는 기적을 맛보게 될까요? 언제 그들은(우리는) 모든 사람 안에서 인생의 기쁨을 발견하고 또 자기 존재로 남에게 기쁨을 전하는 기적을 일으킬 수 있을까요? 예수님께서 고향에서 기적을 일으키지 않으신 까닭은 고향 사람들이 믿지 않아서이기도 하지만, 거꾸로 말하자면 그들의 마음에 진정한 믿음의 기적이 일어나기를 바라신 때문입니다. 관습에 젖어 사람의 겉모양이나 출신 배경이나 집안만을 보지 말고 사람의 마음을 들여다보는 기적이 그들에게 일어나기를 간절히 바라신 것입니다. 우리가 만나는 수많은 사람, 슬퍼하며 우는 사람, 갖가지 시련 속에 절망하는 사람들 안에도 하느님의 나라가 와 있다는 것을 믿게 될 때 우리 존재는 용서하고 화해하고 사랑하는 겸손한 존재로 변하여 있을 것입니다.

<h2 style="text-align:center">2</h2>

마르코 복음에 기적이라는 단어는 6장에 처음 나옵니다. 하지만 "그곳에서 몇몇 병자에게 손을 얹어서 병을 고쳐 주시는 것밖에는 아무런 기적도 일으키실 수 없었다."라고 함으로써 예수님께서 고향에 들르시기 전에 이미 많은 기적을 행하셨다는 것을 암시합니다. 고향

사람들은 그동안 그분께서 행하신 기적에 관한 이야기들을 충분히 듣고 알고 있었을 것이라고 짐작할 수 있습니다.[147] 예수님은 고향을 떠나신 이후 여러 마을을 다니시면서 수많은 기적을 일으키셨는데 이때도 마르코는 '기적'이라는 단어 없이 사실만을 보도합니다.[148]

마르코 복음서에는 수난기에 해당하는 부분을 뺀, 나머지 부분의 거의 절반이 기적과 관련한 이야기로 채워져 있습니다. 여기서도 마르코는 기적이라는 단어를 삼갑니다. 그분의 죽음과 부활을 이야기할 때도 이 단어는 나오지 않습니다. 기적이라는 현상이 아니라 믿음의 눈으로 세상을 바라보는 것이 중요하기 때문일 것입니다. 기적의 이런 의미를 깨닫기가 쉽지 않다는 것은 그분께서 침묵을 강조하신 것과 같은 맥락에서 알아들을 수 있을 것입니다.[149]

---

147) 주로 치유와 관련한 이야기들입니다. 회당에서 더러운 영을 쫓아내시고(마르 1,21-28), 시몬의 장모를 고치시고(마르 1,29-31), 많은 병자를 고치시고(마르 1,32-34), 나병 환자를 깨끗하게 고치시고(마르 1,40-45), 중풍 병자를 걷게 하시고(마르 2,1-12), 안식일에 손이 오그라든 사람을 고치시고(마르 3,1-6), 죽은 아이로의 딸을 살리시고(마르 5,21-24.35-43), 하혈하는 부인을 고치셨습니다(마르 5,25-34). 그리고 풍랑을 가라앉히기도 하셨습니다(마르 4,35-41).

148) 오천 명을 먹이시고(마르 6,30-44), 물 위를 걸으시고(마르 6,45-52), 겐네사렛에서 병자들을 고치시고(마르 6,53-56), 귀먹고 말 더듬는 이를 고치시고(마르 7,31-37), 사천 명을 먹이시고(마르 8,1-10), 벳사이다의 눈먼 이를 고치시고(마르 8,22-30), 어떤 아이에게서 더러운 영을 내쫓으시고(마르 9,14-29), 예리코에서 눈먼 이를 고치신(마르 10,46-52) 놀라운 일들을 보도하면서도 마르코는 기적이라는 단어를 사용하지 않습니다.

149) 기적을 요구하는 이들에 대한 예수님의 반응은 다양합니다. 고향 사람들에게 기적을 거부하시는가 하면 기적을 요구하는 군중에게는 "어찌하여 이 세대가 표징을 요구하는가?"(마르 8,12) 하며 탄식하기도 하십니다. 귀먹고 말 더듬는 이를 고쳐 주실 때는 무엇을 감추기라도 하듯 따로 데리고 나가서서 기적을 일으키시고(마르 7,32-36), 벳사이다에서 소경을 고쳐 주실 때는 마을 밖으로 데리고 나가서서 고쳐 주십니다. 그를 집으로 돌려보내실 때는 "저 마을로 들어가지 마라." 하고 말씀하십니다(마르 8,22-26). 나병 환자를 고쳐 주신 뒤에도 누구에게든 아무 말도 하지 않도록 조심하라고 이르십니다(마르 1,44). 기적에 대하여 마르 8,11-21도 함께 참조.

3

사람들은 치유에만 관심을 보일 뿐, 병든 사람이 일어나 새 삶을 살게 된 것에는 무신경합니다. 눈먼 이가 보고 다리 저는 이가 걷고 육체적으로 앓는 병이 사라지는 것만이 기적이 아닙니다.[150] 기적이란 '병이 낫는 것'보다 '병든 사람'의 마음 안에 살아 계신 하느님을 보는 것입니다. 병에서 나았다 하더라도 하느님을 만나지 못한다면, 하느님처럼 함께 아파하고 용서하는 자비로운 인간으로 태어나지 못한다면, 내 삶은 여전히 병들어 있는 것입니다. 불치병에서 치유되었다 하더라도 자기만 아는 이기적인 삶에서 벗어나지 못한다면 그 치유가 무슨 의미가 있겠습니까.

기적은 우리를 이기적이고 자기중심적인 존재로 만들지 않습니다. 남의 고통을 자기의 고통으로 받아들이며 함께 울어 주는 것, 그들과 한마음이 되는 것이 참 기적입니다. 용서하지 못할 인간에게 마음으로 다가서고, 아픈 사람에게 다가가 손을 내밀어 어루만지는 것이 기적입니다. 남의 행복을 위하여 나를 희생하는 것이 기적입니다. 병이 낫고 부자가 되었다 하더라도 복음적으로 기쁜 인생을 살지 못한다면 그에게 기적이 일어났다고 할 수 없습니다. 예수님께서 일으키신 치유 기적 이야기를 단순히 아프지 않게 하시고 보고 듣게 하신 이야기로만 알아듣는다면 우리는 그분께서 일으키신 기적의 의미를 곡해하게 됩니다. 믿음의 인간으로 태어나지 못할 것입니다.

---

150) 그것은 하루아침에 세계적인 축구 선수가 되거나 유명한 프리마돈나가 되는 기적이 일어나기를 바라는 것이나 다를 바 없습니다.

예수님은 갖가지 질병과 고통에 시달리는 사람들을 일으켜 세워 기적의 삶을 살게 하셨는데, 지켜보는 사람들은 그들이 새사람으로 변화된 것은 보지 못합니다. 병이 낫게 된 현상만을 보면서 그분께서 일으키신 진정한 기적은 보지 못하는 것입니다. 모든 이에게 다가가서서 모든 이들의 마음 안으로 들어가는 기적을 일으키신 그분의 마음을, 그분의 자비와 사랑을 보지 못하는 것입니다. 하느님의 현존을 체험하며 자신을 하느님의 다스림에 맡기는 기적이 우리에게 일어나게 해야 합니다. 예수님께서 고향에서 아무런 기적도 일으키실 수 없었던 것은 진정 그들이 복음을 깨달아 기적을 일으키는 삶을 살기를 원하신 때문입니다.

4

우리말로 기적이라고 번역된 그리스어 '뒤나미스δύναμις'는 힘, 세력, 전능, 능력, 기적, 놀라운 일 등을 뜻합니다. 사람들은 예수님께서 일으키신 일에서 하느님의 힘(뒤나미스)을 봅니다. 기적은 이 힘에 대한 믿음이 있는 곳에 일어납니다. 예수님께서 기적을 일으키신 까닭은, 사람들이 하느님 나라의 복음을 깨우쳐 언제 어디서나 하느님의 힘을 믿으며 세상을 살도록 하시기 위해서입니다. 예수님은 기적을 통해 그들 안에 현존하시는 하느님을 믿고 느끼게 해 주십니다. 그리고 하느님의 다스림에 자기를 맡기게 하십니다.

믿는 이는 믿는 대로 기적이 일어난다는 것을 믿는 것이 아니라 모든 것이 이미 기적이라는 것을 믿습니다. 하느님께서 하신 일에 기적

아닌 것이 없습니다. 아무것도 아닌 것이 믿는 이에게는 다 기적입니다. 아무 일이 일어나지 않은 것 같지만 사실은 매 순간 하느님의 능력이 작용하고 있습니다. 그런 뜻에서 기적은 매 순간 일어나고 있습니다. 사람들이 보기에 그분의 십자가에서는 아무 기적이 일어나지 않았습니다. 십자가에 못 박히면 누구라도 죽기 마련입니다. 그분은 사람들이 보는 앞에 쓸쓸히 숨을 거두셨고 사람들이 바라던 십자가에서 뛰어내리는 기적은 일어나지 않았습니다. 제자들은 실망해서 도망쳤습니다. 믿음이 없는 그들에게 그분의 죽음은 한 인생의 끝으로 보였지만 그것은 하느님의 능력 안에 일어난 일입니다. 그분의 죽음은 기적 속에 일어난 것입니다. 믿는 이들은 거기서 하느님의 현존과 사랑, 자기를 희생하는 하느님의 사랑을 체험하였습니다. 하느님께서 그분의 십자가의 죽음에 사랑의 기적을 일으키신 것입니다. 제자들은 나중에야 그분 십자가에서 사랑의 기적을 체험하게 됩니다.

하느님의 힘을 믿는 이는 행불행이나 죽고 사는 것이나 병들고 건강한 문제는 인간의 의지로 인간이 다스릴 수 있는 영역이 아니라는 것을 압니다. 그렇기에 그는 모든 것을 하느님의 손에 맡기고 받아들일 뿐입니다. 예수님께서 갖가지 병고에 시달리는 사람들에게 손을 대시어 고쳐 주신 기적 이야기는 고통 중에 하느님의 손(힘)을 믿고 하느님의 현존을 받아들이는 기적이 일어났음을 그리고 하느님의 다스림에 자신을 맡기는 기적이 일어났음을 우리에게 알려 주는 것입니다. 자기에게 일어나는 모든 일을 하느님의 선물로 받아들이며 이 모든 것과 함께 자신을 하느님께 맡기며 감사와 찬미를 드리는 삶이 바로 기적입니다.

믿음은 내가 앓고 있는 병이 낫게 되리라는 기대를 넘어 병중에도 하느님이 계심을 받아들이는 것입니다. 기도는 고통에서 벗어나게 해 달라고 비는 주준을 넘어 고통과 죽음 안에도 하느님께서 우리와 함께 계심을 신뢰하는 것입니다. 믿음은 존재를 변화시킵니다.

변화된 존재는 기쁨과 감사 속에서 삽니다.[151] 이 기쁨은 병에서 치유되는 기쁨과는 견줄 수 없는 기쁨입니다. 고통 속에서 주님의 현존을 믿으며 기쁨의 존재로 변화하는 것보다 더 큰 기적은 없는 것입니다. 언제 어디서나 항상 감사하고 찬미하며 기쁨의 노래를 부르며 사는 것, 그보다 더 큰 기적은 없는 것입니다.

기적을 체험한 사람은 하느님처럼 생로병사를 다스리는 삶을 삽니다. 고통과 병을 주신 하느님께 감사하는 삶을 삽니다. 감사와 믿음이 우리를 참 생명으로 살게 합니다.

5

우리는 기적을 일으키는 예수님에게서 모든 이와 모든 것 안에 와 계시는 하느님을 보며, 병자와 약자와 하나 되신 그분의 마음에서 참 기적을 봅니다. 예수님은 병자와 하나 되시며 그를 고쳐 주시고, 약자의 마음을 꿰뚫어 보시며 존재를 변화시키는 기적을 일으키십니다. 고통 중에 하느님을 보지 못하는 사람에게 하느님을 느끼게 하는 기적을 일으키시는 것입니다.

---

151) "언제나 기뻐하십시오. 끊임없이 기도하십시오. 모든 일에 감사하십시오."(1테살 5,16-18)라고 바오로 사도가 말할 수 있었던 것은 믿음의 인간이었기에 가능했을 것입니다.

예수님은 기적만을 요구하면서(마르 8,12) 복음에 따라 살지 못하는, 그래서 하느님의 힘으로 살지 못하는 사람들을 안타까워하십니다. 기적은 복음의 삶을 살게 하고 복음의 삶을 사는 사람은 기적을 일으키는 삶을 삽니다. 복음을 믿는 이에겐 세상에서 일어나는 모든 일이 기적입니다. 인생 자체가 기적입니다. 태어나는 것도 죽는 것도, 아픈 것도 늙는 것도, 이 대지 위에 어느 날 나타나서 살아 숨을 쉬고 있다는 사실이 벌써 기적입니다. 수많은 사람을 만나 마음을 나누고, 사랑하고 미워하고, 절망 가운데서도 희망하고 꿈꾸고, 아픔 가운데서도 서로 위로하고 하느님께 기도할 수 있다는 것이 기적입니다. 한번 핀 꽃이 다시는 시들지 않는 것이 아니라 지고 피고 다시 또 지고 피는 것이 기적입니다. 땅을 일구어 얻은 빵을 생명의 양식으로 먹고 포도를 가꾸어 얻은 술을 구원의 음료로 마실 수 있다는 것이 또 기적입니다. 보이는 것 모두가 우리에게 기적입니다. 그렇기에 모든 것이 기적이 아닙니다. 기적의 삶을 사는 이는 무슨 신기한 일이 더 일어나기를 바라지도 않고 거기에 매달리지도 않습니다. 현상의 변화에 대한 감동은 시간의 흐름과 함께 사그라들기 마련입니다. "해가 떠서 뜨겁게 내리쬐면, 풀은 마르고 꽃은 져서 그 아름다운 모습이 없어져 버린다. 이와 같이 부자도 자기 일에만 골몰하다가 시들어 버릴 것이다."(야고 1,10-11)

예수님께서 기적을 일으키시며 진정으로 우리에게 바라시는 것은 이런 기적의 눈으로 세상을 바라보며 사는 것이며 그렇게 우리 존재가 변화하는 것입니다. 마음에 변화가 일어났을 때 우리는 모든 것을 은총으로 받아들이게 될 것입니다. 태어나고 죽는 것도, 병들고 아픈 것도, 실패와 고통도 하느님의 은총으로 받아들이게 될 것입니다. 기적의 하느님을 믿는다면 어떠한 상황에서도 하느님을 찬미하고 감사하는 기적이 우리에게 일어나도록 해야 합니다.

6

예수님은 우리가 당신의 마음과 하나 되어 우리도 기적을 일으키며 살기를 바라십니다. 당신께서 병자들에게 기적을 일으키셨듯이 우리도 기적을 일으키는 사람으로 새로 태어나길 바라십니다. 고통받는 이들과 함께 아파하고, 가난하고 힘없는 이들과 함께 나누는 자비로운 인간으로 태어나는 기적이 우리에게 일어나기를 바라십니다. 모든 이들과 모든 것 안에 하느님의 나라가 와 있다는 복음을 깨닫고, 일상에서 만나는 모든 이들이 나를 복음화하는 존재임을 깨달을 때, 모든 이에게 모든 것(1코린 9,22)이 될 때 우리는 기적을 일으키는 존재가 될 것입니다.

예수님처럼 '남에게 다가가는 사람'으로 새로 태어나는 기적이 우리에게 일어나기를 기원합니다. 예수님을 믿는다고 하면서도 그 믿음이 오로지 내 신상에 생긴 병이 낫고, 부자 되고, 하는 일마다 잘되는 것을 위한 것이라면, 우리에게 갈 길은 아직 멉니다. 내면의 변화 없이 처지가 달라지고 조건과 겉모양이 달라지는 기적을 바라는 것은 예수님의 뜻이 아닙니다.

기적과 믿음은 따로 생각할 수 있는 두 주제가 아닙니다. 믿음 없는 기적, 기적 없는 믿음은 있을 수 없습니다. 고향 사람들은 어렸을 때부터 알고 있던 평범한 목수의 아들이 지혜의 말을 하고 기적을 일으키는 것을 보고 놀랐지만, 예수님께서는 그들에게 믿음이 없는 것을 보고 놀라십니다. 기적을 일으킬 수 없으셨다는 것은 사람들이 예수님의 복음을 끝내 받아들이지 못했다는 말입니다.

고향과 고향 사람과 예언자

1

고향은 나를 세상에 낳아 준 어머니의 품을 느끼게 하는 곳입니다. 내가 모태에서 빚어지기 전부터 나를 알고 계시는 창조주 하느님의 마음을 느끼게 하는 곳입니다(예레 1,5). 고향은 어머니의 마음으로 세상을 살아야겠다는 마음을 발하게 합니다. 내 존재가 빚어지기 전부터 나를 생각하신 하느님처럼 살아야겠다는 마음이 생기게 합니다. 고향은 아버지가 있는 곳, 아버지의 자비가 깃든 곳(루카 15,11-32)입니다. 고향은 나를 원천에서 살게 하며 내 삶을 풍성하게 합니다. 고향을 그리워하는 마음은 나를 탄생시킨 어머니와 나를 창조하신 하느님의 마음에서 세상을 살게 합니다.

예수님께서 고향을 찾으셨다면 그 고향을 찾으신 것입니다. 그분께서 하느님의 나라가 가까이 왔다는 복음을 선포하신다면, 이 세상이 하느님의 마음을 느끼게 하는 고향임을 선포하시는 것입니다. 온 세상이 우리의 원초적인 고향입니다. 고향을 사랑하는 사람이라면 자기 고향을 찾은 낯선 이에게도 고향의 푸근함을 느끼게 할 것입니다.

복음을 선포하시는 그분께는 모든 이가 고향 사람입니다. 그분은 모든 이를 고향 사람으로 만나셨습니다, 병자에게 다가가시어 손을 내밀어 고쳐 주시고, 기죽어 사는 사람들을 일으켜 세우시며 그들을 고향 사람으로 대하셨습니다. 하지만 세상은 그분을 알아보지 못하였고, 고향 사람으로 맞아들이지 않았습니다(요한 1,10-11). 루카에 의하면 그들은 화가 잔뜩 나서 그분을 고을 밖으로 내몰았고, 벼랑까지 끌고 가 떨어뜨리려고 합니다(루카 4,27-28). 고향은 두 얼굴을 가지고도 있습니다. 고향이 고향을 배타적인 곳으로 만듭니다.

고향을 찾으신 예수님을 고향 사람들이 못마땅하게 여긴 데에는 그분께서 이방인의 땅을 돌아다니며 스스럼없이 이방인과 만나신 일과도 무관하지 않을 것입니다. 예수님께서 유다와 이방인 지역 사이를 자유로이 넘나들며 사람들을 만나고 복음을 선포하시는 행위가 그들의 눈엔 마냥 좋게 보이지 않았던 것입니다. 고향에 대한 사랑은 흔히 자기 것에 대한 집착과 이방인에 대한 배타적인 행위로 나타납니다. 그들은 하느님의 나라가 와 있는 인간의 마음을 보지 못하고 당장 눈앞에 보이는 혈연, 지연, 학연 등 인연을 따지며 사람을 대합니다. 텃세는 나와 다른 것을 받아들이지 못하게 합니다. 타향에 대해 배타적이고 이방인을 미워하는 마음으로는 고향을 사랑한다고 할 수는 없을 것입니다.

2

예수님 고향 사람들이 그분의 가르침을 듣고 놀라는 양상은 예수님께서 카파르나움 회당에서 가르치실 때 사람들이 놀라는 모습과는 사뭇 다릅니다(마르 1,21-22). 그때 사람들은 예수님께서 권위를 가지고 가르치시는 것에 놀랐는데, 그분의 성장 배경을 빤히 아는 고향 사람들은 그분의 지혜로운 말씀에 놀라면서 바로 그 때문에 시기와 질투를 더해 못마땅하게 생각하며 배척합니다. 그들은 '평범한 삶'은 지혜의 원천이 될 수 없다는 편견을 대변합니다. 그들의 눈에 돌과 나무로 노동하는 한낱 목수[152]에 지나지 않는 예수님이 세상을 구원하러 오신 하느님의 아들 메시아로 보일 리 없습니다. 이로써 그들은 그분께서 선포하신 하느님 나라의 복음도 함께 부정합니다. 그분의 복음은 평범한 삶에서 하느님의 나라가 와 있다고 말하기 때문입니다.

놀라운 지혜에도 불구하고 그분의 출신 때문에 그분을 존경하지 않았다는 것이 우리를 놀라게 합니다. 그런 편협함으로는 그분과 그분께서 일으켜 세우신 병자의 마음 안으로 들어갈 수 없음은 당연한 일입니다. 일상에서 만나는 별 볼 일 없는 선남선녀들이 지혜의 원천임을 깨달을 때, 우리는 세상 만물에 감추어 있는 진리를 깨닫게 되고, 지혜롭게 기적을 일으키며 인생을 살 수 있을 것입니다.

---

152) 목수는 "돌과 나무로 노동하는 사람이다. 그러므로 예수님은 기대하는 결과를 이루기 위하여 물질의 사용을 어떻게 조절해야 하는지 잘 알고 있었다. 그렇지만 그분은 이렇게 목표를 마음에 두고 부지런히 일하는 것이 거친 자연의 성장 과정보다 더 정확하게 하느님의 역사하시는 방식을 반영하는 것이 아니라는 사실을 알았다. 예수님에게 있어 하느님의 왕국은 인간의 기술이나 자원의 문제가 아니다." (케이시 130)

3

고향은 우리의 원천을 생각하게 해 주는 곳이기도 하지만 어떤 이에게는 과거 관습에 묶어 두는 고정관념의 틀일 수도 있습니다. 이들은 사람을 과거에서 만납니다. 사람을 현재에서 만나지 못하는 사람에게는 미래가 없습니다. 예언자는 과거에 머물지 않을 뿐만 아니라 현재를 보면서 미래를 열어 주며, 그렇기에 인간에게 희망을 줍니다. 고향 사람들의 눈에 예수님이 별 볼 일 없는 사람으로 보인 것은 '전통과 관습과 율법의 눈'으로 바라보았기 때문입니다. 그들은 직업과 전통과 관습과 율법의 논리로 예수님을 대했습니다. 그런 논리에 젖어 사는 사람들에게 어떤 예언자의 소리가 귀에 담기겠습니까.

마르코는 고향 사람들의 홀대에 실망하신 예수님께서 "예언자는 어디에서나 존경받지만, 고향과 친척과 집안에서만은 존경받지 못한다."라는 말씀을 남기시고 그곳을 떠나신 것으로 이야기를 전개하지만, 루카는 고향 이야기가 나온 김에 예수님의 입을 통해 이방인의 이야기를 꺼냅니다. 삼 년 육 개월 동안 하늘이 닫혀 온 땅에 큰 기근이 들었던 엘리야 때에, 이스라엘에 과부가 많았지만, 엘리야는 그들 가운데 아무에게도 파견되지 않고 시돈 지방 사렙타의 과부에게만 파견되었고, 엘리사 예언자 시대에 나병 환자가 많았지만, 그들 가운데 아무도 깨끗해지지 않고 시리아 사람 나아만만 깨끗해진 이야기를 꺼내시어 고향 사람들을 화나게 하십니다(루카 4,24-28).

마르코는 그들이 예수님의 마음을 불편하게 하였는데, 루카는 예수님께서 이방인 이야기를 하시어 고향 사람들의 마음을 불쾌하게 합니다. 마르코는 예수님께서 그들이 믿지 않는 것에 놀라시며 몇몇 병자에게 손을 얹어 주시고는 고향을 떠나 여러 마을을 두루 돌아다니시며 가르치셨다고 전하는데, 루카는 사람들이 잔뜩 화가 나서 예수님을 죽이려고 벼랑까지 끌고 가 떨어뜨리려고 했다고 전합니다(루카 4,28-29).

고향을 사랑하는 사람이라면 하느님께서 저 이방인에게 구원의 손길을 뻗으셨다는 사실에 기뻐하며 그들도 이방인에게 자비로운 사람이 되어야 할 것입니다. 이방인에게 배타적인 사람은 자기 고향도 사랑하지 못합니다. 그들은 고향에 오신 그분을 알아보지 못하고 맞아들이지 못합니다(요한 1,11). 고향 사람들이 그분의 가르침에 놀라면서도 그분을 받아들이지 못한 것은 근원적으로 그분의 복음을 받아들일 준비가 되어 있지 않았기 때문입니다. 그들은 하느님의 나라라는 고향에 살면서도 어디에 사는지 모릅니다. 하느님의 나라가 가까이 왔는데, 모두 하느님의 나라에서 태어났는데, 이를 모릅니다. 아브라함을 신앙의 선조로 모시며 그 후예임을 자랑하지만 정작 그들에게서 신앙의 선조 아브라함의 믿음을 찾아볼 수 없습니다. 아브라함의 믿음을 얻을 때 그들은 "나는 이방인이며 거류민으로 여러분 곁에 살고 있습니다. 죽은 내 아내를 내어다 안장할 수 있게, 여러분 곁에 있는 묘지를 양도해 주십시오"(창세 23,4) 하고 이방인과 거리를 없앨 수도 있을 것입니다.[153]

---

153) 고향을 사랑하는 사람은 타향 사람에게 배타적이지 않습니다. 오히려 그들을 따뜻이 맞이합니다. 몇 구절 인용합니다. "너희는 이방인을 억압하거나 학대해서는 안 된다. 너희도 이집트 땅에서 이방인이었다."(탈출 22,20; 23,9; 레위 19,33-34; 신명 10,19) "너희 땅의 수확을 거두어들일 때, 밭 구석까지 모조리 거두어들여서는 안 된다. 거두고 남은 이삭을 주워서도 안 된다. 그것들을 가난한 이와 이방인을 위하여 남겨 두어야 한다."(레위 23,22; 신명 24,19-21) "그분은 고아와 과부의 권리를 되찾아 주시고, 이방인을 사랑하시어 그에게 음식과 옷을 주시는 분이시다."(신명 10,18) 너희는 십일조를 "레위인과 이방인과 고아와 과부에게 주어 그들이 너희 성안에서 배불리 먹게 하라."(신명 26,12)

8.
사도들의 사명

　(예수님께서는) 열두 제자를 부르시어 더러운 영들에 대한 권한을 주시고, 둘씩 짝지어 파견하기 시작하셨다. 그러면서 길을 떠날 때에 지팡이 외에는 아무것도, 빵도 여행 보따리도 전대에 돈도 가져가지 말라고 명령하시고, 신발은 신되 옷도 두 벌은 껴입지 말라고 이르셨다. 그리고 그들에게 말씀하셨다. "어디에서나 어떤 집에 들어가거든 그 고장을 떠날 때까지 그 집에 머물러라. 또한 어느 곳이든 너희를 받아들이지 않고 너희 말도 듣지 않으면, 그곳을 떠날 때에 그들에게 보이는 증거로 너희 발밑의 먼지를 털어 버려라." 그리하여 제자들은 떠나가서, 회개하라고 선포하였다. 그리고 많은 마귀를 쫓아내고 많은 병자에게 기름을 부어 병을 고쳐 주었다(마르 6,7-13).

가. 둘씩 짝을 지어 보내시다

예수님께서 제자들을 파견하시면서 둘씩 짝을 지어 보내십니다. 왜 셋도 넷도 아닌 둘씩 짝을 지어 보내셨을까요? 눈여겨보셨다가 평소에 마음이 잘 맞는 친한 사람끼리 둘씩 짝을 지어 보내신 것일까요? 열둘의 면면을 보면 어부, 세리, 열혈당원, 스승을 팔아먹은 제자 등 출신과 성격이 다양합니다. 성분이 서로 다른 인물들이 서로 돕고 조언하며 서로에게 증인이 된다는 것은 쉬운 일이 아니었을 것입니다. 하지만 예수님께서 각기 다른 성격의 사도들을 둘씩 짝을 지어 파견하신 데서 하느님 나라의 복음을 전하고자 하시는 그분의 마음을 읽을 수 있습니다.

성격이 서로 다른 둘이 짝지은 모습은 서로에게서 하느님을 느끼고 느끼게 해 주는 공동체의 가장 기초 단위로서 복음을 선포하는 공동체의 모습입니다. 모든 이가 나에게 복음이라는 것을 전하기 위해서는 내가 그들에게 복음이라는 것을 나의 짝과 함께 보여 주어야 합니다. 예수님께서 짝을 지어 주신 둘은 서로를 복음으로 만나고 있다는 것을 보여 주어야 합니다. 복음은 본질상 혼자 선포하는 것이 아니라 '함께', 공동체가 전하는 것입니다. 예수님께서 제자들을 부르시고, 당신과 함께 지내게 하시고, 둘씩 짝을 지어 보내신 이유입니다.

예수님께서도 혼자 일방적으로 복음을 전하지 않으시고 공동체를 이룬 모습으로 이 일을 하셨습니다. 병자와 허약한 이들을 고쳐 주실 때 그분은 혼자 그들을 고치신 것이 아닙니다. 당신께 모여든 사람들, 병자를 둘러싸고 지켜보는 사람들을 치유의 구경꾼이 아니라 병자의 고통으로 초대하시어 그와 함께 아파하게 하시며 그를 치유하게 해 주셨습니다. 당신의 치유하시는 행위에 그들이 함께하도록 하신 것입니다.

하느님은 인간을 개체가 아니라 공동체로 창조하셨습니다. 인간을 당신 모습으로 창조하시되 남자와 여자로 창조하셨습니다(창세 1,27). 하느님은 홀로 계시는 분이 아니라 함께하시는 분이십니다. 그 하느님께서 아담을 지으신 후 말씀하십니다. "사람이 혼자 있는 것이 좋지 않으니, 그에게 알맞은 협력자를 만들어 주겠다."(창세 2,18) 혼자 있는 아담이 외롭고 쓸쓸하게 보여 짝을 지어 주신 것이 아닙니다. 홀로는 인간이 아니기 때문입니다. 하느님께서 여자를 지어 아담에게 데려오시자 아담이 "이야말로 내 뼈에서 나온 뼈요 내 살에서 나온 살이로구나! 남자에게서 나왔으니 여자라 불리리라."(창세 2,23) 하고 부르짖은 것은 하와를 통해 자기의 뼈와 살, 자기 자신의 정체성을 발견하였기 때문입니다. 아담에게 하와는 자신이 누군지 알게 하고 비로소 인간이 되게 한 존재입니다. 하느님께서 금하신 사과를 따 먹고 아담은 그 탓을 하와에게 돌립니다. 자기를 죄짓게 한 하와가 없었다면 그는 자기가 누군지 몰랐을 것입니다. 둘은 그렇게 시기 질투를 하면서도 서로를 발견하게 하는 존재입니다(창세 3장). 하느님께서는 처음부터 인간을 '공동체'로 창조하셨습니다. 너 없는 나, 나 없는 너는 있을 수 없습니다. 인간은 공동체에 속한 존재이기만 한 것이 아니라, 공동체로 존재합니다.

제자들은 주님께서 짝지어 주신 짝의 모습에서 자기 모습을 찾고, 그렇게 세상 사람들이 서로 자기 자신을 발견하게 해 주어야 합니다.

둘이 함께 가다 보면 마음이 맞지 않아 의견 충돌이 생기고 껄끄러운 일이 일어나지 않을 수 없습니다. 사실 제자들은 예수님과 함께 길을 가면서 시기심을 일으키며 서로를 불쾌하게 생각하기도 했습니다(마르 10,41). 주님께서 둘씩 짝을 지어 보내신다면 서로 생각이 다르고 습관과 기호가 다르다고 해도 둘은 서로에게서 하느님을 볼 수 있어야 합니다. 그런 과제를 자기 몸으로 실천하면서 다른 이들에게 복음을 느끼게 해 주어야 합니다. 자기들 안에 자라고 있는 하느님의 나라를 세상에 보여 줄 수 있어야 합니다. 둘은 서로가 복음으로 대하고 있다는 것을 자기들의 모습으로 보여 주어야 합니다. 복음을 전한다면서 정작 함께 길을 가는 사람에게서 하느님을 보지 못한다면 그가 전하는 복음은 거짓이 되고 복음을 전하는 그는 위선자가 될 것입니다.

둘이 짝이 된 제자들은 함께 인생길을 걸어가며 서로 돕고 조언하며 서로에게 증인이 되어야 합니다(신명 19,15). 서로 귀하게 여기고, 서로 존경하며 서로에게 하느님을 느끼면서 느끼게 해 주는 존재가 되어야 합니다. 둘이 함께 걸어가는 모습에서 사람들이 복음을 느낄 수 있도록 해야 합니다. 이것이 예수님의 의도였을 것입니다. 복음 선포는 자기 자신을 복음화하는 가운데 행해집니다. 예수님의 명을 받은 열둘은 이제 세상으로 나아가 회개하고 복음을 믿으라고 복음을 선포하게 됩니다. 회개는 남에게 하느님을 느끼게 해 주지 못하는 마음과 남을 존중하지 못하는 마음에서 돌아서는 것입니다.

나. 아무것도 몸에 지니지 마라

1

예수님께서 제자들을 세상으로 보내시며 "지팡이 외에는 아무것도, 빵도 여행 보따리도 전대에 돈도 가져가지 말고, 신발은 신되 옷도 두 벌은 껴입지 말라."라고 하십니다. 어떤 자세로 복음을 선포하고 어떤 자세로 사람들을 만나야 하는지 말씀하시는 것입니다. 마태오 복음에서는 "거저 받았으니 거저 주어라."(10,8)라는 말을 덧붙이며 "신발도 지팡이도 지니지 마라."(마태 10,10) 하고 더 엄격하게 이르십니다.[154]

우리가 그분을 따르는 이유는 더 좋은 지팡이[155], 더 맛있는 빵, 더 좋은 전대와 더 많은 돈, 더 좋은 신[156]과 더 좋은 옷 그리고 건강을 얻기 위해서가 아닙니까? 그런데 그분은 그 모든 것을 포기하라고 하십니다. 그분께서 제자들을 파견하시는 이유는 복음을 선포하기 위한 것이 아닙니까? 그런데 그분은 오로지 남을 위하는 마음으로, 남

---

154) 복음사가에 따라 예수님의 말씀이 조금씩 달리 보도되는 것은 예수님에 대한 그들의 체험이 다르기 때문입니다. 같은 말씀이라도 듣는 사람에 따라 다르게 체험할 수 있습니다. 또 말씀을 전달하는 과정에서 듣는 이(또는 공동체)의 성격에 따라 어느 말씀은 더 강조되고 어느 말씀은 덜 강조될 수도 있습니다, 마태오는 예수님께서 그들을 파견하시며 "다른 민족들에게 가는 길로 가지 마라. 이스라엘 집안의 길 잃은 양들에게 가라."(마태 10,5.6)라고 하셨다고 전하는데 이는 그가 그리스도인으로 개종한 유다인을 상대로 복음서를 썼다는 맥락에서 알아들어야 할 것입니다. 예수님의 복음이 이스라엘의 믿음과 율법을 거부하지 않고 완성한다고 믿는 그로서는(마태 5,17) "여러분 유다인이 다른 민족보다 먼저 복음을 받아들여야 합니다." 하고 말하고 싶었을 것입니다.

155) 지팡이는 맹수와 강도로부터 자신과 양을 보호하기 위한 무기이며 힘과 권능의 상징입니다.

156) 신은 힘한 길과 사막에서 인간을 보호하는 도구이기도 하지만 신분과 위치를 드러내는 상징이기도 합니다. 주인은 신을 신지만, 종은 맨발입니다. 거룩한 땅을 밟기 위해서는 신을 벗어야 합니다(탈출 3,5). 자기의 신분과 위치를 다 내려놓아야 합니다. 요한은 예수님 앞에서 "나는 그분의 신발끈을 풀어 드리기에도 합당하지 않다."(요한 1,27) 하고 말합니다. 복음 선포자의 자세입니다.

의 사정에 귀를 기울이는 자세로 복음을 선포해야 한다는 것입니다.

예수님의 명령은 복음의 삶, 회개의 삶, 믿음의 삶을 사는 데 방해되는 것이 무엇인지 분명하게 말해 줍니다. 인생을 기쁘게 살기 위해서는 하느님의 현존을 믿고 하느님의 다스림에 자신을 맡겨야 합니다. 이를 위해서는 기존의 생각을 바꾸고, 삶의 방식을 비우고, 자기 자신을 희생의 제물로 내놓을 수 있어야 합니다. 눈에 보이고 귀에 들리는 것이 전부가 아님을 받아들여야 합니다. 만나는 모든 사람에게 손을 내밀며 다가갈 수 있어야 합니다. 그분께서 제자들을 보내신다면 당신께서 귀를 기울여 들으시는 사람들 가운데로 보내시는 것입니다.

예수님의 이 마음을 안다면, 복음을 듣고자 하는 이들의 마음에 먼저 귀를 기울일 수 있어야 합니다. 내가 만나는 가난한 이들, 앓는 이들, 죽은 이들, 마귀 들린 이들(루카 10,8) 언어와 관습과 문화가 다른 이들의 마음에 귀를 기울여 그들을 들을 수 있어야 합니다. 그들을 위하여 내가 가진 것, 금과 은과 돈, 이것들을 넣을 전대와 옷과 신분(신)과 권위(지팡이)를 포기할 수 있어야 합니다. 자기 것만 돌보지 말고 남의 것을 돌보아야 합니다. 예수님께서 지니셨던 마음을 자기 안에 간직해야 합니다. "그분께서는 하느님의 모습을 지니셨지만, 하느님과 같음을 당연한 것으로 여기지 않으시고 오히려 당신 자신을 비우시어 종의 모습을 취하시고 사람들과 같이 되셨습니다."(필리 2,4-7) 그분은 인간의 언어로 당신의 복음을 선포하셨습니다.

제자들을 파견하시는 이 이야기 이후에 이어지는 이야기들은 이 관점에서 읽을 수 있습니다. 인생을 기쁘게 살기 위해서는 헤로데, 헤로디아, 헤로디아의 딸 등에서 보듯이 부와 권력과 명예의 노예가 되어서는 안 됩니다. 이들은 복음의 삶을 살지 못하는 자의 전형으로 그들의 삶은 폭력으로 이어집니다(마르 6,14-29). 복음의 삶을 살기 위하여 인간의 욕망을 쉬게 해야 합니다(마르 6,30-52). 하느님의 계명에 충실하지 못한 가르침이나 전통, 원천에서 벗어난 관습도 복음의 삶을 사는 데 방해가 됩니다(마르 7,1-23).

2

지팡이, 빵, 여행 보따리, 전대, 돈, 신발, 옷에서 초연하라는 말은 나의 지팡이는 어디를 향하여 있는가? 그것들은 누구를 위한 것인가? 하고 묻게 합니다. 우리는 지팡이와 옷, 먹고 마시고 치장하고 즐기는 것에 집착하며 더 좋은 것, 더 많은 것을 가지려 애쓰지만, 그런 것에 집착하면 할수록 인생의 기쁨은 멀어집니다. 복음의 삶에서도 멀어집니다. 선교도 할 수 없습니다. 그분을 따르는 복음의 삶을 살기 위해서는 의식주 문제에서 초연할 수 있어야 합니다. 모든 이 안에 와 있는 하느님의 나라를 느끼기 위해서는 손도 위장도 몸도 마음도 생각까지도 다 비울 수 있어야 합니다.

인간이 공동체로 존재한다는 것을 안다면 당연한 명령입니다. 빵과 돈과 권력과 명예에 집착하는 사람 눈에 다른 사람이 보일 리가 없기 때문입니다. 사람이 보이지 않는데 어찌 그들 안에 와 있는 하느님의 나라가 보이겠습니까. 빵에 의존하지 마십시오. 부와 명예와 권력에 의존하지 마십시오. 자기만을 위하여 빵을 챙기고, 자기만을 위하여 돈과 권력과 명예를 쌓으려는 마음으로는 세상을 복음으로 만날 수 없습니다. 하느님 나라의 복음은 소유하려는 마음으로는 깨달을 수 없습니다.

예수님께서 제자들을 파견하시며 요구하신 빈손의 모습은 바로 당신 자신의 모습입니다. 예수님은 당신의 제자들이 당신 닮은 모습으로 세상으로 나가 복음을 선포하기를 바라십니다. 얽매임 없이 자유로운 자만이 복음을 선포할 수 있기 때문입니다. 지팡이 외에는 아무것도 지니지 않고, 빵도 여행 보따리도 전대에 돈도 지니지 않고, 신발은 신되 옷은 두 벌을 껴입지 않는 것은 복음 선포자의 기본자세일 뿐 아니라 그리스도인 삶의 목표입니다. 우리가 그리스도인이 된 것은 소유가 아니라 자신을 비우신 예수님의 삶을 빼닮기 위해서입니다. 무리한 요구인 것 같지만 우리가 그리스도인이 된 것은 그분처럼 소유를 비우는 삶을 살기 위해서이며 그분처럼 남을 위해서 목숨을 내놓는 사람이 되기 위해서입니다.

사람의 욕심은 끝 간 데가 없어서 가질수록 남들과 비교하며 부족을 느끼고 경쟁하며 상대적 상실감을 느낍니다. 기쁨을 잃고, 욕망을 키우면서 삶의 의미를 놓칩니다. 나누는 기쁨 희생하는 행복을 모릅니다. 예수님께서 길 떠나는 제자에게 아무것도 지니지 말고 떠나라고 하신다면 우리를 이런 욕심에서 구하시려는 것입니다. 소유에서 자유로운 사람만이 가난의 복음을 선포할 수 있고, 소유욕에 멍든 인간을 치유할 수 있습니다. 가난한 자만이 진정으로 복음을 선포할 수 있습니다. 복음을 선포하는 이유는 사람들이 가난하게 살도록 하기 위해서입니다. 가난은 가질 수 있는데도 가지지 않고, 채울 수 있는 전대를 가졌지만 자기를 위하여 돈을 모으지 않는 것입니다. 그 사람만이 나눌 수 있고, 그 사람만이 형제를 위하여 자기를 희생할 수 있습니다. 가난은 형제를 사랑하고 영생을 얻기 위한 근본 조건입니다.

소유에 대한 욕심을 버리기란 쉽지 않습니다. 대부분 사람은 비운다고 하지만 그 마음 한구석에는 "채우기 위해서 비운다."는 의식이 깔려 있습니다. 채우기 위해 비운다는 의식이 있는 한 자신을 비우지 못합니다. "비우면 하느님께서 채워 주시겠지" 하는 생각마저도 비워야 합니다. 소유를 목적으로 복음을 선포한다면 복음을 옳게 전할 수 없을 뿐만 아니라 복음대로 살 수 없습니다.

로핑크는 예수님의 이 명령을 당시 그들이 처한 현실 상황에 비추어 해석합니다. 예수님은 하느님 나라의 복음을 전하도록 제자들을 세상에 파견하십니다. 그들은 날이 저물면 어디서 묵게 될지 누가 자신들에게 먹을 빵을 줄지 모르는 상황에서 아침 일찍 길을 나서게 될 것입니다. 그들은 가는 곳에서 그날 묵을 곳을 정하고 다음 날 먹을 것을 구해야 합니다. "그들은 계획을 세우지 말아야 하고, 준비해 두지 말아야 합니다. 예비 물품을 지니고 다녀서는 안 되고 미래를 걱정하지 말아야 합니다. '그날'(마태 6,34)만 걱정하면 되는 것입니다.", "예수님은 당신 제자들이 그렇게 하기를 바라셨습니다. …그분의 제자들은 돈 없이, 무기 없이, 모든 장비 없이 길을 나서야 합니다. 하느님 나라를 상징적으로 분명히 드러내기 위해서입니다. 하느님 나라는 폭력을 쓰지 않고서 옵니다. 하느님의 나라는 자유로운 가운데서만

이를 수 있습니다."[157]

다. 제자들은 떠나갔다

1

그리스도께서 제자들을 보내시니 그들은 떠나갑니다. 그들은 이제
자신을 완전히 비우고 연고가 없는 촌락이나 도읍으로 가게 될 것입
니다. 그들의 첫 전도가 어디서 이루어졌는지 마르코는 전하지 않지
만, 마태오는 예수님께서 "다른 민족들에게 가는 길로 가지 말고, 사
마리아인들의 고을에도 들어가지 마라. 이스라엘 집안의 길 잃은 양
들에게 가라."(마태 10,5-6)라고 분부하신 것으로 전하고, 루카는 제자
들이 "이 마을 저 마을 돌아다니며, 어디에서나 복음을 전하고 병을
고쳐 주었다."(루카 9,6)라고 전합니다.

제자들이 낯선 곳으로 가서 가장 먼저 할 일은 완전하게 비운 자신
의 몸으로 그곳 사람들에게 하느님을 느끼게 해 주는 것입니다. 복음
의 실천은 철저한 자기 비움과 자기희생 위에서만 가능합니다. '떠나
는 마음' 없이는 그분과 하나 될 수 없습니다. 그분과 함께 있으려는
마음까지도 떠나야 합니다. 그분은 우리가 소유할 수 있는 분이 아니

---

157)   로핑크 신앙 341.

기 때문입니다.

예수님께서 제자들을 떠나보내신다면 그분도 제자들을 떠나시는 것입니다. 떠나시는 마음이 제자들을 떠나게 합니다.[158] 복음은 '떠나는 마음'으로만 선포할 수 있고 그 마음으로만 하느님이 계신 마음 안으로 들어갈 수 있습니다. 그리스도와 함께 지내면서 그분의 떠남을 익힌 제자들은 이제 자신을 떠나는 존재로 만들어야 합니다. 자기를 떠나는 사람이 하느님을 만나고 남을 만날 수 있습니다.[159]

2

예수님께서 떠나는 제자들에게 마귀를 쫓아내고 질병을 고치는 힘과 권한을 주십니다. 마귀는 독립적인 형태를 갖추고 자율적인 힘을 지니고 존재하는 어떤 존재가 아닙니다. 우리의 손이 닿지 아니하는 곳에 따로 존재하시는 하느님이 없듯이 우리의 손이 닿지 아니한 곳에 따로 존재하면서 우리를 유혹에 빠뜨리는 마귀도 없습니다. 마귀는 우리들 주변을 맴돌며 하늘과 땅을 갈라놓고 이간질하는 자입니다. 하느님과 인간, 인간과 인간의 만남을 방해하는 자입니다. 자기 안에 전달된 하느님을 만나지 못하도록 훼방하는 자입니다. 마귀는 사람들을 하느님의 전부가 전달된 존재로 만나지 못하게 가로막습니

---

158) "내가 떠나는 것이 너희에게 이롭다. 내가 떠나지 않으면 보호자께서 너희에게 오지 않으신다. 그러나 내가 가면 그분을 너희에게 보내겠다."(요한 16,7)

159) 자기를 떠난 사람은 남과 남의 문화를 존중하고 받아들일 줄 압니다. 다른 문화에 대한 배타적인 마음으로는 그들에게 다가갈 수 없고 하느님 나라의 복음을 전할 수도 없습니다. 자기 문화와 자기 종교에 대한 우월감에 젖어 타문화와 타종교를 업신여기는 자세로는 복음을 전할 수 없습니다. 머무는 자가 아닌 떠나는 자만이 복음에 따라 가난하게 살 수 있습니다.

다. 자기 자신을 이웃에게 전달하지 못하게 꾀며 다른 길을 걷게 합니다. 자기 자신을 다른 이에게 파견하지 못하게 간섭하며 어지럽힙니다. 제자들이 떠나가서 할 일은 이런 마귀를 쫓아내는 것입니다.

예수님을 찾아 도움을 청하는 나병 환자, 중풍 병자, 다리를 절름거리거나 눈먼 이들은 단순히 눈에 보이는 육체의 병을 앓은 이들이 아닙니다. 육체의 병은 온몸과 온 마음을 아프게 합니다. 그들은 육체에 생긴 병 때문에 사회로부터 소외당하고 멸시받으며 더 큰 상처를 안고 사는 사람들입니다. 예수님은 겉으로 드러난 그들의 병만이 아니라 존재 자체를 짓누르던 마음의 병에서 그들을 해방시켜 주십니다.

3

마태오는 파견되는 제자들에게 앓는 이들을 고쳐 주고, 죽은 이들을 일으켜 주고, 마귀들을 쫓아내는 일에 더하여 "거저 받았으니 거저 주어라."(마태 10,8)라는 말을 덧붙입니다. 병을 고치는 이 권한을 어찌 떠나는 마음 없이, 자비심이 없이 실현할 수 있겠습니까. 예수님께서 병자들을 낫게 하시고 마귀 들린 자를 고쳐 사랑을 베푸신 것처럼 제자들도 자비를 베풀어야 합니다. 제자들은 이제 병을 고쳐 주기 위해 스승이 보내시는 세상 속으로 떠나갑니다. 그 과정에서 걸림돌과 반대자들을 만나게 될 것입니다.

제자들을 거부하는 것은 그들뿐 아니라 예수님을 거부하는 것입니다. 발밑의 먼지를 털어 버리는 것은 모든 부정을 털어 버리는 상징입니다. 지금 우리의 발길은 어디를 향하고 있습니까? 회개는 지금까지 삶의 양상을 바꾸는 것입니다. 우리를 혁신시키는 일입니다. 생각을 바꾸는 자만이 이 일을 할 수 있고, 파견의 임무를 완수할 수 있을 것입니다. 제자들이 할 일은 자신을 떠나 회개하고 복음을 믿으라고 선포하는 일입니다.

라. 예수님과 헤로데

　　예수님의 이름이 널리 알려져 마침내 헤로데 임금도 소문을 듣게 되었다. 사람들은 "세례자 요한이 죽은 이들 가운데에서 되살아난 것이다. 그러니 그에게서 그런 기적의 힘이 일어나지." 하고 말하였다. 그러나 어떤 이들은 "그는 엘리야다." 하는가 하면, 또 어떤 이들은 "옛 예언자들과 같은 예언자다." 하였다. 헤로데는 이러한 소문을 듣고, "내가 목을 벤 그 요한이 되살아났구나." 하고 말하였다.

　　이 헤로데는 사람을 보내어 요한을 붙잡아 감옥에 묶어 둔 일이 있었다. 그의 동생 필리포스의 아내 헤로디아 때문이었는데, 헤로데가 이 여자와 혼인하였던 것이다. 그래서 요한은 헤로데에게, "동생의 아내를 차지하는 것은 옳지 않습니다." 하고 여러 차례 말하였다. 헤로디아는 요한에게 앙심을 품고 그를 죽이려고 하였으나 뜻을 이루지 못하였다. 헤로데가 요한을 의롭고 거룩한 사람으로 알고 그를 두려워하며 보호해 주었을 뿐만 아니라, 그의 말을 들을 때에 몹시 당황해하면서도 기꺼이 듣곤 하였기 때문이다. 그런데 좋은 기회가 왔다. 헤로데가 자기 생일에 고관들과 무관들과 갈릴래아의 유지들을 청하여 잔치를 베풀었다. 그 자리에 헤로디아의 딸이 들어가 춤을 추어, 헤로데와 그의 손님들을 즐겁게 하였다. 그래서 임금은 그 소녀에게, "무엇이든 원하는 것을 나에게 청하여라. 너에게 주겠다." 하고 말할 뿐만 아니라, "네가 청하는 것은 무엇이든, 내 왕국의 절반이라도 너에게 주겠다." 하고 굳게 맹세까지 하였다. 소녀가 나가서 자기 어머니에게 "무엇을 청할까요?" 하자, 그 여자는 "세례자 요한의 머리를 요구하여라." 하고 일렀다. 소녀는 곧 서둘러 임금에게 가서, "당장 세례자 요한의 머리를 쟁반에 담아 저에게 주시기를 바랍니다." 하고 청하였다. 임금은 몹시 괴로웠지만, 맹세까지 하였고 또 손님들 앞이라 그의 청을 물리치고 싶지 않았다. 그래서 임금은 곧 경비병을 보내며, 요한의 머리를 가져오라고 명령하였다. 경비병이 물러가 감옥에서 요한의 목을 베어, 머리를 쟁반에 담아다가 소녀에게 주자, 소녀는 그것을 자기 어머니에게 주었다. 그 뒤에 요한의 제자들이 소문을 듣고 가서, 그의 주검을 거두어 무덤에 모셨다(마르 6,14-29).

보이지 않는 주인공

1

예수님께서 제자들을 부르시어 사명을 주시고 파견하신 이야기(마르 6,7-13) 다음에 곧바로 제자들이 예수님께 모여 와 자기들이 한 일과 가르친 것을 보고하는 이야기(마르 6,30)가 이어졌다면 흐름이 더 자연스러웠을 것입니다. 그런데 마르코는 이 두 텍스트 사이에 헤로데와 헤로디아와 요한 이야기(마르 6,14-29)를 배치합니다. 복음서에 나오는 이야기들은 그 자체로 시대를 초월한 복음을 전하고 있습니다. 예수님과 직접 관련된 이야기는 말할 것도 없고 예수님의 일생을 설명하기 위해 등장하는 모든 인물이 우리에게 복음을 깨닫게 해 주는 중요한 역할을 합니다.

헤로데와 헤로디아와 요한 사이에 얽힌 이야기 역시 그저 복음서의 한 페이지를 장식하는 한 토막 에피소드가 아닙니다. 우리는 마르코가 이 이야기를 통해 우리에게 전하고자 하는 메시지가 무엇인지 읽을 수 있어야 합니다. 바른말로 조언하는 선지자에게 앙심을 품고 무참하게 죽여 버린 폭력 이야기가 우리에게 전해 주는 메시지가 무엇일까요? 이 이야기가 우리에게 들려주는 기쁜 소식은 무엇입니까? 헤로데와 요한에 얽힌 끔찍한 폭력과 무참한 희생에서 우리는 기쁜 소식을 발견할 수 있습니까? 이 이야기를 통해 우리는 부와 권력과 명예를 추구하는 복음적이지 못한 삶의 결말이 어떠한지, 인생의 행복은 결코 자기 귀를 막고 남의 입을 막는 폭력으로 얻어지는 것이 아님을 적어도 알게 될 것입니다. 그러나 그것으로 끝일까요? 그 정도의 메시지를 전하기 위해 복음사가가 이 이야기를 들려주는 것일까요?

2

이 이야기는 헤로데가 예수님의 소문을 듣고 자기가 처형한 요한이 "죽은 이들 가운데 되살아난 것"이 아닐까 두려워하는 것으로 시작합니다. 헤로데가 자기 동생 필리포스의 아내 헤로디아와 혼인한 것을 두고 요한이 여러 차례 그 부당함을 말하자, 헤로디아가 앙심을 품고 헤로데를 부추겨 요한을 처형하게 합니다. 헤로데는 요한의 목을 베어 제거했지만, 예수님에 관한 소문을 듣자 "내가 목을 벤 그 요한이 되살아났구나." 하고 불안해합니다. 불안한 인생을 사는 것입니다.

이로써 이야기의 중심 주제는 요한의 처형에서 예수님에게로 넘어갑니다. 이 이야기의 주인공은 헤로데도 요한도 연회에 참석한 사람들을 춤으로 사로잡은 헤로디아의 딸도 헤로디아도 아닌 예수님입니다. 복음사가는 요한을 처형하는 연회장을 무대로 설정하고 그 위에 헤로데와 헤로디아, 헤로디아의 딸과 연회에 초대된 고관들과 무관들과 갈릴래아의 유지들을 화려하게 등장시키지만, 그들은 예수님을 이야기하기 위한 조연일 뿐입니다. 무대에 한 번도 나타나지 않은 보이지 않는 이 주인공의 이름 앞에 헤로데는 두려움을 느낍니다.

그가 예수님의 이름을 듣고 불안해한다는 것은 부정하고 싶어도 부정할 수 없는 양심의 가책 때문이기도 하지만, 다른 한편으로는 평소에 늘 예수님이 누구신지 묻고 있었다는 말도 되고, 늘 그분의 이름에 점령당하고 있었다는 것을 말해 줍니다. 예수님을 추종하는 자만이 아니라 예수님을 두려워하는 자도 예수님이 누구신지 묻습니다. 나중에 예수님께서 제자들에게 사람들이 당신을 누구라 하고, 너희들은 나를 누구라 하느냐고 제자들에게 물으신다면,[160] 이 질문은 누구나가 다 던져야 하는 질문임을 알리기 위해서입니다. 예수님을 믿는 자도 예수님을 반대한 자도 이 질문을 던져야 합니다.

---

160) 인간으로 살기 위해서는 그리스도가 누군지 알아야 합니다. 마르 8,27-33 참조.

3

혜로데는 세상 두려울 것 없는 무소불위의 힘을 가진 자입니다. 그 자신도 자기를 무엇이든 다 할 수 있는 능력자로 이해합니다. 그 힘으로 그는 동생의 아내도 취하고, 고관대작을 불러 생일잔치도 벌이고, 손님들 앞에서 어린 의붓딸에게 춤을 추게 하여 "무엇이든 원하는 것을 나에게 청하여라. 너에게 주겠다. 네가 청하는 것은 무엇이든, 내 왕국의 절반이라도 너에게 주겠다."(마르 6,22.23) 하고 약속까지 합니다.

그런데 그는 두려워하고 있습니다. 권력에 눈먼 이들에 의해 십자가형을 받으실 그분의 이름을 듣고 두려워하고 있습니다. 자기의 힘을 과시하며 그분 생각을 지우려 하지만 그럴수록 그분은 그의 머리를 점령합니다. 즐거운 연회장은 겉모양과 달리 어두움에 싸여 있습니다.

혜로데 안티파스[161]가 예수님을 두려워한 것은 그가 벌인 연회가 말해줍니다. 그가 벌인 연회는 권력을 추구하는 자들이 다스리는 세상의 모습을 적나라하게 보여 줍니다. 하느님께서 세우신 왕 다윗은 백성을 위하여 다스렸지만, 로마의 힘이 세운 이 왕에게는 백성이 보이지 않습니다. 그 연회는 권력에 줄을 선 자, 백성이 보이지 않는 자들이 벌인 잔치입니다. 그 연회에서는 가냘픈 소녀도 폭력을 행사하는 자로 나타납니다. 이런 연회에서 남을 위하여 자기 힘을 포기하신

---

161) 2권 8,27 참조.

분, 드디어는 자기 존재를 희생 제물로 바치신 분이 보일 리 없습니다. 헤로데는 그분이 힘이 없어 희생되신 것이 아니라 스스로 원하신 희생자이심을 알기에 더욱 두려움을 느낍니다. 헤로데는 그분을 의식하며 강력한 자기 힘의 한계를 느낍니다. 스스로 힘을 포기하신 예수님의 비폭력이 그를 두렵게 합니다.

헤로데는 요한이 '예수님을 아는 존재'라는 것을 압니다. 요한이 자기를 비판한 것도 예수님 때문이라는 것을 압니다. 그는 요한이 자기와 헤로디아의 불륜을 고발하였기 때문에 옥에 가둔 것이 아닙니다. 그를 민중에게 영향력을 미치는 인물로 보면서 그 힘이 자신들에 대한 반란으로 이어지지 않을까 하는 두려움 때문에 그를 감옥에 가둔 것입니다. 하느님의 다스림에 자신을 맡기라고 외치는가 하면, 권력에 젖은 이들을 독사의 자식들이라 부른 요한이 곱게 보일 리가 없었던 것입니다. 마르코는 "헤로디아는 요한에게 앙심을 품고 그를 죽이려고 하였으나 뜻을 이루지 못하였다."라고만 보도하지만, 마태오는 "헤로데는 요한을 죽이려고 하였으나 군중이 두려웠다. 그들이 요한을 예언자로 여기고 있었기 때문이다."(마태 14,5)라고 현실적인 이유를 댑니다. 헤로데는 요한을 죽이지 못하고 감옥에 가두었습니다.

"그런데 좋은 기회가 왔다."(마르 6,21) 헤로데가 자기 생일에 고관들과 무관들과 갈릴래아의 유지들을 청하여 잔치를 베풀게 된 것입니다(마르 6,21). 정치인, 종교인, 법조인, 힘의 상징들이 다 모였을 것입니다. 힘없는 군중은 참석할 수 없는 연회. 힘이 없는 자들은 들어와서는 안 되는 연회. 이 파티는 힘을 발산하는 장소입니다. 헤로디아의 딸이 힘 있는 자들을 위하여 춤을 추어 그들을 즐겁게 합니다.

만족한 헤로데는 어린 소녀에게 원하는 것이 무엇이든, 왕국의 절반이라도 주겠다고 맹세합니다. 이 말로서 그는 자기가 힘이 있다는 것을 온 세상에 과시합니다. 무소불위의 힘을 가진 자에게 나라나 백성은 안중에 없습니다. 소녀는 어머니가 사주하는 대로 세례자 요한의 목을 청합니다. 어머니보다 더 잔인하게 "당장 세례자 요한의 머리를 쟁반에 담아 저에게 주시기를 바랍니다." 하고 청합니다. 순진해야 할 이 어린 소녀는 어른들이 벌이는 힘의 잔치에 물든 또 다른 희생자입니다. 자기 자신이 희생자인 줄도 모르고 폭력에 휘말린 힘의 희생자입니다. 이보다 더 슬픈 일이 있을까요?

헤로데는 소녀의 청에 당황합니다. 괴로워합니다. 힘없는 군중의 소리를 들을 것인가 이들을 무시하는 힘 있는 자들의 소리를 들을 것인가? 힘없는 예수 편에 설 것인가 그를 고발할 힘의 세력 편에 설 것인가? 헤로데의 선택은 오로지 힘입니다. 복음사가는 그의 선택을 이렇게 서술합니다. "몹시 괴로웠지만, 맹세까지 하였고 또 손님들 앞이라 그의 청을 물리치고 싶지 않았다."(마르 6,26) 힘 있는 헤로데는 힘 있는 자들을 실망시킬 수 없습니다. 그는 힘의 논리에 따라 요한의 목을 벴습니다. 예수님도 그렇게 돌아가실 것입니다. 복음사가가 우리에게 궁극적으로 전하고자 한 것은 예수님의 죽음입니다. 요한의 제자들은 스승의 주검을 거두어 장사 지내고 예수님께 가서 알립니다.

4

지라르는 이 사건을 "결혼의 엄격한 합법성 여부"가 아니라, "원수형제"의 관계로 풀이합니다. 이 이야기의 핵심에는 헤로데의 간음보다는 헤로데의 형제들이 "같은 유산, 같은 왕위, 같은 아내를 놓고" 벌이는 싸움이 주제로 등장하고 있다는 것입니다. 지라르에 의하면 이 형제는 서로 닮았기 때문에 같은 것을 욕망하고, 또 같은 것을 욕망하기에 서로 닮았습니다.[162] 이런 경쟁의 관계에서 헤로데는 동생의 아내 헤로디아를 빼앗는데, 이것이 악惡인 것은 법에 어긋나는 행위어서이기도 하지만 그보다 더 근본적으로 "헤로디아를 취하기 위하여 필연적으로 동생을 희생시켜야만 하기 때문"입니다(224). 요한은 바로 모방 욕망의 해로운 결과를 경고하다가 희생 제물이 된 것입니다. 희생양 메커니즘을 부정하다가 스스로 그 희생양이 된 것입니다.

요한은 헤로데에게 동생의 아내를 차지하는 것은 옳지 않다고 부당한 혼인을 비판함으로써 폭력을 포기하도록 강요합니다(225). 부모 형제나 부부 등의 인간관계는 법으로만 정립되는 것이 아닙니다. 법은 적당한 폭력을 허용하며 인간관계를 원수와 형제의 관계로 새로 형성하게 합니다. 요한은 이 법을 비판하고 헤로데는 요한의 경고를 듣지 않습니다. 동생을 이기려는 욕망으로 가득 찬 헤로데가 일단 동생의 아내를 취하자 헤로데와 그의 동생과 헤로디아 사이의 삼각 구조가 무너지고 헤로데와 헤로디아와 헤로디아의 부당한 행위를 비판한 요한 사이에 새로운 삼각 구조가 형성됩니다.

헤로디아는 자기의 행위를 비판하는 요한에게 앙심을 품습니다. 하

---

162) 지라르, 223. 아래 괄호 속 숫자 이 책의 페이지.

지만 첫 번째 삼각 구조가 무너지면서 헤로디아는 더 이상 새로운 장애물(요한)에게 영향력을 행사할 수 없을 정도로 힘을 잃습니다. 요한을 제거하고자 하는 욕망을 키우면서도 죽이지 못합니다. 헤로데가 복수할 기회를 노리는 헤로디아로부터 요한을 보호하려고 애쓸수록 요한을 없애려는 헤로디아의 욕망도 커집니다. 헤로디아는 딸 살로메를 끌어들여 새로운 삼각 구조(헤로데 살로메 요한)를 만들고, 자기의 욕망을 딸에게 부추깁니다.[163] 헤로디아에게 있어서 요한은 하나의 스캔들, 제거해야 할 장애물입니다.

헤로디아는 진실을 스캔들로 만들어 이를 처치하기 위해 어린 딸까지 끌어들여 춤판을 벌인 데서 폭력의 잔인성이 한껏 드러납니다. 눈여겨볼 것은 소녀는 자기가 어머니로부터 이용을 당하고 있다는 사실조차 모른다는 사실입니다. 어른들 욕망의 희생자가 되면서도 이를 모릅니다. 모르기에 어머니도 상상하지 못한 어머니보다 더한 잔인성을 유감없이 발휘합니다. 모방적 폭력 속으로 빠져들어 어머니의 욕망을 자기 것으로 받아들이며 어머니보다 더 끔찍하게 요한의 목을 쟁반에 담아서 가져다 달라고 왕에게 요구합니다.

이 구절을 지라르는 이렇게 해석합니다. "딸에게 '세례자 요한의 머리'라고 대답할 때 헤로디아는 참수까지 생각하지 않았다. (…) 어떤 사람의 '머리를 요구한다'는 말은 그가 '죽는 것을 원한다'는 것이지 그 이상도 이하도 아니다."(238-239) 아이는 어른의 비유적인 말을 이해하

---

163) 작가도 드라마의 흥미를 자아내기 위해 흔히 삼각 구조를 이용합니다. 긴장 속에서 한쪽을 희생물로 삼는데 이 희생물이 사라지면 새로운 삼각 구조의 판을 짜 흥미를 돋웁니다. 이 이야기에서는 헤로디아의 딸 살로메가 등장하여 또 다른 삼각 구조를 형성합니다.

지 못합니다. 어머니의 말을 이행하면서 자기가 어머니보다 더 독한 짓을 하고 있다는 사실을 모릅니다. 그의 죄는 어머니의 말을 "잘못 해석한 죄"입니다(239)

사실 왕은 의붓딸에게 무리한 제안을 하도록 했습니다. 어여쁜 딸이 아무리 춤을 잘 추어 손님들을 즐겁게 하였기로 어찌 왕국의 절반이라도 주겠다는 약속을 할 수가 있습니까? 소녀의 어머니는 그 기회를 놓치지 않고 딸을 시켜 요한의 목을 요구합니다. 그리고 헤로데는 그 청을 물리치지 못합니다. 요한은 그렇게 폭력의 희생물이 됩니다.[164] 지라르는 헤로데와 연회장에 참석한 모든 손님이 살로메의 춤을 즐겼다고 한 것에 주목하며 그녀의 욕망을 그들 모두가 자신의 것으로 받아들였다는 것을 의미한다고 해석합니다. "그들은 모두 살로메에게 반해 있었다. (…) 살로메의 열정은 그들의 열정이다."(235) 지라르는 이로써 그들 모두가 요한의 머리를 요구한 것이라고 주장합니다. 요한이 "특정한 나쁜 음모자들이나 특별히 허약한 권력자들의 손에 떨어졌기 때문에" 죽임을 당한 것이 아니라 "인류 전체가 희생양 메커니즘의 유혹 앞에서 보여 주고 있는 나약함"이 그를 죽게 하였다는 것입니다(253).

5

이로써 요한의 이야기는 끝난 것입니까? 제거하고 싶었지만 남의

---

164) 빌라도도 '어쩔 수 없이nolens volens' 군중들의 결정을 따릅니다.

이목 때문에 제거하지 못하고 있다가 자기 생일날 춤을 춘 의붓딸과의 약속을 지킨다는 명목으로 요한의 목을 벤 헤로데는 그 일로 평생 괴로움을 당합니다. 예수님에 관한 소문을 듣고도 "내가 목을 벤 그 요한이 되살아났구나."(마르 6,16) 하고 놀랄 정도입니다. 이 이야기는 헤로데와 그 무리 그리고 요한을 거쳐 어이없이 십자가에서 죽임을 당하시게 될 예수님에게로 흘러갑니다.

요한의 죽음은 예수님의 죽음을 암시하는 서막이었습니다. 그분의 이야기는 이제 시작입니다. "내가 목을 벤 그 요한이 되살아났구나." 헤로데는 요한이 다시 살아났다고 생각합니다. 그는 예수님을 부활한 요한으로 봅니다. 소문을 듣고 그렇게 생각하는 것입니다. 헤로데 말고 군중들도 헤로데와 비슷한 믿음을 가지고 있다는 것을 말합니다.

마르코 복음 6장 14-15절의 이야기가 8장 28절에도 그대로 반복되는데, 예수님께서 제자들에게 사람들이 당신을 누구라고 하느냐고 질문하셨을 때, 제자들은 "세례자 요한이라고 합니다. 그러나 어떤 이들은 엘리야라 하고, 또 어떤 이들은 예언자 가운데 한 분이라고 합니다." 하고 대답합니다. 우리는 그리스도가 부활한 요한이 아니라는 것을 압니다. 십자가에서 돌아가신 예수님 역시 옛 모습으로 다시 살아나는 일은 없습니다. 그리스도의 부활은 오히려 "이 같은 환상과 미신으로부터 우리를 구원"(257)해 줍니다. 그분의 죽음의 의미를 깨닫는 자만이 부활의 삶을 살 수 있습니다.

여성 신학의 과제

요한의 죽음을 통하여 여성 신학의 새로운 과제도 읽을 수 있습니다. 독자들의 눈에 잘 띄지 않아 그냥 지나칠 수 있지만, 이 이야기의 중심에는 여성과 어린아이가 자리하고 있습니다. 자기 남편 필리포스를 희생시키는 데 헤로디아가 주역을 맡았고, 요한을 희생시키는 데 그의 딸 살로메가 주역을 맡았습니다. 그런데 이 두 여성이 자기의 역할을 하도록 판을 깔아 준 사람은 남성 헤로데입니다. 자기의 정적을 처치하기 위해 삼각 구조를 짜면서 파트너로 헤로디아와 어린 살로메를 선정하여 이용합니다. 그는 헤로디아를 차지하기 위해 경쟁 관계에 있는 동생을 처치했고 살로메의 마음을 사기 위해 자기를 비판하는 요한을 처치했습니다. 필리포스를 제거할 때 그의 아내 헤로디아가, 요한을 희생시킬 때 헤로디아의 딸 살로메가 총대를 멨습니다. 헤로데는 자기 손에 피 한 방울 묻히지 않고 목적을 달성합니다. 이것이 힘의 근성입니다. 두 여성이 멘 총대는 남성의 힘의 상징입니다. 헤로디아와 살로메는 각각 남편과 아버지인 필리포스를, 그리고 눈엣가시인 요한을 희생시키기 위해 스스로 남성화가 된 것입니다. 이 이야기는 아이인 여성을 남성화하는 데서 정점에 달합니다. 그들은 남성화된 여성, 여성 아닌 여성이 되었습니다.

이 이야기는 철저히 남성 위주의 사회, 가부장적 사회 구조에서 펼쳐집니다. 헤로디아와 살로메는 역설적이게도 힘에 근거한 가부장적 사회를 더 강화시키는 역할을 합니다. 그 무대도 연회장입니다. 왕이 생일을 맞아 베푼 연회지만 그곳은 어디까지나 남자를 즐겁게 하는 장소입니다. 왕이 의붓딸에게 나라의 절반이라도 주겠다고 약속하는 것은 힘의 표현입니다. 왕이기에 그런 약속을 할 수 있습니다. 그 왕국에 사는 백성의 절반이 어린 소녀의 수중에 들어간다는 것은 아예 문제가 되지 않습니다. 이는 어린아이를 남성화하는 전형입니다. 소녀가 이를 알 리 없습니다. 아이는 그저 춤을 추었을 뿐입니다. 박수와 칭찬 속에 인생을 즐기는 가운데 그의 인생은 어느새 힘에 맡겨져 있습니다. 여기에 여성신학의 과제가 주어집니다. 여성신학은 근본적으로 힘의 논리에 근거한 남성 위주의 사회를 변화시켜 인간에게—남자와 여자 모두에게—인권을 찾아 주는 것을 그 사명으로 삼기 때문입니다.

헤로디아와 살로메는 남성 위주의 힘이 중심이 된 사회가 빚어낸 산물입니다. 그들은 필리포스를 제거하고 요한을 희생시킨 주역이지만, 스스로 남성이 주도하는 힘의 논리에 말려듦으로써 인류 역사의 큰 희생물이 됩니다. 그런데 그들은 이를 알지 못한 채 요한을 제거할 수 있는 그들 힘에 취하여 연회를 즐깁니다. 연회장에서 무희의 춤을 즐기는 남자들 또한 폭력의 희생자입니다. 역사에 기록된 희생자는 필리포스와 요한이지만, 아이러니하게도 역사에 실제 기록될 희생자는 이들을 살해한 여자와 아이이며, 판을 깔아 준 헤로데이며, 그 자리를 즐기는 고관대작들입니다.

이 이야기가 비극인 것은 요한의 죽음보다 인류의 역사가 폭력의 무대에서 펼쳐지고 있다는 점입니다. 더 비극인 것은 이를 깨닫지 못하고 있다는 사실입니다. 눈에 거슬리던 요한을 제거한 것에 안도하며—요한을 아무런 거리낌 없이 희생시킨 것에 안도하며—이를 연회장에서 즐기는 것이 비극인 것입니다. 우리가 성찰하며 극복해야 할 것은 이 비극입니다. 여성의 모성과 어린아이의 순진성을 되찾는 것만이 인류를 이 폭력에서 구할 수 있을 것입니다. 예수님께서 "누구든지 이런 어린이 하나를 내 이름으로 받아들이면 나를 받아들이는 것이다. 그리고 나를 받아들이는 사람은 나를 받아들이는 것이 아니라 나를 보내신 분을 받아들이는 것이다. 나를 믿는 이 작은 이들 가운데 하나라도 죄짓게 하는 자는, 연자매를 목에 걸고 바다에 던져지는 편이 오히려 낫다."(마르 9,37.42) "불행하여라, 남을 죄짓게 하는 일이 많은 이 세상! 사실 남을 죄짓게 하는 일은 일어나기 마련이다. 그러나 불행하여라, 남을 죄짓게 하는 일을 하는 사람!"(마태 18,7) 하고 말씀하신다면 인류를 폭력에서 구하시기 위해서입니다.

마. 외딴곳으로 쉬러 가자

사도들이 예수님께 모여와, 자기들이 한 일과 가르친 것을 다 보고하였다. 그러자 예수님께서 그들에게, "너희는 따로 외딴곳으로 가서 좀 쉬어라." 하고 말씀하셨다. 오고 가는 사람들이 너무 많아 음식을 먹을 겨를조차 없었던 것이다. 그래서 그들은 따로 배를 타고 외딴곳으로 떠나갔다. 그러자 많은 사람이 그들이 떠나는 것을 보고, 모든 고을에서 나와 육로로 함께 달려가 그들보다 먼저 그곳에 다다랐다(마르 6,30-33).

1

"너희는 따로 외딴곳으로 가서 좀 쉬어라."(31절)라는 말씀에 이어 일어나는 상황은 다소 어리둥절합니다. "그래서 그들은 따로 배를 타고 외딴곳으로 떠나갔다."라는 표현에 따르면 가서 좀 쉬라는 예수님 말씀을 듣고 그들끼리만 배를 타고 떠난 것처럼 보입니다. 그런데 이어지는 구절에는 많은 사람이 배를 타고 떠나는 '그들'을 보고 모든 고을에서 나와 육로로 달려 '그들'보다 먼저 외딴곳에 다다릅니다. 그리고 그들은 예수님께서 배에서 내리시는 것을 봅니다(34절). 당신도 제자들과 함께 배를 타신 것입니다. 공동번역성서는 이런 오해를 일으키지 않게 하려고 "따로 한적한 곳으로 가서 함께 좀 쉬자."라는 예수님 말씀에 이어 "예수의 일행은 배를 타고 따로 한적한 곳을 찾아 떠났다." 하고 번역했습니다. 제자들이 스승의 분부대로 세상에 가서 하느님 나라의 복음을 선포하고 돌아와서 자기들이 한 일과 가르친 결과를 보고하자 예수님께서 제자들에게 잘했다 잘못했다 평가하시는 대신 "따로 외딴곳으로 가서 좀 쉬자." 하고 말씀하십니다. 예수님 일행이 배를 타고 가는 것을 보고 사람들이 육로로 달려간 것입니다.[165]

제자들이 돌아와서 자기들이 한 일을 보고할 때 예수님은 당신께서 제자들을 처음 부르시고 또 파견하시던 때를 떠올리셨을지도 모릅니다. 자기들이 한 일과 가르친 것을 보고하는 제자들 모습에서 가족과

---

165) 마르코 복음 6장 30-34절은 따로 전해오는 두 이야기, 즉 "너희는 따로 외딴곳으로 가서 좀 쉬어라." 하고 제자들을 외딴곳으로 보내신 이야기(30-31절)와 예수님 일행이 배를 타고 외딴곳으로 떠나신 이야기(32-34절)를 하나의 이야기로 엮은 것으로 볼 수도 있을 것입니다.

작별 인사도 제대로 하지 못하고 당신의 부르심에 응하던 모습과 이후 당신과 함께 지내면서 배우고 익힌 바를 그대로 사람들에게 가르치는 모습을 떠올리셨을지 모릅니다. 제자들은 스승의 마음을 느끼며 스승의 마음으로 사람들을 대했을 것입니다. 그들의 수고를 아시는 예수님께서 그들을 외딴곳으로 안내하며 함께 쉬자고 하십니다.

2

예수님께서 쉬라고 하신 것은 단순히 복음을 선포하느라 지친 몸을 쉬게 하시려는 의도만이 아니라 파견에서 느낀 여러 강력한 느낌을 조용히 관조하며 묵상하는 시간을 갖게 하시기 위함이기도 할 것입니다. 그분께서 쉬라고 하신다면, 그분의 복음은 그분의 쉼에서 나온 것이기 때문입니다. 태초에 하느님께서 세상을 창조하시고 나서 쉬신 것은 창조로 인해 피곤해진 몸을 쉬시기 위함이 아니라 창조가 안식에서 완성되기 때문입니다. 하느님께서 쉬신 것은 세상이 창조사업을 계속할 수 있도록 하시려는 것입니다. 쉼은 태초에 세상을 창조하시고 나서 안식을 취하신 하느님의 경지에 드는 것입니다. 예수님께서 그 쉼으로 제자들을 초대하십니다. 제자들은 쉬면서 하느님께서 하신 창조의 일, 예수님께서 선포하신 복음을 느끼도록 해야 합니다.[166]

복음을 선포하는 데는 쉼이 필요합니다. 복음 선포가 외적으로 알리는 사건이라면 쉼은 세상을 창조하신 하느님과 대화하도록 합니다.

---

166) 안식과 창조에 대해서 마르 2,23-28; 3,1-6; 4,35-41 참조.

쉬면서 자기 안으로 들어가는 사람이 밖으로 남에게 창조적 복음을 선포할 수 있습니다. 복음은 인간의 내면에서부터 흘러나옵니다. 자기 안에서 현존하시는 하느님의 음성을 듣는 자만이 밖으로 하느님의 음성을 들려줄 수 있고, 남 안에서 하느님의 음성을 듣는 자만이 남의 내면으로 스며들어 창조적으로 세상을 살아갈 수 있습니다(마르 4,35-41 참조). 쉼이 없는 선포는 자칫 남에게 짜증을 줄 수 있고, 쉼을 동반하지 않는 봉사는 남에게 기쁨을 선사하지 못할 수 있습니다. 복음은 쉬는 마음으로 선포될 때 완성될 것입니다.

쉼을 통하여 제자들은 복음에 대한 그분의 열정과 그들 자신에 대한 그분의 사랑을 진하게 느끼며 복음을 전하는 그들 자신을 새롭게 성찰하게 될 것입니다. 그들은 복음을 전하는 존재이기만 한 것이 아니라 자신이 복음이라는 것을 느끼도록 해야 합니다. 복음을 전하는 그들은 예수님처럼 쉼터가 되어야 합니다. 복음의 삶을 살기 위해서는 쉼이 필요합니다. 복음사가에게 쉰다는 것은 예수님 없이는 처음부터 불가능한 일입니다. 그분은 쉼의 주인이시며(마르 2,28), 안식을 주시는 분(마태 11,28)이시기 때문입니다. 예수님은 그들을 쉬게 하시려고 불러 모으셨고, 그들과 함께 쉬시려고 배를 타고 떠나십니다.

3

쉬기 위해서는 한적한 외딴곳이 필요합니다. 복음을 전하시고 병자들을 낫게 하시고 가난한 이들을 위로하시는 북새통 속에서도 예수님은 틈을 내어 한적한 곳으로 가시어 홀로 기도하셨습니다. 적막한 곳, 고독한 곳, 외딴곳을 거치지 않은 복음 선포는 자기 과시로 나타날 수 있습니다. 복음 선포의 사명은 자기 안을 들여다보고 자기의 삶을 뒤돌아볼 수 있는 외딴곳에서부터 조용히 시작합니다. 적막과 고독은 복음 선포의 출발점입니다. 사랑은 "나는 너를 사랑한다."라는 말이 아니라 인간의 깊고 어두운 곳에 자리한 심장에서 고동칩니다. 사랑하며 살기 위하여 인간은 인간의 소리가 잦아든 곳, 인공의 불빛이 비치지 않는 외딴곳이 필요합니다.

우리는 한적한 곳을 동경하지만, 막상 외딴곳에 이르면 금방 심심해져서 떠들썩한 놀이판을 벌이기도 합니다. 애써 외딴곳을 찾아가서도 분주한 곳에서의 분주한 생각을 떨쳐 버리지 못합니다. 어디를 가나 분주하고 들뜬 현대인의 단면이 아닐 수 없습니다. 외딴곳은 자기 내면을 들여다보게 합니다. 현대인이 외딴곳을 꺼린다면 자기 내면과 마주하는 일이 두렵기 때문일지 모릅니다. 그렇기에 더욱 외딴곳의 휴식이 필요합니다. 예수님은 찾아드는 군중을 뒤로하고 외딴곳으로 가셨습니다. 우리도 예수님처럼 장소를 옮겨서라도 한적한 곳에 머물 필요가 있습니다. 한적한 곳을 멀리한 분주한 마음으로는 복음을 전할 수 없습니다. 복음의 맛을 느낄 수 없습니다.

한적한 곳을 찾는 여유로운 마음에서 군중에 대한 측은한 마음이입니다. 마르코는 이렇게 설명합니다. "예수님께서 배에 내려 군중이 많이 모여 있는 것을 보시고 목자 없는 양과 같은 그들을 측은히 여기시어 여러 가지로 가르쳐 주셨다."(마르 6,34). 쉬는 마음에 고생하는 사람들의 음성이 들릴 것입니다. 모세가 이역만리 머나먼 이집트에서 자기 백성들이 작업감독들 때문에 울부짖는 소리를 들은 곳은 외딴곳 사막이었습니다(탈출 3,7). 자기의 몸을 드디어 쉬게 할 수 있었을 때 그 음성을 들은 것입니다. 예수님께서도 제자들에게 이 음성을 듣게 하시려고 그들과 함께 외딴곳으로 가십니다. 쉬면서 백성의 소리를 듣게 하시려고 말입니다. 제자들은 매사 모든 것에서 초연해야 합니다. 외딴곳에서 쉴 수 있어야 합니다.

예수님께서 쉬라고 하신다면 복음을 선포하면서 자칫 소홀히 한 상대를 듣는 마음을 얻게 하시려는 뜻이기도 할 것입니다. 듣는 마음을 얻을 때 인간이 분출하는 어떤 소음 속에서도 하느님의 음성을 듣고, 장터에서 스치는 수많은 사람들의 불협화음 속에서도 감추어진 하느님의 창조하시는 음성을 들을 수 있을 것입니다. 듣기 위하여 쉼이 필요합니다. 쉼은 창조를 쉬는 것이 아니라 창조를 완성하는 것입니다. 사목자의 얼굴에서 때때로 차갑고 메마른 감정이 묻어난다면 외롭게 살면서도 한적한 곳을 찾지 못해서일지 모릅니다. 취미생활을 하고 여가를 즐긴다고 해도 여전히 시간에 쫓기고 일상에 여유가 없다면 잘 쉬는 것이라고 할 수 없습니다.

4

그런데 사람들은 그분께서 쉬시도록 가만히 내버려 두지 못합니다. 많은 사람이 그들이 떠나는 것을 보고, 모든 고을에서 나와 육로로 함께 달려가 그들보다 먼저 그곳에 다다라 예수님 일행이 오기를 기다립니다. 예수님께서는 배에서 내리시어 그들을 보시자 가엾은 마음이 드셔서 가르치기 시작하십니다(34절 참조). 무엇을 가르치셨는

지 그 내용은 전하지 않지만, 하느님의 복음이라고 말할 수 있을 것입니다.[167]

---

167) 가르침에 대해서 마르 6,1-6 참조

9.
오병이어 기적

예수님께서는 배에서 내리시어 많은 군중을 보시고 가엾은 마음이 드셨다. 그들이 목자 없는 양들 같았기 때문이다. 그래서 그들에게 많은 것을 가르쳐 주기 시작하셨다. 어느덧 늦은 시간이 되자 제자들이 예수님께 다가와 말하였다. "여기는 외딴곳이고 시간도 이미 늦었습니다. 그러니 저들을 돌려보내시어, 주변 촌락이나 마을로 가서 스스로 먹을 것을 사게 하십시오." 예수님께서 "너희가 그들에게 먹을 것을 주어라." 하고 이르시니, 제자들은 "그러면 저희가 가서 빵을 이백 데나리온어치나 사다가 그들을 먹이라는 말씀입니까?" 하고 물었다. 예수님께서 그들에게, "너희에게 빵이 몇 개나 있느냐? 가서 보아라." 하고 이르셨다. 그들이 알아보고서, "빵 다섯 개, 그리고 물고기 두 마리가 있습니다." 하고 대답하였다. 예수님께서는 제자들에게 명령하시어, 모두 푸른 풀밭에 한 무리씩 어울려 자리 잡게 하셨다. 그래서 사람들은 백 명씩 또는 쉰 명씩 떼를 지어 자리를 잡았다. 예수님께서는 빵 다섯 개와 물고기 두 마리를 손에 들고 하늘을 우러러 찬미를 드리신 다음 빵을 떼어 제자들에게 주시며, 사람들에게 나누어 주도록 하셨다. 물고기 두 마리도 모든 사람에게 나누어 주셨다. 사람들은 모두 배불리 먹었다. 그리고 남은 빵 조각과 물고기를 모으니 열두 광주리에 가득 찼다. 빵을 먹은 사람은 장정만도 오천 명이었다(마르 6,34-44).

가. 가엾은 마음이 기적을 일으키다

1

빵 다섯 개와 물고기 두 마리로 오천 명을 먹이신 이야기입니다. 복음사가는 이 기적 사화를 통해 우리의 상상을 초월한 그 이상의 일이 일어나고 있다는 것을 말하고자 합니다.[168] 이 이야기는 예수님께서 군중을 보시고 "가엾은 마음이 드셨다."라는 말로 시작합니다. 이로써 복음사가는 이 이야기가 단순히 예수님께서 빵 몇 개로 수천 명을 먹일 수 있는 초능력자라는 것을 알리고자 함이 아님을 시사합니다. 군중이 예수님을 따라다니는 이유는 그분께서 일으키신 수많은 기적을 보았기 때문입니다. 예수님은 그런 그들이 목자 없는 양들처럼 보이고 가엾은 마음이 드셔서 그들을 가르치기 시작하십니다.

"가엾은 마음이 드셨다."의 그리스어 동사 '스플랑니조마이 σπλαγχνίζομαι'는 애간장이 끊어지는 아픔을 말합니다. 배고픈 이, 앓는 이, 고통받는 이들이 당하는 고통을 함께 느끼는 것, 아니 그 자신보다 더한 고통을 느끼는 것을 말합니다. 늦은 시간까지 돌아갈 생각도 하지 않고 배고픈 줄도 모르고 당신의 가르침을 듣는 군중을 보시며

---

168) 빵의 이야기를 연상시키는 부분들이 구약성경에 나옵니다. 엘리야가 사렙다 과부를 살리는 이야기(1열왕 17,17-22), 그의 제자 엘리사가 수넴 여자의 아들을 살리는 이야기(2열왕 4,18-35)가 대표적입니다. 엘리사는 기름 한 병으로 빈 그릇마다 가득 채우고(2열왕 4,1-6), 보리떡 스무 개를 백 명이나 되는 군중에게 먹으라고 나누어 주라고 이르면서 "주님께서 이들이 먹고도 남을 것이라 말씀하셨다."라고 말합니다. 과연 주님의 말씀대로 그들이 먹고도 남았습니다(2열왕 4,42-44). 마르코는 구약에 잘 알려진 이 이야기들을 상기시키면서 예수님은 이들보다 더 위대한 예언자로서 이들보다 더한 기적을 일으키시는 분, 하느님이 지니신 능력을 지니신 분이심을 전하고자 합니다. 여기서 빵 다섯 개는 모세오경을, 물고기 두 마리는 '나머지 책들'과 '예언서'를 나타냅니다. 예수님께서 이 책들이 채워 주지 못하는 배고픔을 채워 주실 것입니다.

창자가 끊어질 듯한 아픔을 느끼신 것입니다.[169] 보리빵 다섯 개와 물고기 두 마리로 수많은 군중을 먹이신 기적의 발원지는 그분의 가엾이 여기는 마음 곧 자비심입니다. '배고픈 이를 보고 가엾이 여기는 자비의 마음'이 기적을 일으킵니다. 이 마음이 일으키는 기적이 우리에게 일어나게 하는 것이 이 이야기의 중심 메시지입니다.

2

어느덧 늦은 시간이 되었습니다. 제자들은 수많은 군중의 끼니가 걱정됩니다. 그들은 예수님께 "저들을 돌려보내시어, 주변 촌락이나 마을로 가서 스스로 먹을 것을 사게 하십시오."(마르 6,36) 하고 제안합니다. 외딴곳이고 시간도 많이 늦었으니 군중을 돌려보내어 각자 먹을 것을 해결하도록 하자는 제안은 얼핏 합리적인 발상처럼 들립니다. 굶주리는 사람은 시장으로 보내어 먹을 것을 해결하게 하고, 아픈 사람은 병원으로 보내어 치료하게 하는 것이 상책처럼 보입니다. 그런데 예수님께서는 그들의 제안을 일언지하에 거절하시듯 "너희가 그들에게 먹을 것을 주어라."(6,37) 하고 말씀하십니다. 뜻밖입니다. 그들을 위하여 가진 것을 내놓는 마음이 그들을 시장이나 병원으로 보내는 것보다 우선적이어야 한다는 것입니다. 자비심을 먼저 일으키라는 것입니다. 그분은 "영원한 생명을 받으려면 무엇을 해야 합니까?"

---

169) 프로텐티우스는 군중의 이 모습을 다음과 같이 표현합니다. "그들은 배고픔도 아랑곳 않고 음식에도 마음 쓰지 않으며 자신의 마을과 성읍, 가게와 고을, 장터와 도시도 잊은 채 그분 말씀으로 양육되는 것을 기뻐하였네. 잔치에 모인 사람들이 풀밭에 자리 잡고 백 명씩 백 명씩 정겹게 무리 지어 작은 물고기 두 마리와 얼마 안 되는 빵 조각을 먹고자 수많은 식탁에 둘러앉자, 그분께서 빵과 물고기를 많아지게 하셨네. 그들은 그제야 비로소 그분이 하느님이심을 알았네."(오든 154 참조.)

하고 묻는 젊은이에게도 비슷한 말씀을 하셨습니다. "가서 가진 것을 팔아 가난한 이들에게 주어라. 그러면 네가 하늘에서 보물을 차지하게 될 것이다."(마르 10,21) 가엾이 여기는 마음이 우선입니다.

그분 말씀에 제자들은 즉각 "저희가 가서 빵을 이백 데나리온어치나 사다가 그들을 먹이라는 말씀입니까?" 하고 반응합니다. 예수님께서 "너희에게 빵이 몇 개나 있느냐?"라고 물으시니 그들이 "빵 다섯 개, 그리고 물고기 두 마리가 있습니다." 하고 대답합니다. 마태오는 "저희는 여기 빵 다섯 개와 물고기 두 마리밖에 가진 것이 없습니다."(마태 14,17)라고 대답함으로써 주고 싶어도 가진 것이 부족하다는 뉘앙스를 풍깁니다. 줄 것이 있다고 한들 그렇게 많은 사람을 먹이는 것은 불가능하다는 것입니다. 제자들의 이 말은 모세가 이스라엘 백성을 이끌고 광야를 지날 때, 배가 고프다 고기가 그립다 이집트 땅에서 배 불리 먹던 때가 좋았다 하며 불평하는 백성들의 소리를 하느님께 하소연하는 장면을 생각나게 합니다. "(행진하는 백성이 육십만 명이나 됩니다. 이 많은) 백성에게 줄 고기를 제가 어디서 구할 수 있겠습니까? 양 떼와 소 떼를 다 잡는다 한들 그들에게 넉넉하겠습니까? 바다의 고기를 모조리 모아들인다 한들 그들에게 넉넉하겠습니까?"(민수 11,13.22)

군중을 돌려보내 각자 먹을 것을 해결하도록 하자는 제자들의 제안은 얼핏 군중을 위하는 말처럼 들리지만[170] 실상 그들은 굶주린 군

---

170) 그 많은 군중이 주변 촌락이나 마을로 가서 스스로 먹을 것을 사게 하자고 하는데 이는 불가능한 일입니다. 빵을 먹은 사람이 장정만도 오천 명이었다는 것도 당시 그 지방 인구가 삼천 명 안팎이었다는 것을 감안하면 글자 그대로 알아들을 수 없는 부분입니다.

중과 하나가 되지 못하고 있다는 증거이기도 합니다. 너희가 먹을 것을 주라는 말씀은 배고픈 군중과 하나가 되라는 것입니다. 그들과 하나 되려면 내가 가진 것을 그들에게 주어야 합니다. 그들은 배가 고프지만, 그들이 진정 갈망하는 것은 빵보다는 그들과 '함께하는 마음'입니다. "너희가 그들에게 먹을 것을 주어라."라는 말씀은 자비를 일으키기 위한 말씀입니다.

가진 것을 내어놓는 곳에 서로를 살리는 기적이 일어나고, 그곳에 소유 때문에 오는 모든 두려움에서 해방되는 기적이 일어날 것입니다. 배고플수록 가진 것을 나눌 수 있어야 합니다. 가진 것을 배고픈 이웃을 위하여 내놓는 기적, 내놓기 싫은 마음을 찢는 기적이 우리에게 일어나게 해야 합니다.

3

예수님께서 빵 다섯 개와 물고기 두 마리를 손에 들고 하늘을 우러러 찬미를 드리십니다. 수천 명의 배고픈 군중들 앞에서 빵 다섯 개와 물고기 두 마리는 아무것도 아닙니다. 군중을 가엾이 여기는 그분의 마음이 간에 기별도 안 갈 만큼 적은 것을 손에 들고 하늘을 우러러 찬미와 감사를 드리십니다. 찬미와 감사를 드리며 다른 사람을 위하여 가진 것을 다 내놓는 가난한 마음을 하느님께 바칩니다. 하느님을 찬미하고 감사하는 마음이 기적을 일으킵니다. 군중이 빵을 먹는다면 그분의 마음과 가진 것을 나누는 자비를 먹는 것입니다.

그분은 오병이어의 기적을 통해 가엾이 여기는 마음, 가진 것을 나누고 남을 살리기 위해 자기를 희생하는 기적, 그 기적에 찬미와 감사를 드리는 기적이 우리에게 일어나기를 바라십니다. 언제나 어디서나 하느님께 감사와 찬미를 드리는 기적이 우리에게 일어나기를 바라십니다. 미사에서 사제가 "언제나 어디서나 아버지께 감사함이 참으로 마땅하고 옳은 일이며 저희 도리요 구원의 길이옵니다." 하고 감사 기도를 바치는 것도 인류에게 이런 기적이 일어나기를 바라기 때문일 것입니다.

스위스의 주보 성인 클라우스는 지존하고 크신 하느님께서 조그만 빵 안에 들어오신 신비에 늘 놀라워했습니다. 하찮은 빵이 지존하신 하느님을 느끼게 해 준다는 신비에 늘 감탄했습니다.[171] 보잘것없고 하찮은 것을 손에 들고 하늘을 우러러 감사하시는 예수님은 하찮은 것 안에 현존하시는 하느님을 우리에게 느끼게 해 주십니다. 우리 주변의 하찮은 사람들 안에서, 그렇게 구유에 누운 아기에게서, 십자가에 처형당한 저 비련의 젊은이에게서 하느님을 느끼게 해 주십니다. 겨자씨에서 하느님의 생명을 느끼는 기적이 일어나게 하십니다. 작은 것에 감사하십시오. 온 세상이 기적으로 다가올 것입니다.

4

복음사가들은 흩어져 전해오는 예수님에 관한 숱한 이야기들을 각자의 신학에 따라 편찬하였습니다. 빵을 많게 하신 기적 이야기도 마

---

171) 이제민, 『하느님의 얼굴』, 생활성서사, 1998 참조.

르코와 루카는 파견에서 돌아온 제자들이 자기들이 한 일과 가르친 것을 보고한 후 배를 타고 외딴곳으로 가신 곳에서 일어난 일로 전합니다. 마태오는 요한의 죽음을 전해 들으신 예수님께서 배를 타시고 따로 외딴곳으로 물러가신 곳에서 일어난 일로 전합니다.

반면에 요한은 이 이야기를 파스카 축제에 초점을 맞추어 이야기합니다. 예수님께서는 다른 짐승을 잡아 제물로 바치던 구약의 파스카와는 달리 당신 자신을 파스카 제물로 내어놓으십니다. 빵을 먹은 오천 명은 당신 자신을 희생 제물로 내놓으시는 예수님의 몸과 마음을 먹은 것입니다. 이는 예수님께서 필립보에게, "저 사람들이 먹을 빵을 우리가 어디에서 살 수 있겠느냐?"라고 물으신 데서 드러납니다. 예수님은 "어디서?"라는 질문으로 필립보를 시험하십니다.

예수님 자신이 빵이라는 것을 믿게 하시려고 질문을 던지신 것입니다. 저들을 먹일 수 있는 빵은 당신 몸이며 이것이, 곧 저들을 위하여 당신을 내놓는 일이 '당신께서 하시려는 일'입니다. 이를 알 리 없는 제자들은 자기를 희생 제물로 내놓을 생각보다는 어디서 빵을 살 수 있을지, 그 빵을 사려면 돈이 얼마나 들지 계산합니다. 제자들은 자기 주머니를 걱정하고 예수님은 그들을 위하여 당신을 희생 제물로 내어놓으실 일을 생각하십니다. 자신을 희생 제물로 바칠 수 없었던 제자들은 나중에 그분께서 하신 일을 보자 도망치고 맙니다.

여기에 아이가 등장합니다. 마르코 복음에는 예수님께서 제자들에게 "너희에게 빵이 몇 개나 있느냐?" 하고 물으시자 그들이 "빵 다섯 개와 물고기 두 마리가 있습니다." 하고 대답합니다. 요한 복음은 그 빵과 물고기를 웬 아이가 가지고 있던 것이라고 말합니다. 아이가 빵 다섯 개를 가지고 있었다면 어른은 얼마나 더 많은 것을 가지고 있었을까요? 게다가 거기에는 장정만도 오천 명이나 됩니다. 그런데 어른들은 자기가 가진 것을 내어놓은 아이 앞에서 말실수까지 합니다. "저렇게 많은 사람에게 이것이 무슨 소용이 있겠습니까?" 자기를 희생할 줄 모르는 어른은 부끄러운 줄도 모릅니다. 빵의 기적은 자기를 빵으로 내놓으시는 예수님과 자기가 가진 것을 다 내어놓은 아이의 마음이 일으킨 일입니다. 이 빵을 먹는 사람은 예수님과 아이의 마음을 먹는 것입니다.

예수님께서 수천 명 앞에서 빵 다섯 개를 들고 축복하셨다면 아이가 가져온 빵과 아이의 순수한 마음과 자기희생을 축복하신 것입니다. 예수님께서 그 빵을 떼어 제자들에게 주시며 사람들에게 나누어 주라 하셨다면 아이의 순수한 마음과 자기희생을 나누어 주신 것입니다. 아이가 내놓은 빵은 장차 그분께서 "받아먹어라. 이는 내 몸이다." 하고 말씀하시는 그 빵입니다. 우리의 행복을 위하여, 우리가 몸담고 살아가는 세상의 평화를 위하여 당신의 몸을 쪼개고 희생시키며 내놓으신 빵입니다. 그분은 빵이 되어 우리의 배 속으로 사라지며 우리를 살리실 것입니다. 빵이 자기를 먹는 사람을 살리듯이 그분은 '위하는 존재', '살리는 존재'로 존재하십니다. 그분의 몸을 먹는 사람들은 서로를 살리는 빵이 되어야 합니다. 그것이 그분께서 일으키신 기적입니다.

자기들이 먹은 빵이 작은 한 아이에게서 나온 것이라는 사실을 간과한 어른들, 그들은 언제 그분께서 일으키신 빵의 기적을 깨달을 수 있을까요? 언제 그들은 자신이 본래 남을 위하여 자신을 희생시키며 사라지게 하는 심성을 지닌 존재라는 것을 깨닫고 다른 사람을 위하여 자기 자신을 희생 제물로 내놓을 수 있을까요? 언제 그들은 자기의 살을 나누는 그리스도가 될 수 있을까요? 배고픈 그들이 가여운 것이 아니라 본래 마음에 도달하지 못한 그들의 모습이 더욱 애처로운 것입니다. 이는 나중에 마르코가 제자들을 두고 "그들은 빵의 기적을 깨닫지 못하고 오히려 마음이 완고해졌던 것이다."(마르 6,52)라고 토를 단 데서 분명해집니다.

나. 백성을 위한 목자

1

예수님께서 많은 군중을 보시고 측은지심이 드신 이유를 마르코는 그들이 목자 없는 양들 같았기 때문이라고 적고 있습니다. 단순히 배고픈 그들을 보시고 가엾은 마음이 드신 것이 아닙니다. 사제와 율법학자들이 목자로서의 사명에 충실하지 못한 것도 그 이유 중 하나입니다. 그들이 본분을 잊고 사제직에서 오는 이익에 집착하면서 순수한 모세의 사상을 왜곡하고, 조상들의 전통을 곡해하면서 아집의 노예가 되어 자신들의 직무를 옳게 수행하지 못했던 것입니다. 그들은 백성을 메시아에게 이끌어 갈 힘이 없습니다. 평화를 선사할 카리스마가 없습니다. 예수님은 이런 지도자들에게 맡겨진 백성을 목자 없는 양에 비유하신 것입니다. 양 떼 없는 목자, 목자 없는 양 떼는 생각할 수 없습니다. 양 떼와 목자 사이에 맺어진 원초적인 신뢰심은 그대로 목자의 성품입니다. 양은 목자가 풀밭으로 이끌어 주지 않으면 굶어 죽기 십상이고, 이리 떼 같은 무리로부터 지켜 주지 않으면 목숨을 부지하기 어렵습니다.

구약에서 야훼 하느님께서는 여러 차례 왕들이 백성에게 충실한 목자이기를 바라셨습니다. 이스라엘 백성이 목자의 말을 듣지 않고 빗나간 때도 있었지만, 많은 경우 왕이 목자로서의 사명을 저버렸습니다. 바빌론 유배 기간에 활동한 예언자 에제키엘은 이스라엘의 지도자들을 나쁜 목자라고 혹평합니다. "주님의 말씀이 나에게 내렸다. '사람의 아들아, 이스라엘의 목자들을 거슬러 예언하여라. 예언하여라. 그 목자들에게 말하여라. '주 하느님이 이렇게 말한다. 불행하여라, 자기들만 먹는 이스라엘의 목자들! 양 떼를 먹이는 것이 목자가 아니냐? 그런데 너희는 젖을 짜 먹고 양털로 옷을 해 입으며 살진 놈을 잡아먹으면서, 양 떼는 먹이지 않는다. 너희는 약한 양들에게 원기를 북돋아 주지 않고 아픈 양을 고쳐 주지 않았으며, 부러진 양을 싸매 주지 않고 흩어진 양을 도로 데려오지도, 잃어버린 양을 찾아오지도 않았다. 오히려 그들을 폭력과 강압으로 다스렸다. 그들은 목자가 없어서 흩어져야 했다. 흩어진 채 온갖 들짐승의 먹이가 되었다. 산마다, 높은 언덕마다 내 양 떼가 길을 잃고 헤매었다. 내 양 떼가 온 세상에 흩어졌는데, 찾아보는 자도 없고 찾아오는 자도 없다.'"(에제 34,1-6)

에제키엘이 암시하듯이 이스라엘의 지도자들은 백성에게 힘이 되어 주지 못했습니다. 약한 백성들을 돌보아 주지 않고 아픈 백성을 고쳐 주지 않았으며, 꺾인 삶을 사는 백성들을 보호해 주지 않았습니다. 자기 배 불릴 생각에 백성들을 폭력과 강압으로 다스렸습니다. 이스라엘 백성은 목자 없는 양 떼보다 더 비참했습니다. 예수님 시대의 이스라엘은 비슷한 비극 속에 처해 있었습니다. 이런 상황에서 예수님은 목자가 되시어 군중에게 다가가십니다. 그들을 가르치고 주린 배를 채워 주시고 앓는 사람들을 고쳐 주십니다.

2

목자 칭호는 메소포타미아와 에집트에서 왕의 칭호로 즐겨 사용되고, 성경에서도 야훼 하느님께서 다윗을 왕으로 세우실 때 "너는 내 백성 이스라엘의 목자가 되고 이스라엘의 영도자가 될 것이다."(2사무 5,2)라고 하시면서 왕에게 목자 칭호를 사용하셨습니다. 이 칭호는 이스라엘에서 일찍이 야훼 하느님께 사용되던 칭호입니다. 목자이신 하느님은 지배하시는 분이 아니라 돌보시는 분이십니다. 이에 대한 가장 교훈적인 텍스트는 에제키엘 34장 11-16절입니다.

에제키엘은 나쁜 목자에 대한 혹평에 이어서 착한 목자이신 하느님 이야기로 넘어갑니다. "주 하느님이 이렇게 말한다. 나 이제 내 양 떼를 찾아서 보살펴 주겠다. 자기 가축이 흩어진 양 떼 가운데에 있을 때, 목자가 그 가축을 보살피듯, 나도 내 양 떼를 보살피겠다. 캄캄한 구름의 날에, 흩어진 그 모든 곳에서 내 양 떼를 구해 내겠다. 그들을 민족들에게서 데려 내오고 여러 나라에서 모아다가, 그들의 땅으로 데려가겠다. 그런 다음 이스라엘의 산과 시냇가에서, 그리고 그 땅의 모든 거주지에서 그들을 먹이겠다. 좋은 풀밭에서 그들을 먹이고, 이스라엘의 높은 산들에 그들의 목장을 만들어 주겠다. 그들은 그곳 좋은 목장에서 누워 쉬고, 이스라엘 산악 지방의 기름진 풀밭에서 뜯어 먹을 것이다. 내가 몸소 내 양 떼를 먹이고, 내가 몸소 그들을 누워 쉬게 하겠다. 주 하느님의 말이다. 잃어버린 양은 찾아내고 흩어진 양은 도로 데려오며, 부러진 양은 싸매 주고 아픈 것은 원기를 북돋아 주겠다. 그러나 기름지고 힘센 양은 없애 버리겠다. 나는 이렇게 공정으로 양 떼를 먹이겠다."(에제 34,11-16)

주님은 목자로서 양과 양들의 관계를 좋게 하십니다. "너희 나의 양 떼야, 주 하느님이 이렇게 말한다. 나 이제 양과 양 사이, 숫양과 숫염소 사이의 시비를 가리겠다. 너희는 좋은 풀밭에서 뜯어 먹는 것만으로는 부족하여, 나머지 풀밭을 발로 짓밟는 것이냐? 맑은 물을 마시는 것만으로는 부족하여, 나머지 물을 발로 더럽히는 것이냐? 그래서 내 양 떼가 너희 발로 짓밟은 것을 뜯어 먹고, 너희 발로 더럽힌 것을 마셔야 하느냐? 그러므로 주 하느님이 그들에게 말한다. 나 이제 살진 양과 여윈 양 사이의 시비를 가리겠다. 너희가 약한 양들을 모조리 옆구리와 어깨로 밀어내고 뿔로 밀쳐 내어 밖으로 흩어 버렸으니, 내가 내 양 떼를 구하여 그것들이 더이상 약탈당하지 않게 하겠다. 내가 양과 양 사이의 시비를 가리겠다."(에제 34,17-22)

신약성경은 예수님에게서 목자의 돌봄을 봅니다. 예수님은 목자로서 인간의 마음을 읽으시고, 인간을 돌보시며, 인간에게 다가가시고, 드디어는 인간들을 위해 목숨을 내어놓으십니다. "나는 착한 목자다. 착한 목자는 양들을 위하여 자기 목숨을 내놓는다. 삯꾼은 목자가 아니고 양도 자기 것이 아니기 때문에, 이리가 오는 것을 보면 양들을 버리고 달아난다. 그러면 이리는 양들을 물어 가고 양 떼를 흩어 버린다. 그는 삯꾼이어서 양들에게 관심이 없기 때문이다. 나는 착한 목자다. 나는 내 양들을 알고 내 양들은 나를 안다. 이는 아버지께서 나를 아시고 내가 아버지를 아는 것과 같다. 나는 양들을 위하여 목숨을 내놓는다."(요한 10,11-15)

다. 물 위를 걸어오시는 예수님

예수님께서는 곧 제자들을 재촉하시어 배를 타고 건너편 벳사이다로 먼저 가게 하시고, 그동안에 당신께서는 군중을 돌려보내셨다. 그들과 작별하신 뒤에 예수님께서는 기도하시려고 산에 가셨다. 저녁이 되었을 때, 배는 호수 한가운데에 있었고 예수님께서는 혼자 뭍에 계셨다. 마침 맞바람이 불어 노를 젓느라고 애를 쓰는 제자들을 보시고, 예수님께서는 새벽녘에 호수 위를 걸으시어 그들 쪽으로 가셨다. 그분께서는 그들 곁을 지나가려고 하셨다. 제자들은 예수님께서 호수 위를 걸으시는 것을 보고, 유령인 줄로 생각하여 비명을 질렀다. 모두 그분을 보고 겁에 질렸던 것이다. 예수님께서는 곧 그들에게 말씀하셨다. "용기를 내어라. 나다. 두려워하지 마라." 그러고 나서 그들이 탄 배에 오르시니 바람이 멎었다. 그들은 너무 놀라 넋을 잃었다. 그들은 빵의 기적을 깨닫지 못하고 오히려 마음이 완고해졌던 것이다(마르 6,45-52).

나다, 두려워하지 마라

1

복음사가는 예수님께서 장정만도 오천 명을 배불리 먹이신 기적에 이어 물 위를 걸으신 기적 이야기를 전합니다. 군중을 배불리 먹이신 다음, 제자들을 배에 태워 벳사이다로 먼저 가게 하시고, 당신은 남아 군중을 돌려보내십니다. 그런 뒤 "기도하시려고 산에" 가십니다. 보통은 제자들과 함께 군중을 해산시키고 뒷정리하는 것이 맞을 것 같은데 예수님은 군중에 앞서 제자들부터 먼저 보내십니다. 의도적입니다. 물 위를 걷는 이야기를 하시기 위해서입니다.

제자들과 군중을 돌려보내시고 적막한 외딴곳에 혼자 남아 기도하시는 그분의 모습에 고독이 배어납니다. 군중들은 자기 배 불릴 생각으로 그분을 찾아다니지만, 정작 배고픈 이와 함께 아파하는 마음은 부족합니다. 어쩌면 예수님은 그런 그들을 위해서도 산에 홀로 남으셔서 기도하셨을 것입니다. 그들이 당신처럼 쉴 수 있도록, 당신처럼 마음을 비울 수 있도록, 당신처럼 자비로운 자가 될 수 있도록 기도하셨을 것입니다. 기도하는 자는 몸이 가볍습니다. 욕심에서 벗어난 자는 세상을 날 듯 가볍습니다. 이리하여 이야기의 초점은 욕심으로 몸이 무겁고, 깨닫지 못하여 몸이 무거운 제자들의 애쓰는 모습에서 물에 뜰 수 있을 정도로 가볍게 되신 예수님에게로 옮아갑니다.

2

예수님께서 뭍에 혼자 남아 기도하시는 동안 배를 타고 건너편으로 가던 제자들은 불어오는 맞바람에 노를 젓느라고 애를 씁니다. 기도하시는 그분 모습과 풍랑 속에 고생하는 제자들의 모습이 대조를 이룹니다. 맞바람 부는 호수는 생로병사 희로애락이 펼쳐지는 우리네 인생살이에 비유됩니다. 인생살이는 순풍에 돛 단 듯 순조롭게만 흘러가는 것이 아닙니다. 살다 보면 역풍을 만나 휘청이기도 합니다. 풍랑은 내 마음의 밖에서만 일렁이는 것이 아닙니다. 불안할 때 내 온 존재가 두려움의 풍랑에 휩싸입니다. 그렇게 제자들은 호수 한가운데에서 맞바람과 싸우느라 애를 먹습니다. 애를 쓸수록 배는 호수 위를 맴돌고 그들의 몸은 무거워집니다. 노를 젓느라 애를 쓰는 모습은 자기에게 갇힌 이의 모습이기도 합니다. 이로써 복음사가는 예수님 없는 세상은 풍랑에 시달리는 배와 같다는 메시지를 간접적으로 전합니다. 예수님 없는 삶은 풍랑을 만난 배 위에서의 삶처럼 위태롭고 고달픕니다. 제자들은 예수님께서 계시지 않는 배에서 밤새도록 풍랑에 시달리고 있습니다.[172]

---

172) 마르코 복음 5-8장에는 유난히 배와 관련한 이야기가 많이 나옵니다. "예수님께서 배에서 내리시자마자, 더러운 영이 들린 사람이 무덤에서 나와 그분께 마주 왔다."(5,2) "예수님께서 배를 타고 다시 건너편으로 가시자 많은 군중이 그분께 모여들었다."(5,21) 사도들이 자기들이 한 일과 가르친 것을 보고 받으신 후 예수님께서 그들과 함께 "따로 배를 타고 외딴곳으로 떠나갔다.", "예수님께서 배에서 내리시어 많은 군중을 보시고 가엾은 마음이 드셨다."(6,30-34) "예수님께서는 곧 제자들을 재촉하시어 배를 타고 건너편 벳사이다로 먼저 가게 하시고, 그동안에 당신께서는 군중을 돌려보내셨다." 홀로 남아 기도하시다가 새벽녘에 호수 위를 걸으시어 그들 쪽으로 가시어 그들이 탄 배에 오르셨다(6,45-51). 예수님의 일행이 겐네사렛 땅에 이르러 배를 대고 배에서 내리자 사람들이 예수님을 알아보고, 병든 이들을 데리고 왔다(6,53-55). 예수님께서는 그들을 돌려보내시고 나서, 곧바로 제자들과 함께 배에 올라 달마누타 지방으로 가셨다(8,9-10). 예수님께서는 마음속으로 깊이 탄식하며 그들을 버려두신 채 다시 배를 타고 건너편으로 가셨다(8,12-13). 그들이 가진 빵이 배 안에는 한 개밖에 없었다(8,14). 배에는 늘 예수님이 타고 계십니다. 그분이 없는 배는 불안합니다. 배는 인생에 비유됩니다. 배는 우리를 깨달음으로 안내하는 도구입니다. 깨달음에 도달하기 위해 우리는 예수님과 한배를 타야 합니다. 그분께서 타고 계신 배를 타고 그분과 함께 강을 건너야 합니다. 배를 타시면서 또는 내리시면서 예수님은 우리에게 말씀하시는 것 같습니다. "나와 함께 배를 타지 않을래? 강을 건너지 않을래?"

맞바람에 노를 젓느라고 애쓰고 있는 제자들을 보시고, 그분께서 모습을 드러내십니다. 새벽녘입니다. "우리가 폭풍이 몰아치는 바다 한가운데 있을 때, 밤이 우리를 덮칠 때, 죽음이 눈앞에 있을 때, 기적만이 간절할 때 당장 우리에게 오신다."[173] 그분께서 호수 위를 걸어서 그들에게 가신 일이 새벽녘이라는 것은 그분은 어둠을 물리치고 밝히시는 분이라는 것을 시사합니다(그분의 부활도 새벽에 체험합니다). 밤과 낮, 어둠과 밝음의 벽이 무너지는 새벽은 무거워진 몸을 가볍게 하는 시간입니다.

예수님께서 새벽녘에 물 위를 걸으셨다는 것은 우리가 보통 생각하는 그런 시간개념에 따라 일어난 일이 아닙니다. 그랬다면 제자들이 밤새 배에서 풍랑과 싸웠다는 말이 되는데, 벳사이다로 건너가는 데 그렇게 긴 시간이 걸릴 리가 없습니다. 여기서 잊지 말아야 할 것은 배를 타고 새벽녘이 될 때까지 그들이 고생하는 동안 주님은 밤을 새워 그들을 위해 기도하셨다는 것입니다. 노를 젓느라고 애를 먹으면서 그들은 자기들만 배를 태워 보내신 주님을 원망했을지 모르지만, 그 순간에도 주님은 그들과 함께 계셨던 것입니다. 주님은 그들과 함께하지 아니한 시간이 없습니다.

3

이 이야기에서 또 주목할 것은 예수님께서 "그들 곁을 지나가려고

---

173) 베르거 2, 333.

하셨다."라고 서술한 부분입니다. 제자들은 예수님께서 호수 위를 걸어오시는 것을 보고 유령인 줄로 생각하며 비명을 지릅니다. 비명을 지른다는 것은 인간이 자기방어를 위하여 내지르는 소리이기도 합니다. 자신을 비우고 하느님의 가까우심을 믿으며 그분께 자신을 맡긴 사람은 비명을 지르지 않습니다. 그들은 아직 예수님을 그들 삶 한복판으로 모시지 못하고 있습니다. 예수님은 늘 그들과 함께 계셨는데 말입니다. 그분은 늘 우리와 함께하고자 우리에게 다가오시는데 우리는 그분을 놓칠 때가 많습니다. 우리가 그분을 놓치면서도 그분께서 우리의 어려운 삶을 외면하고 지나쳐 가시는 것처럼 여깁니다. 주님께서 우리와 함께 계신다고 믿음을 발하며 고백하면서도 그분의 현존을 느끼지 못하는 것입니다. 인간의 이중 체험입니다. 이런 우리에게 그분께서 말씀하십니다. "용기를 내어라. 나다. 두려워하지 마라."

4

호수 위를 걸으시는 예수님을 보고 유령인 줄로 생각하여 비명을 지르는 제자들에게 예수님께서 "나다." 하시며 안심시키십니다. 두려워하지 말고 용기를 내라고 하십니다. 여기서 "나다(에고 에이미ἐγώ εἰμί)."라는 말씀은 "나는 석가나 공자가 아닌 예수다."라는 차원의 말씀이 아닙니다. '나다'는 예수님께서 "사람들이 나를 누구라고 하느냐?"(마르 8,27), "그러면 너희는 나를 누구라고 하느냐?"(마르 8,29)라고 물으셨을 때의 그 '나'입니다. 하느님의 아들이시며 사람의 아들이신 분입니다(마르 8,27-33 참조).

"나다."라고 하신 말씀은 그 옛날 하느님께서 광야에서 고생하는 이스라엘 자손들의 울부짖음을 들으시고 모세를 파라오에게 보내시어 백성을 이끌어 내라고 하셨을 때 모세가 "(하느님께서 저를 보내셨다고 하면), 그들이 저에게 '그분 이름이 무엇이오?' 하고 물을 터인데, 제가 그들에게 무엇이라고 대답해야 하겠습니까?" 하고 아뢰자 하느님께서 가르쳐 주신 이름입니다. '야훼!', "나는 있는 나다."(탈출 3,13.14), "나는 너희와 함께 있다."(탈출 3,12)

이 이름은 "나는 이집트에 있는 내 백성이 겪는 고난을 똑똑히 보았고, 작업 감독들 때문에 울부짖는 그들의 소리를 들었다. 정녕 나는 그들의 고통을 알고 있다."(탈출 3,7)라고 말씀하시는 하느님의 현존을 그대로 느끼게 해 줍니다. 하느님은 우리가 겪는 고난을 보시고, 우리의 울부짖는 소리를 들으시고 그렇게 고통스러운 우리의 처지를 알고 계시는 분이십니다. 그분은 우리와 떨어져 저 높은 하늘 위에 홀로 계시는 분이 아니라 늘 우리와 함께 계시는 분이십니다.

예수님께서 "나다." 하고 말씀하신다면 당신은 늘 그들과 함께하고 있다고 말씀하시는 것입니다. "너희가 어떠한 상황에 놓여 있든 나는 항상 너희와 함께 있다. 거센 바람이 휘몰아치고 배를 삼킬 것 같은 파도가 닥쳐도 두려워하지 마라. 나는 너희 가까이에 있다. 나는 너희를 위하여 있다. 용기를 내어라." 제자들이 두려워한다면 아직 주님의 현존, 하느님의 다스리심을 체험하지 못하기 때문입니다.

하느님은 어디나 계십니다. "어둠과 폭풍 한가운데 신적 평화 자체인 분이 계신다. 추위와 침몰이 지배하는 곳에서 그분의 따스한 심장이 힘차게 뛴다. 물리적 지배만이 있는 곳에 그분이 계신다. 광활한 우주 한가운데 있는 것처럼 바로 여기 그분이 계신다."[174] 예수님은 "나다." 하시며 제자들에게 가까이 다가가십니다. '나다.'이신 그분께서 당신의 존재로 풍랑 가운데서도 현존하시는 하느님을 믿고 그분과 하나 되게 합니다. 우리 인생에 밀어닥치는 두려움과 불안의 풍랑은 어떤 상황, 어떤 처지에서도 하느님의 현존을 믿으며 조용히 기도하는 마음으로만 극복할 수 있습니다. 하느님의 현존에 자신을 맡기는 사람이 돌풍이 이는 호수 위를 걸을 수 있고, 풍랑을 만난 배에서도 잠잘 수 있을 것입니다.

5

어떻게 빵 다섯 개로 오천 명이 먹을 수 있는가, 어떻게 사람이 물 위를 걸을 수 있는가 하고 기이한 일에 초점을 맞추어 이 이야기를 읽는다면, 그리고 이런 일이 가능하다는 것을 증명하려고 읽는다면, 우리는 복음사가가 의도한 바를 놓치게 됩니다. 예수님은 이런 불가능한 일을 일으키는 분이 아니십니다. 마르코 복음사가가 예수님께서 보리빵 다섯 개로 수천 명을 먹이시고 물 위를 걸으시고 수많은 병자를 낫게 하신 기적을 전하면서 독자들에게 말하고자 하는 것은, 그분 자체가 하느님의 현존과 다스리심을 느끼게 해 주시는 분이라는 것입니다. 사람들이 그분께 모여든 것은 그분이 복음이시기 때문입니다. "나다."라고 말씀하실 수 있는 분이시기 때문입니다. 제자들

---

174) 베르거 2, 328-329.

이 그분 말씀에 넋을 잃었다는 것은, 당장은 그분의 '나다.'를 깨치지 못했지만, 넋이 깨어나면 그들의 마음속 깊은 곳에 빵의 기적을 깨달아 빵으로 살 수 있는 씨앗이 감추어 있다는 것을 시사합니다.

빵의 기적을 깨닫지 못하고 오히려 마음이 완고해졌다

1

예수님께서 제자들이 탄 배에 오르시니 바람이 멎었습니다. 뒤집힐 것만 같았던 배에 그분께서 오르시니 풍랑이 잠잠해졌습니다. 고요 속으로 빠져들며 제자들은 두려워서 넋을 잃었습니다. '넋을 잃었다.'(엑시스타마이)라는 말은 두 가지 의미로 생각해 볼 수 있습니다. 주님의 현존을 체험한 데서 오는 두려운 마음일 수 있고(마르 2,12), 이 신비를 깨닫지 못한 몰이해에서 온 정신 상태일 수 있습니다. 제자들이 배에 오르신 예수님을 보면서도 넋을 잃었다는 것은 주님을 보면서도 아직 예수님이 하느님의 아들 그리스도라는 것을 깨닫지 못하고 있다는 것을 시사합니다. 그들은 주님을 보면서도 주님이 누구신지 모릅니다.

마르코는 그들이 놀라 넋을 잃은 것을 빵의 기적을 깨닫지 못하고 마음이 완고하였기 때문이라고 풀이합니다(마르 6,52). 맞바람이 불어 노를 젓느라 애를 쓰는 모습도 물 위로 걸어오시는 스승을 보고 비명을 지른 것도 "빵의 기적을 깨닫지 못하고 마음이 완고"하였기 때문이라는 것입니다.

빵을 많게 하신 기적은 군중의 배고픔에 동참하신 그분의 자비가 일으키신 일입니다. 그들과 함께하시는 그분의 마음이 기적을 일으키신 것입니다. 남의 배고픔을 보면서도 아무 느낌이 없거나 남의 고통을 모른 척하는 마음이 완고한 마음입니다. "빵의 기적을 깨닫지 못하고 오히려 마음이 완고"했다는 것은 같은 말의 반복tautolgy입니다. 기적을 깨닫지 못하니 마음이 완고하고 마음이 완고하니 기적을 깨닫지 못합니다. 어떠한 상황에도 하느님의 나라가 와 있다는 복음의 진리를 깨닫지 못하는 마음이 '완고한 마음'입니다. 자기 배 불릴 생각만 하는 완고함으로는 고통 가운데에도 우리와 함께하시는 그분의 현존을 느끼지 못합니다.

2

빵의 기적을 일으킨 근본은 하느님의 현존, 하느님의 자비심입니다. 자비심은 다른 사람과 함께 아파하고 함께 고통을 당하는 마음입니다. 이 마음을 일으키는 것이 기적입니다. 예수님께서 빵을 많게 하신 일이나 물 위를 걸으신 일이 기적인 것은 그 근본이 사랑이기 때문입니다. 사람들은 배불리 먹은 일은 기억하면서도 주님의 가까이하시는 마음, 가엾이 여기시는 마음(마르 6,34)은 금방 잊어버립니다.

제자들이 예수님께서 보리빵 다섯 개로 장정만도 오천이 넘는 군중을 먹이신 기적을 기억했더라면, 배불리 먹었다는 포만감에 머물지 않고 당신 몸을 쪼개어 나누어 주시는 그분의 마음을 깨달았더라면,

절망적인 상황에서도 빵을 들고 하늘을 우러러 감사의 기도를 올리신 그분의 마음을 느꼈더라면, 그분의 가엾이 여기는 마음과 한마음이 되었더라면, 배를 삼킬 것 같은 풍랑 속에서도 겁을 먹지 않았을 것입니다. 제자들은 아직 예수님 마음에 도달하지 못하고 있습니다. 빵은 먹되 그분의 마음은 먹지 못합니다. 기적을 보되 기적을 보지 못합니다. 우리는 어떻습니까? 그분의 마음을 느낍니까?

그분께서 나누어 주시는 빵을 먹으며 그분처럼 배고픈 이를 위하여 자기 존재를 쪼개며 나눌 수 있었다면, 그들의 마음이 완고하지 않았다면, 그들은 달리 노를 저었을 것입니다. 물 위를 걸으신 예수님처럼 그들의 몸이 가벼웠을 것입니다. 풍랑에 시달리는 마음은 주님의 현존과 자비심을 믿지 못하고 완고해져서 불안에 흔들리는 마음입니다. 노를 젓는 그들의 모습은 완고한 마음을 없애고 빵의 기적을 깨닫기 위한 고된 훈련입니다. 예수님께서 밤을 새워 그들의 모습을 바라보십니다. 그리고 새벽녘에 물 위를 걸어 그들에게 가십니다. 예수님은 그렇게 그들을(우리를) 훈련하며 그들의(우리의) 인생에 올라타십니다. 흔들리는 배에 오르시는 그분의 마음은 하느님께서 인간이 되어 오신 그 마음입니다. 그 마음이 맞바람 부는 호수를 잠잠하게 잠재웁니다.

3

예수님께서 물 위를 걸으신 이야기는 마태오 복음에서도 빵의 기적 사화 다음에 나옵니다. 하지만 마태오는 마르코와는 달리 베드로 이야기를 삽입하며 믿음과 고백에 초점을 맞추어 이 이야기를 전합니다(마태 14,22-36). "나다. 두려워하지 마라."라는 예수님의 말씀을 듣고 베드로가 "주님, 주님이시거든 저더러 물 위를 걸어오라고 명령하십시오." 하고 말합니다. 주님께서 "오너라." 하시자, 베드로가 배에서 내려 물 위를 걸어 예수님께 갑니다. 그러나 거센 바람을 보고서는 그만 두려움에 싸여 물에 빠져들기 시작합니다. 살려 달라고 소리를 지릅니다.

예수님께서 손을 내밀어 그를 붙잡으시며 말씀하십니다. "이 믿음이 약한 자야, 왜 의심하였느냐?" 조금 전 예수님께서는 물 위를 걸으시는 당신을 보고 "유령이다!" 하고 소리 지르는 제자들을 향하여 "나다." 하고 말씀하셨습니다. 당신은 언제나 그들과 함께하신다고 말씀하셨습니다. 거센 돌풍이 일어 배가 뒤집힐 것 같은 상황일지라도 그들 곁에 그들과 함께 있으니 안심하라 하셨습니다. 베드로는 그 말씀을 믿고 물 위에 내려섰지만 거센 바람을 보고서는 그만 두려워져 물에 빠져들고 맙니다. 주님께서 함께하신다는 믿음이 약해진 것입니다. 주님께 대한 믿음이 흔들린 것입니다.[175]

물에 빠질까 봐 자제력을 잃고 허우적대는 모습은 그분께 대한 믿음을 잃은 모습입니다. 믿음을 잃은 그의 모습은 예수님께서 체포되어 대사제의 신문을 받으실 때도 그대로 나타납니다. 용기를 내어(?) 예수님께서 끌려가신 대사제의 저택 안뜰까지 숨어 들어가지만, 그를

---

175) 우리가 살아가는 세상은 폭풍우가 휘몰아치는 바다에 띄워진 배에 비유할 수 있습니다. 하도 많은 일이 일어나는 곳이라 주님의 현존이 의심스럽고 온갖 불평이 나올 수 있는 곳입니다. 우리는 그런 상황에 던져져 살아갑니다. 이 세상을 헤쳐나갈 수 있는 지혜와 힘은 주님께서 함께하신다는 믿음입니다. 이 믿음을 잃을 때 우리는 방황할 수밖에 없고, 인생의 목적지에 도달하기도 어려울 것입니다.

본 대사제의 하녀가 "당신도 저 나자렛 사람 예수와 함께 있던 사람이지요?"라고 묻자 물에 빠진 사람처럼 당황하여 "나는 당신이 무슨 말을 하는지 알지도 이해하지도 못하겠소." 하고 부인합니다. 곁에 있던 사람이 같은 질문을 하자 "나는 당신들이 말하는 그 사람을 알지 못하오."(마르 14,67.68.71)하고 노골적으로 예수님 존재를 부정합니다. "나다. 두려워하지 마라."라는 주님의 말씀을 들으면서도 그분께 자신을 맡기지 못하고 물에 빠져 허우적거리는 무기력한 모습을 보입니다.

베드로가 물에 빠져든 것은 물에 빠지지 않으리라는 믿음이 없어서가 아니라[176] 언제 어느 때라도 함께하시는 하느님에 대한 믿음이 없었기 때문입니다. 믿는 자는 어떠한 상황에서도, 폭풍이 이는 순간에도 하느님께서 함께 계심을 믿고 자기를 하느님께 맡기며 하느님의 생명으로 사는 기적이 자기 몸에 일어나게 합니다. 예수님께서 베드로의 믿음을 탓하신다면 그는 주님과 함께 있으면서도 이를 확신하지 못했기 때문입니다.[177] 예수님은 믿음이라는 단어를 의심이라는 단어와 함께 사용하십니다. "이 믿음이 약한 자야, 왜 의심하였느냐?"(마태 14,31) 믿음이 있는 자, 의심을 비운 자만이 물 위를 걸을 수 있을 것입니다. 하늘로 오를 수 있을 것입니다.

---

176) 믿음이 약해서 물에 빠졌다는 대목을 물에 빠지지 않으리라는 믿음을 강하게 가졌다면 빠지지 않았을 것이라는 뜻으로 이해한다면 믿음을 잘못 이해하는 것입니다.

177) 믿음은 '나다.'이신 하느님께 '아멘.' 하고 응답하는 것입니다. 이 믿음을 우리는 믿음의 선조 아브라함에게서 봅니다. 야훼 하느님께서 아브람을 밖으로 데리고 나가서서 하늘의 별을 보여 주시며 "하늘을 쳐다보아라. 네가 셀 수 있거든 저 별들을 세어 보아라. (…) 너의 후손이 저렇게 많아질 것이다."(창세 15,5)라고 말씀하시자 아브람은 믿었습니다. "아브람이 주님을 믿으니, 주님께서 그 믿음을 의로움으로 인정해 주셨다."(창세 15,6) 여기서 주님을 믿었다는 것은 "아브람이 하느님 안에서 자기를 단단히(히브리어 heemin) 하였다."(부어스, 56)는 것을 의미합니다.

예수님께서 겁에 질린 제자들에게 "용기를 내어라. 나다. 두려워하지 마라." 하고 안심시키는 말씀에서 불안과 걱정 속에서 나약하게 살아가는 인간들을 신뢰하시는 마음을 봅니다. 마르티니는 이렇게 해설합니다. "베드로는 예수님의 능력을 직감했고 그렇기 때문에 물 위를 걸어 그분에게 가까이 간다. 그러나 잠시 후에 그는 다른 것에 주의를 돌리게 되고 거센 바람으로부터 생기는 여러 가지 다른 문제들과 어려움에 신경을 쓰게 된다. 그러자 그는 방향 감각을 잃고 참혹하게 물속에 빠지게 된다. 이것은 우리가 우리 자신의 진정한 앎의 정점인 예수님으로부터 멀어져 한눈을 팔지 말라는 뜻이다. 베드로 사도가 물에 빠지는 것은 물에 빠지리라는 자기 인식을 가지고 있기 때문이다. 그것은 우리 자신 안에 동요하고 있는 충동적이며 맹렬한 힘에 대한 앎이다. 인간은 부패와 어두움, 우리 자신 안에 일어나고 있는 비틀림 등으로 휩싸여 있다. 이러한 것들은 그것이 아무리 단순한 것들이라 하더라도 인간의 모든 행위를 오염시키고 있다. 이것은 허무 속에서 느끼는 우리 자신에 대한 전형적인 인식이며, 아무리 우리가 진리의 한 부분을 가지고 있다 하더라도 예수님과의 관계를 단절시킨다."(25-26)

호수 위를 걸으시어

예수님께서 물 위를 걸으셨다는 것은 종교적 표현입니다. 하늘에 오르신 것이 물리적 하늘에 오르는 것이 아닌 것과 같습니다. 하늘 높이 오르기 위해서는 땅속 깊은 곳으로 내려가야 합니다. 사물의 가장 깊은 곳에까지 내려갈 때 하늘을 만날 수 있습니다. 그곳에 이르기 위해서는 우리의 사고를 가볍게 하는 훈련을 해야 합니다. 가지고 있는 것만이 아니라 가지고자 하는 욕심을 비우고 사라지게 하는 훈련을 해야 합니다. 그분께서 주시는 빵을 먹은 자는 가볍습니다. 자기의 몸을 쪼개고 나누며 자신을 사라지게 하는 몸은 가볍습니다. 예수님께서 물 위를 걸으신 것은 예수님이 빵이시기 때문이고 베드로가 물에 빠져든 것은 그가 아직 빵이 되지 못해서입니다. 마음속에 자기 먹을 빵에 대한 욕심으로 가득 차 있기 때문입니다. 자신을 비울 때 예수님처럼 물 위를 걸을 수 있을 것입니다. 자신을 비운 자는 자비롭고 가볍습니다.

존재를 비워 물 위를 걷는 예수님의 모습을 요한네스 부어스는 이렇게 설명합니다. "이제 그분께서는 아버지 하느님과의 긴밀한 관계 안에서 집중적인 기도를 드림으로써—산중의 밤이 가져다주는 정적과 고요 속에서—당신의 진정한 소명과 사명을 자신에게 다시금 분명히 다짐하고 계시지 않은가 한다. 그리고 이 기도가 그분을 일종의 성스러운 '경지'에 이르게 하고 이 상태가 그분을 너무도 자유롭고 투명하며 가볍게 한 나머지, 그리고 그분을 중력으로부터 벗어나게 한 나머지, 이제 그분께서는 물 위를 걸으실 수 있는 게 아닌가 한다."[178] 물을 딛고 섰는데도 빠지지 않는다는 것이 아니라—이런 믿음은 맹

---

178) 부어스, 53. 부어스의 다음 말도 이런 차원에서 이해할 수 있을 것입니다. "어떤 사람이 존재에 아주 가까이 갔을 때 그리고 하느님에 완전히 사로잡혀 있을 때 그 사람 안에서는 이루 말할 수 없는 놀라운 힘이 터져 나와 그로 하여금 스스로의 한계로부터 벗어나게 해 준다."(53) "예수님의 발걸음이 육지를 떠나 물가에 닿자 바로 하느님의 영이 예수님을 받쳐 준다. 그분은 한밤중에 풍랑이 일고 있는 호수 위에서 제자들에게 다가가신다."(54)

신이요 광신입니다—너무도 하느님과 하나 되어 영이 되었기에 가라앉지 않은 것입니다.

> 새는 날렵하다. 부드러우므로.
>
> 돌은 굼뜨다. 굳어 있으므로.
>
> 완전한 힘 속에는 하나의 가벼움,
>
> 공중에 뜰 수 있는 무중력의 상태가 들어 있다.
>
> 천사는 스스로를 가볍게 여기므로 날 수 있다.
>
> 이는 항상 그리스도교의 경험이었다.
>
> 무겁기는 쉽다.
>
> 가볍기는 어렵다.
>
> 사탄은 그의 무게 때문에 추락하였다.[179]

요한 23세는 가벼움에 대해서 이렇게 말합니다. "우리가 우리 자신으로부터 우리를 철저히 떼어 놓는다면 모든 것은 가벼워질 것이다." 무슨 뜻입니까? 그것은 "우리가 우리를 철저히 놓아 버리면, 자기를 붙들어 놓고 자신의 안전을 보장하려는 모든 시도로부터 우리를 자유롭게 하여 우리를 받들어 주시고 우리를 받아들여 주시는 분께로 들어가면, 우리가 우리의 중심을 그분 안에 지니고 있다면"이라는 뜻입니다.[180] 자기를 비운 사람은 가볍습니다. 하늘을 날듯이. 물 위를 걷듯이. 복음적 삶은 가볍습니다.

---

179) 체스터튼, 부어스 59에서 재인용.

180) 요한 23세, 부어스 60-61에서 재인용.

물 위를 걸으신 이 기적은 "새로운 창조"를 가리킵니다. 기적과 함께 새로운 창조가 시작된 것입니다. "기적 안에서 하느님은 지상으로 밀고 들어오신다. 기적은 외적으로 증명하는 것이 아니라 실제 사건 자체의 일부다. 기적은 하느님의 가장 고유한 행위다. 예수가 물 위를 걸어간 것은 복음사가들의 언어를 빌려 우리가 "육화"라고 부르는 것, 하느님의 발현, 하느님께서 한 인간 안에 실제로 현존하심을 의미한다."[181]

라. 그분 옷자락 술에 손을 대니

그들은 호수를 건너 겐네사렛 땅에 이르러 배를 대었다. 그들이 배에서 내리자 사람들은 곧 예수님을 알아보고, 그 지방을 두루 뛰어다니며 병든 이들을 들것에 눕혀, 그분께서 계시다는 곳마다 데려오기 시작하였다. 그리하여 마을이든 고을이든 촌락이든 예수님께서 들어가기만 하시면, 장터에 병자들을 데려다 놓고 그 옷자락 술에 그들이 손이라도 대게 해 주십사고 청하였다. 과연 그것에 손을 댄 사람마다 구원을 받았다(마르 6,53-56).

1

---

181) 위의 책, 330-331.

예수님 일행이 호수를 건너 겐네사렛 땅으로 가십니다. 사람들은 배에서 내리시는 그분을 알아보고, 사방을 두루 뛰어다니며 병자들을 장터에 데려다 놓고 그분 옷자락 술에 손이라도 대게 해 주십사고 청합니다. 그것에 손을 댄 사람은 모두 구원을 받았습니다. 이 문장만 보면 병든 사람이 그분 옷자락 술에 손을 대니 병이 나은 것처럼 보입니다. 우리가 보통 알고 있는 치유의 기적이 일어난 것인가요?

여기서 우리는 그들이 예수님께 손을 대게 해 달라고 청하고, 그분께서 허락하시니 손을 대었다고 한 것에 주목하게 됩니다. 청하는 그들의 마음과 허락하는 그분의 마음이 만나면서 구원이 일어납니다. 청하기 전에 그들은 그분을 알아보았다고 복음사가는 전합니다. 그분을 알아보았기에 병자들을 데리고 왔고 옷자락을 만지게 해달라고 청했다는 것입니다. 그들이 아는 예수님은 누구였을까요? 예수님께서 배를 타고 그들이 사는 곳으로 오신 이유는 하느님의 나라가 가까이 왔다는 복음을 선포하시기 위해서였습니다. 그들은 예수님을 복음으로 만나고 있는 것입니다. 그들이 예수님께 많은 병자를 데리고 온 것은 그분의 복음 때문입니다.

여기서 우리는 복음사가가 사용한 '구원되었다'라는 술어에 주목하게 됩니다. 복음사가는 '병이 나았다'라고 보도하지 않고 '구원을 받았다'라고 전합니다. 이 단어의 그리스어 기본형은 '소제인'인데 '구원하다, 구출하다, 보전하다, 살리다, 치료하다' 등의 뜻입니다. 물론 그들은 청하면서 그들의 육체가 앓는 병이 낫기만을 바랐었을 수도 있습니다. 그런 마음으로 예수님께 다가왔고 그분의 옷자락 술에 손을 대었을 수도 있습니다. 그러나 그분의 옷자락 술에 손을 대는 순간 그들은 그분께서 선포하신 하느님 나라의 복음을 체험한 것입니다. 이 체험은 강렬하여 그분께 오기 전, 병을 앓고 있는 중에도 이미 하느님의 나라가 그들 안에 와 있었음을 체험하게 해 주었습니다. 병을 앓고 있는 부분만이 아니라, 그들의 온 인생이 구원되는 것을 체험한 것입니다. 보통 사람이 생각하듯 병든 부분만 치유된 것이 아닙니다. 병든 부분은 낫는다 해도 다시 병들 수 있습니다. 병이 나았다고 해도 내 존재가 구원받지 못한다면 그 치유가 내 인생에 무슨 도움이 되겠습니까?

우리는 치유받은 열 명의 나병환자 이야기를 압니다(루카 17,11-19). 깨끗해진 열 명 가운데 한 사람이 "병이 나은 것을 보고 큰 소리로 하느님을 찬양하며 돌아와, 예수님의 발 앞에 엎드려 감사"를 드렸습니다. 그는 하느님을 찬양하고 감사하는 존재로 새로 태어난 것입니다. 그런데 아홉은 어디에 있습니까? 그들은 병은 나았지만, 그들 인생은 구원받지 못했습니다. 예수님은 온 존재를 구원하시는 분이십니다. 복음서는 예수님의 옷자락 술에 손을 댄 사람들이 모두 구원을 받았다고 말합니다. 그들은 병이 낫고 안 낫고 하는 것을 떠나 하느님의 나라가 가까이 왔다는 것을 체험한 것입니다.

2

마르코는 겐네사렛 사람들이 그분을 '알아보고' 그 지방에 있는 병든 이들을 그분 계시는 곳으로 데리고 왔다고 서술하면서 그분을 알고 그분을 만나기 위해서는 소유와 욕심을 내려놓아야 한다고 은근히 강조하고 있습니다. 사람들이 그분의 옷자락을 만지기를 원한다면 그 근본에는 병이 낫고 안 낫고를 떠나 그들의 인생에 그분의 손길을 느끼고 싶은 것입니다. 몸이나 마음이 아플 때 인간은 따뜻하고 부드러운 위로의 손길을 바랍니다. 그 손길은 어떤 약보다 위대하고 창조적이며 구원하는 힘을 지니고 있습니다. 하느님의 손길을 그리워하는 것은 약이나 물질로 대체할 수 없는 인간의 원초적 갈망입니다. 당신의 손길을 원하는 그들에게서 예수님께서 먼저 그들의 원초적인 구원의 갈망을 느끼십니다.

그분의 옷자락의 술에 손을 대기 위해서는 그분처럼 손을 펴야 합니다. 손안에 든 것을 내려놓고 손을 비워야 합니다. 소유와 소유에 대한 욕심을 내려놓은 자만이 진정으로 그분을 만질 수 있습니다. 예수님의 옷자락 술에 손을 댄 사람마다 구원을 받았다는 것은 그들이 손을 펴고 그분을 만짐으로써 소유의 욕심에서 벗어났다는 것을 암시합니다. 소유의 욕심을 버린 존재로 새로 태어난 것입니다. 처음 그들의 속셈은 그분의 옷에 손을 대고 병 나음을 받기 위한 것이었을지 모르지만, 그분을 뵘으로써 욕심을 내려놓은 존재로 변한 것입니다. 손을 대는 것과 구원을 받은 것은 동시에 일어난 사건입니다.[182]

구원받은 사람들이 모두 욕심을 내려놓은 사람이라고, 그 사람들이 모두 예수님의 복음을 깨치고 예수님을 알아뵌 사람이라고 단언할 수는 없지만 중요한 것은 예수님은 개의치 않으시고 모두가 당신의 옷자락에 손을 대게 하신다는 것입니다, 그리고 그들을 낫게 해

---

182) "손을 대다."에 대해서 마르 1,32-34와 마르 5,25-34를 함께 참조.

주셨다는 것입니다. 그분께서 바라시는 것은 모든 이의 구원입니다. 구원받은 사람들이 자기 병이 나은 것만을 보지 않고 그분의 이 넓은 마음을 깨친다면! 그분은 우리가 복음을 깨달아 모든 사람 안에서 하느님 나라를 보고, 어떤 상황에서도(고통 가운데서도) 하느님을 만나는 일이 일어나기를 바라십니다.

　예수님은 그들이 당신의 손길을 느낀 그 손으로 세상에 하느님의 손길을 느끼게 해 주기를 바라십니다. 세상은 처음부터 하느님의 손길에서 창조되었기에 언제 어디서나 그분의 손길을 느낄 수 있습니다. 그들이 손을 씻어야 한다면 원초적인 손길에서 멀어진 때 묻은 손을 씻어야 하는 것입니다(마르 7,1-23).

10.
어째서 더러운 손으로
음식을 먹습니까?

 예루살렘에서 온 바리사이들과 율법 학자 몇 사람이 예수님께 몰려왔다가, 그분의 제자 몇 사람이 더러운 손으로, 곧 씻지 않은 손으로 음식을 먹는 것을 보았다. 본디 바리사이뿐만 아니라 모든 유다인은 조상들의 전통을 지켜, 한 움큼의 물로 손을 씻지 않고서는 음식을 먹지 않으며, 장터에서 돌아온 뒤에 몸을 씻지 않고서는 음식을 먹지 않는다. 이 밖에도 지켜야 할 관습이 많은데, 잔이나 단지나 놋그릇이나 침상을 씻는 일들이다.

 그래서 바리사이들과 율법 학자들이 예수님께 물었다. "어째서 선생님의 제자들은 조상들의 전통을 따르지 않고, 더러운 손으로 음식을 먹습니까?"

 예수님께서 그들에게 이르셨다. "이사야가 너희 위선자들을 두고 옳게 예언하였다. 성경에 이렇게 기록되어 있다. '이 백성이 입술로는 나를 공경하지만 그 마음은 내게서 멀리 떠나 있다. 그들은 사람의 규정을 교리로 가르치며 나를 헛되이 섬긴다.' 너희는 하느님의 계명을 버리고 사람의 전통을 지키는 것이다."

 또 이어서 그들에게 말씀하셨다. "너희는 너희의 전통을 고수하려고 하느님의 계명을 잘도 저버린다. 모세는 '아버지와 어머니를 공경하여라.' 그리고 '아버지나 어머니를 욕하는 자는 사형을 받아야 한다.'고 말하였다. 그런데 너희는 누

가 아버지나 어머니에게 '제가 드릴 공양은 코르반, 곧 하느님께 바치는 예물이
다.' 하고 말하면 된다고 한다. 그러면서 아버지나 어머니에게 더이상 아무것도
해 드리지 못하게 한다. 너희는 이렇게 너희가 전하는 전통으로 하느님의 말씀
을 폐기하는 것이다. 너희는 이런 짓들을 많이 한다."

그러고 나서 예수님께서는 다시 군중을 가까이 불러 그들에게 말씀하셨다.
"너희는 모두 내 말을 듣고 깨달아라. 사람 밖에서 몸 안으로 들어가 그를 더럽
힐 수 있는 것은 하나도 없다. 오히려 사람에게서 나오는 것이 그를 더럽힌다."

예수님께서 군중을 떠나 집에 들어가시자, 제자들이 그 비유의 뜻을 물었다.
예수님께서 그들에게 대답하셨다. "너희도 그토록 깨닫지 못하느냐? 밖에서 사
람 안으로 들어가는 것은 무엇이든 그를 더럽힐 수 없다는 것을 알아듣지 못하
느냐? 그것이 마음속으로 들어가지 않고 배 속으로 들어갔다가 뒷간으로 나가
기 때문이다."

예수님께서는 이렇게 모든 음식이 깨끗하다고 밝히신 것이다. 또 이어서 말씀
하셨다. "사람에게서 나오는 것, 그것이 사람을 더럽힌다. 안에서 곧 사람의 마
음에서 나쁜 생각들, 불륜, 도둑질, 살인, 간음, 탐욕, 악의, 사기, 방탕, 시기, 중
상, 교만, 어리석음이 나온다. 이런 악한 것들이 모두 안에서 나와 사람을 더럽
힌다."(마르 7,1-23)

가. 바리사이와 예수님

1

바리사이들과 율법 학자들이 예수님께 몰려왔다가, 그분의 제자들이 더러운 손, 곧 씻지 않은 손으로 음식을 먹는 것을 보고는 "어째서 선생님의 제자들은 조상들의 전통을 따르지 않고, 더러운 손으로 음식을 먹습니까?"(마르 7,5) 하고 따집니다. 바리사이는 율법에 대해 누구보다 엄격한 잣대를 내세우며 끊임없이 더러운 것과 깨끗한 것, 속되고 거룩한 것을 가르며 깨끗함을 유지하기 위해서 조금이라도 불결하고 감염될 만한 것과 접촉을 피하고 거리를 두며 자기들처럼 하지 않는 자를 비판합니다.[183] 식사 전에 손을 씻어야 한다는 것을 법으로 정해 놓고 누가 손을 씻는지 안 씻는지, 곧 누가 법을 지키는지 어기는지 지켜보면서 시비합니다. 아랍의 주변 환경을 볼 때 음식을 먹기 전에 손을 씻는 것은 종교 예식을 떠나 위생을 위해서도 중요합니다. 식사하기 전에 손을 씻어야 한다는 법이 없더라도 당연히 씻어야 합니다.

종교인이라면 이런 시비를 넘어 일상에 감추어 있는 이 전통을 존중할 필요가 있습니다. 그런데 그들은 식사 전에 왜 손을 씻어야 하는지 그 이유는 보지 않고 법과 전통의 형식만을 봅니다. 식사 전에

---

183) 그들은 "자신들이 완전하다고 여기는 생활 방식을 따랐고, 자기네 방식이 다른 어떤 것보다 낫다고 여겼다. (…) 그들은 엄격한 생활 방식을 따랐는데, 일정 기간 금욕과 정결을 지키는 관행이 있었고, 일주일에 두 번 단식하였다. 율법 학자들이 그랬던 것처럼 의례적으로 놋그릇과 접시와 잔을 닦았고, 십일조를 바치고 맏물을 봉헌했으며 많은 기도를 읊었다."(다마스쿠스의 요한, 오든 161.)

위생을 지키지 않은 사람을 종교적으로 더러운 사람, 이방인하고 같은 사람으로 취급합니다. 인간의 규정에 머물러 종교의 근본정신을 간과하는 것입니다. 전통을 존중한다면서 규칙과 문자만을 보고 사람을 보지 못한다면 그런 지킴이 무슨 의미가 있겠습니까. 예수님께서 그들이 자기들 전통 때문에 하느님의 계명을 어기고 그들의 전통으로 하느님의 말씀을 폐기한다고 그들의 위선을 꾸짖으십니다. 입술로는 하느님을 공경하지만, 마음은 하느님에게서 멀리 떠나 있다는 것입니다.

그리고 나서 군중을 가까이 불러 말씀하십니다. "사람 밖에서 몸 안으로 들어가 그를 더럽힐 수 있는 것은 하나도 없다. 오히려 사람에게서 나오는 것이 그를 더럽힌다."(마르 7,15) "밖에서 사람 안으로 들어가는 것"이 사람을 더럽힐 수 없는 것은 "그것이 마음속으로 들어가지 않고 배 속으로 들어갔다가 뒷간으로 나가기 때문이다."(마르 7,19)[184] 사람에게서 나오는 말, 사람의 입에서 나오는 인간의 가르침이 사람을 더럽힌다는 것입니다. 왜 전통을 어기는가, 왜 손을 씻지 아니하는가, 왜 단식하지 아니하는가 하고 물으며 사람을 법을 어긴 자로 몰아가는 입이 사람을 더럽힌다는 것입니다. 이런 질문 자체가 더럽다는 것입니다.

---

184) 마태오는 "입으로 들어가는 것이 사람을 더럽히지 않는다. 오히려 입에서 나오는 것이 사람을 더럽힌다."라고 전합니다(마태 15,11).

2

　그들이 정말로 단식하고 깨끗하다면, 정말로 하느님을 공경한다면, 남에게 "너는 왜 나처럼 하지 않느냐?"라고 따지지 않을 것입니다. "나는 깨끗한데 너희는 더럽다, 나는 단식하는데 너희는 단식하지 않는다, 나는 계명을 지키는데 너희는 지키지 않는다." 하며 이분법적인 시선으로는 하느님을 흠숭한다고 할 수 없습니다. 그런 마음으로는 하느님을 만날 수 없을 뿐만 아니라 오히려 하느님의 이름을 더럽힙니다. 그런 마음으로는 하느님처럼 자비로울 수 없습니다. 하느님께서 그런 눈으로 인간을 바라보시고 그런 마음으로 당신의 법을 지키라고 명하지 않으십니다.

　계명과 전통은 본래 원천(하느님의 나라)으로 안내하는 역할을 하는 것인데 오히려 하나의 형식이 되어 이를 방해합니다. 그 선두에 바리사이와 율법 학자들이 있습니다. 그들은 그 누구보다 하느님의 계명을 잘 알 뿐만 아니라 잘 지킨다고 자부하며 준법을 강조하지만 정작 그들은 법이라는 틀에 갇히어 자유롭지 못합니다. 자기만이 아니라 다른 사람까지도 관습이라는 틀에 묶어두고 하느님께 이르지 못하게 합니다. 규정이 복음적인 삶을 방해하는 것입니다.

　예수님은 이사야서를 인용하여 이 백성들이 "사람의 규정을 교리로 가르치며 나를 헛되이 섬긴다."(7절)라고 하시며 바리사이들을 질타하십니다. 그리고 말씀하십니다. "너희는 하느님의 계명을 버리고 사람의 전통을 지키는 것이다."(8절) "너희는 너희의 전통을 고수하려고 하느님의 계명을 잘도 저버린다."(9절) 관습과 전통은 우리의 삶을 원천으로 안내합니다. 우리의 마음을 하느님께로 이끕니다. 깨끗함과 더러움의 경계를 넘어선 사람은 "전염성이 강한 깨끗함을 지니고 있어서 그 깨끗함으로 불결한 것을 청결하게 바꿔"[185] 놓습니다. 그런데 바리사이들은 글자와 형식에 얽매여 하느님의 마음도 인간의 마음도 다 놓칩니다. 깨끗함을 지키기 위해 더러운 것을 피한다고 하지만 그들 안에 와 있는 하느님의 나라도 놓치고 맙니다.

바리사이들과 달리 모든 이들에게 스스럼없이 다가가시는 예수님께서 나병 환자를 깨끗하게 하십니다. 당신의 옷자락을 만진 하혈하는 여자를 깨끗하게 하십니다. 예수님의 제자라면 외적 요인으로 말미암아 생긴 불결함을 두려워할 필요가 없습니다. 마음이 악하여 생긴 불결함만 경계하면 됩니다. 사람을 더럽히는 것은 밖에서 안으로 들어오는 것이 아니라 안에서 밖으로 나오는 것입니다. 땅 위의 지저분한 것이 사람을 더럽히는 것이 아닙니다. 그것들과 접촉하지 않는다고 깨끗해지는 것이 아닙니다. 깨끗해지기 위해서는 자기의 내면에서 활동하는 성령께 자신을 맡겨야 합니다. 예수님은 "성령의 힘으로 '하느님의 깨끗함'을 적극적이고 전투적으로 확장해 나간다. (…) 예수의 공격적인 깨끗함은 '윤리적 업적'이 아니라 예수 안에 있는 삼위일체 하느님의 열매"입니다.[186]

3

---

185) 베르거 2, 131-132.
186) 베르거 2, 132-133.

마태오는 제자들이 예수님께 다가와 "바리사이들이 그 말씀을 듣고 못마땅하게 여기는 것을 아십니까?"(마태 15,12) 하고 물었다고 전합니다. 사실 제자들의 이런 태도는 쉽게 이해가 가지 않습니다. 자기들이 손을 씻지 않고 음식을 먹는 바람에 바리사이와 율법 학자들에게 시비의 빌미를 제공했고, 그 때문에 예수님께서 그들을 꾸짖으셨다면, 제자들은 마땅히 가책을 느끼며 부끄럽게 생각해야 옳을 것입니다. 그들이 손을 씻지 않고 음식을 먹은 것은 성속 이원을 구분하고 따지는 수준을 초월한 경지에 이르렀기 때문이 아니라는 것은 그들 자신이 더 잘 알 것입니다. 결국 예수님의 말씀을 이해하지 못하기로는 바리사이나 율법 학자들이나 제자들이 다르지 않습니다.

예수님께서 제자들에게 "그들을 내버려 두어라."(마태 15,14) 하고 말씀하십니다. "내버려 두어라."라는 말씀은 자기 밭에 좋은 씨를 뿌리는 사람의 비유를 연상하게 합니다. 주인이 밭에 좋은 씨를 뿌렸는데, 자는 동안에 원수가 와서 가라지를 덧뿌리고 갔습니다. 열매를 맺을 때에 가라지들도 드러났습니다. 종들이 "저희가 가서 그것들을 거두어 낼까요?" 하고 묻자 주인은 "내버려 두어라." 하고 말합니다(마태 13,24-30). 주인이 보기에 종들은 가라지만을 골라서 뽑아낼 만큼 자유롭지 못합니다. 가라지를 뽑다가 선한 밀까지 다칠 수 있다는 것입니다. 하느님께 모든 것을 맡기고 세상을 바라보는 눈을 가져야 할 것입니다.

나. 율법과 전통과 복음

1

마르코는 바리사이들과 율법 학자가 예루살렘에서 왔다고 말합니다. 이들이 예루살렘에서 왔다는 것을 특별히 강조할 이유가 있을까요? 3장 22절에도 예루살렘에서 온 율법 학자들이 나옵니다. 어떤 성경학자들은 이들이 예수님의 언행을 조사하기 위해 예루살렘에 있는 최고 의회에서 파견한 이들이라고 말합니다. 예루살렘은 유다인의 전통을 가장 엄격하게 준수하고 보존하고 있는 곳입니다. 그곳에서 파견되었다는 것만으로도 벌써 전통과 관습으로 말미암은 충돌이 예견됩니다. 마르코는 이 논쟁자들이 예루살렘에서 왔다고 서술함으로써 예루살렘 출신이 아닌 예수님 일행이 '조상의 전통'을 어기는 자로 비쳤음을 부각합니다. 이들 중 몇 사람이 예수님께 몰려왔다가 그분의 제자 몇 사람이 씻지 않은 손으로 음식을 먹는 것을 보고는 예수님 일행을 조상들의 전통을 따르지 않는 '더러운 손'을 가진 자로 규정합니다. 그들은 예수님 일행이 전통을 어겼다고 따지기 전에 전통이 무엇이며 왜 생겼는지부터 물었어야 할 것입니다.

전통주의자들은 코르반을 이기적으로 악용합니다. 코르반은 고대 이스라엘이 하느님께 봉헌하는 희생 제물을 말합니다. 그들은 양과 황소를 도살하여 제물로 바쳤고 비둘기, 곡물, 포도주도 바쳤습니다. 제사 후에는 사제와 함께 나누어 먹었는데, 하느님께 봉헌하는 코르반은 다른 사람에게 사용할 수 없습니다. 예수님은 자신들의 소유를 코르반이라고 곧 하느님께 바치는 예물이라고 하면서 궁핍한 부모 봉양마저 외면하는 전통주의자들을 강하게 비판하십니다. 부모를 공경해야 한다는 계명은 누구보다 잘 아는 그들이지만 그들 마음에 부모는 없고 재물에 대한 욕심만 있는 것입니다. 예수님은 "종교를 빙자하여 인류를 짓밟는 짓거리"(정양모)를 하는 율법 학자들, 이웃을 위한 희생은 하지 않으면서 그 몫을 하느님께 바쳤다고 에둘러대며 자기 욕심을 채우는 자들을 꾸짖으시며 이는 하느님의 계명을 효력 없이 만드는 전통 중의 하나라고 강하게 비판하신 것입니다.

전통(인간의 규정)은 본래 우리를 삶의 원천으로 안내하기 위한 것입니다. 그런데 예수님 일행의 어떤 면이 바리사이들의 눈에 전통을 거스르는 행위로 보였을까요? 어디에나 계시는 하느님을 체험하지 못하는 인간에게 성전이 필요하듯이 영원하신 하느님의 말씀을 듣기 위하여 인간에게는 율법과 전통이 필요합니다. 하지만 하느님께서 인간이 지은 성전 안에 갇혀 계시지 않듯이 하느님의 말씀은 율법과 전통 안에 제한되어 있지 않습니다. 인간이 지은 성전이 온 우주를 하느님의 성전으로 깨닫게 해 주는 집이어야 하듯이 율법과 전통은 온 우주의 소리가 하느님의 말씀을 들려준다는 것을 깨닫게 해 주어야 합니다. 그런데 예루살렘에서 온 바리사이들과 율법 학자들은 전통을 강조하면서 사람들을 전통의 관습과 규정에 묶어둡니다. 그 전통이 누구를 위한 것인지, 우리를 어디로 안내하는 것인지 묻는 것을 허락하지 않습니다. 그러다 보니 그들은 전통을 지키면서도 전통의 정신에 따라 살지 못합니다.

2

율법과 전통은 우리를 하느님의 말씀으로 이끌어 주는 통로 역할을 합니다. 그런데 전통을 지킨다고 하면서도 전통의 물줄기를 타고 원천으로 거슬러 올라가서 원천에서부터 하느님을 향하여 살지 못한다면, 형식주의자가 됩니다. 겉보기에는 전통을 고수하는 것 같지만 뿌리 없는 나무와 같습니다. 원천에서부터 살지 못하여 전통의 정신을 배반하고 있는 것입니다. 예수님께서 그들을 위선자라고 호되게 비판하신 것은 이 때문입니다. 입술로는 하느님을 공경하지만 마음으로는 그분을 떠나 있습니다. 입으로 고백하는 것에 마음이 도달하지 못하고 있습니다. 전통을 고수한다면서 하느님의 나라로 가는 길목을 막고 자신들도 그 나라에 이르지 못하면서 다른 사람도 들어가지 못하게 방해합니다. 전통의 이름으로![187)

율법과 전통을 지킨다면서 하느님의 마음을 읽지 못한다면 하느님의 말씀을 듣고 지킨다고 할 수 없습니다. 성전에서 기도하면서 온 우주를 하느님의 집으로 생각하지 못한다면 그 집을 하느님의 집이라 할 수 없습니다. 그런 성전은 인간의 욕심이 쌓아 올린 사상누각일 뿐입니다. 그들이 진정 성전에서 온 사람들이라면 더러운 손으로

---

187) 가톨릭교회는 전통을 존중한다는 이유로 고리타분한 종교라는 인상을 주기도 합니다. 이는 전통에 대한 오해가 빚어낸 현상입니다. 그리스도교가 "사도로부터 이어 오는 교회"를 믿는다고 신앙 고백하는 것은 교회가 사도를 거쳐 원천이신 예수님과 하느님께 이르는 통로라고 믿기 때문입니다. 교회의 전통이 중세 정도까지 올라가다가 멈춰서 그 이상의 원천으로 안내하지 못한다면 그 전통은 잘못된 것입니다. 불행하게도 많은 그리스도인은 전통적 가르침이라는 이름 아래 천국과 부활 그리고 동정 마리아에 대한 신앙을 오해합니다. 교회(종교)가 전통에 충실하지 못할 때 교회는 형식주의와 근본주의에 빠지기 마련입니다. 이 위험을 벗어나기 위하여 교회(종교)는 복음에 근거하여 자신을 성찰하도록 해야 할 것입니다. 복음만이 종교를 살릴 수 있습니다.

음식을 먹는 사람까지 하느님의 성전으로 볼 수 있었어야 할 것입니다. 그런데 그들은 율법을 강조하면서 그들이 해석한 대로 율법을 지키면 하느님을 사랑하는 사람이고 그렇지 않으면 하느님을 모독하는 사람이라고 판단합니다. 마치 하느님께서 율법을 지키는 그들만을 사랑하시고 그들이 미워하는 이들은 하느님께서도 사랑하지 않으시는 것처럼 말입니다. 그들은 스스로 율법과 전통의 틀에 갇힌 위선자들입니다.

3

전통의 근원은 복음입니다. 전통은 인간을 복음의 원천으로 안내하는 역할을 합니다. 전통이 근원으로 안내하지 못할 때 인간은 근본주의자가 되고 율법주의자가 됩니다. 그리고 전통을 핑계로 남을 더럽힙니다. 예루살렘에서 온 바리사이들과 율법 학자 몇 사람이 예수님께 "어째서 선생님의 제자들은 조상들의 전통을 따르지 않고, 더러운 손으로 음식을 먹습니까?"(7,5) 하고 따졌을 때, 예수님은 그들의 위선을 지적하셨습니다(7,6-13).

전통을 강조하기 전에 전통의 물줄기를 따라 우리의 마음이 그 원천에 이르도록 해야 합니다. 예수님은 그리스도시라고 입으로 고백하는 것도 중요하지만 그보다 중요한 것은 예수님이 하느님의 아들 그리스도시라는 것을 깨닫는 것입니다(복음을 선포하는 것도 중요하지만 복음을 깨닫는 것이 더 중요합니다). 고백은 깨달음에서 진정한 것이 되고, 믿음은 진정한 고백에서 참된 것이 됩니다. 깨달은 자는 온몸으로 예수님의 삶을 따릅니다. 그는 십자가의 삶을 삽니다. 그렇게 살지 않을 수가 없습니다. 십자가의 삶을 사신 예수님이 그리스도이시기 때문입니다. 깨달은 자는 그리스도처럼 됩니다.

"너희는 모두 내 말을 듣고 깨달아라."(7,14) 하지만 진리를 깨닫기란 얼마나 어려운 일입니까. 그만큼 우리의 몸이 욕심으로 가득 차 있다는 방증입니다. 몸속에 들어온 것은 모두 뒷간으로 내보내도록 하십시오. 모든 것이 깨끗하다는 것을 깨닫게 될 것입니다. 욕심이 사람을 더럽힙니다. 욕심이 전통을 더럽히고, 복음과 예수님을, 하느님과 교회를 더럽힙니다. 욕심 가득한 마음으로 선포하는 복음과 예수님, 하느님과 교회는 세상을 어지럽게 합니다.

전통이 원천에 이르게 하지 못한다면, 하느님께 이르는 길을 방해한다면, 그 원인은 인간 안에 있는 온갖 위선 때문입니다. "사람 밖에서 몸 안으로 들어가 그를 더럽힐 수 있는 것은 하나도 없다. 오히려 사람에게서 나오는 것이 그를 더럽힌다."(7,15) 여기서 예수님께서 사용하신 '더럽다'라는 단어는 앞서 바리사이들이 당신의 제자들이 '더러운' 손으로 음식을 먹는다고 비판한 말을 떠올리게 합니다. 하지만 실제로 더러운 것은 음식을 집어 먹는 제자들의 손이 아니라 그 손을 더럽게 보는 그들의 마음입니다. 그렇다면 나의 밖에 있는 것은 무엇이고 내 안에 있는 것은 무엇입니까? 내 밖에 있는 것이란 눈에 보이는 것, 볼 수 있는 모든 것입니다.

4

예수님은 우리 눈에 보이는 것은 모두 깨끗하다 하십니다. 하늘과 바다와 강, 산과 들과 나무, 동물들과 사람들, 구름과 노을 등이 모두 하느님께서 창조하시고 나서 보시고 '좋다' 하신 깨끗한 것들입니다. 온 세상 만물이 세상을 창조하시는 하느님의 마음을 느끼게 해 주는 것들입니다. 그것들이 나를 더럽게 할 수 없습니다. 그런데 살다 보면 세상이 싫어질 때도 있고 미운 사람도 생깁니다. 실망스럽고 원망스럽고 세상이 더럽게 보일 때도 있습니다. 하느님께서 보시기에 좋다고 하신 것이 왜 내 눈에 나쁘게 보이는 걸까요? 하느님께서 보시니 좋다고 하신 피조물에서 어떻게 세상을 더럽히고 남에게 상처 주는 말이 나올 수 있을까요? "사람에게서 나오는 것, 그것이 사람을 더럽힌다."(7,20) 이게 무슨 뜻인가요? 입에서 나오는 말 한마디가 사람들에게 상처를 주고 그들을 혼란스럽게 하는가 하면 나쁜 경지로 몰아 죄짓게 할 수도 있으니 말조심하라는 것인가요? 예수님께서 이런 말씀을 하시는 이유가 무엇입니까?

입으로 들어가는 것이 아니라 입에서 나오는 것이 사람을 더럽힌다는 것은 우리가 일상에서 늘 체험하는 일이기도 합니다. 좋은 말도 어떤 사람의 입에서 나오는 말은 사람을 더럽힐 수 있습니다. 듣기 좋은 달콤한 말도 어떤 사람에게는 상처가 될 수 있습니다. 사랑한다고 말하면서 미워할 수도 있고, 위하는 말을 하면서 속여먹기도 합니다. 나는 복음, 기쁜 소식을 전한다면서 좋은 말을 했는데 그 말이 사람에게 상처를 입히고 사악한 마음을 품게 할 수 있습니다. 상대가 하는 말을 들으면 우리는 상대의 마음을 읽을 수 있습니다. 그의 입에서 나오는 말은 그의 속에 있는 감정을 고스란히 사람들에게 전달합니다. 아무리 자기 속셈을 감추려고 하여도 그가 한 말에 그의 마음이 묻어납니다. 입에서 나오는 것이 사람을 더럽힌다는 것은 이 속셈이 사람을 더럽힌다는 것입니다.

예수님께서 이런 말씀을 하시는 것은 사람들이 마음을 보지 않고 겉모양만 보기 때문입니다. 율법의 정신은 보지 못하고 율법의 글자에 매여 판단하는 사람들을 보시고 속을 다스리라고 말씀하시는 것입니다. 말을 하기 전에 먼저 마음을 다스려야 합니다. 마음은 하느님 나라의 씨앗이 뿌려진 밭입니다. 하느님의 밭에 머무를 때는 내 입에서 나오는 말들은 모두 좋은 말이 될 것이고, 그렇지 못할 때는, 곧 마음이 밭을 떠나 "나쁜 생각들, 불륜, 도둑질, 살인, 간음, 탐욕, 악의, 사기, 방탕, 시기, 중상, 교만, 어리석음"(21-22절)으로 가득 채워져 있을 때는 들어갈 때 좋은 것도 나올 때는 세상을 더럽힙니다. 오가는 말이 아무리 고와도 그런 말은 율법과 전통과 복음을 더럽히고 하느님을 더럽히며 세상을 더럽힙니다. 하느님 보시기에 좋은 것이 내 눈에 나쁘고 더럽게 보인다면 하느님의 눈으로 세상을 바라보지 못하기 때문이며 하느님처럼 세상을 창조적으로 대하지 못하기 때문입니다.

마르티니 추기경에 의하면 어리석은 자들은 외적인 것에 더 신경 쓰며 자기의 생각대로 자기 삶을 설계하고 계획합니다. 교만한 자들은 자기를 이 세상에서 가장 중요하고 가치 있는 존재로 여기며, 자기가 가치의 기준인 것처럼 말하고 행동하며 스스로 자기의 원천인 하느님께로 향하는 길을 막고 자기가 하느님의 자리에 앉아서 인간의 역사를 지배하려 듭니다. 이런 위선의 형태를 극복하기 위해 우리는 사물을 하느님의 눈으로 보며 복음으로 대할 수 있어야 합니다. 만물을 하느님의 마음을 느끼게 해 주는 존재로 볼 수 있어야 합니다. 복음이 인간을 깨끗하게 합니다. 인간은 복음을 먹고 삽니다. 복음을 소화하기 위해 복음을 씹어 깨달아야 합니다.

5

아무나 더러운 것에 손을 대지 못합니다. 예수님처럼 마음으로 사람을 만나는 사람만이 더러운 것에 손을 댈 수 있습니다. 밖에서 안으로 들어가는 것이 사람을 더럽히는 것이 아님을 아는 자만이 더러운 것에 손을 댈 수 있습니다(마르 7,15). 밖에서 들려오는 소리, 모함하는 소리, 욕하는 소리, 저주하는 소리들을 마음 안에 담아 두지 않고 내보내는 사람만이, 그렇게 몸과 마음이 깨끗한 자만이 더러운 것에 손을 댈 수 있습니다. "깨끗한 사람들에게는 모두가 깨끗하다."(디도 1,15) 어쩌면 예수님 앞에 무릎을 꿇고 자비를 구하는 저 나병 환자, "나는 부정한 사람이오." 외치고 다니며 스스로 사람들의 접근을 막아야만 했던 저 나병 환자도 자기를 경멸하고 저주하는 소리를 마음에 담아 두지 않고 내보내고 있었는지 모릅니다. 오히려 나병 환자를 아무짝에도 쓸모없는 쓰레기 인간 취급하는 자칭 깨끗한 자들에게 깨끗함이라곤 하나도 없었을 수 있습니다.

다. 강아지들도
자식들이 떨어뜨린 부스러기는 먹습니다

예수님께서 그곳을 떠나 티로 지역으로 가셨다. 그리고 어떤 집으로 들어가
셨는데, 아무에게도 알려지기를 원하지 않으셨으나 결국 숨어 계실 수가 없었
다. 더러운 영이 들린 딸을 둔 어떤 부인이 곧바로 예수님의 소문을 듣고 와서,
그분 발 앞에 엎드렸다. 그 부인은 이교도로서 시리아 페니키아 출신이었는데,
자기 딸에서 마귀를 쫓아내 주십사고 그분께 청하였다. 예수님께서는 그 여자
에게, "먼저 자녀들을 배불리 먹여야 한다. 자녀들의 빵을 집어 강아지들에게 던
져 주는 것은 옳지 않다." 하고 말씀하셨다. 그러자 그 여자가, "주님, 그러나 상
아래에 있는 강아지들도 자식들이 떨어뜨린 부스러기는 먹습니다." 하고 응답하
였다. 이에 예수님께서 그 여자에게 말씀하셨다. "네가 그렇게 말하니, 가 보아
라. 마귀가 이미 네 딸에서 나갔다." 그 여자가 집에 가서 보니, 아이는 침상에
누워 있고 마귀는 나가고 없었다(마르 7,24-30).

1

예수님은 전통을 주장하는 바리사이와 율법 학자들과 논쟁하시며
오히려 이들이 조상들의 전통을 가로막고 있다고 비판하셨습니다. 마
르코는 그 이야기에 이어 페니키아 출신 이방인 여자의 이야기를 들
려줍니다. 전통을 잘 지키고 있다고 생각하는 바리사이보다 그들이
전통을 모른다고 업신여기며 비방한 이방인이 오히려 구원에 가까이
있음을 보여 주기 위해서일 것입니다.

예수님께서 이방인이 사는 티로 지역에 가셨을 때 더러운 영이 들린 딸을 둔 시리아 페니키아 출신의 이교도 여자가 예수님의 소문을 듣고 와서 그분 발 앞에 엎드려 자기 딸에게서 마귀를 쫓아내 주십사고 청합니다. 그런데 예수님께서 그 여자에게 보이신 태도가 우리의 상상을 초월합니다. "먼저 자녀들을 배불리 먹여야 한다. 자녀들의 빵을 집어 강아지들에게 던져 주는 것은 옳지 않다."라고 무시하시듯 말씀하신 것입니다. 우리는 이 말이 예수님의 입에서 나왔으니까 그냥 넘어가지만, 복음을 선포하시는 분의 입에서 이방인 여자를 무시하고 상처 주는 말씀이 흘러나오다니 적잖이 충격입니다. 강아지의 그리스어는 '쿠나리온'인데 개(쿠온)의 새끼로 경멸을 더 느끼게 합니다. 마태오 복음에는 "나는 오직 이스라엘 집안의 길 잃은 양들에게 파견되었을 뿐이다."(마태 15,14)라고 하시며 민족 감정까지 건드리십니다. 그쯤 되면 자존심은 물론이고 민족적 감정이 상해서라도 물러날 법하지만, 여자는 아랑곳하지 않습니다.

더러운 영에 시달리는 딸을 둔 여자는 이교도라는 이유로 또 여자라는 이유로 온갖 불이익 속에 무시를 받으며 이중 삼중의 고통을 당하고 있지만, 딸이 건강해질 수만 있다면 그 어떤 수치도 모욕도 참아 낼 수 있다는 듯이 자존심을 버리고 "주님, 그러나 상 아래에 있는 강아지들도 자식들이 떨어뜨린 부스러기는 먹습니다."라고 예수님의 말씀을 받아들입니다. 여자의 이 말은 어느 부자의 식탁에서 떨어지는 부스러기로 배를 채우고자 종기투성이 몸으로 그 아래 누워 있는 라자로를 떠올리게 합니다(루카 16,19-31). 루카는 개들까지 와서 라자로의 종기를 핥곤 하였다며 개보다 못한 그의 비참한 상황을 고발합니다. 주인의 상에서 떨어지는 부스러기를 주워 먹는 개의 처지를 수용하는 여자의 마음에서 딸을 향한 모성애를 느낍니다. 그가 예수님께 한 말은 지극한 사랑의 경지에서 나온 말입니다. 그분 발 앞에 엎드린 여자의 모습은 인간을 구원하시기 위하여 마구간의 처지로 내려오시고 자신을 비우며 종의 모습을 취하시고 십자가의 죽음에 이르기까지 순종하신(필리 2,7-8) 예수님을 생각하게 합니다. 여자는 예수님의 경지에서 도움을 청하고 있습니다.

2

우리는 여자가 예수님을 "주님"이라고 부른 것에 주목하게 됩니다. '주님'은 하느님에게만 붙일 수 있는 호칭입니다. 그런데 이 호칭이 유다인이 아니라 이들이 무시하고 저주하는 이교도 여자의 입에서 흘러나옵니다. 마태오 복음에서 예수님은 "거짓 예언자들을 조심하여라."(마태 7,15)라고 하시며 "나에게 '주님, 주님!' 한다고 모두 하늘나라에 들어가는 것"이 아니라고, 하늘나라는 "아버지의 뜻을 실행하는 이라야 들어갈 수 있다."(마태 7,21)라고 말씀하십니다. 예수님은 이스라엘 백성에 속한다는 것이 구원을 보장하는 것이 아니라고 선언하시는 것입니다. 그런데 이교도 여자가 예수님을 "주님"이라고 부릅니다. 마태오는 "다윗의 자손이신 주님"이라 부르며 예수님께 접근했다고 전합니다. 다윗의 자손은 다윗의 전통을 이어받은 자입니다. 여자는 예수님을 '다윗의 전통을 이어받은 자', '하느님에게까지 거슬러 올라가는 존재'로 만나고 있습니다. 이방인인 여자가 이스라엘보다 더 다윗에 이르는 전통을 따르고 있습니다. 여자는 주님을 믿는다고 고백하는 유다인이 보이지 못하는 믿음을 보여 주고 있습니다. 유다인 중의 유다인인 그분의 제자들도 여자의 진심을 보지 못하고 "저 여자를 돌려보내십시오. 우리 뒤에서 소리 지르고 있습니다."(마태 15,23)하고 따돌리려 합니다. 이로써 복음사가는 그분의 제자들이 아직 예수님을 다윗의 전통을 이어받는 분으로 체험하지 못하고 있음을 은근히 지적하고 있습니다.

3

강아지의 경지까지 내려간 여자가 예수님을 만나고, 예수님께서도 그 경지로 내려가서서 마귀 들린 여자의 딸을 만나십니다. "네가 그렇게 말하니, 가 보아라. 마귀가 이미 네 딸에게서 나갔다." 그 순간 마귀가 딸에게서 떠나갔습니다. 마르코는 간단하게 "네가 그렇게 말하니, 가 보아라."라고만 보도하지만, 마태오는 "아, 여인아! 네 믿음이 참으로 크구나. 네가 바라는 대로 될 것이다."(마태 15,28) 하고 여자의 믿음에 대한 칭찬을 첨가합니다. 이교도 여자의 딸이 나았다는 것은 이스라엘이 강아지 취급하며 멸시하던 이 여자가 그들보다 먼저 구원에 이르고 있다는 것을 말해줍니다. 예수님의 이 말씀은 가파르나움의 백인대장에게 "나는 어떤 이스라엘에서도 이런 믿음을 본 일이 없다."(마태 8,10)라고 하신 말씀을 상기시킵니다.[188] 여자는 제자들도 하

---

[188] 예수님께서 물 위를 걸으신 이야기에서도 마르코는 겁에 질려 비명을 지르는 제자들을 마음이 완고하기 때문이라고 보도하지만, 마태오는 거기에 더해 약한 믿음을 덧붙여 보도합니다.

지 못한 고백을 하고 있습니다. 예수님은 이스라엘만이 아니라 모든 이의 주님이시며 모든 이의 구원자십니다.

마태오는 믿음을 강조하고 마르코는 여인의 딸이 하느님의 자비를 입었음을 강조합니다.[189] 예루살렘의 바리사이들이 율법과 전통의 장막에 가리어 예수님을 몰라뵈는 동안 "그곳을 떠나" 이민족의 땅 티로 지역에서 사는 더러운 영이 들린 딸을 둔 이교도 여자가 그분을 알아뵙고 그분 발 앞에 엎드려 하느님만이 베푸실 수 있는 자비를 베풀어 달라고 청하고, 하느님의 자비를 체험합니다.

4

우리는 시리아 페니키아 출신의 부인이 이교도로서 실제로 구원을 입었다는 사실, 이방인이 예수님 앞에 엎드려 자비를 간청하였다는 사실에 주목해야 합니다. 세례받은 그리스도인만이 하느님 앞에 엎드려 절하는 것이 아닙니다. 예수님은 세례를 받은 자의 절실한 기도만을 들어 주시는 분이 아닙니다. 예수님은 당신을 믿는다고, 당신을 사랑한다고 고백하는 사람만을 사랑하시는 분이 아닙니다. 그분은 우리가 보기에 구원받지 못할 사람들의 기도도 외면하지 않으십니다. 느닷없이 나타나 엎드려 절하며 도움을 청하는 이방인 여자의 청을 들어주십니다. 여자에게 강아지 이야기를 꺼내시던 분위기와는 전혀 다른 결말입니다. 예수님께서 마음을 바꾸어 여자의 청을 들어주신

---

189) 마르 6,45-52 참조.

것일까요? 여자가 예수님의 마음을 바꾸게 만든 것일까요?

"네가 그렇게 말하니, 가 보아라."라는 예수님의 말씀은 이런 물음을 던지는 우리에게 역으로 질문하시는 것 같습니다. "너희는 자녀들에게 줄 빵을 집어 강아지들에게 준 적이 있는가? 이방인의 생각이 틀렸다고 단정하는 마음을 바꿔 그들에게 마음을 줘본 적이 있는가? 율법과 교의(도그마)에 빠져서 나와 다르게 생각하는 사람을 죄인 취급하며 무시하지는 않았는가? 나는 오직 이스라엘 집안의 길 잃은 양들에게 파견되었을 뿐이라는 내 말을 인용하면서 나를 오직 이스라엘의 구원만을 위해 왔고, 나의 아버지 하느님을 그리스도인만을 사랑하시는 분으로 단정하는 것은 아닌가? 하느님의 사랑을 받기 위해서는 그리스도인이 되어야 한다고 고집하면서 내가 '강아지들도 자식들이 떨어뜨린 부스러기는 먹습니다.'라는 이방인 여자의 말에 귀 기울이고 있다는 사실을 지나쳐 버리는 것은 아닌가?" 예수님은 "상 아래에 있는 강아지들도"라고 말하는 여자의 말을 받아들이십니다.

5

케이시는 예수님과 시리아 페니키아 여자와의 대화를 통해 그분께서도 배울 것은 배우시는 분으로 해석합니다. 그분은 당신 자신만을 고집하지 않으십니다. "흔히 예수님은 배우기보다 가르치는 모습으로 많이 그려지고 그렇게 해석되어 왔다. 총명하고 생기 넘치는 소년이 풍부한 지식으로 학문적 전통의 전달자들을 압도하고 있는 모습이다. 마치 율법 학자들에게 예수님이 최고급 강의를 하고 있는 것 같다. 그러나 복음은 아주 명료하다. 예수님은 성전에서 배우기 위하여 있는 것이다. 그분은 교사들에게 귀를 기울이고 질문을 한다. 교사들을 시험하는 것이 아니라 당신을 당혹스럽게 하는 질문들에 대답을 찾고 있다. 강의를 하는 것이 전혀 아니고, 예수님은 유다 학교의 전형적인 교육 방식인 상호 대화에 온전히 참여하고 있는 것이다. 한편 교사들은 예수님의 총명함과 대답에 감탄해 마지않는다. 후에 예수님과 같은 마을 사람들도 똑같은 놀라움을 표현한다. '저 사람이 어디서 저 모든 것을 얻었을까? 저런 지혜를 어디서 받았을까? 그의 손에서 저런 기적들이 일어나다니!'(마르 6,2)"[190]

예수님께서도 인생을 배우십니다. 하느님 아버지에게서 배우시고, 부모에게서, 학자들에게서, 자연에서, 씨 뿌리는 사람에게서, 동전 한 닢을 헌금함에 넣는 과부에게서, 죄인과 창녀에게서 그리고 이방인에게서 배우십니다. 그렇게 시리아 페니키아 여인도 예수님에게 교사였습니다. 케이시는 이 여인이 예수님의 마음을 이방인에게 열어 주는 데 결정적인 역할을 했다고 주장합니다. 한걸음 더 나아가 예수님께서 이 여인을 만나면서 "이교도의 세계와 더 깊은 관계로 뛰어들게 되었으며 이로 인해 기쁜 소식의 보편화 과정에서 새로운 단계로 넘어갈 수 있었다."(190)라고 주장합니다. 이 여인의 믿음을 통해 눈을 뜨게 된 예수님이 이제 유다의 경계를 벗어나 "티로 지역을 떠나 시돈을 거쳐, 데카폴리스 지역 한가운데를 가로질러 갈릴래아로"(마르 7,31) 복음 선포를 위한 여행을 한다고 주장하는 것입니다.

---

190) 케이시 185-186, 아래 괄호 속 숫자 이 책 페이지.

라. 그를 군중에게서 따로 데리고 나가서서

예수님께서 다시 티로 지역을 떠나 시돈을 거쳐, 데카폴리스 지역 한가운데를 가로질러 갈릴래아 호수로 돌아오셨다. 그러자 사람들이 귀먹고 말 더듬는 이를 예수님께 데리고 와서, 그에게 손을 얹어 주십사고 청하였다. 예수님께서는 그를 군중에게서 따로 데리고 나가서서, 당신 손가락을 그의 두 귀에 넣으셨다가 침을 발라 그의 혀에 손을 대셨다. 그러고 나서 하늘을 우러러 한숨을 내쉬신 다음, 그에게 "에파타!" 곧 "열려라!" 하고 말씀하셨다. 그러자 곧바로 그의 귀가 열리고 묶인 혀가 풀려서 말을 제대로 하게 되었다. 예수님께서는 이 일을 아무에게도 말하지 말라고 그들에게 분부하셨다. 그러나 그렇게 분부하실수록 그들은 더욱더 널리 알렸다. 사람들은 더할 나위 없이 놀라서 말하였다. "저분이 하신 일은 모두 훌륭하다. 귀먹은 이들은 듣게 하시고 말 못하는 이들은 말하게 하시는구나."(마르 7,31-37)

1

예수님께서 이민족들의 지역 한가운데를 가로질러 다시 갈릴래아 호수로 돌아오십니다. 이 지역을 가로지르시는 동안 들리는 곳마다 많은 병자를 고쳐 주시고 일으켜 세우시며 이동하셨을 것입니다. 돌아오시자 사람들이 귀먹고 말 더듬는 이들을 데리고 와서는 예수님께 손을 얹어 주십사고 청합니다.

마르코는 이 이야기를 조상들의 전통에 관한 논쟁과 이방인 여자의 믿음에 관한 이야기 다음에 배치하여 들려주는데 여기서 마르코의 의도를 엿볼 수 있습니다. 복음을 들으면서도 듣지 못하고 복음을 이야기하면서도 자기 말만 하느라 복음을 말하지 못하는 이들, 자가당착에 빠져 말의 원천에 도달하지 못한 이들을 겨냥합니다. 원천에 도달하기 위해서는 제대로 듣고 제대로 말하는 훈련을 해야 합니다. 예수님께서 그들의 귀와 입을 열어 제대로 듣고 말하게 하신 것은 전통의 원천이신 하느님의 말씀으로 우리를 안내하기 위해서입니다. 바리사이나 율법 학자들만이 아니라 제자들도 그 대상입니다. 제자들도 빵의 기적을 깨닫지 못하고 오히려 마음이 완고해져 있었습니다(마르 6,52).

2

예수님께서 귀먹고 말 더듬는 이를 군중에게서 따로 데리고 나가셔서 고쳐 주십니다. 왜 군중이 보는 앞에서 고쳐 주지 않으시고 군중에게서 따로 데리고 나가셔서 고쳐 주신 것일까요? 여기서 군중은 누구입니까? 복음을 들으면서도 듣지 못하는 것은 전통과 관습에 젖은 때문이기도 하지만(마르 8,22-26; 10,46-52), 군중의 소리 때문이기도 합니다. 우리는 제자들이 바리사이나 율법 학자들뿐 아니라 군중의 소리에도 쉽게 동요하는 것을 봅니다. 제자들은 군중의 소리에 놀라 복음에 귀를 열지 못합니다. 대사제는 군중에게 예수님을 "십자가에 못 박으시오!"라고 소리 지르게 선동하고, 빌라도는 예수님에게서 아무런 죄목도 찾아내지 못했으면서도 대사제와 군중을 만족시키려고 예수님을 채찍질하게 한 다음 십자가에 못 박으라고 넘겨주는데(마르

15,11-15), 제자들은 겁을 먹고 도망칩니다. 복음을 듣기 위하여, 피조물에서 세상을 창조하신 하느님의 말씀을 듣기 위하여 우리는 때때로 군중의 소리에서 거리를 둘 필요가 있습니다. 예수님께서 그를 군중에게서 따로 데리고 나가신 것은 이들과 거리를 두시는 것입니다.

거리를 두신 곳에서 예수님께서 "하늘을 우러러 한숨을 내쉬신 다음, 그에게 '에파타!' 곧 '열려라!' 하고 말씀하셨다. 그러자 곧바로 그의 귀가 열리고 묶인 혀가 풀려서 말을 제대로 하게 되었다."(마르 7,34-35) 그분의 손길을 느끼며 들으면서도 듣지 못하던 귀와 말하면서도 말할 줄 모르던 입, 그리고 닫고 살았던 마음이 복음을 향하여 열리게 됩니다.

3

귀가 열리며 가장 먼저 듣게 된 소리는 무엇이었을까요? 입이 열려 말을 하게 된 그의 입에서 가장 먼저 터져 나온 말은 또 무엇이었을까요? 아무에게도 말하지 말라고 사람들에게 분부하시는 그분의 목소리였을 것입니다. 하느님을 찬미하는 소리였을 것입니다. 사람들이 듣지 못하는 소리를 듣게 된 그의 마음을 이사야 예언자는 이렇게 표현합니다. "그때에 눈먼 이들은 눈이 열리고, 귀먹은 이들은 귀가 열리리라. 그때에 다리 저는 이는 사슴처럼 뛰고, 말 못하는 이의 혀는 환성을 터뜨리리라. 광야에서는 물이 터져 나오고, 사막에서는 냇물이 흐르리라. 뜨겁게 타오르던 땅은 늪이 되고, 바싹 마른 땅은 샘터가 되리라."(이사 35,5-7)

말을 하기 위하여 우리는 하늘을 우러러 숨을 내쉬며 마음을 열어야 합니다. 원천에서 흘러나오는 소리를 향하여 귀를 열어야 합니다. 천지창조 때 우리가 창조되던 그 순간으로까지 귀가 열릴 때 우리는 태초의 하느님 음성을 듣고 옳은 말을 할 수 있습니다. 만물이 내는 소리에 귀를 기울일 때 이를 창조한 원초적인 소리를 들을 수 있습니다. 예수님은 우리의 막힌 귀를 열어 주시기 위해 오셨습니다. "저분이 하신 일은 모두 훌륭하다. 귀먹은 이들은 듣게 하시고 말못하는 이들은 말하게 하시는구나."(마르 7,37)

"귀먹어 소리 듣지 못하고

모든 말문 막히고 닫혔으나

그리스도의 말씀에 응답하여

모든 길이 활짝 열리니

기쁨에 겨워

친절한 목소리와 부드러운 속삭임을 듣는다.

(…)

침묵의 사슬에 오래도록

묶여 있던 혀 풀려

올바로 말한다."[191]

---

191) 프로텐티우스의 찬가, 오든 168-169. 재인용.

4

예수님은 귀먹고 말 더듬는 이를 고쳐 주신 다음 이 일을 아무에게도 말하지 말라고 분부하십니다. 귀와 입을 열어 듣고 말하게 하신 예수님께서 왜 입을 다물라고 분부하셨을까요? 예수님은 당신의 정체를 알아채는 사람, 악령 들린 자들(마르 1,24.34; 3,12), 기적으로 치유된 이들(마르 1,44; 5,43; 7,36) 그리고 제자들(마르 8,30; 9,9)에게 침묵하라고 명령하십니다. 학자들은 당신의 정체가 드러나는 것을 원하지 않으셨기 때문이라고 합니다. 하지만 그렇게 분부하실수록 더 널리 알려지리라는 것은 그분도 아셨을 것입니다. 실제로 그분께서 그렇게 분부하실수록 그들은 더욱더 널리 알렸고 소문은 더 멀리 퍼져 나갔습니다. 입을 다물라는 명령은 단순히 비밀 유지를 위해서가 아닙니다.

예수님께서 일으키신 기적을 깨닫기 위해서는 입을 닫고 들을 수 있어야 합니다. 들을 귀가 없는 자들은 들어도 듣지 못하고 볼 눈이 없는 사람은 보면서도 보지 못합니다. 말을 해도 무슨 말을 하는지 모릅니다. 옳게 보고 들을 수 없으니 맹신하고 광신에 빠집니다. 믿음에는 깨달음이 요구됩니다. 예수님께서 침묵 명령을 내리신 것은 입을 닫고 귀를 열어 주시기 위해서입니다.[192]

헨드릭스는 마르코가 예수님께서 귀먹고 말더듬는 이와 눈먼 이를 고쳐 주시면서 이들의 이름을 대지 않은 점에 주목합니다. "사람들이

---

192) 베드로의 고백 마르 8,30 참조.

귀먹고 말 더듬는 이를 예수님께 데리고 와서"(7,32), "사람들이 눈먼 이를 예수님께 데리고 와서는"(8,22)이라는 표현에서 보듯이 병자들을 데리고 온 사람이나 병자를 특정하여 말하지 않고 구체성 없이 '사람들'이 '사람을' 데리고 왔다고 일반적으로 표현한 것은 마르코가 독자들을 암시적으로 언급하고 있기 때문이라는 것입니다. 이 단어가 들어간 자리에 '우리'라는 단어를 대입시킨다면, 우리 또한 예수님이 누구신지에 대해서 눈멀고 귀와 입이 열리지 않아 그분을 모르고 있음을 알 수 있다는 것입니다.

마. 너희에게 빵이 몇 개나 있느냐?

그 무렵에 다시 많은 군중이 모여 있었는데 먹을 것이 없었다. 예수님께서 제자들을 가까이 불러 말씀하셨다. "저 군중이 가엾구나. 벌써 사흘 동안이나 내 곁에 머물렀는데 먹을 것이 없으니 말이다. 내가 저들을 굶겨서 집으로 돌려보내면 길에서 쓰러질 것이다. 더구나 저들 가운데에는 먼 데서 온 사람들도 있다." 그러자 제자들이 "이 광야에서 누가 어디서 빵을 구해 저 사람들을 배불릴 수 있겠습니까?" 하고 대답하였다. 예수님께서 "너희에게 빵이 몇 개나 있느냐?" 하고 물으시자, 그들이 "일곱 개 있습니다." 하고 대답하였다. 예수님께서는 군중에게 땅에 앉으라고 분부하셨다. 그리고 빵 일곱 개를 손에 들고 감사를 드리신 다음, 떼어서 제자들에게 주시며 나누어 주라고 하시니, 그들이 군중에게 나누어 주었다. 또 제자들이 작은 물고기 몇 마리를 가지고 있었는데, 예수님께서는 그것도 축복하신 다음에 나누어 주라고 이르셨다. 사람들은 배불리 먹었다. 그리고 남은 조각을 모았더니 일곱 바구니나 되었다. 사람들은 사천 명가량이었다. 예수님께서는 그들을 돌려보내시고 나서, 곧바로 제자들과 함께 배에 올라 달마누타 지방으로 가셨다(마르 8,1-10).

사흘의 깨달음

1

복음사가들은 각자 자기 신학의 바탕에서 예수님 이야기를 집필하고 편집했습니다. 마르코에게 예수님은 복음을 선포하시는 분이기만 한 것이 아니라 그분 존재 자체가 복음이요 기쁜 소식이었습니다. 생로병사가 펼쳐지는 이 험난한 세상에서 그분을 만나는 것은 기쁨이었습니다. 그러나 모든 사람에게 그런 것은 아니었습니다. 많은 사람은 예수님을 보지만 보지 못하였고 듣지만 듣지 못했습니다. 따라서 기쁨도 얻지 못했습니다. 그 근원적인 원인은 생각을 바꾸지 못하고 믿지 못하였기 때문입니다. 마르코는 예수님을 알아보는 데 방해되는 요소로 인간의 관습과 인간의 전통(7장), 바리사이의 위선과 제자들의 무지와 완고함(8장)을 꼽습니다.

마르코는 8장을 빵 이야기로 시작합니다(1-10절). 예수님은 빵의 기적을 풀이하며 제자들을 깨달음으로 안내하십니다. 바리사이들은(우리들은) 빵의 기적을 깨달을 준비가 되어 있지 않습니다. 이 이야기의 전개 과정은 6장에서 오천 명을 먹이신 이야기와 구조가 비슷합니다. 6장에서는 빵 다섯 개와 물고기 두 마리를 사람에게 나누어 배불리 먹게 하셨는데 8장에서는 빵 일곱 개를 군중에게 나누어 주게 하십니다. 6장에서는 남은 빵 조각과 물고기를 모으니 열두 광주리에 가득 찼고 8장에서는 남은 조각을 모았더니 일곱 바구니가 되었습니다. 6장에서는 빵을 먹은 사람은 장정만도 오천 명이었는데 8장에서는 사천 명가량이었습니다.

2

군중은 사흘 동안이나 예수님을 따라다녔습니다. 여기서 사흘은 단순히 물리적인 72시간을 말하는 것이 아닙니다. 예수님께서 돌아가시고 사흘 만에 부활하셨다는 데서 알 수 있듯이 사흘은 죽음을 확인하는 완벽한 시간입니다. 사흘은 예수님께서 무덤 속에 계셨던 시간이며 사흗날은 부활의 기쁨을 느끼게 되는 날입니다. 부활의 삶을 살기 위해서는 죽음의 시간이 필요합니다. 무덤의 어둠 속을 지나와야 합니다. 무덤은 온갖 욕심과 이기심, 아집과 욕망에 붙잡혀 사는 삶을 말합니다. 욕심들을 죽이지 않고서는 남을 위하여 죽을 수 없고, 남을 위하여 죽지 않고서는 부활의 삶을 살 수가 없습니다. 부활의 삶을 사는 데 사흘이 걸렸다는 것은 이런 생각을 죽이는 데 사흘이 걸린다는 것을 의미하고, 자신을 완전히 죽여야 부활의 삶을 체험할 수 있다는 것을 말해 줍니다.

군중들은 사흘간 예수님을 따라다니면서 자기를 죽이는 훈련을 합니다. 그리고 사흘째 되는 날 그들을 부활시키는 빵을 먹게 됩니다. 하지만 많은 이들은 아직 빵의 의미를 모릅니다. 빵을 나누어 주시는 예수님의 마음을 모릅니다. 남을 살리기 위하여 자기 몸을 내놓는 삶, 자기 존재를 없애는 삶을 살지 못합니다. 남을 위하여 자기의 존재를 사라지게 함이 없이는 결코 부활의 삶을 살 수 없다는 것을 깨닫지 못합니다. 그들은 빵의 기적을 아직 깨닫지 못합니다. 그들은 빵을 먹은 날이 사흘째 되는 날이라는 사실을 모릅니다.

3

그들은 예수님께서 군중을 가엾이 여기시는 마음, 자비의 마음을 보지 못합니다. 인간들은 자기애와 욕망이 너무도 강하여 남을 불쌍히 여기며 자비를 베푸는 데 인색합니다. 예수님의 자비를 느낀 자는 자비로운 존재로 새롭게 태어납니다. 예수님께서 얼마 되지 않는 빵을 떼어서 나누어 주시는 것은 예수님만이 아니라 우리 모두의 행위로 이어져야 합니다. 내가 가진 것을 떼어서 남에게 나누어 주는 기적이 우리 몸에 일어나게 해야 합니다. 진정 우리 몸에 일어나야 할 기적은 이기심을 죽이고 욕망을 내려놓는 기적입니다. 내가 가진 것을 남에게 나누어 주는 기적입니다. 남을 살리기 위하여 내 몸을 내놓는 기적입니다. 내 온몸으로 남에게 자비로운 존재가 부활의 삶을 사는 기적입니다. 예수님께서 나누어 주신 빵은 최후의 만찬 때 제자들에게 나누어 주신 그 빵입니다. 남을 위하여 자기(자기의 전부)를 없애신 부활하신 예수님 자신입니다.

4

　이어지는 이야기에서 바리사이들이 표징을 요구하는 것(8,11)은 빵의 기적을 이해하지 못한 것과 무관하지 않습니다. 빵은 남을 살리기 위해 먹힙니다. 먹히면서 남을 살립니다. 인간은 자기를 없애는 빵을 먹으면서도 자기가 빵이 될 생각은 하지 못합니다. 자기 배부른 생각만 하면서 빵의 근본적인 존재 이유를 지나칩니다. 그리스도인이 최후의 만찬을 기억하는 것은 남을 위하여 당신 자신을 사라지게 하신 예수님을 기억하는 것입니다. 그분처럼 남을 위하여 자기 존재를 없애기 위해서입니다.

　그런데 그들은(우리는) 오로지 예수님을 배고픈 자기의 배를 불려 주시는 기적을 일으키시는 분으로만 만나고 있습니다. 예수님은 빵의 기적을 통하여 사람들의 마음이 변화되는 기적이 일어나기를 바라십니다. 자비로운 존재로 변화하는 기적이 내 마음에 일어날 때 우리는 예수님처럼 남을 배 불리는 기적을 일으킬 수 있을 것입니다. 나의 모든 것을 남에게 나누는 기적을 일으킬 수 있을 것입니다. 예수님께서 우리 인류에게 원하시는 참 기적입니다.

표징을 요구하다

　　바리사이들이 와서 예수님과 논쟁하기 시작하였다. 그분을 시험하려고 하늘에서 오는 표징을 요구하였던 것이다. 예수님께서는 마음속으로 깊이 탄식하며 말씀하셨다. "어찌하여 이 세대가 표징을 요구하는가? 내가 진실로 너희에게 말한다. 이 세대는 어떠한 표징도 받지 못할 것이다." 그러고 나서 그들을 버려두신채 다시 배를 타고 건너편으로 가셨다. 그런데 제자들이 빵을 가져오는 것을 잊어버려, 그들이 가진 빵이 배 안에는 한 개밖에 없었다. 예수님께서 그들에게, "너희는 주의하여라. 바리사이들의 누룩과 헤로데의 누룩을 조심하여라." 하고 분부하셨다. 그러자 제자들은 자기들에게 빵이 없다고 서로 수군거렸다. 예수님께서는 그것을 아시고 그들에게 말씀하셨다. "너희는 어찌하여 빵이 없다고 수군거리느냐? 아직도 이해하지 못하고 깨닫지 못하느냐? 너희 마음이 그렇게도 완고하냐? 너희는 눈이 있어도 보지 못하고 귀가 있어도 듣지 못하느냐? 너희는 기억하지 못하느냐? 내가 빵 다섯 개를 오천 명에게 떼어 주었을 때, 빵 조각을 몇 광주리나 가득 거두었느냐?" 그들이 "열둘입니다." 하고 대답하였다. "빵 일곱 개를 사천 명에게 떼어 주었을 때에는, 빵 조각을 몇 바구니나 가득 거두었느냐?" 그들이 "일곱입니다." 하고 대답하자, 예수님께서 그들에게 "너희는 아직도 깨닫지 못하느냐?" 하고 말씀하셨다(마르 8,11-21).

1

바리사이들이 예수님께 와서 논쟁하기 시작합니다. 이야기의 흐름으로 봐서 그들은 예수님을 시험하려고 예수님께 다가왔고, 그것이 표징을 요구하는 것으로 나타납니다. 표징은 그리스어로 '세메이온 σημεῖον'인데 표시, 표징, 신호, 상징, 기적을 뜻합니다. 그들은 예수님께 다가와 하느님의 나라가 와 있다는 것을 알아볼 수 있는 가시적인 표징을 보여달라고 요구합니다. 이 일이 있기 바로 전에 예수님께서는 더러운 영이 들린 시리아 페니키아 여자의 딸(마르 7,24-30)을 고쳐 주시고, 귀먹고 말 더듬는 이(마르 7,31-37)를 고쳐 주시고, 사천 명을 먹이시는(8,1-10) 기적을 일으키셨습니다. 바리사이들과 율법 학자들은 눈앞에서 펼쳐지는 이 놀라운 일들을 보면서도 무슨 일이 일어나고 있는지 보지 못합니다.

언젠가 요한의 제자들이 예수님께 와서 당신이 오실 분 메시아십니까 하고 여쭈었을 때 그분은 "눈먼 이들이 보고 다리 저는 이들이 제대로 걸으며, 나병 환자들이 깨끗해지고 귀먹은 이들이 들으며, 죽은 이들이 되살아나고 가난한 이들이 복음을 듣는다."라고 하시면서 볼 눈이 있는 사람은 당신이 누군지 안다고 하십니다(마태 11,5-6). 그런데 그들은 볼 눈이 없어 그분을 알아보지 못하는 것입니다. 그들에게는 예수님과 예수님께서 하신 일을 볼 눈이 없습니다. 볼 눈이 없는 그들은 하느님만이 하실 수 있는 중풍 병자의 죄를 예수님께서 용서하셨다고 트집 잡는가 하면(마르 2,1-12) "안식일의 주인"이라 하신 그분을 메시아처럼 행동한다며 없애려고 모의까지 합니다(마르 3,1-6). 그런 그들이 표징을 요구하는 것입니다.

예수님께서는 공생활을 시작하시기 전에도 사탄의 시험을 받으셨습니다(마르 1,13). 그때 사탄은 "당신이 하느님의 아들이라면"(마태 4,3.6), "나에게 경배하면"(마태 4,9) 하며 예수님께 시비를 걸었습니다. 예수님은 "주 너의 하느님을 시험하지 마라."(마태 4,7) "주 너의 하느님만을 경배하여라"(마태 4,10) 하시며 사탄을 물러가게 하셨습니다.

하느님의 나라가 와 있다는 표징을 보여 달라는 것은 예수님이 그리스도라는 것을 증명하여 믿을 수 있게 해 달라는 말과 다르지 않습니다. 그들은 예수님이 하느님의 아들 메시아라는 것을 증명해 달라고 요구하지만, 예수님이 그리스도시라는 것은 증명할 일이 아닙니다. 그리스도는 인간의 언어나 생각으로 증명하여 믿게 할 수 있는 분이 아닙니다. 하느님의 나라가 와 있다는 것을 증명하면 믿겠다는 것은 어리석은 발상일 뿐입니다. 증명하고 시험하는 마음을 없애고 볼 눈을 키울 때 이미 와 있는 하느님의 나라, 종말의 나라 그리고 그리스도를 보게 될 것입니다.

그리스도는 인간의 지식으로 증명되는 분이 아니라 믿음으로 고백해야 하는 분이십니다. 그렇다고 "믿습니다." 하고 큰 소리로 고백하며 맹신盲信하라는 말이 아닙니다. 베드로는 스승님이 메시아라고 고백하였다가 스승님께 혼이 났습니다. 그 고백은 복음의 믿음에 근거하지 않은, 마음이 바뀌면 언제든 변할 수 있는 '인간의 말'이었기 때문입니다. 예수님은 그런 그를 사탄이라고 부르시며 "너는 하느님의 일은 생각하지 않고 사람의 일만 생각하는구나."(마르 8,33) 하며 꾸짖으셨습니다. 믿음이 없는 세대를 예수님은 "간음하는 세대"(마태 12,39 16,4)라고 부르기까지 하셨습니다.

그들은 하느님의 나라가 가까이 와 있다는 것을 논쟁하며 증명하려 들기 전에 볼 눈을 먼저 가지도록 해야 합니다. 볼 눈이 있을 때 우리는 자연을 보면서 그분을 알게 될 것입니다. "하느님께서는 세상을 창조하신 때부터 창조물을 통하여 당신의 영원하신 능력과 신성과 같은 보이지 않는 특성을 나타내 보이셔서 인간이 보고 깨달을 수 있게 하셨습니다."(로마 1,20 공동번역) 예수님께서 병자들을 치유하셨다면 당신에게 치유의 능력이 있다는 것을 보이기 위해서가 아닙니다. 세상의 작은 사람들, 가난한 이들, 아픈 사람들에게서 하느님을 보도록 하기 위해서입니다. 모든 사람이 그 자체로 그리스도를 알아보게 하는 표징입니다.

사람들은 볼 눈이 없어 이들을 보면서도 하느님을 보지 못합니다. 그들의 눈에 이들은 여전히 마귀 들린 이, 귀먹고 말 더듬는 이, 죄인일 뿐입니다. 그들은 이들 안에 계시는 세상을 창조하신 하느님을 볼 눈이 없습니다. 그런 그들이니 사람의 아들 예수님에게서 어찌 메시아를 볼 수 있겠습니까? 볼 눈을 가질 때 모든 이가 그리스도로 보일 것입니다. 믿음은 증명으로 얻어지는 것이 아닙니다. 볼 눈이 있는 자만이 올바로 믿을 수 있습니다. "믿음이 없다."라는 말이나 "볼 눈이 없다."라는 말은 궁극적으로 같은 말입니다. 이 세상을 보면서 하느님의 나라가 왔다는 것이 보이느냐? 사람들을 만나면서 하느님이 보이느냐? 믿는 자만이 볼 수 있을 것입니다.

3

예수님은 병자를 낫게 하시고 빵을 많게 하시는 기적을 일으키시면서 우리에게 묻습니다. 너희 눈에 가난하고 힘없는 이, 병든 이들이 하느님의 자녀로 보이는가? 용서받은 자로 보이는가? 그들이 일어나 부활의 삶을 살아가고 있는 것이 보이는가? 예수님은 우리의 눈을 뜨게 하시려고 이들을 고쳐 주십니다. 표징을 요구하는 그들에게 그분께서 말씀하십니다. "내가 이미 다 보여 주었는데 무엇을 더 보기를 바라느냐?"[193]

예수님께서 표징 일으키시기를 거부하셨다는 것은 그들은 그리스도를 볼 눈이 없다는 것을 강력하게 표현하신 것입니다. 그들은 표징을 요구하지만 볼 눈이 없는데 어떤 표징을 보여 준들 알아보겠습니까?[194] 예수님께서 하늘에서 오는 표징을 보여 달라고 요청하는 바리사이들에게 "너희는 저녁때가 되면 '하늘이 붉으니 날씨가 좋겠구나.' 하고, 아침에는 '하늘이 붉고 흐리니 오늘은 날씨가 궂겠구나.' 한다. 너희는 하늘의 징조는 분별할 줄 알면서 시대의 표징은 분별하지 못한다."(마태 16,1-4) 하고 한탄하십니다.

마르코는 예수님께서 마음속으로 깊이 탄식하시며 그런 그들을 버려두신 채 배를 타고 호수 건너편으로 가셨다고 전합니다.[195] 그분은 무언의 가르침을 긴 여운으로 남기며 그곳을 떠나십니다. "어찌하여 너희는 나에게 표징을 요구하느냐? 너희는 내가 일으킨 기적을 보지 않았느냐? 무엇을 더 보기를 원하느냐? 새로운 기적을 원하기 전에 기

---

193) 십자가의 요한의 말을 인용합니다. "내가 이미 내 아들인 말을 가지고 모든 것을 다 말해서 다른 말이 없거늘 이제 와서 무엇을 더 대답할 수 있고 이 '말' 아닌 무엇을 또 계시할 수 있겠느냐?", "하느님께 무엇인가를 더 계시하기를 청한다면, 그것은 다시 그리스도를 청하는 셈이요, 하느님의 사랑하는 아드님을 심히 욕되게 하는 것이니 그리스도로 하여금 다시 강생해서 두 번째 이승살이를 하고 죽으라고 강요하는 것이나 다름이 없다는 것이다. 신앙하는 사람이라면 설령 자기에게 기적(환시)이 일어났다고 해도 아무것도 아닌 것처럼 생각할 수 있어야 한다." — 『녹지 않는 소금』, 이제민, 분도출판사, 1998, 174.

194) 고향 마을에서 기적을 일으키실 수 없었던 것도 그들에게 볼 눈이 없기 때문이라고 할 수 있습니다(마르 6,5).

195) 마태오는 예수님께서 표징을 요구하는 그들을 "악하고 절개 없는 세대"라 부르며 단칼에 그들의 요구를 거부하셨다고 전합니다(마태 12,39).

적을 보는 눈을 가져라. 사물의 마음을 읽는 눈을 먼저 얻도록 해라."

4

예수님께서 일으키신 수많은 기적에는 당신이 인류에게 하고 싶으신 말씀이 다 나타나 있습니다. 따지고 논쟁하는 마음으로는 다른 사람의 마음에 귀 기울이지 못합니다. 그들에겐 시비가 있을 뿐 다시 보고, 다시 듣고, 다시 생기를 얻어 기뻐하는 사람들의 마음을 보지 못합니다. 오로지 자기만을 위한 삶을 살기 때문입니다. 언제 그들의 완고한 마음이 열리게 될까요? 언제 그들에게 내면의 변화를 일으키는 기적이 일어날까요? 언제 그들은 고통 중에 있는 사람들과 함께 고통을 나누고, 슬퍼하는 이들과 함께 슬퍼하는 자비의 인간으로 태어날 수 있을까요? 그런데 그들은 계속 표징을 요구합니다. 눈앞에서 벌어지는 기적을 보면서도 더 큰 기적을 요구합니다. 그들에게 문제는 표징이 일어나지 않는 것이 아니라 보아야 할 것을 보지 못하는 눈입니다. 논쟁하기 위해 예수님을 찾는 사람, 기적만을 쫓는 사람, 그들의 목표는 오로지 논쟁일 뿐입니다.

5

바리사이만이 표징을 요구하는 것이 아닙니다. 예수님께서 빵을 많게 하여 수천 명을 먹이시고, 갖가지 질병에 시달리는 이들을 고쳐주시자 많은 사람이 그분을 따릅니다. 그들의 관심은 오직 자신들의 배를 부르게 하는 빵입니다. 빵 때문에 그분을 찾아다닙니다. 그것을 아시는 그분께서 "너희가 나를 찾는 것은 표징을 보았기 때문이 아니라 빵을 배불리 먹었기 때문이다."(요한 6,26)라고 하시면서, "너희는 썩어 없어질 양식을 얻으려고 힘쓰지 말고, 길이 남아 영원한 생명을 누리게 하는 양식을 얻으려고 힘써라."(요한 6,27) 하고 말씀하십니다. 그들이 빵을 먹으면서 자기의 몸을 빵으로 내놓으시는 그분의 마음을 느꼈다면! 그러나 그들은 자기를 내어놓으시며 가까이 오시는 하느님을 보지 못합니다.

그들이 "그러면 저희가 무엇을 해야 합니까?" 하고 묻자 예수님께서 "하느님께서 보내신 이를 믿는 일(요한 6,29)"이라고 가르쳐 주십니다. 뜻밖의 말씀에 그들은 예수님이 그런 존재라는 것을 믿을 수 있도록 표징을 보여달라고 요구합니다. 예수님께서 말씀하십니다. "내가 생명의 빵이다."(요한 6,35) 자신을 위하여 살지 않고 남을 위하여 사신 그리스도께서 영원한 생명의 표징입니다. 그러나 안타깝게도 그들에게는 이 표징을 볼 눈이 없습니다(요한 6,54-56).

빵의 표징을 읽을 수 있을 때, 그분께서 우리에게 주신 빵이 단순히 우리의 육체를 먹여 살리는 빵이 아닌 생명의 빵임을 깨닫게 될 때, 기적이 일어나지 않았다 해도, 병이 치유되지 않았다 해도, 실망하지 않을 것입니다. 왜 예수님께서 십자가에서 뛰어내리는 기적을 거부하셨는지, 십자가에서 돌아가신 것이 왜 기적인지 깨닫게 될 것입니다. 우리에게 기적이 일어나게 해 달라고 기도한다면 이런 기적이 일어나게 해 달라고 기도해야 합니다.

6

표징을 읽지 못하기로는 제자들도 마찬가지입니다. 다시 배를 타고 건너편으로 가시면서 예수님께서 제자들에게 말씀하십니다. "너희는 주의하여라. 바리사이들의 누룩과 헤로데의 누룩을 조심하여라." 제자들은 이 말씀을 알아듣지 못합니다. 다만 바리사이에게 예수님을 모함하려는 마음이 작용했다면, 그래서 새로운 표징을 요구하며 예수님을 시험하려 들었다면, 제자들에게는 무지와 완고함이 작용하여 보면서도 보지 못하고 들으면서도 듣지 못합니다. 바리사이들은 논쟁하고 제자들은 무지합니다. 제자들은 예수님을 따라다니면서도 예수님이 누군지 모릅니다. "너희는 아직도 이해하지 못하고 깨닫지 못하느냐? 눈이 있어도 보지 못하고 귀가 있어도 듣지 못하느냐?" 예수님은 그런 그들을 안타까워하시며 빵의 기적을 상기시키십니다. 그들의 무지를 깨우치고자 하십니다.

마르코는 "그들이 가진 빵이 배 안에는 한 개밖에 없었다."(마르 8,14)라고 서술합니다. 제자들이 빵을 가져오는 것을 잊었다고 하면 될 것을 "가진 빵이 배 안에는 한 개밖에 없었다."라고 강조합니다. 이로써 빵 다섯 개로 오천 명, 빵 일곱 개로 사천 명이 먹고도 남은 것을 상기시키며 그분께서 빵이심을 넌지시 시사합니다. 그때도 제자들은 군중을 가엾이 여기시는 그분의 자비가 그들을 배불리 먹게 하였다는 사실을 알지 못했습니다. 그분께서 당신 자신을 희생 제물로 바치며 그들을 살리고 있다는 사실을 깨닫지 못했습니다. 수천 군중이 먹고 남은 것을 열두 광주리에 채우면서도 무슨 일이 일어났는지를 몰랐던 것입니다. 자신들이 먹을 빵만 생각하는 그들이기에 그분께서 군중(난민, 실업자, 외국인 노동자, 이민자, 변두리 인생)과 같은 마음으로 흘리신 눈물을 볼 수 없었던 것입니다. 그들이 그분처럼 고통받는 이들과 한마음이 될 수 있다면, 창자가 끊어지는 듯 아픈 마음으로 그들의 고통을 자기 고통으로 느낄 수 있다면, 그게 기적입니다.

예수님은 빵의 기적을 상기시키면서 그들이 이런 기적을 일으키기를 바라십니다. 하지만 그들은 빵이신 그분과 함께 배를 타고 가면서도 그분이 빵이라는 것을 깨닫지 못합니다. 언제 그들(우리)의 눈이 열려 빵이신 그분을 알아볼 수 있을까요? 언제 그들(우리)의 귀가 열려 빵이신 그분의 마음을 들을 수 있을까요? 그들(우리)의 인생에서 가장 큰 과제는 빵의 표징을 읽는 것입니다. 남을 위한 삶으로 돌아서는 것입니다. 하느님의 다스림이 이미 시작했다는 복음을 깨닫는 것입니다. 마르코가 이 이야기에 이어 벳사이다의 눈먼 이를 고쳐 주신 이야기(마르 8,22-26)를 들려주는 이유입니다. 그는 우리의 눈을 뜨게 하여 빵이신 그분을 알아보게 합니다.

7

예수님 보시기에 제자들이 빵을 알아보지 못한 데에는 바리사이들과 헤로데의 누룩이 크게 작용합니다. 대놓고 제자들에게 바리사이들의 누룩과 헤로데의 누룩을 조심하라고 단단히 분부하신 데서 알 수 있습니다(마르 8,15). 누룩은 반죽을 부풀게 합니다. 바리사이의 누룩이란 당장 눈에 보이는 것에 자기의 인생을 걸면서도 그렇지 않은 척 위선을 부리는 것입니다. 그들은 자기 것만을 주장하느라고 남의 말에 귀를 막고 자기 생각을 부풉니다. 자기 말을 듣는 사람과 그렇지 못한 사람을 내 편 네 편으로 가르고, 내 편에 선 것은 옳고 내 편이 아닌 것은 배척하고 무시하며 자기 편끼리 세력을 부풀리며 뭉칩니다. 위치가 달라지면 지금까지 비판하며 틀렸다고 주장하던 것이 옳은 것이 되고, 옳다고 하던 것은 틀린 것이 됩니다. 위선의 권력에 자기의 전부를 거는 풍조가 사회 전체에 미치는 영향은 엄청납니다. 누룩처럼 부풀어 올라 온 사회를 질식시킵니다. 서로 불신하고 불만이 쌓이면서 인간은 병들어 갑니다.

앞에서 예수님은 인간의 전통이 하느님께 이르는 길을 가로막는다고 바리사이들의 행태를 비판하셨습니다. 겉으로는 거룩한 척하면서 욕심으로 가득 찬 그들의 위선적인 마음이 거룩한 옷을 입고 누룩처럼 부풀어 올라 어리석은 사람들의 눈과 귀를 흐리는 작태를 경고하신 것입니다. 그들은 자기들도 제대로 보고 듣지 못하면서 자기가 보고 듣는 것이 전부이며 참인 양 부풀려 말하며 세력을 넓혀갈 것입니다. 세상을 오류투성이로 만들며 위선의 세계로 몰아갈 것입니다. 눈에 보이는 부와 명예와 권력에 부풀어 있는 사람이 어찌 보이지 않는 하느님의 기적을 볼 수 있겠습니까. 바리사이들과 헤로데의 누룩이 세상을 부풀리고 있습니다. 그들의 현란한 말솜씨에 무지한 사람들은 속수무책 넘어가 아무 반박도 하지 못하고 끌려다닐 것입니다. 제자들이라고 예외이겠습니까? 그들의 마음도 크게 다르지 않아 쉽게 소유와 권력과 영광의 유혹에 빠집니다. 그들은 "바리사이들의 누룩과 헤로데의 누룩을 조심하여라."라는 예수님의 주의를 들으면서도 빵을 가지고 오지 않아서 하시는 말씀 정도로만 알아듣습니다. 귀를 기울이지 않는데, 듣고 싶은 것만을 듣는데, 권력과 위선을 벗어나지 못하는데, 어떻게 그분의 마음을 이해할 수 있겠습니까. 눈에 보이는 빵과 영광에만 관심이 있는 그들은 아직 십자가의 기적을 볼 눈이 없습니다.

8

제자들은 빵의 기적을 상기하면서도 예수님이 그 빵이시라는 것을 모르기에 무지 속에 걱정만 늘어 갑니다. 깨닫지 못하기에 빵을 먹으면서도 남에게 빵이 되지 못합니다. 하지만 언젠가는 그들에게 깨달음의 빛이 비칠 날이 올 것입니다. 지금은 아니지만 언젠가는 바리사이와는 달리 그들은 희망의 빛을 보게 될 것입니다. 예수님께서 그들의 손을 놓지 않고 끝까지 이끌고 다니시는 이유입니다. 예수님께서 제자들과 마지막 만찬을 하시면서 빵을 들고 말씀하십니다. "받아라. 이는 내 몸이다."(마르 14,22) "너희는 나를 기억하여 이를 행하여라."(루카 22,19) 그리스도인은 그분의 십자가 죽음과 먹힘을 기억하는 자들입니다. 빵의 표징을 읽을 때 예수님을 만날 수 있을 것입니다. 예수님을 통하여 하느님을 만날 수 있을 것입니다. 하느님처럼, 예수님처럼 복음으로 세상을 살게 될 것입니다. 서로가 서로에게 복음이 될 것입니다.

예수님께서 제자들에게 빵을 상기시키는 방법은 교육적입니다. 그분의 교육 방법은 질문을 자꾸 던지는 것입니다. 그분은 질문하시면서 그들 스스로 답변을 생각하도록 하십니다. "너희는 어찌하여 빵이 없다고 수군거리느냐? 아직도 이해하지 못하고 깨닫지 못하느냐? 너희 마음이 그렇게도 완고하냐? 너희는 눈이 있어도 보지 못하고 귀가 있어도 듣지 못하느냐? 너희는 기억하지 못하느냐? 내가 빵 다섯 개를 오천 명에게 떼어 주었을 때, 빵 조각을 몇 광주리나 가득 거두었느냐? 빵 일곱 개를 사천 명에게 떼어 주었을 때는 빵 조각을 몇 바구니나 가득 거두었느냐? 너희는 아직도 깨닫지 못하겠느냐?" 스승의 질문을 받는 제자들은 지금은 깨닫지 못하지만 언젠가는 표징을 깨닫는 날이 올 것입니다. 예수님을 시험하려고 지켜보며 논쟁거리를 찾는 사람들은 끝내 빵의 표징을 읽지 못하고 그분을 없애려고 모의하지만, 제자들은 빵이 되어 예수님과 같은 운명을 맞이하게 될 것입니다.

9

빵을 많게 하신 예수님 자신이 표징입니다. 예수님은 복음을 선포만 하신 것이 아니라 스스로 복음이셨습니다. 사람들은 그분에게서 이미 가까이 와 있는 하느님의 나라를 보아야 했습니다. 그들은 그분이 하느님의 아들임을 보아야 했습니다. 그러나 그들은 그것을 볼 눈이 없었습니다. 표징을 읽을 눈이 없었습니다. "내가 표징인데 무슨 기적을 더 요구하느냐? 나를 보고도 하느님을 느끼지 못하겠느냐?" 예수님의 탄식입니다. 그분의 탄식이 우리의 존재로 파고듭니다. 우리가 일상에서 만나는 모든 사람이 하느님의 나라를 느끼게 해 주는 표징입니다. 그분처럼 온 인류가 하느님의 자녀입니다. 그분은 우리 모두에게 하느님을 아버지라고 부르게 하셨습니다. 만나는 모든 사람에게서 하느님을 느끼기 위해서는 편 가르고 따지는 눈부터 치유해야 합니다. 하느님께서 선하신 것은 인간들의 마음과는 상관없이 당신의 전부를 전달하시며 모든 인간 안에 들어와 계시기 때문입니다. 온 세상이 우리에게 하느님을 느끼게 합니다. 좋고 싫고 계산하는 마음을 떠나 세상을 바라볼 때 온 세상이 하느님을 찬미하는 소리를 들을 수 있을 것입니다.

인생을 깨달은 자는 어떠한 상황에서든 하느님을 찬미하는 노래를 부릅니다. 구약의 욥은 하루아침에 재물과 자녀와 건강까지 모든 것을 다 잃고서도 하느님을 찬양합니다. "알몸으로 어머니 배에서 나온 이 몸 알몸으로 그리 돌아가리라. 주님께서 주셨다가 주님께서 가져가시니 주님의 이름은 찬미 받으소서."(욥 1,21) 우리가 욥과 같은 처지에 놓인다면 어떨까요? 욥처럼 창조주 하느님의 현존을 느끼며 그분의 다스림에 나를 맡길 수 있을까요? 오히려 실망하고 분노하고 원망하는 마음으로 하느님의 부재를 외치지 않을까요?

병든 몸이 건강하게 되는 것도 기적이지만 건강한 몸이 병드는 것도 사실은 기적입니다. 볼 눈이 없어 보지 못하고 들을 귀가 없어 듣지 못하는 것입니다. 보고 듣지 못하기에 눈 앞에 펼쳐지는 현상에서 벗어나는 기적이 일어나게 해 달라고 하느님께 기도하는 것입니다. 참다운 기적은 보지 못하는 내 눈이 열리고 듣지 못하는 내 귀가 열리는 것입니다. 눈과 귀가 열려 세상에서 일어나는 모든 일이 기적임을 알 때, 생도 사도 기적으로 만날 때, 거기에 인생의 완성이 있습니다. 그때 우리는 비로소 인생을 기쁘게, 즐겁게, 어떤 상황에서도 의미 있게 복음의 삶을 살아갈 수 있을 것입니다.

바. 눈먼 이의 손을 잡고
마을 밖으로 데리고 나가시다

그들(예수님 일행)은 벳사이다로 갔다. 그런데 사람들이 눈먼 이를 예수님께 데리고 와서는 그에게 손을 대어 주십사고 청하였다. 그분께서는 그 눈먼 이의 손을 잡아 마을 밖으로 데리고 나가서서, 그의 두 눈에 침을 바르시고 그에게 손을 얹으신 다음, "무엇이 보이느냐?" 하고 물으셨다. 그는 앞을 쳐다 보며, "사람들이 보입니다. 그런데 걸어 다니는 나무처럼 보입니다." 하고 대답하였다. 그분께서 다시 그의 두 눈에 손을 얹으시니 그가 똑똑히 보게 되었다. 그는 시력이 회복되어 모든 것을 뚜렷이 보게 된 것이다. 예수님께서는 그를 집으로 보내시면서, "저 마을로는 들어가지 마라." 하고 말씀하셨다(마르 8,22-26).

눈먼 이의 두 눈에 손을 얹으시니

1

벳사이다로 가신 예수님께서 사람들이 데리고 온 눈먼 이를 고쳐 주신 이야기입니다. 이 이야기 바로 전에 예수님께서는 "너희는 눈이 있어도 보지 못하고, 귀가 있어도 듣지 못하느냐?" 하시며 보면서도 보지 못하고 들으면서도 듣지 못하는 제자들을 안타까워하셨습니다. 그리고 나서 가신 벳사이다에서 눈먼 이를 고쳐 주십니다. 그리고 이 이야기 바로 뒤에 당신을 그리스도라고 고백하는 베드로를 향하여 "너는 하느님의 일은 생각하지 않고 사람의 일만 생각하는구나." 하며 꾸짖으십니다. 우리는 여기서 마르코의 의도를 읽게 됩니다. 그는 의도적으로 빵의 기적을 보면서도 깨닫지 못하고 빵을 먹으면서도 무엇을 먹었는지 모르는 제자들 이야기와 "스승님은 그리스도이십니다." (8,29) 하고 고백하면서도 무엇을 고백하였는지 모르는 베드로 이야기 사이에 벳사이다의 눈먼 이를 고쳐 주시는 이야기를 배치하고 있습니다(이 이야기는 마르코 복음에만 나옵니다).

이 두 이야기의 공통점은 제자들이 깨닫지 못하고 있다는 점입니다. 빵의 기적을 깨닫지 못한 제자들을 향하여 "너희는 눈이 있어도 보지 못하고 귀가 있어도 듣지 못하느냐? 너희는 기억하지 못하느냐?"(마르 8,18) 하고 나무라시고, 그리스도를 깨닫지 못한 베드로에게 "사탄아, 내게서 물러가라." 하시며 호되게 혼내십니다. 이로써 두 이야기 사이에 배치된 눈먼 이의 치유 이야기는 자연스럽게 깨달음의 이야기로 전개됩니다.

2

벳사이다에서 눈먼 이를 고쳐 주신 이 이야기는 앞으로 보게 될 예리코에서 눈먼 이를 고쳐 주신 이야기(마르 10,46-52)와 함께 묵상할 수 있을 것입니다. 벳사이다의 눈먼 이는 율법과 전통이 그의 눈을 멀게 하였지만, 예리코의 눈먼 이는 돈과 권력이 보는 눈을 방해합니다. 벳사이다의 눈먼 이와 예리코의 눈먼 이를 고쳐 주신 두 이야기 사이에 세 번에 걸친 예수님의 수난 예고 이야기가 배치되어 있다는 점에서 마르코의 편집 의도를 엿볼 수 있습니다. 제자들은 율법과 전통, 돈과 권력에 눈이 멀어 예수님을 보면서도 보지 못하고 그분을 따라다니면서도 그분의 수난과 죽음을 깨닫지 못하고 급기야는 그분의 죽음에서 도망칩니다. 그런데 제자들과 달리 이들이 무시했던 이방인과 죄인들이 그분을 알아보고 그분의 수난과 죽음을 깨닫게 됩니다. 예상 밖의 일입니다. 예수님께서 베드로의 그리스도 고백을 들으신 뒤 아무에게도 말하지 말라고 엄중히 이르시고 나서 수난을 예고하시고 그리스도를 풀이해 주신 것도 아직은 제자들이 당신의 수난과 죽음을 깨닫기에 부족해서일 것입니다. 침묵하지 않으면 깨달을 수 없습니다. 침묵할 수 있을 때 눈이 열리고 눈이 열릴 때 그분의 수난과 죽음에 동참하게 될 것입니다.

3

우리는 사람들이 눈먼 이를 예수님께 데리고 와서 그에게 손을 대어 주십사고 청한 것을 눈여겨보게 됩니다. 예수님께서 손으로 어루만져 주시기를 청하는 것입니다. 보지 못하는 눈을 뜨는 것만이 아니라 예수님의 손길을 느끼며 위로받고 싶은 것이 그분을 찾은 더 큰 이유이기도 합니다. 눈이 멀어서 아무것도 보지 못하고 살아가는 자체도 서러운데 사람들은 앞 못 보는 것이 마치 하느님께서 내리신 벌인 양 그를 죄인 취급하며 마음에 상처를 줍니다. 그는 위로받고 싶은 것입니다. 그 옛날 모세가 이스라엘을 이집트에서 구했을 때도 그는 하느님의 크신 능력보다—문학적 표현으로는 그랬지만—하느님께서 함께하심을 백성들에게 일깨워 주었습니다. 하느님은 항상 우리와 함께 계시고, 함께 계시면서 우리를 위하시는 주님이시라는 것을 일깨우며 백성들의 힘을 북돋웠고, 백성들은 하느님의 이 함께하심에서 힘을 얻어 이집트를 탈출할 수 있었습니다.

벳사이다의 눈먼 이는 그런 마음으로 예수님 앞에 서 있습니다. 예수님께서 함께하시면서 따뜻한 손길로 어루만져 주시기를 기다립니다. 보느냐 못 보느냐. 그것은 그다음의 문제입니다. 예수님께서 눈먼 이의 손을 잡고 마을 밖으로 나가서서 그를 고쳐 주십니다. 그에게 손을 얹으시고 "무엇이 좀 보이느냐?" 물으시며 고쳐 주시는 모습에서 치유자이신 그분의 마음을 느낍니다. 약이나 의술에 앞서 부드러운 그분의 손길에서 그가 치유를 받습니다. 다시 보게 됩니다. 예수님께서 그의 손을 잡고 마을 밖으로 나가시는 모습이 한 폭의 풍경화처럼 아름답습니다. 눈먼 이는 시력을 회복하기 전에 이미 자기의 손을 잡아 이끌고 걸으시는 예수님에게서 기적의 힘을 느꼈을 것입니다. 자기 눈에 손을 대어 어루만져 주시는 예수님, 무엇이 좀 보이느냐 물으시는 예수님, 그 예수님에게서 기적을 일으키는 따뜻한 마음을 느꼈을 것입니다. 사실 예수님의 이 마음이 그를 보게 하고 그를 낫게 하는 기적의 근원입니다. 병이 낫는 것만을 기적으로 여기는 이들은 예수님의 이런 다가가심과 함께하시는 마음을 느끼지 못할 것입니다.

예수님은 그리스도이시고 우리의 구원자이시라고 입으로 고백하는 일보다 더 중요한 일은 예수님께서 어떤 상황에서도 우리와 함께 계시면서 우리의 마음을 어루만져 주신다는 것을 느끼는 일입니다. 이 느낌이 없다면 우리가 아무리 큰 소리로 예수님은 우리의 구세주이시라고 고백한다 해도 아무 의미가 없을 것입니다. 마르코는 예수님은 항상 우리의 마음을 건드리고 계시다는 사실을 눈먼 이를 통해 깨우쳐 줍니다. 우리는 내 마음을 어루만져 주시는 예수님의 손길을 느낍니까? 넘어지고 힘들고 주저앉고 싶을 때에 내게 손을 내밀며 다가오시는 그분을 느낍니까? 제자들이 예수님의 수난 예고에 펄쩍 뛰며 놀란 것은 아직 예수님의 구원의 따뜻한 손길을 느끼지 못하기 때문입니다.

4

많은 사람이 예수님께서 병자들의 손을 잡아 일으키신 기적을 단순히 병이 낫고 안 낫고 하는 관점에서 바라보며 병의 치유 현상에만 관심을 보입니다. 사물의 속을 들여다보지 못하고 사물 전체를 보지 못하는 것입니다. 그런 마음으로는 설령 자기 병이 치유된다고 하더라도 곧바로 이전의 삶으로 돌아가고 말 것입니다.[196] 그런 눈으로는 예수님을 알아볼 수 없고 치유의 삶을 살 수 없습니다. 사물을 있는 그대로 보기 위해 우리는 눈을 떠야 하며, 예수님을 알아보기 위해

---

196) 루카는 나병 환자 열 사람이 예수님께 마주와 자비를 청하기에 예수님께서 그들을 고쳐 주셨는데 그 가운데 한 사람만이 큰 소리로 하느님을 찬양하며 돌아와 예수님께 감사를 드렸다는 이야기를 들려줍니다(루카 17,11-19). 나머지 아홉은 병에서 치유되었다 하더라도 그들의 삶은 이전과 다를 바 없을 것입니다.

우리는 그분의 손길을 느껴야 합니다. 하느님은 인간들에게 때로는 더디게 때로는 빠르게 당신 자신을 드러내십니다. 당신의 피조물인 인간에게 조심스럽게 접근하시는 것입니다.

저 마을로는 들어가지 마라

1

우리는 예수님께서 눈먼 이의 손을 잡고 마을 밖으로 데리고 나가셔서 고쳐 주신 것에 주목하게 됩니다. 예수님은 왜 마을 사람들이 모두 보는 앞에서 고쳐 주지 않으시고 마을 밖으로 데리고 나가서 고쳐 주셨을까요? 그리고 시력이 회복되어 모든 것을 뚜렷이 보게 된 그에게 왜 마을로 들어가지 말라고 이르셨을까요? 벳사이다는 베드로와 안드레아, 필립보와 요한의 고향입니다(요한 1,44 참조). 예수님 일행은 예수님께서 처음 이들을 보시고 부르신 마을로 가신 것입니다. '벳사이다'는 '어부의 집'이라는 뜻입니다. 거기서 눈먼 이를 만나신 것입니다.

히에로니무스는 벳사이다에서 눈먼 이를 만났다는 것을 "사도들의 마을에 눈먼 이가 있다. 사도들이 태어난 그곳을 눈멂이 다스리고 있다는 말이다." 하고 풀이합니다. 제자들의 고향인 벳사이다가 눈먼 이들이 모여 사는 눈먼 이들의 마을이라는 것입니다. 그곳은 예수님께서 불행을 선언하시며 안타까운 마음을 표하신 도시이기도 합니다. 어떤 일이 벌어지고 있기에 예수님께서 안타까워하셨을까요? 그곳은 욕심쟁이, 이간질하는 자, 교만한 자, 위선자, 자기 힘을 자랑하고 자기만을 위해 사는 자, 남의 말에 귀를 닫고 들으려 하지 않는 자, 기적에만 관심이 있는 자, 빵의 기적을 보고 모여와서 또 다른 기적을 요구하는 자, 당신의 일거수일투족을 지켜보며 사사건건 시비를 거는 자들이 모여 사는 고장, 드디어는 많은 기적을 체험하면서도 예수님을 배척한 곳입니다(루카 10,13).

눈먼 이가 벳사이다 출신이라는 것은 벳사이다라는 지역이 그의 눈을 멀게 하는 데 한 역할을 했다는 것이 암시되어 있습니다. 곧 그곳에 사는 율법 학자와 바리사이, 기성세대와 기득권자들, 자기도 보지 못하면서 남들도 보지 못하게 가로막는 그들의 위선이 그의 눈을 멀게 한 것입니다. 전통과 관습과 율법이라는 굴레를 씌워 사사건건 걸려 넘어지게 하면서 그의 눈을 멀게 한 것입니다. 예수님은 이런 사람을 보면서도 보지 못하고 들으면서도 듣지 못하는 사람이라며 가슴 아파하셨습니다. 예수님께서 벙어리 영이 든 이를 군중에게서 따로 데리고 나가신 것은 이런 병을 털어 내기 위해서일 것입니다.

2

눈먼 이는 이제 마을에서는 느끼지 못하는 삶을 마을을 벗어난 곳에서 예수님의 손끝을 통해서 느낍니다. 자기 손을 잡아 마을 밖으로 데리고 나가시는 예수님의 손에서, 자기의 두 눈에 당신의 침을 발라 주시는 다정한 손길에서, 전통과 관습, 힘과 영예에 가리어 볼 수도 들을 수도 없었던 인간적인 따뜻함을 느꼈을 것입니다. 예수님께서 그를 고쳐 보게 하신 후에 집으로 보내시면서 벳사이다로 들어가지 말라고 하신 것은 거기 들어가면 다시 눈먼 이로 살아가게 될 가능성이 있기 때문일 것입니다. 히에로니무스가 명쾌하게 말합니다.

"그분은 벳사이다에 있던 눈먼 이를 밖으로 데리고 나가신다. 벳사이다가 아니라 벳사이다 밖에서 치유가 이루어지고, 그를 고치신 다음에는 이렇게 말씀하신다. '네 집으로 돌아가되 마을로는 들어가지 마라.' 벳사이다 출신인 그는 거기서 살았고 그곳에서 그분을 만났다. (…) '벳사이다' 밖에서 치유하신 다음 '네 집으로 돌아가라' 하고 명령하셨으니, 이는 분명 '벳사이다로 돌아가라'는 말씀이다. 그러나 벳사이다로 돌아가라고 하시면서 어떻게 '마을로는 들어가지 마라'라고 말씀하실 수 있는가? 그렇다면 영적 의미가 있는 것이 분명하다. 그는 유대인의 집과 유대인의 마을과, 유대인의 율법과, 유대인의 물질주의와 유대인의 전통들로부터 밖으로 이끌려 나온 것이다. 유대인의 율법 아래서는 치유될 수 없었지만 복음의 은총으로 치유된 그에게 주님께서 이렇게 말씀하신다. '네 집으로 돌아가라.' 여러분이 생각하는 집, 그 사람이 나온 집이 아니라 아브라함의 집이기도 했던 바로 그 집으로 돌아가라는 것이다. 아브라함은 믿는 이들의 아버지이기 때문이다."[197]

하느님께서 세상을 창조하셨다는 우리의 고백이 진실이라면 우리는 그분의 창조물(사람, 사물, 세상)을 있는 그대로 보는 눈을 가져야 합니다. 하느님께서 세상을 창조하시고 나서 "보시니 좋았다."라고 하

---

197) 히에로니무스, 173-175.

신 그 눈으로 세상을 볼 수 있어야 합니다. 하느님 보시기에 좋은 세상이 우리 눈에 좋게 보이지 않는다면, 우리가 만나는 모든 사람이 하느님의 선하신 창조물로 보이지 않는다면, 우리의 눈에 문제가 있습니다. 관습과 전통, 율법에 얽매인 삶이 우리의 눈을 멀게 합니다. 빵을 빵으로, 사람을 사람으로 보지 못하게 합니다. 예수님은 우리의 눈을 열어 주시면서 우리를 천지창조의 순간으로 안내하십니다. 그리스도를 보게 된 눈먼 이의 인생 과제는 예수님처럼 자기의 몸으로 그리스도의 삶을 보여 주는 것이 될 것입니다. 그분처럼 살기 위해서는 그분처럼 사람에게 다가가 손을 내밀어야 할 것입니다. 듣고 보고 다가가는 마음이 없이는 복음을 깨달을 수 없습니다.

3

보게 된 그는 자기를 천대하던 마을 사람보다 먼저 주님을 알아봅니다. 그리고 주님을 통해 세상을 새롭게 바라보게 됩니다. 눈을 뜬 그가 제일 먼저 본 사람은 자기의 눈을 뜨게 하신 예수님입니다. 보게 된 그에게 시력을 찾아 주신 예수님이 어떻게 보였을까요? 그 전에 제자들은 예수님을 보고 "유령이다!" 하고 소리를 지른 바가 있었습니다. 예수님을 보면서도 보지 못한 것입니다. 그토록 예수님과 함께 다녔으면서도, 다른 누구보다 그분을 가까이서 모시고 다녔으면서도, 그분을 알아보지 못했던 것입니다.

4

우리는 여기서 치유의 기적이 두 단계의 과정을 거치고 있다는 점을 눈여겨볼 필요가 있습니다. 처음 예수님께서 눈먼 이에게 손을 얹으시자 그는 희미하게 세상을 보게 됩니다. 예수님께서 두 번째 그의 두 눈에 손을 얹으시자 "모든 것을 똑똑히 보게" 됩니다. 이 두 단계는 베드로의 인생에 그대로 드러납니다. 베드로는 "스승님은 그리스도이십니다." 하고 확신에 차서 고백했지만 그리스도를 희미하게만 느낄 뿐이었습니다. 그는 예수님을 보면서도 알아보지 못했습니다. 마르코는 베드로가 주님을 똑똑하게 보게 되는 두 번째 단계를 예수님 부활 이후로 미룹니다. 부활하신 예수님께서 베드로에게 나타나시어 그의 눈을 뜨게 하시어 사람의 아들이신 당신이 하느님의 아들 그리스도이심을 알아보게 하실 것입니다. 벳사이다의 눈먼 이가 사물을 명확히 볼 수 있었듯이, 제자들은 그분을 통하여 세상을 '있는 그대로' 보게 될 것입니다. 예수님을 통하여 세상을 있는 그대로, 태초에 하느님께서 창조하신 그 모습 그 모양대로 보게 될 것입니다.

벳사이다의 눈먼 이를 고쳐 주신 이야기에서 어떤 학자는 예수님의 실패 이야기를 합니다. 눈먼 이를 단번에 고쳐 주지 못하셨다는 것입니다. 하지만 이 이야기에서 우리는 인간에게 조심스럽게 다가서시는 예수님의 마음을 읽을 수 있어야 합니다. 모든 것이 단번에 해결되기를 바라는 성급한 인간의 마음과는 달리 여유롭게 인간을 대하시고, 실패처럼 보이는 그 안에도 하느님이 계신다는 것을 오히려 강하게 느끼게 해 주시는 조심스러운 그분의 마음을 보도록 해야 합니다. 그분은 눈먼 이를 처음부터 단번에 보게 하시어, "봐라. 내가 손을 대었으니 너는 이제 보게 될 것이다. 맞지? 보이지?" 하시는 것이 아니라 차츰 고쳐 주십니다. "너는 지금껏 눈먼 이로 살아왔다. 그러나 이제 세상을 보게 될 것이다. 처음에는 흐릿해서 긴가민가 걸어다니는 나무처럼 보이기도 하겠지만 곧 분명하게 보게 될 것이다." 우리도 그런 상황에서 세상을 살아갑니다. 하느님의 나라가 정말 세상에 와 있을까? 내가 만나는 사람들이 정말 하느님 모상일까? 고통 중에도 정말 하느님이 계실까? 눈이 흐려 잘 보이지 않는 과정이 인생에도 있습니다. 예수님은 이런 과정을 무시하지 않으십니다.

5

우리는 세상을 살아가면서 사람들에게 확실한 신앙을 요구합니다. "믿느냐, 안 믿느냐, 그것이 문제다." 하면서 인간의 심연을 간과합니다. 확신하지 못하고 의심하는 마음을 존중하지 못합니다. 예수님은 인간의 그런 마음까지도 수용하십니다. 그런 상황을 절대로 무시하지 않으십니다. 사람인지 나무인지, 하느님인지 아닌지 의심 속에서 우리는 살아가고 있습니다. 이것은 과정입니다. 이런 과정을 예수님은 인정해 주십니다. 이런 의심 많은 우리에게 손을 대고 어루만져 주십니다. 그리고 믿음을 주십니다. 인간을 존중하며 조심스럽게 대해 주십니다.

벳사이다의 눈먼 이는 서서히 보게 됩니다. 예수님은 서서히 그를 깨달음으로 안내하십니다. 처음 그의 손을 잡아 마을 밖으로 데리고 나가실 때부터 그분은 천천히 그를 깨달음으로 안내하십니다. 그렇게 그분은 제자들도 서서히 당신의 죽음으로, 복음으로 안내하십니다. 제자들은 서서히 볼 눈이 열리며 깨닫게 됩니다. 예수님을 믿는다고 고백하는 우리는 어떻습니까? 교의와 율법에 얽매여 비신앙인들보다 더 눈먼 이로 세상을 살고 있는 것은 아닙니까? 그분께서는 오늘도 우리에게 말씀하십니다. "너희는 듣고 또 들어라. (…) 너희는 보고 또 보아라."(이사 6,9)

참고 문헌

● 레이몬드 B. 블래크니, 『마이스터 에크하르트』, 이민재 옮김, 다산글방(1994)

● 로버트 루트번스타인·미셸 루트번스타인, 『생각의 탄생』, 박종성 옮김, 에코의서재(2007)

● 로완 윌리엄스, 『복음을 읽다』, 김병준 옮김, 비아:타임교육(2018)

● 르네 지라르, 『희생양』, 김진식 옮김, 민음사(1998)

● 마이클 케이시, 『예수, 온전한 인간 온전한 하느님』, 수정의 성모 트라피스트 여자 수도원 옮김, 성바오로(2016)

● 박병규, 『신약성경의 이해—공관복음』, 바오로딸(2017)

● 안젤름 그륀, 『사막을 통한 생명의 길』, 김부자 옮김, 성서와함께(2005)

● 요제프 라칭거, 『나자렛 예수 2』, 이진수 옮김, 바오로딸(2010)

● 요하네스 부어스, 『그때 예수께서 물으셨다』, 윤선아 옮김, 분도출판사(1991)

● 움베르토 에코·카를로 마리아 마르티니, 『무엇을 믿을 것인가』, 이세욱 옮김, 열린책들(1998)

● 유광수, 『믿어야 할 예수—유광수 신부의 마르코 복음 묵상』(총 4권), 말씀학교(2003~2007)

● 이제민, 『말은 시들지 않는다』, 생활성서사(2006)

● 이제민, 『다의 발견—한국 그리스도교의 미래를 위하여』, 우리신학연구소(2007)

● 자크 뒤켄, 『예수』, 김현주 옮김, 바오로딸(2002)

● 정양모, 『마르코 복음서: 200주년 신약성서 주해 2』, 분도출판사(2001)

● 정양모, 『나는 예수를 이렇게 본다』, 햇빛출판사(2012)

● 카를로 마리아 마르티니, 『베드로의 고백』, 이재숙 옮김, 성바오로(1996)

● 카를로 마리아 마르티니, 『모세의 생애』, 성엽 옮김, 바오로딸(1997)

● 클라우스 베르거, 『예수』(총 2권), 전헌호 옮김, 성바오로(2012)

● 토마스 C. 오든 외, 『교부들의 성경 주해 신약성경 3: 마르코 복음서』, 최원오 옮김, 분도출판사(2011)

● 폴 틸리히, 『새로운 존재』, 강원용 옮김, 대한기독교서회(1973)

● 프란치스코, 『복음의 기쁨—현대 세계의 복음 선포에 관한 교황 권고』, 한국천주교중앙협의회(2014)

● 헤르만 헨드릭스, 『예수님 한 분으로부터 네 개의 복음서가』, 참사람되어 단행본(가톨릭뉴스 지금여기)

● 헨리 나웬, 『로마의 어릿광대』, 김광식 옮김, 가톨릭대학출판부(2007)

● 헨리 나웬, 『탕자의 귀향』, 최종훈 옮김, 포이에마(2009)

● 호르헤 마리오 베르골리오·안토니오 스파다로, 『교황 프란치스코: 나의 문은 항상 열려 있습니다』, 국춘심 옮김, 솔출판사(2014)